20世纪中国科学口述史
The Oral History of Science in 20th Century China Series

1950年代归国留美科学家访谈录
Interviews with Chinese Scientists Who Returned from Study in the US in the 1950s

湖南教育出版社

《20世纪中国科学口述史》丛书编委会

主　编：樊洪业

副主编：王扬宗　黄楚芳

编　委（按音序）：

樊洪业　黄楚芳　李小娜　王扬宗　熊卫民

杨　舰　杨虚杰　张大庆　张　藜

1950年代归国留美科学家访谈录

Interviews with Chinese Scientists Who Returned from Study in the US in the 1950s

主编的话

以挖掘和抢救史料为急务

　　自文艺复兴以来，西方经过宗教改革、世界地理大发现、科学革命和产业革命，建立了资本主义主导的全球市场和近代文明。在此过程中，科学技术为社会发展提供了最强大的动力，其影响至20世纪最为显著。

　　在从传统社会向近代社会的转型中，国人知识结构的质变，第一代科学家群体的登台，与世界接轨的科学体制的建立，现代科学技术学科体系的形成与发展，乃至以"两弹一星"为标志的一系列重大科技成就的取得，都发生在20世纪。自1895年严复喊出"西学格致救亡"，至1995年中共中央、国务院确定"科教兴国"的国策，百年中国，这"科学"是与"国运"紧密关联着的。百年中国的科学，也就有太多太多的行进轨迹需要梳理，有太多太多的经验教训需要总结。

　　关于20世纪中国历史的研究，可能是格于专业背景方面的条件，治通史的学者较少关注科学事业的发展，专习20世纪科学史者起步较晚，尚未形成气候。无论精治通史的大家学者，或是研习专史的散兵游勇，都共同面临着一个难题——史料的缺乏。

　　史料，是治史的基础。根据20世纪中国科学史研究的特点，搜求新史料的工作主要涉及文字记载、亲历记忆、图像资料和实物遗存这四个方面。

20世纪对于我们，望其首已遥不可及，抚其尾则相去未远。亲身经历过这个世纪科学事业发展且作出过重要贡献的科学家和领导干部，大都已是高龄。以80岁左右的老人为例，他们在少年时代亲历抗日战争，大学毕业于共和国诞生之初，而国家科学事业发展的黄金十年时期（1956—1966）则正是他们施展才华、奉献青春、燃烧激情的岁月。这些留存在记忆中的历史，对报刊、档案等文字记载类史料而言，不仅可以大大填补其缺失，增加其佐证，纠正其讹误，而且还可以展示为当年文字所不能记述或难以记述的时代忌讳、人际关系和个人的心路历程。科学研究过程中的失败挫折和灵感顿悟，学术交流中的辩争和启迪，社会环境中非科学因素的激励和干扰等等，许多为论文报告所难以言道者，当事人的记忆却有助于我们还原历史的全景。

湖南教育出版社欲以承担挖掘和抢救亲历记忆类史料为己任，于2006年启动了《20世纪中国科学口述史》丛书的工作计划，在学界前辈和同道的支持下，成立了丛书编委会，于科学史界和科学记者群中招兵买马，认真探索采访整理工作规范和成书体例。通过多方精诚合作，在近两年中已出版图书20种，得到了学术界和读者的认可。

近年兴起的口述史（Oral History）热潮，强调采访者的责任，强调采访者与受访者之间的互动，强调留下"有声音的历史"。不过，口述史内容的"核心"是"被提取和保存的记忆"（唐纳德·里奇《大家来做口述历史》）。把记忆于头脑中的信息提取出来，方法上有口述与笔述之差别，但就获取的内容而言，并无实质性的差别。因此，本丛书当前在积极组织从事口述史采访队伍的同时，也积极动员资深科学家撰写回忆文本，作为"笔述系列"纳入到本丛书中来。

科学，作为一种社会事业，除科学研究之外，还包括科学教育、科学组织、科学管理、科学出版、科学普及等各个领域，与此相关的人物和专题皆可列入选题。

本丛书根据迄今践行的实际情况，在大致统一编辑规范的基础上，将书稿划分为5种体例：

1. 口述自传——以第一人称主述，由访问者协助整理。
2. 人物访谈录——以问答对话方式成文。
3. 自述——由亲历者笔述成文。
4. 专题访谈录——以重大事件、成果、学科、机构等为主题，做群体访谈。
5. 旧籍整理——选择符合本丛书宗旨的国内外已有文本重新编译出版。

形式服务于内容，还可视实际需要而增加其他体例。

受访者与访问整理者，同为口述史成品的作者。忆述内容应以亲历者的科学生涯和有关活动为主线展开，强调以人带史，以事系史，忆述那些自己亲历亲闻的重要人物、机构和事件，努力挖掘科学事业发展历程中的鲜活细节。

书中开辟"背景资料"栏，列入相关文献，尤其注重未经披露的史料，同时还要求受访者提供有历史价值的图片。这些既是为了有助于读者能更好地理解忆述正文的内容，也是为了使全书尽可能地发挥"富集"史料的作用。

有必要指出，每个人都会受到学识、修养、经验、环境的局限，尤其是人生老来在记忆力方面的变化，这些会影响到对史实忆述的客观性，但不能因此而否定口述史的重要价值。书籍、报刊、档案、日记、信函、照片，任何一类史料都有它们各自的局限性。参与口述史工作的受访者和访问者，即便是能百分之百做到"实事求是",也不能保证因此而成就一部完整的信史。按名家唐德刚先生在《文学与口述历史》一文中的说法,口述史"并不是一个人讲一个人记的历史,而是口述史料"。史学研究自有其学术规范,不仅要用各种史料相互参证,而且面对每种史料都要经历一个"去粗取精,去伪存真"的过程。本丛书捧给大家看的,都是可供研究20世纪中国科学史的史料,囿限于斯,珍贵亦于斯。

受访者口述中出现的历史争议,如果不能在访谈过程中得以澄清或解决,可由访问者视需要而酌情加以必要的注释和说明。若对某些重要史实有不同的说法,则尽可能存异,不强求统一,并可酌情做必要的说明或考证。因此,读者不必视为定论,可以质疑、辨伪和提出新的史料证据。

本丛书将认真遵循求真原则和史学规范,以挖掘和抢救史料为急务,搜求各种亲历回忆类史料,推动20世纪中国科学史的研究!

欢迎各界朋友供稿或提供组稿线索,诚望识者的批评指教。谨以此序告白于20世纪中国科学史的研究者和爱好者。

樊洪业

2011年元月于中关村

1950年代归国留美科学家访谈录

Interviews with Chinese Scientists Who Returned from Study in the US in the 1950s

CONTENTS 目录

	范岱年序	001
	引言	005
	第一波归国潮	001
1	受党派遣赴美留学/侯祥麟口述	002
2	党组织资助我留美/罗沛霖口述	018
3	"威尔逊总统号"邮轮上的真实故事/鲍文奎口述	033
4	从中央工业试验所到匹兹堡大学/余国琮口述	046
5	以难民身份回国/王守武口述	055
6	受侯德榜先生提携/姜圣阶口述	070
7	父亲说"中国人要为中国做事"/王启东口述	083
8	因留美科协活动被关押的"红色分子"/颜鸣皋口述	101
9	留学俄亥俄州立大学的夫妻/虞福春 田曰灵口述	113
10	芝加哥大学的教育模式好/徐亦庄口述	133
11	父亲不赞同我回大陆/谢希德口述	143

第二波归国潮　　　　　　　　　　　　　　**151**

1　两封联合签名信/梅祖彦口述　　　　　　152
2　国人不知道我做的工作/吴仲华　李敏华口述　　171
3　躲在瑞士农村写自传/陈荣悌口述　　　　184
4　负责编辑《留美科协通讯》/李恒德口述　　194
5　江青让我们蹲五年大牢/王明贞口述　　　226
6　干了30多年高温合金/师昌绪口述　　　　256
7　与美国宾州移民局打官司/杜连耀口述　　268
8　研制核武器自动引爆装置获特等奖/疏松桂口述　277
9　给联合国秘书长写公开信/何国柱口述　　288
10　钱学森要我负责筹建运筹学研究室/许国志口述　309
11　与化学的不解之缘/何炳林　陈茹玉口述　315
12　惋叹逝去的时光/黄茂光口述　　　　　　336
13　女性当自强/林兰英口述　　　　　　　　343
14　教学大纲束缚人/谢毓章口述　　　　　　359

潮后个例　　　　　　　　　　　　　　　**377**

1　不识"右派"为何物/申葆诚口述　　　　378
2　武汉物理所为我而建/王天眷口述　　　　394
3　固执夫妻的情缘/谈镐生口述　　　　　　401

附录　　　　　　　　　　　　　　　　　**421**

1950年代留美科学家归国大事记　　　　　　422
主要参考文献　　　　　　　　　　　　　　431
人名索引　　　　　　　　　　　　　　　　433

后记　　　　　　　　　　　　　　　　　**445**

1950年代归国留美科学家访谈录
Interviews with Chinese Scientists Who Returned from Study in the US in the 1950s

范岱年序

我与王德禄和杜开昔早在1980年代就认识了。那时,王德禄在中国科学院科技政策与管理科学研究所和《自然辩证法通讯》杂志社任编辑。杜开昔是来自美国的一位女科学史家,在中国科学院研究生院当英语客座教师。他们两人都对留美回国科学家的历史感兴趣,共同的爱好使他们开启了"20世纪50年代留美归国科学家"的研究课题。遗憾的是这个课题在完成基础工作后,因为杜开昔离开中国、王德禄下海而夭折了。这个课题能在20多年后的今天重新启动,与王作跃教授有很大关系。王作跃是许良英教授和我在中科院研究生院的学生,现在美国加州州立理工大学普莫娜分校历史系任教授。他在美国申请了一个有关留美华裔科学家的课题。我向他提到了王德禄和杜开昔当年的工作。王作跃为此特地找了王德禄。这就促使他又重新拾起这个课题。最近几年,王作跃经常到中国,我和王德禄、王作跃也经常就这个主题交流意见。当这本书经初步整理完成第一稿时,我通读了一遍。因为整理者不熟悉当时的人物,仅凭读音写出来的人名往往误差很大,我就做了很多订正。有的我也不熟悉,就再向别的朋友打听,为此还打了不少电话,也翻阅了不少资料。王作跃回国做调研时,我和他一起采访了留美回国科学家刘静宜、顾以健,在美国华盛顿DC,我和王作跃、王德禄一起采访了现在美国定居的当年留美回国科学家俞惟乐(她是在"文革"中自尽的科学家陈绍澧的夫人),我也向王作跃介绍了我认识的许多留在美国的华裔科学家。

　　王德禄和王作跃关于留美华裔科学家的研究课题也是我关注的一个领域。2011年7月25—29日在安徽合肥的中国科技大学召开了"第十三届国际东亚科学史会议",会上专门举行了"留学西方的中国科学家:冷战中的跨国科学与政治"分会。王德禄和王作跃向会议提交了有关留美华裔科学家的报告,分会由我主持并做评论。为了准备这个评论,我回顾了我一生所见过的许多留美科学家。他们大致可分为5代:第一代是祖父辈,如医学家陈光甫;第二代是老师和父辈,如竺可桢、束星北、卢鹤绂;第三代是同学和兄弟辈,如杨忠道、周元燊、范乐年;第四代是学生、子侄辈,如周郁、庄小威、姚佩兰;第五代是学生、子侄的孩子辈。本课题采访的1950年代回国留美科学家应该属于第二代和第三代。

　　我读了这本访谈录,深感这是一部很有价值的著作。首先,这部访谈录,开始于1980年代,这种口述史在当时的中国大陆具有开创性。虽然收录的访谈对象只有31位,但涉及的留美科学家不下数百人。访谈录叙述了受访者出国前后的情况,在美国争取回国的经过,回国后的工作情况和在历次政治运动中的遭遇,特别是"文化大革命"中的悲惨遭遇,具有极大的史料价值,尤其是受访者大多已经逝世,少数在世者现在都已年迈体衰,也很难再接受访谈了,使得这些资料尤为珍贵。整理者也做了很好的工作,提供了许多重要的背景资料,为数百位留美科学家做了注释和简介,积累了整理口述史的宝贵经验。

　　读了访谈录,我深深地为这些科学家崇高的爱国热情所感动,也为他们在"文化大革命"中的悲惨遭遇而痛心。我们这个民族、这个国家,应该牢记这些惨痛的教训,加速政治体制改革,加强民主和法治,尊重每个人的尊严,不让"文化大革命"

那样的悲剧和暴行重演。这样做，也有利于国家的稳定和发展，有利于改善和世界各国的关系。

王德禄的这本访谈录，访谈的对象限定为 1950 年代归国的留美科学家。其实，在 1950 年代以前归国的留美科学家中，有许多是中国现代科学、现代工业、现代农业、现代医学、现代教育、现代国防的创建者和奠基人，仍值得我们继续进行深入的研究。当然，这些科学家在世者已屈指可数，访谈本人已没有可能了，但我们还可以访谈他们的子女、学生，抢救史料。王德禄原来访谈过的孟昭英、傅承义、褚圣麟、袁翰青、卢鹤绂（他是我的老师）都是 1950 年代前回国的留美科学家，彭桓武是留英的科学家，我看过这些访谈录，觉得极其珍贵，本书没有收录，我深感遗憾，希望能够在别处尽快发表。至于 1950 年代以后没有回国的留美华裔科学家，人数比归国的要多得多。1950 年代到 1970 年代末，从台湾、香港有大批华人留学美国，他们中也有很多人留在美国。祖国改革开放后，又有大批学生和学者留学美国，在 1989 年后，有很多人也定居在美国。美国之所以能够长期保持科学技术最先进、工农业最发达、军事力量最强大的超级大国地位，大批美籍华裔科学家的作用是不可或缺的。另一方面，留美华裔科学家，大都有强烈的热爱祖国的感情，在中美恢复交往和中国改革开放后，他们通过回国讲学，合作研究，建立研究所，介绍中国学生及学者到美国留学、研究、访问等，做了大量工作，对中国科学事业在"文化大革命"大破坏以后的恢复发展提供了巨大的、可贵的帮助。所以，美国的华裔科学家也值得我们进行全面深入的研究。在这方面，王作跃已经开始紧张地工作了。王德禄通过近年来关于硅谷与中关村的研究，发现留美华裔科学家是联结这两个高科技开发区的主要人脉，所以这也是对留美华裔科学家的研究的继续。我虽对留美华裔科学家这一课题很感兴趣，但已经年过八旬，垂垂老矣，只能提供力所能及的帮助和配合了。

从本书可以看出，当年不怕艰险，想尽办法争取回国的留美科学家，有的在"文化大革命"后又到美国定居了，有的把他们的子女甚至孙儿都送到美国留学，让他们在美国定居、工作。现在，留在美国的华裔科学家已经多于回国服务的留美科学家了。我家的情况也是如此，我家共有兄弟姐妹11人，有6人入了美国籍，2人拿了美国绿卡。我们的下一代，即我的子侄辈，共有23人，其中16人是美国籍，1人拿美国绿卡，加上他们的配偶，人数就更多了，他们大多是学理、工、农、医的科学家。孙辈是美国籍的就更多。我估计，像我们这样的家庭还不在少数。因此，提倡研究华裔留美科学家，我有一个潜在的愿望：就是希望这些留美华裔科学家和他们的子子孙孙，都不要忘了共同的来自中国的"根"，要努力促进中美两国的友好合作，维护世界和平，"为万世开太平"。要竭力防止中美两国在一些霸权主义者、黩武主义者和民族沙文主义者的误导下，因为一些利益的冲突或认识的分歧发生战争，出现"本是同根生，相煎何太急"的可悲场景。"战争无赢家"，战争只能给中美两国和整个世界带来毁灭性的灾难。中美两国的炎黄子孙，我爱你们（我爱大洋彼岸的亲人，也爱祖国勤劳善良的同胞），但是，你们可要警惕啊！

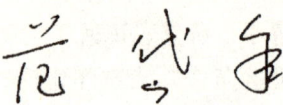

2011年11月6日于北京中关村

范岱年（1926— ），科学哲学和科学史家。曾任中国科学院《自然辩证法通讯》杂志社副社长、副主编、主编，科技政策与管理科学研究所研究员。

1950年代归国留美科学家访谈录
Interviews with Chinese Scientists Who Returned from Study in the US in the 1950s

引 言

一、本书的缘起

从 1980 年代中期开始，我的学术兴趣是在科学社会学和中国现代科学史方面，正值那段"文化热"的阳春季节，学术交流活动很多。1986 年 11 月 15—19 日，在中国科学院《自然辩证法通讯》杂志于广州召开的一次学术会议上，我结识了在华工作的美国学者杜开昔（Kathleen G. Dugan）女士，她对美国的同行评议做了很详细的介绍，我觉得很有意思，就和她做了很多次交流。当时她在中国科学院研究生院教英语，教学之余，很想借在华工作之便，对中西科技文化交流问题做些深入了解和考察。她提议与我合作，拟了个"20 世纪 50 年代留美归国科学家"的研究课题。当时，我们想把这个课题的重点放在对科学家的访谈上。

1950 年代归国的科学家当时大部分都在世，他们的社会地位正在逐步恢复和提高当中。如何能够取得他们的信任而在较短时期内完成高密度的访问呢？有幸的是，我们从一开始就得到了李佩先生的支持。李佩早年曾投身国际妇运和工运，后在美国留学期间与郭永怀先生结婚，并与留美学人有广泛的交往。1957 年归国后，她先是倾力于中关村初创时期的公益事业建设，后来投身于中国科技大学的英语教学和组织工作。她在中科院研究生院负责组织英语教学，和杜开昔较熟。李佩先生的传奇性经历、对公益事务的热心和真诚，使她成为老一辈归国学人中口碑极好的热心人物。其实，杜开昔之所以对这个项目感兴趣，也主要是受李佩的影响。我们当时都住在中关村，受访对象也多半住在中关村及其周边地区。有老人家热心为我们穿针引线、搭桥铺路，事情就好办多了。

算是天时地利人和吧，于1988年秋天起步，前期工作进行得非常顺利。我们一鼓作气依次访问了谈镐生、梅祖彦、彭桓武、林兰英、王守武、师昌绪、李恒德、赵忠尧、许国志、王明贞、徐亦庄、孟昭英、徐璋本、吴仲华和李敏华夫妇、谢毓章、褚圣麟、虞福春和田曰灵夫妇、王天眷、杜连耀。1989年杜开昔离开了中国，我坚持继续工作，在北京采访了刘源张、傅承义、侯祥麟、黄茂光、申葆诚、罗沛霖、姜圣阶、陈能宽、疏松桂、颜鸣皋、袁翰青、唐有祺、李嘉尧等。北京之外，我专程去杭州采访了王启东；去上海采访了卢鹤绂、谢希德；去天津采访了余国琮、何国柱、陈荣悌以及何炳林和陈茹玉夫妇。

这个阶段对留美科学家的采访是我1980年代的一项重要工作。我十分庆幸有机会接近这些科学家，聆听他们留学美国及其回国后的经历。中国从20世纪80年代的思想解放到90年代的实践理性深深地影响了我个人的命运。1993年我下海了，再也无暇做进一步的访谈，随之也放弃了原有的研究计划。当时内心深处有一种责任感，我把全部录音盒带做了仔细登记，一共有105盘，装在一个四屉卡片盒里，交给了当时主持中国科学院院史征集和研究工作的樊洪业先生，请他全权负责处理。

往事已然沉寂，未曾想2010年又有机会重续前缘。美国加州州立理工大学的王作跃教授在美国申请了一个与1950年代留美归国科学家相关的课题。当他得知我在 20 多年前曾经采访过一批留美科学家时，即请范岱年先生转告我，想看一看这些材料。由于年代久远，不知道这些材料是否还在，我抱着试试看的心理与樊先生联系。两天后，樊先生打电话告诉我，已经查到，全部完好无损，我即赶到中关村他的办公室。带回来后，看着这些录音带，勾起了许多往事回忆，捧着自己当年的这些宝贝，着实激动了一番，同时心中也顿然起了"弃题"重拾的冲动：把它整理出来，公之于世！我之所以想"弃题"重拾是因为 2007 年我得了一场大病。病愈后我尽量不参加研究所的日常运作，只做一些自己感兴趣的事情。对此，樊先生给了我很大的鼓励。他这时正在为湖南教育出版社组织出版《20世纪中国科学口述史》丛书，希望我能利用这些资料形成一本书，纳入到这套丛书之中。

二、1950 年代归国留美科学家

当年面对访问对象时，我更偏爱于提出"科学与政治"的话题，杜开昔则往往对中西文化差异和女性科学家问题表现出浓厚的兴趣。但总的说来，我们的提问，还是集中在按历史时代循序关联的三个时段上，一是出国前的个人情况，二是出国留学及归国的经历，三是归国后的工作情况和政治遭遇。每个人都有他们各自独特的"故事"，综合起来，又可以看出群体的一般特征，这是由时代所决定的。为了使读者更深入了解 1950 年代留美归国科学家群体经历的时代背景，这里有必要回顾一下中国政府和美国政府在不同阶段有关政策演变的梗概。

1. 自抗战后期开始的留美高潮

受抗日战争的影响，中国的留学教育几乎停止。随着太平洋战争的爆发，中国成为同盟国中的重要成员，中国和美国的关系日益密切，国民政府开始将战后建设人才的培养提上议事日程。1943年3月，蒋介石发表了《中国之命运》，指出战后建设需才孔亟。4月28日，蒋介石指示国民政府教育部等部门"以后对于留学生之派遣，应照十年计划，估计理工各部门高中低各级干部所需之数目，拟具整个方案为要"。教育部随后制定了《留学教育方案——五年留学教育计划》、《1943年度派遣公费留学英美学生计划大纲》和《国外留学自费生派遣办法》，经济部制定了《选派国外工矿实习人员办法》，交通部制定了《派遣国外实习生办法》。教育部在1943年年底举行了第一次自费留学生考试，1944年春天举行了英美奖学金研究生实习生考试。此后，尤其是抗战胜利之后，有各种名目的留学教育途径可供青年学子选择，政府也为他们提供各种便利条件。当时中国共产党也在考虑战后成立联合政府，暗中选拔资助或鼓励一些地下党员和进步青年，让他们通过国民政府的正式通道出国留学。在这种形势下，就形成了二战后的留美高潮。

1949年中华人民共和国成立后，留美高潮戛然而止。这时候，在美国的中国留学生有6200人左右，其中学习自然科学与工程技术者约占80%。

关于留学生人数，我们是根据中美两个官方文件估计的。美国的文件中提到，截止到1954年在美国的中国留学生共5400人。1954年日内瓦谈判第204号文件（1954年5月31日，华盛顿）中提道："……现在在我们看来目前在美国的5400名中国学生中想回到中国大陆去的不会超过一打人……"① 1956年中共中央关于知识分子问题会议的一系列文件中有一份题为《关于从资本主义国家回国留学生工作分配情况的报告》，其中说"从一九四九年八月到一九五五年十一月，由西方国家归来的高级知识分子多达一千五百三十六人，其中从美国回来的就有一千零四十一人"②。

2. 冷战初期中美两国政府的留美学生政策

1949年，中国共产党掌握国内政权后为进行战后建设，急需懂科学技术的人才。恰巧此时是留美科学家学成之时，中国政府对待中国留学生回国的政策很明确，这就是动员他们回国参加建设。

1949年6月18—19日，留美中国科学工作者协会（简称留美科协）在匹兹堡大学召开成立大会，50多名各地代表出席了会议。该组织以"响应解放，准备回国"为宗旨，并发行了刊物《留美科协通讯》。

中国政府做了一系列准备工作。1949年夏，中共南方局安排赴美留学的中共党员徐鸣专程回国，向周恩来汇报了在美国的中国留学生情况，周恩来明确指示："你们的中心任务是动员在美的中国知识分子，特别是高级技术专家回来建设新中国。"③ 1949年12月6日，政务院文化教育委员会成立了"办理留学生回国事务委员会"，统筹回国留学生招待及介绍工作、学习，以及对在外留学生的调查、宣传、接济等工作，并先后在

---

① 见李恒德《不屈的斗争　自豪的胜利》，引自《建国初期留学生归国纪事》（中国文史出版社，1999年12月）第72页。
② 《周恩来传（1898—1976）》（金冲及主编，中央文献出版社，2008年3月）第1077页。
③ 于杰，《海外赤子》第5页，吉林出版集团有限责任公司，2010年1月。

北京、上海、广州、武汉、沈阳等地设立归国留学生招待所。

而美国政府受到日益加深的冷战和麦卡锡主义的影响，对中国留学生回国的政策充满了矛盾，摇摆不定。从大的方面讲，以美国移民局为代表的一派希望中国留学生回国，以美国国务院为代表的一派则希望中国留学生留在美国。

中国学生去欧美留学，很少有人能够留在所在国。起初，当中国的内战影响了中国留学生的经济来源时，美国政府同意给中国留学生提供资助；当中国留学生学成归国时，美国政府出钱给中国留学生买船票。随着麦卡锡主义的影响日益加深，美国政府甚至下令驱逐一部分中国留学生。这样在1950年代初有近1000名中国留学生回到了中国大陆。当时美国众议院非美活动调查委员会（HUAC）和美国联邦调查局（FBI）将留美科协列为非法团体，留美科协于1950年9月19日宣告解散。

朝鲜战争爆发后，美国政府对待中国留学生回国的态度逐渐明朗，这就是禁止他们回国。慢慢地，学理、工、农、医的中国人都不允许回国。当时在美国的中国留学生有人被关起来（比如钱学森、颜鸣皋、黄葆同、毛汉礼、朱廷儒、杜连耀），有人被搜查。其中钱学森的案子十分引人注目，因为这个案子明显反映了麦卡锡时代的特点。到了1951年10月9日，美国司法部移民归化局发布法令明确禁止中国留学生离境，并向申请归国的学理、工、医的中国留学生出示了司法文书。

随着1953年7月朝鲜战争的结束，美国对中国留学生的政治压力逐渐减小。在美国的中国留学生又活跃起来，他们曾给中国总理周恩来、美国总统艾森豪威尔、联合国秘书长哈马舍尔德写信，把美国扣留中国留学生的事情公开化。此外，他们还向印度驻联合国大使梅农以及美国朋友寻求帮助，甚至给爱因斯坦写信希望得到他的帮助。在日内瓦谈判之前，他们已经把美国扣留中国留学生的事情炒得沸沸扬扬。

日内瓦谈判开始后，中国留学生配合日内瓦谈判中国代表团做了很多工作，使释放留美中国科学家成了谈判会议上的重要议题。中美双方经过多次交涉，美国政府作出决定，允许在美国的中国科学家自由申请回中国大陆，并分几批释放他们。1955年4月，美国彻底解除了对中国留学生的禁令，凡是想回国的中国留学生都可以自由离开美国国境。这一波回国的共有200多人。

1957年"反右"运动开始后，中国留学生回国的热情大大消退了，回来的只是极个别人。

3. 留美科学家归国后的经历

1950年代归国的科学家一般被安排到中科院、高等院校，少数被安排到工业部门研究所或者工厂。他们致力于新学科的创建、科学人才的培养，为新中国的经济建设和国防建设服务，尤其在"1956—1967年科学技术发展远景规划"（简称十二年科技规划）的制定和"两弹一星"的研制方面发挥了重要作用。

在政治上，第一波归国潮中回来的科学家，经历了以"知识分子思想改造"为中心的名目繁多的政治运动，更在"反右"运动中大受冲击，有很多人被错划成"右派"。第二波归国潮中回来的科学家，在"反右"运动中得到了一定程度的保护，但他们与此前所有的归国科学家们一样，都不能幸免于历史上另一场空前厄运。"文革"初期中关村福利楼上公开张贴出"来者不善，善者不来"的巨幅标语，以民间俗语的形式警示公众盯紧一切有留学经历的科学家，人们不难明白，像一切干部被打成"走资派"，一切被捕者被打成"叛徒"一样，一切留学归来者被怀疑为"特务"，在留美归国的科学家中也不乏被投进监狱和不堪受辱而自杀者。

"文革"结束以后，留美归国科学家除了作为一般知识分子被落实政策外，还另有一段小小的历史插曲值得一提。1979年3月，来自清华大学、北京大学、中国科学院的大约28位1954—1955年回国的科学家联合给中央起草了一份报告，要求为他们平反。1979年9月8日上午，方毅召集了这批科学家，在人民大会堂召开座谈会，说他是受邓小平的委托来开这个座谈会的，对这批留学生给予了充分肯定。方毅说不仅要给大家平反，还要把大家的爱国事迹载入史册。

他们在晚年受到了较多的社会尊重，有许多人在各自的岗位上发挥"余热"。也有一些人选择美国作为他们养老生活的栖身之地。他们的下一代中大多数是在美国出生的，拥有美国国籍，改革开放后，他们中的多数就去美国学习和工作了。

三、关于口述史料的处理

把20多年前进行的访谈录音整理成为口述史的成果在今天发表，存在着诸多的困难，这里应该向对本书内容感兴趣的读者做些必要的交代，以便他们在解读或引用有关史料时做出宽容和谨慎的选择。

当年采访面较宽，此次成书时严格遵循主题，非留美科学家不列；非1950年代归国的留美科学家不列；1950年代归国留美科学家未谈及归国历程者亦不列。最后筛选出27份采访稿，其中有3对夫妻，另外，樊洪业老师提供了一份1979年访问鲍文奎先生的笔录整理稿，其中对归国经历有关细节的回忆未曾发表过，很可以补其他有关访谈内容之不足，承其慨允，也收于本书中。全书受访收录总人数为31人。

成书之初，我一方面是请人帮助尽快把陈旧录音带里的声音转化为纸面上的文字，另一方面则集中精力查阅了大量的相关文献。要为一个个人物的回忆内容找出大时代背景中的历史定位，反过来，也要为枯燥的文献陈述捕捉鲜活的具体的个人经历印证。原本看似一件很容易的事情，想不到实际做下来竟是如此这般吃力。

因当年访谈时设问范围有些发散，如今成文时在内容上就显得比较难以处理，有些问题甚至偏离了主题。根据编委会的意见，凡属在广泛的意义上有难得史料之价值者，都尽量予以保留。

书中收录各文，对在世者，我们首先是尽量找到本人，如果因本人身体状况不佳，无法对采访稿发表意见时，就请他们的亲属、学生和相关史学研究者代为审阅；对离世者，我们只能寻找他们的亲属、学生，求得他们的帮助。最终经过受访者本人审订认可的有6人，分别是李恒德、师昌绪、颜鸣皋、余国琮、何国柱、王守武；因本人已经去世或者已经无力审阅稿件而由其亲属等审订认可的有22人，分别是罗沛霖、王启东、虞福春和田曰灵、梅祖彦、陈荣悌、王明贞、吴仲华和李敏华、何炳林和陈茹玉、黄茂光、谢毓章、申葆诚、谈镐生、侯祥麟、姜圣阶、徐亦庄、疏松桂、许国志、杜连耀、王天眷；本人已去世，经多方联系无果而请相关史学家审订者有3人，分别是鲍文奎、谢希德、林兰英。

在整理时，对时间和事件叙述得比较模糊的事情，如果受访者还在世，记忆尚好，且能接受访问，我们进行了二次访谈，进一步核实和补充了内容。

在编制人名索引和脚注时，对有留美经历的有关人员给予了特别的关注。

第一波归国潮

1 受党派遣赴美留学

侯祥麟 口述[1]

采访人：王德禄
访谈时间：1989年4月1日
访谈地点：北京北太平庄侯祥麟家
整理人：王雅娟、高颖、程宏

受访人简介

侯祥麟（1912—2008），广东汕头人。化学工程学家，燃料化工专家。中科院院士（1955），中国工程院院士（1994）。1935年毕业于燕京大学化学系。1938年加入中国共产党。曾任中央研究院化学所研究实习员、重庆西南运输处炼油厂副工程师、云南光华化学公司精致部主任、重庆兵工署炼油厂正工程师等职。1945年赴美国卡内

---

[1] 整理时参考了《我与石油有缘：侯祥麟自述》（侯祥麟著，石油工业出版社，2001年）一书。
[2] 本书中1988—1990年的照片除特殊注明外均为访谈者采访时摄影。

基理工学院学习，1946年获硕士学位，1949年获博士学位。后任麻省理工学院燃料研究室副研究员。留美期间担任中国留美科学工作者协会理事和常务干事。1950年6月归国。历任清华大学教授、中科院石油研究所研究员、石油科学研究院院长、石油部副部长。

王德禄：请侯先生谈一谈您出国时的情况。

侯祥麟：1944年，日本战败已成定局，中国共产党考虑到将来要成立联合政府，党内需要一些技术人才。据说，周恩来曾指示要派遣一些党员和党外同志到国家需要的地方去。从1944年开始，国内派遣一部分学生去美国留学。那时候，我是重庆的地下党党员，在国民党的一个军队系统做地下工作。我的党内关系是单线联系的。党内一旦有指示，上级的相关负责人就与我联络。我们见面都是在外面找一个地方，谈话时间不长。我听说有些同学去了美国，到底派谁去了，去了哪里，我都不清楚。

国民党政府在全国举行留学考试，考上了就可以出国。自费留学需要美金，我没有钱，抱着试试看的态度报名参加考试。我想，考上了就去留学，考不上也无所谓。成绩下来，我考上了。国民党政府没有立即让我们去美国，而是让我们先接受培训。那时候，有一个中央培训团，主要是培养忠于国民党的一些骨干，所有的要出国的学生必须接受培训，以防出去后反对国民党。培训团专门邀请了国民党的一些大官给我们做报告。直到秋天，培训结束后，才允许我们出国。

没有钱，怎么出国呢？恰巧在这个时候出现了通货膨胀，美元的官价是黑市的10倍。我钻了这个空子，通过换官价外汇出国了。我借别人的钱从官方拿了外汇，到美国后寄回十分之一美元用于还债，剩下十分之九美元作为留学费用。用这种方法，我们没有钱也能出国了，名义上是自费，实际上等于是官费。

我原来是学化学的，出国后理所当然地选择化工。刚到美国的时候，我没有接到动员留学生回国的任务，只想学点技术，将来为国家做贡献。1946年，我在美国拿到了硕士学位，正准备念博士，国内战争爆发了。在这种情况下，即便是拿到博士学位也无用武之地，我不想读书了，想回国。龚普生①当时也在美国，她劝我完成博士学业。

王德禄：您为什么选择学化学？

侯祥麟：读中学的时候，我的化学老师说原子能可以释放能量，威力很大。当时我相信科学救国论，本来想学物理，受化学老师的影响，我以为是化学的作用原子核才能释放出原子能。真正接触到这门学科以后，我才知道，化学跟原子能差距很大。

王德禄：您正式加入中国共产党党组织是什么背景？

侯祥麟：1931年我从上海到北平的燕京大学报到，刚到学校就赶上了九一八事变，中日交战，国家处于生死存亡的关头，形势非常严峻。作为年轻人，我们对国民党非常不满意。很多知识分子开始寻找救国之道，加入了中国共产党党组织。我就在那个时候萌生了加入中共党组织的想法。

我加入中共党组织有几个方面的原因。一是，同学给我讲述了共产党做的好事。以前，我以为共产党领导的红军是专门杀人放火做坏事的。大学一年级的时候，我有一个同班同学是江西人，他把共产党描述得非常好。他说，红军在江西为了穷苦农民的解放而斗争，在乡下打土豪、分田

---

① 龚普生（1913—2007），女，安徽合肥人。1932年考入北平燕京大学经济系。1941年赴美留学，获哥伦比亚大学心理学硕士学位。1944年回国，1945年再次赴美，在哥伦比亚大学攻读国际关系博士学位，后到联合国人权委员会工作。1948年回国，曾任外交部国际司副司长、司长，驻爱尔兰大使等。

地，做了很多好事。此后，我对共产党的印象有了很大的转变。我很喜欢那位同学，可是大学二年级的时候，他被学校开除了。二是，通过看杂志，我对共产党的了解更深入。大学三年级的时候，我在学校图书馆看过一本英文杂志《新群众》(*New Masses*)。这是美国共产党创办的，其中有一段关于中国红军的报道，增进了我对共产党和红军的了解。杂志上经常刊登长征期间红军打仗的消息，与报纸上的报道差别很大。当时我觉得报纸上的消息完全不可信。从此，我对共产党的印象特别好。三是，我受了马列主义思想的影响。我有一个中学同学在海关工作，他是地下党党员。我们经常来往，一起讨论哲学方面的问题。1935年夏天，他让我看马列主义的书籍，如《政治经济学》之类的。看完以后，我认为马列主义是对的。当时有些介绍马列主义的书在北京买不到。1935年大学毕业后，我在上海中央研究院化学所工作。业余时间，我从上海圣约翰大学图书馆借阅了一些马列主义的书籍，比如《资本论》，也借阅了一些列宁的书籍，都是英文版的。四是，1936年龚普生从燕京大学毕业后，回到上海，开办学习班，组织读书会。当时只有几个人参加了，在上海医学院念书的计苏华参加了，我也参加了。龚普生是地下党党员，比我低一个年级，她推荐我们看了一些理论方面的书籍。这个时候，我想正式加入中国共产党。

1937年不发展中共党员。这一年冬天，我离开上海去了长沙，龚普生介绍我去长沙找她的同学。我在长沙参加了文化界抗日后援会（简称文抗会），和一些人在一起活动。文抗会里有人是中共党员。文抗会的负责人是吕振羽和翦伯赞，他们都是湖南人，也是文化界的名人。对外他们是负责人，而内部的组织工作由中共党员负责。1938年我在长沙秘密入党了。刚开始有个党小组。我入党以后，党内号召我们参加军队，有人加入了国民党部队，有人加入了新四军。当时我找到国民党的一个化学部队，在那里教书。到了国民党部队后，我与中共党组织是单线联系的。

王德禄：到了美国，您跟原来党内的联络人有联系吗？通过什么方式保持联系？

侯祥麟：我们失去联系了。国民党要抓他，他躲起来了，我没办法与他通信。后来我的联系人把我的党组织关系转到上海。上海有人去美国的时候我才与党组织恢复联系。

王德禄：当时美国有中国共产党的组织吗？

侯祥麟：原则上不在国外设中共党组织，不过当时我们与党有联系。这段党史不是没有研究清楚，是不便讲。类似的事情我们都不讲出来。我不写这些东西，就是因为不能说。①

王德禄：我找到了欧美的同学会，他们思想比较开放，说鼓励中国留学生回国的活动是中国共产党发起的，现在是时候对那个时期进行研究了。我想，他们可能是从统战的角度考虑的。

侯祥麟：现在不宜发表，是因为把中共党组织在美国举行的活动讲出来不合适。当时美国非常怀疑我们，一直在抓我们。欧美同学会做研究都要经过中共党组织批准。

王德禄：欧美同学会方面说，今年党组织给他们的任务是研究这段党史。

侯祥麟：过几天《神州学人》要找唐明照②谈话，也要找我谈话。唐

---

① 当时接受采访时，侯先生出于严守党内保密纪律之考虑，不肯明确回答有关提问。有关实际情况现已在《中共中央南方局的文化工作》（彭亚新主编，中共党史出版社，2009年）一书中有较多披露。

② 唐明照（1910—1998），广东恩平人。少年随家迁居美国旧金山。1930年考入清华大学政治系。1931年加入中国共产党。1933年入美国加州大学研读西方近代史，1939年10月起任美共中国局书记达10年之久。1940年创办《美洲华侨日报》并任社长、总编辑。1950年后历任外交部专员、中联部副秘书长等职。1972年出任联合国副秘书长。

明照当时加入了美国共产党，负责组织活动，管理中国的事情。《神州学人》的访谈只能用作内部材料，不能公开，也不能刊登。

王德禄：我看了《神州学人》的材料。他们在材料中承认，当时有一些进步的青年学生受了共产党的影响，做了一些工作。他们认为，这些都是当时的党组织让做的。

侯祥麟：我在材料中也写了，那些工作是在中国共产党的倡导下做的。

王德禄：我听一些从美国留学回来的科学家说，他们出国前是中共党员，到了美国和党组织失去了联系。回国后，党组织不承认他们的党员身份。

侯祥麟：他们出国前就应该联系好，去美国以后把党组织关系放在国内什么地方。如果当时没有找到接收方，出国后党组织关系就丢了，那是他自己的问题。我出国前已经安排好了回国后怎么找党组织。我和我的联系人有一个暗号，我回国后只要在报上刊登找某某人，他看到后就知道我回来了。在美国，即使我们知道对方是中共党员，没有党组织关系和组织的要求，我们都不能进行组织联系。

王德禄：您知道当时中共党组织派出去多少人吗？

侯祥麟：我们1944年出去的那一批，很少人是中共党组织派出去的。留美科协中有一些中共党员，这些人少数是学社会科学的，大部分是学自然科学的，比如王天眷、刘静宜和我就是学自然科学的，当然还有其他一些人，我不记得他们的名字了。虽然我是党组织派到美国去留学的，但是我没有得到党的资助。当时没有人是延安直接派到美国去的。

王德禄：您在国外参加了哪些组织？

> **北美基督教中国学生会**(Chinese Student Christian Association,简称 CSCA)
>
> 原是由一个基督教会支持的,以联谊、服务、自我教育为宗旨的中国学生团体。抗战胜利后,众多来自沪宁平津的学校和原大后方城市大学的留美中国学生参与其中。在全盛时期,有上千人参加活动。在全美国 10 多个中国留学生最集中的城市建立了该会的地方支会,包括美国东部的纽约、波士顿、哈特福特,中西部的芝加哥、伊利诺伊州、明尼苏达州、密苏里州、克利夫兰、安阿伯、东兰辛、威斯康星州、爱荷华州、印第安纳州,西部的加利福尼亚州等。每年由赞助该团体的美国基督教联合组织全国会议,并聘请由教会方面推荐的中国人担任总干事,每年选举一次。总干事主要负责该会的日常事务。1945 年夏,波士顿支会创办了英文刊物 Chinese Student Opinion(即《中国学生意见》),发行几百份,每年四期。1947—1951 年,总干事先后由林达光、郭秀梅、孟凡俊担任。每年举行几次大型地区性或全国性的聚会活动,主要是暑期的夏令营、圣诞节寒假时的冬令营退修会、复活节时的春令营退修会。会期持续一周左右,除了丰富多彩的活动,每次都有一个为留学生所关心的重要研讨主题,邀请学者、专家演讲,并展开热烈讨论和辩论。1950 年朝鲜战争爆发后,美国国务院和司法部对中国留学生进行迫害,认为该组织是"颠覆性组织"。为了保护会员们的平安,经集体商议,1951 年初夏该组织宣布自行解散,并慎重地发出了告同学书。

侯祥麟:当时,国际上有科技工作者协会的组织,我们国内也有一些比较进步的人士在组建中国科协,比如涂长望①。在美国,中国留学生组

---

① 涂长望(1906—1962),湖北武汉人。中科院院士(1955)。1929 年毕业于上海的沪江大学。1930 年赴英留学,1932 年获气象学硕士学位,同年到利物浦大学攻读地理学博士。1934 年 4 月被派往苏联,回国后历任清华大学地理系教授、浙江大学史地研究所副所长、中央大学地理系教授、中国科协总干事、南京大学校务委员会常委、中国人民革命军事委员会气象局局长、中国科协书记处书记等。

织成立了留美中国科学工作者协会（简称留美科协）。1947年，学生党员在美国举行活动，1948年开始酝酿成立留美科协。学生党员有很多，比如顾以健①、刘静宜和我。除了留美科协，中国留学生还在美国成立了北美基督教中国学生会（即CSCA）。这个组织有着悠久

1949年侯祥麟在麻省理工学院

的历史，是美国人发起的。1948年，我们与党内的同志参加竞选，掌握了中部和东部学生会组织的领导权。CSCA成为我们宣传国内政策的一个场所。当时很多人参加了这个组织，成员来源比较广泛，有中国留学生、社会科学界人员，还有其他行业的一些人士。学自然科学的学生活动多一点，学人文科学的学生活动少一些。学生会里还有些人是党员，比如现在北京建工部的张钦楠和中科院地学部的涂光炽②。涂光炽是留美科协组织委员会的委员，协会刚成立的时候他就在。浦寿昌、浦寿山、陈秀霞③和

---

① 顾以健（1922— ），江苏淮安人。1940年加入中国共产党。1947年毕业于浙江大学化学系。1948年赴美留学，1950年获美国诺特丹大学科学硕士学位。1951年回国，任教于哈尔滨工业大学。1979年后任中科院大连化学物理所所长、中科院沈阳分院副院长、中科院秘书长。

② 涂光炽（1920—2007），原籍湖北黄陂。地矿学家，中科院院士（1980）。1944年毕业于西南联大地质地理气象学系。1946年赴美留学，1949年获明尼苏达大学博士学位。1950年回国，历任清华大学副教授及北京地质学院教授、中科院地质所副所长、地球化学所所长。

③ 陈秀霞（1923— ），女，浙江上虞人，陈辉的夫人。1946年赴美留学，1949年获哥伦比亚大学英语文学硕士学位。1950年回国，曾任外交部新闻司司长助理。

徐鸣①也是CSCA的成员，他们做了一些工作，推荐林达光当会长。林达光后来在加拿大定居了，经常回国。

CSCA是美国人资助成立的。当时我们组织了夏令营，很多学生参加了。我们没有钱租活动场地，美国人就凑钱资助我们，而留美科协主要是在当地举行活动。

我正在写一篇关于留美科协的文章。留美科协开始酝酿成立时，有一些比较活跃、进步的学生在当地搞了一些小规模的组织和活动。我们在匹兹堡大学搞了两个组织。一个是读书会，只有几个人参加了，主要是阅读国内解放区出版的一些类似《新民主主义论》这样的书籍，以便了解新中国的政策；另外一个是北美基督教中国学生会。当时在美国的中国留学生还成立了自己的组织，他们在芝加哥成立了"建社"，还有其他城市的"明社"、"芝社"等，以"社"命名的组织有很多。留美科协就是在这样的背景下成立的。

留美科协是由徐鸣和薛葆鼎②组织管理的。成立这个组织，各个地方都需要有人参加，他们就通过一些活动了解和联系了一些人，在这个基础上才正式成立留美科协。1949年，我们在芝加哥召集了一些人，开了一次会。这次活动主要是计苏华组织的。计苏华回国后曾担任卫生部北京医院副院长，"文革"期间被整死了。1949年6月，我们在匹兹堡大学召开了

---

① 徐鸣（1920— ），江苏无锡人。毕业于复旦大学、广西大学。1938年加入中国共产党。1944年奉中共中央南方之命赴美工作，进入美共中国局和中共在美领导小组，并主持《美洲华侨日报》编辑工作。1949年夏回国，向周恩来汇报在美国工作，同年9月再次被派往美国，参与留美科协组建，动员留美学生和科技人员回国。1949年后在外交部工作。1957年被错划成"右派"，1979年改正后任中国社科院工业经济研究所顾问、国家计委外事局局长等。

② 薛葆鼎（1916—1998），江苏无锡人。1941年毕业于金陵大学（成都）化工系，1947年获美国匹兹堡大学硕士学位。1948年回国，历任国家计委重工业局副局长、中国基本建设经济研究所所长、中国社科院研究生院教授。

留美科协成立大会。因为在这之前召开过十几个社团、协会的成立大会,有了一定的基础。各个地方都写了参会人员名单交给我们,我们可以知道有哪些人来参加会议。我这里有他们开成立大会的时候准备的一个简单的手册,可以给你一份。

王德禄:当时留美科协有多少人?动员回国的工作是怎样做的?

侯祥麟:留美科协有 800 多个会员,不全是留学生,会员名单现在还有。我们的主要工作,不只是帮助那些想回国的会员,给他们提供服务,也要动员非会员回国。非会员有多少人,我不清楚。

留美科协正式成立后,因为全国性的大会不好组织,大家分头在各个地方举行活动,在当地开会。不同地方的人都与留美科协通信,报道各自的情况。当时留美科协出版了一个刊物——《留美科协通讯》。《留美科协通讯》有大小,都是写完以后照相印刷的。现在《留美科协通讯》全都找到了,当时一共出了 13 期①,我有一套最全的,给过中央组织

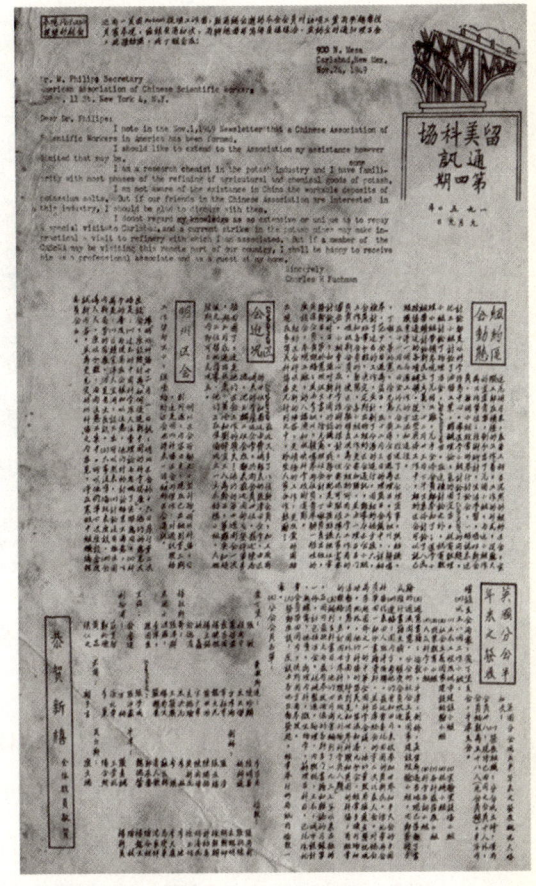

《留美科协通讯》第四期(1950 年元旦),原件由黄宗甄捐赠,藏于中国科学院院史资料室

---

① 据李恒德忆述,《留美科协通讯》只出到第 9 期。

1949年留学生在侯祥麟家中聚会，前排左起许少鸿、白家祉、卢肇均、侯祥麟；后排左起陈秀瑛、浦寿山、张钦楠、任以都（照片由许少鸿之女朱方文提供）

部①，也给过中国科协一份目录。出版《留美科协通讯》主要是给大家传播一些消息，登载一些国内发展的近况。因为有些中国留学生回国后给我们写信，传递国内的消息，动员我们回国，参加新中国的建设。一些学生对新中国认识比较清晰，决心回来，当然也有一些坚决不回来的。当时有少数人与国民党的关系很深，他们坚决不回来。

大多数人不知道今后国内发展如何，想回国，又有顾虑，摇摆不定。我们成立这个组织，就是说服那些不大清楚国内情况的同学，提高他们对新中国的认识，消除他们回国的一些顾虑。我们还按专业成立了学科小组，比如物理化学小组、光物理小组。

---

① 侯祥麟和李恒德保留的全套《留美科协通讯》已于1997年捐赠给中国国家博物馆。

我们从 1947 年开始讨论成立留美科协，1948 年年底决定了，1949 年 6 月正式成立。1948 年开会的时候，很少提及回国的事情，那时候国内在打仗。1949 年夏天，在 CSCA 夏令营上对回国的事谈得比较多。尤其是 1949 年冬天，我们在波士顿举行冬令营，参加冬令营的人比夏令营少一些。当时我已经去了波士顿，在波士顿做这些工作。中国学生在波士顿的最多，所以我也去了。到了波士顿，进入 CSCA，成立了总会。我还组织了留美科协波士顿聚会，也组织了北美地区的学生聚会，搞活动。在波士顿的聚会比较热闹，当地的张钦楠、哈佛大学的陈秀瑛参加了。此外，还有很多哈佛大学的学生也参加了。当时留美科协有很多会员。1950 年上半年大家都比较活跃，新中国成立了，大家都在谈回国的事情，回国会遇到哪些问题？如何解决？我自己却不能回国，因为美国不给我办理到香港的签证，拖了很长时间。

1950 年早些时候，美国政府还没有不让中国学生回国，只是说中国学生回国有困难。因为回国要坐船，船在香港就靠岸了，不到上海。到了香港需要过境签证，英国领事馆不给签证，没办法买船票，只有香港人或者香港有亲戚给担保的人才可以回国。当时我们跟曹日昌[①]有一些联系，他给我们提供帮助，替我们联系。如果有人要回国经过香港，香港需要出什么证明、担保之类的，他可以帮忙办理手续。回国的人一般都是在旧金山或洛杉矶上船，所以曹日昌给这两个地方的留学生做工作比较多。

这个时候，美国政府已经阻挠中国学生回国了，而美国的旅行社千方百计地帮助我们回国。因为我们回国要买船票，旅行社可以从中赚钱，所

[①] 曹日昌（1911—1969），河北辛集人。1935 年毕业于清华大学心理学系。1947 年加入中国共产党。1948 年获英国剑桥大学博士学位。1948 年到香港大学任教，同时在中共香港地下党组织的领导下以中国科协香港分会的名义开展活动，为留学生归国做了大量联络和服务工作。1950 年回到中国内地，历任中国科学院计划局副局长、联络局副局长、中科院心理所副所长。

以他们愿意帮我们打听有什么船可以回国。开始我向他们订了到香港的船票，由于涉及签证问题，解决不了，他们主动跟我说，有货船可以到中国，你坐不坐，我答应了。当初我自己还不清楚，什么时候有货船到中国，他们已经打听到了。这已经到了5月份。

王德禄：您是1950年5月份回国的吗？

侯祥麟：应该不是。① 我回国之前还去过其他几个地方。我从波士顿到洛杉矶，再坐车，沿途到了几个大城市，也到当地与科协有点联系的地方。当时有好多人想集体回国，可是后来有些人没能回国。这是因为，朝鲜战争爆发后，中国出兵支援朝鲜，这个时候美国就不允许中国学生回国了，那些人就没有回来。

王德禄：您了解曹日昌的情况吗？他是中共党员吗？

侯祥麟：不太了解，我和他接触不多。当时在留美科协，我写信跟他联系过。很多人回国的时候，曹日昌都给他们提供帮助，他还给我出过证明，但是他的证明没有用上，还得我自己买票。到现在我也没有见过他，我认为他是在为党做事。

王德禄：您在国外留学的经历有没有给您带来什么麻烦？

侯祥麟：麻烦多了。"文革"中，他们说我是国民党，是假共产党员，还说我是"反动学术权威"，反正帽子很多。在我的罪行里，留美问题已经不算是主要的了。我的主要罪行是，我是院长，他们都说我是研究院的头号"走资派"，说我包庇"牛鬼蛇神"。

王德禄：您回国后的工作是怎么安排的？

侯祥麟：我的工作关系在燃料工业部石油管理总局。总局与清华大学

---

① 据《我与石油有缘：侯祥麟自述》（侯祥麟著，石油工业出版社，2001年）第58页，他于1950年5月登上挪威货船回国，于6月26日抵达青岛。

化工系合作创办了一个燃料研究室,我是兼职教授。中国科学院在大连有一个工业研究所①,那是日本人留下来的一个研究机构。1952 年,中国科学院想搞石油,想把工业研究所改成石油研究所,跟燃料工业部谈了这件事。燃料工业部想把清华大学燃料研究室的人调到大连,联合成立一个研究所。在这种情况下,他们要我去大连,我感觉很矛盾②,既然上级要我去,我就去了。大连的民盟也希望我去,实际上是大连市委的统战部让我去的,他们也希望有个地下党员去做民主党派的工作。另外,大连要先成立一个高级汽油研究室,我们这些人去大连,就是为了搞这个。后来彭少逸③去了太原(现在在山西煤化所),我到大连去,就是做代理室主任,主要管理我们去的这些人。以前大连研究所的炼油研究较为薄弱,所以我搞了一些课题,这些课题后来起了作用。我是 1952 年冬天去大连的。到 1954 年春天,石油管理总局要我回来,当时我已经归他们管了,1954 年我又回到了石油管理总局。石油管理总局是燃料工业部的下属单位,那时候还没有石油部。我从燃料工业部到石油管理总局工作,最初是掌管技术方面的事情。

1955 年成立了石油部(1970 年更名为燃料化学工业部)。1956 年国家搞十二年科技规划,我们就做这些规划工作,筹备成立石油部研究院。当时我们成立了两个研究所的筹备处,一个是石油炼制研究所筹备处,另一个是石油勘探研究所筹备处。从 1956 年开始,去大连的一些人被请回

---

① 该所前身是日本侵华期间于 1907 年建立的"南满洲铁道株式会社中央试验所",后几经更易,1950 年 9 月改属东北人民政府工业部,名为东北科学研究所大连分院,1952 年归属中国科学院,更名为工业化学研究所,1954 年更名为石油研究所,1962 年更名为大连化学物理研究所。

② 据《我与石油有缘:侯祥麟自述》第 60~62、67~69 页,当时侯祥麟的党员身份并未公开,中央组织部和统战部商定派他到清华大学负责民盟的工作,曾任清华大学民盟区分部代理主任委员。侯祥麟很想把此工作做好,曾对去大连一事有所犹豫。

③ 彭少逸(1917—),湖北武汉人。中科院院士(1980)。1939 年毕业于武汉大学化学系。1947 年赴美,在阿特拉斯粉末公司及通用染料公司的实验室进修。1949 年回国,历任中科院大连石油所室主任(大连化物所)、太原燃料化学所(山西煤炭化学所)所长等。

来了，实际上是换了一些人。有些人和我们一起回来，划拨给我们了。日内瓦会议结束后又有一批留美学生、学者回国了，我们就从回国人员中要了几个人。这些人大多数是1956年回国的。

石油部成立后，我在技术司当副司长，管理科研工作，组织石油部的科研机构。当时没有司长。那时候，我们在东北的抚顺和锦州也有科学研究所，都在做这项工作。此外，我们还搞人造石油。由于工作很忙，我就正式跟部里讲，我不去参加民盟的活动了。我本来是民盟副秘书长。1957年"反右"运动，民盟的"右派"特别多，北京市就有好多人是"右派"。"右派"怎么处理？他们没办法，只好临时找我去帮忙，但是我也没怎么管事。我现在是民盟科技委员会委员，只是挂个名而已。

1958年两个筹备处合在一起，成立石油工业部石油科学研究院（后来为石油化工科学研究院和石油勘探开发科学研究院）。我是副院长，管炼油，院长是张俊。张俊是学地质的，后来在油矿当矿长，现在已经去世了。从1958年石油科学研究院成立之日起，我就待在那里，一直到1978年。这20年里，前8年没有什么问题，1966年开始就出问题了。我被关了一年多，批斗就更不用说了。1969年上干校，1971年回来后又开始工作。其间有5年没有好好工作。本来1970年就可以回来，但是要我做检讨，我检讨没通过。因为他们要我承认犯"走资派"的错误，我不承认，他们就让我回干校待着。

1971年林彪摔死以后，情况有点变化，他们让我回来。成立了革命委员会，我当副主任，管生产的事情。两年后燃料化学工业部改组，把煤炭部分出去了，只剩下石油和化工，改名为石油化学工业部。当时有个石油化工科学研究院，是个管理机构，管理全国的科研机构，不同于现在的石油化工科学研究院。原来的石油研究院则改名为综合研究所。石油化工科学研究院包括石油和化工，当时的院长是原来化工部的副部长李苏，我是副院长，李苏走了以后，我才当院长，一直当到1978年。1978年石油与化工分家，成立了石油部和化工部，我去了石油部当副部长，兼任科技委员会主任。

王德禄：您到最后都没有参与过石油学院的组建吗？

侯祥麟：没有。当时我去了大连，如果我没走，肯定到了石油学院。

1982年我退居二线，不当部长了，但还是石油部科技委员会主任。后来石油部科技委员会改组，成立了石油部科技领导小组，部长当组长，我当副组长，只是挂个名而已。实际上我干别的工作的时间，比在石油部的时间还要多。当时我的关系都在石油部，有些重要文件就在那儿看，重要传达在那儿听，重要会议我也参加一些，其他时间一般就不去了。我还是石油学会的会长，也要处理一些事情。石油学会办公地点也在石油部。

我们现在正在写两本书。一本是《中国炼油技术》，另一本是《英汉石油大辞典》，这两本书都以石油学会的名义撰写。我今年已经跟石油学会说好了，这届改选，我不再当石油学会会长，国家学位委员会委员我已经不当了。我现在还是国家自然科学基金委员会委员，我已经跟唐敖庆①（时任国家自然科学基金委主任）说好了，下次我不干了。

王德禄：我想了解留美科协更详细的情况，请您推荐一下，我们还可以采访谁？

侯祥麟：我给你一个名单，包括理事会的理事、干事会的干事、各地区的负责人。那些负责人对他所负责地区的情况是最清楚的，理事、干事对总的情况也很清楚。

---

① 唐敖庆（1915—2008），江苏宜兴人。中科院院士（1955）。1940年毕业于西南联大化学系。1946年6月赴美留学，1949年获哥伦比亚大学博士学位。1950年1月回国，历任北京大学教授、吉林大学校长、国家自然科学基金委员会主任、中国科协副主席等职。

2 党组织资助我留美

罗沛霖　口述[①]

采访人：王德禄

访谈时间：1989 年 9 月 1 日

访谈地点：北京罗沛霖家

整理人：杨启智、高颖、程宏

受访人简介

罗沛霖（1913—2011），天津人。电子学家，中科院院士（1980），中国工程院院士（1994）。1935 年毕业于交通大学（上海）。1937 年在延安任通信工程师。1947 年受中国共产党指示和资助考取自费留学赴美。1948—1950 年在加州理工学院学习，获博士学位。留美期间担任留美

[①] 整理时参考了《笑慰人生》（冉怀丹著，解放军出版社，1998 年）一书。

科协加州理工学院支会的负责人。1950年6月回国，历任电信工业管理局技术处处长，第二机械工业部第十局第十一研究所主任、副总工程师，第四机械工业部科技司副司长。

王德禄：我们想了解三个阶段的情况。一是您去美国之前在国内的情况，二是您在美国期间的情况，三是您回国以后的情况。

罗沛霖：1913年我出生于天津，6岁那年去北平上小学。当时，军阀混战，天下大乱。1924年，我回到天津，就读于南开中学。高中毕业后，我报考了交通大学。当时，我的数学考得不好，但是物理考得很好，据说考了100分。我最终考上了交通大学。

大学期间，到了三四年级我们才分专业方向。当时我面临选择，是学电信专业还是学电机专业。我觉得自己已经懂得不少电信方面的知识了，所以选择了电机专业。

我与钱学森的关系很好，念大学的时候我们就认识。钱学森比我早一届，他的几个同班同学与我是南开中学的同学。1933年，钱学森和他们都是中国共产主义青年团团员。1934年，钱学森临近毕业的时候对我说过一句话，这句话到现在我还记得。他说："现在这个时候，读书不能救国，不搞政治和革命是没有出路的。"我是听了钱学森的话，后来才接近中国共产党的。但他也说过"革命能坚持下去的就坚持，不能坚持下去的就不要坚持了"。后来他们都退团了，钱学森也退团了。

1935年我毕业于交通大学（上海）电机系。那时候，能在交通大学读书就等于找到了铁饭碗，铁道部负责给相关专业的毕业生分配工作。毕业后我被分配到南口机场，搞机械工程。可是，我想从事电信方面的工作。白崇禧的第四军团在南宁办了一个无线电工厂。我听说，李宗仁、白崇禧在广西的统治还是励精图治的。我就通过交大同学的关系，去了广西，在无线电厂担任电子工程师，在那里干了半年多。那时候我的待遇很好，但第二次蒋桂战争即将开始，派系斗争非常激烈，同时国民党军队"围剿"共产党的根据地。后来我离开广西，去了上海中国无线电业公司。当时我参加了大型无线电发射机的设计研制工作，在上海工作了一年多。

1937年抗日战争爆发后，整个上海的氛围比较紧张，抗战的气氛逐渐显现出来。八一三淞沪会战以后，上海受了很大影响，我所在的工厂从上海先迁到武汉，我就跟着去了武汉。后来，工厂又要迁到四川重庆，我没跟着去。那时候，有几个比我晚两三届的同学，比如周建南[①]、杨锦山[②]等，还差一年大学毕业。他们经常与我通信，在信中告诉我，他们想去延安。后来在武汉办事处，他们与董必武见了面。他们凭着那股爱国热情，决定投奔延安，参加革命。当时国民党打了败仗，而八路军节节胜利的消息不断传来。我对共产党取得政权寄予了很大的希望。当时我的未婚妻杨敏如[③]在北平，我想，谁能打回北平，我就跟着谁走。所以，我也打算奔赴延安。我所认识的交通大学（上海）同学共有5个人去了延安，他们是集中走的，我是自己去的。杨锦山比我晚两届，我最熟悉，最终他由

---

① 周建南（1917—1995），江苏宜兴人。1938年赴延安，1940年加入中国共产党，后在重庆从事党的秘密工作。曾任机械工业部部长、中共第十二届中央委员。

② 杨锦山（1915—2010），祖籍安徽怀宁，生于山海关。1937年毕业于交通大学（上海）电机学院，后在南京电厂、贵阳汽车修理厂和炼油厂以及昆明电工器材厂任副工程师。1947年被派往美国西屋电器公司等有关工厂实习。1948年回国后曾任上海吴淞机械厂厂长、第一机械工业部四局上海综合设计处处长、上海汽轮机锅炉研究所副所长、机电部上海发电设备成套设计研究所副所长兼总工程师。

③ 杨敏如（1916—　），女，江苏盱眙人，罗沛霖的妻子，杨宪益胞妹。1934年燕京大学中文系毕业，后考取燕京大学硕士研究生。1940年后曾执教于南开大学中文系。1954年到北京师范大学中文系任教。曾任第五届全国妇联执委，民盟中央妇女委员会第五、第六届副主任等职。

于在上海生病了，没去成延安。

我先到了西安。原本打算找南开中学的校长帮我介绍一下，可是他已经不在那里了。我就给八路军西安办事处写了一封自我推荐信，介绍了我在无线电技术方面的专长。好像当时林伯渠是中共中央在西安的代表，他要亲自接见我。恰巧李强①从苏联回来，路过西安。李强是1920年代参加革命的，在苏联原本是土木工程师，之后改学电信，并且在电信方面很有成就。林伯渠把我写的信拿给李强看，征求李强的意见。李强对林伯渠说：这个人搞电信有些经验，对我们有用，把他留下。

1938年我到了延安，在中共中央军委第三局工作。军委第三局是管通信的，王诤②担任局长。军委第三局决定在延安创建通信材料厂，尝试批量生产电台。这是边区第一个通信器材厂。我以前接触过通信方面的工作，有些经验，王诤也让我参与了。我很快投入到工作中，担任工程师，主持技术和生产。那一年，我和同事们用猪油代替润滑

1938—1939年罗沛霖在延安中共中央军委三局通信材料厂担任工程师，图为该厂在西川河畔盐店子的旧址

---

① 李强（1905—1996），原名曾培洪，江苏常熟人。中科院院士（1955）。南洋学堂土木工程专业肄业。1931年赴苏联，先后在共产国际交通部和邮电部通信科学院工作和学习。1938年回国后任中央军委军事工作局局长、延安自然科学院院长等职。1949年后曾任邮电部电信总局局长、对外贸易部部长。

② 王诤（1909—1978），江苏常州人。1930年参加中国工农红军，从事无线电通信。1949年后历任中央军委通信部部长、邮电部党组书记、国家电信工业局局长、第四机械工业部部长等。

021

油、用木头做绝缘材料制作了手工电台，后来全部被送往抗日前线。

我在延安很受优待。我的津贴是朱德总司令的4倍。他每月津贴是5元钱，我的是20元钱。尽管我在别的地方比在延安拿的津贴更多，一个月是100多元，但是在延安，我们这个系统，作为技术人员，我的津贴算是最高的了。延安的生活很艰苦，天天吃小米，睡土炕，我还好，多数时候都睡在木板床上。

1939年，胡宗南在延安南边活动，宁夏那边是马奎，日本人曾经驻扎在黄河东岸，延安局势紧张，面临着三面敌人夹攻，很危险。此时，延安的城门已经弃掉了一半，延安军民随时准备迎战。由于延安人员太多，并且处于离散状态，中共中央决定缩编，一部分人留在前线，一部分人调往重庆。因为我以前在白崇禧的第四军团的无线电厂工作过，延安党组织请广西党组织调查了我的情况。恰巧广西当时出了一个是托派、叛徒、汉奸的人，叫王公度。广西党组织给延安回了一份电报。电报说，罗沛霖既然在广西待过，你们要了解一下他与那个汉奸有没有关系。在广西的人不去了解情况，却让延安的党组织了解，这等于给中央组织部门出了一道难题。那时候，王诤派人对我说，尽管我们觉得你没有问题，与那个汉奸没有关系，可是我们收到这样一份电报，怎么办呢？没办法，我们只好让你离开延安了。所以王铮把我派到了重庆。

王德禄：谁让广西调查的？

罗沛霖：我们敌工部第一战区的工作人员让调查的。抗战期间，敌工部在很多地方有办事处，桂林也有。敌工部在军委里面属于接近机要的部门。要把我派到重庆，重庆方面要人也一定要历史清白的。我记得通讯材料厂厂长段子俊[①]曾问过我，你在广西的时候认不认识王公度？与王公度

[①] 段子俊（1913—2006），河南济源人。1936年毕业于苏联莫斯科交通学院。曾任中央军委三局业务处处长、中央军委驻东北通讯联络分局局长等职。1949年后，曾任第三机械工业部副部长等职。

有关系吗？我告诉他，我没听说过这个人，我只不过在广西的工厂待了一年多，利用他们的一些条件做实验。我还在广西做了一个电台，这个电台后来怎么样，我不太清楚。当时我不知道段子俊这是在调查我，也想不到后来会出现党内整风、"文化大革命"等运动。实际上，直到"文革"开始后，我才知道王公度这个人。

去重庆之前，他们让我到重庆后给延安写封信。写还是不写？正在犹豫的时候，我恰巧在重庆碰见了周建南同志，所有的事情就都知道了。周建南他们比我早一点到重庆，我在路上耽误了时间。他们在延安时见到了徐冰①同志，徐冰领导他们学习。

当时重庆的地下党组织按照周恩来的指示，正在筹建青年科学技术人员协进会（简称青科协）。我们租房子、募款、开公司，忙得不亦乐乎。周建南、孙友余②和我三个人住在一起。当初办企业的资金，大部分是我从未来岳母那里筹集来的。关于这段历史，后来专门有人写了文章。我们的上级领导是徐冰，时任周恩来的秘书。徐冰做统战工作，派人支持章乃器搞企业，我被派到了章乃器手下工作。章乃器是"七君子"之一。章乃器创建的公司是上川实业公司，由上海银行出资，在四川成立的，章乃器任总经理。可以说，那个时候，我一方面参与办企业的事情，另一方面在章乃器那里搞技术工作。

不久，皖南事变发生了，青科协引起了国民党的注意，我也受到特务

---

① 徐冰（1903—1972），河北南宫人。1920年代赴德国和苏联留学。1928年任中共中央秘书处翻译。1937年到延安，1939年赴重庆，任中共中央南方局文宣委秘书。1949年后，任北京市副市长、中共中央统战部部长。1972年3月遭受迫害离世。1979年8月获平反。
② 孙友余（1915—1998），安徽寿县人。交通大学（上海）肄业。曾任中央军委三局器材厂技术指导员。1939年被派往重庆中共中央南方局做统战工作。1941年后负责秘密交通和情报工作。1949年后，历任纺织工业部处长、第二机械工业部副局长、第一机械工业部副部长。

们的监视。为了掩蔽，1941年2月16日，我和杨敏如在重庆举行了婚礼。那是一场特殊的婚礼，是我们俩与她的哥哥、嫂子四个人一起举行的，英文叫"double wedding"。杨敏如的哥哥叫杨宪益①，从英国留学回来的；嫂子叫戴乃迭②，是个英国人。当时有很多人到场祝贺，当然不乏中共地下工作者。南开中学校长张伯苓是我们俩的证婚人，中央大学校长罗家伦是他们俩的证婚人。张伯苓是南开中学的校长，我爸爸跟他认识。我是从天津南开中学毕业的，杨敏如是重庆南开中学的老师。所以我们与张伯苓都非常熟悉。

那时候，在重庆的中共党组织有两个系统，一个是南方局系统，另一个是重庆地方系统。南方局系统中的人彼此都了解，而重庆地方系统是单线联系，彼此不了解，像《红岩》里讲的情况一样。后来重庆党组织被破坏得相当厉害。"文革"的时候，他们审问我，重庆党组织被破坏了，你是怎么混下来的？我说，我根本不属于重庆党组织，我是南方局系统的。他们说，你们系统也有叛徒。我说，反正我们这几个人中没有叛徒，如果有人成了叛徒，我不会不知道的。我是在1940年申请入党的，延安一直保留着我的档案，直到1982年才解决我的党龄问题。

我到重庆后与地下党党员徐冰联系，当时徐冰是公开人物，负责统一战线工作。经周建南同意，请示徐冰，周建南帮我写了证明。那个证明是1941年周建南回到延安后写的，内容如下：

---

① 杨宪益（1915—2009），祖籍安徽盱眙，生于天津。1934年天津英国教会学校毕业，后到牛津大学墨顿学院研究古希腊、法国及英国文学。1940年回国，历任重庆大学副教授、贵阳师范学院英语系主任、成都光华大学教授。1953年调任北京外文出版社翻译专家。

② 戴乃迭（1919—1999），女，英国人，英文名Gladys Yang，生于北京，杨宪益的夫人。1937年考入牛津大学攻读法国文学。1940年回到中国。在以后半个世纪的时间里，夫妻联袂将中国文学作品译成英文，从先秦散文到《红楼梦》，达百余种。"文革"中遭遇4年牢狱之灾。

经我们请示徐冰同志，罗沛霖一直与我们一起做统战工作，特别是技术领域的统战工作。罗沛霖可以与徐冰直接联系。1940年下半年，罗沛霖向孙友余提出入党要求，经我们请示董老（董必武）及徐冰同志。董老指示我们要发扬党的传统，组织团结一批党外技术人员，更利于为党工作。不一定入党，可向罗沛霖做说服工作，因此他在那一段视为"入党"，可参加党内工作。罗沛霖是我们在延安工作的可靠的同志。

皖南事变后，我到中国兴业公司的电信厂工作了一年，后转入中央无线电器材厂。这期间我一直在重庆工作。1947年党组织通知我，新中国成立指日可待了，我们社会主义建设需要人才，你在技术方面具备一定的能力，党组织决定派你出国，开开眼界，能实习就实习，能入学拿个学位也行。

钱学森建议我去美国留学，并为我写了推荐信。因为我以前在国外发表了一些科研论文，加上钱学森的推荐，美国加州理工学院同意接收我。如果仅凭考试成绩，我考不过别人。这样，中共党组织资助我几百美元，1948年秋天我去了美国，当时我已经35岁了。去美国之前，国内政局很乱，国民党开始乱抓人，有人告密说我是共产党，这件事加快了我赴美的进程。

王德禄：您是1948年由中国共产党资助留美的，您能把这个情况说一下吗？

罗沛霖：中共党组织派孙友余来找我，让我想办法去美国学习。因为共产党看到解放战争胜利在即，而即将开始的社会建设需要人才。当时孙友余搞地下工作，我就是通过他与党组织取得联系的。那时候党组织已经派了几个人出国。

像我这样由中共党组织资助出国的，我不知道具体有多少人。我认识的有一个是张大奇，他也是1930年代的共青团员，通过我们与党联系上了。张大奇在重庆考取了国民党的自费留学，有资格买官价外汇。中共党组织给他资金，他买了外汇。张大奇比我小两岁，学电机的，他后来担任第一机械工业部（简称一机部）第八设计院院长。那时候他搞机械和做情报，回到北京后担任机械情报所所长。

刚过世的王天眷也是中共党组织派去的。王天眷曾经告诉我，一定要好好学习，要成为一个学者。当时王天眷也是中共党员，在九一八事变时，因积极参加学生抗日活动，学校把他开除了。当时开除了四个人，我只记得他的名字。后来我才知道，他也是交通大学（上海）的。王天眷被开除后到了清华大学。

王德禄：请您讲一讲在美国留学的经历。

罗沛霖：我到了加州理工学院，学院同意我不用念硕士，直接念博士。因为我在交通大学（上海）本科所学的课程比较多，加州理工学院的很多课程都学过，他们也认可，所以他们安排我搞电机方面的研究工作。后来，我在电机理论上有所创新，做出了一些贡献。那时我觉得是党组织派我出来留学的，不能浪费时间，否则对不起党组织，所以我打算在两年之内把博士读完。

朝鲜战争爆发后，中美关系比较紧张，我开始准备回国。我向指导我的电机教授提出，提前进行答辩。这个电机教授是美国电工学会的理事长，当年在美国的高压绝缘和电机领域很有地位。美国第一个超高压变压器就是他做的。他劝我说，你还是留在这里吧，你在美国的待遇比回国要好，咱们系里给你最高的奖金，又给你安排工作，奖金和工资加在一起一年有2000多美元，你何必回去呢？我说，不行啊！战火烧到我的家门口了，我能不回家吗?! 我还跟他说，无论我能不能拿到博士学位，我都要回国。他认为我完全够资格拿博士学位，还说，你就拿这个科研成果作为学位论文吧。按照加州理工学院的规定，要在校注册27个月才能拿到博士学位，我在校注册了 22 个月就把学分修完了。根据我的情况，他免除了我剩下的 5 个月学习时间。我匆匆忙忙参加了答辩。答辩会当然是那个教授当主任委员了，他曾经获得过诺贝尔物理学奖。在我回国之后，1952年，学校给我授予了博士学位。

王德禄：您在美国参加留美科协了吗？

罗沛霖：我在美国西部参加了留美科协。留美科协有一个成员叫金荫昌，在旧金山。留美科协在旧金山搞活动比较多，洛杉矶因留学生比较少，科协的活动不多。有一次，金荫昌来洛杉矶找我，刚好那天我有事不在，没有见到。金荫昌临走前让别的同学给我捎了一个口信，让我回来后与他联络。因为平时都是我在洛杉矶组织同学读报，像《洛杉矶日报》、《纽约日报》等。当时我与国内党组织有联系，党组织并没有告诉我留美科协的事情。我想，既然我在洛杉矶，就有责任替党组织做一些事情。后来，我在加州理工学院创办了留美科协的分会。

南加州（即洛杉矶地区）有三个比较有名的大学，最有名的是加州理工学院，其次是加州大学洛杉矶分校（UCLA），第三个是南加州大学（USC）。这几个学校都有中国留学生。南加州大学留学生少一点，每次都得到加州理工学院参加活动。因三个学校相距很远，三个人就采取轮流坐庄的办法。我们的活动比较丰富，留美科协的侯祥麟等人回国路过洛杉矶时，都是我们接待的。

王德禄：您从美国离开的时候遇到麻烦了吗？

罗沛霖：当时的情况是，香港不允许中国留学生过境，不给办理过路签证。香港当局的理由是，香港人太多了。当时从美国到中国上海的轮船已经停航了，回中国十分麻烦。有的学生乘坐其他国家的货船，兜了一个大圈子，花了很长时间才回到中国。当然也有人在香港有亲戚或者别的关系，可以拿到香港签证。我们在波士顿的同学，找了美国轮船公司，责问他们为什么不让我们坐船回国。正在这时，加拿大的太平洋运输公司跑来了，让我们中国留学生坐飞机到加拿大，再从加拿大坐船到香港。这样一来，美国政府急了，在议会开会时，两个参议员质问：为什么有生意让加拿大做，不让自己国家的公司做？后来，香港开放了，允许中国留学生过境回国，从此以后，中国留学生开始搭船回国，每一班轮船都有很多人。我还没有拿到学位证的时候，已经动员几个同学回国，像庄逢甘①、郑哲敏②。不过郑哲敏当时没有回来，1955年才回来。

当时美国政府已经开始迫害钱学森了，隔两个星期联邦调查局的人就要找他调查一次。钱学森知道我在哪里，我的事情他都知道。钱学森从交通大学（上海）毕业后，考取了清华大学的公费留学生去美国，1947年在美国麻省理工学院做教授。他是1949年夏季回到加州理工学院的，那时我几乎每个星期六都是在他家度过的。他遭到美国政府的迫害后，跟我商量该怎么办，我也拿不出主意。那时候，美国政府不但不禁止一般中国留学生回国，还给提供路费，甚至遣送回国。钱学森受迫害以后，我知道会牵连到我，所以我急忙离开了美国。当时每班轮船有120多个舱位，我去买船票的时候，船票已经卖完了。实际上，只有34位中国留学生买到了船票。美国轮船公司想做生意，他们让我先坐飞机到夏威夷，在那里上船。因为有一客人要在夏威夷上岸，让我补那个人的空位。当时我急着要

---

① 庄逢甘（1925—2010），江苏常州人。中科院院士（1980）。1946年毕业于交通大学航空工程系，1947年赴美留学，1950年获加州理工学院博士学位。1950年9月回国，历任中科院数学所副研究员，哈尔滨军事工程学院教授，航天工业部总工程师和第一、第三研究院副院长等职。

② 郑哲敏（1924—　），原籍浙江鄞县，生于济南。中科院院士（1980）、中国工程院院士（1994）。1947年获西南联大电机工程系及机械工程系学士学位，后任清华大学助教。1948年赴美留学，1949年、1952年分别获美国加州理工学院硕士、博士学位。1955年回国，历任中科院数学所副研究员、力学所所长等职务。

走，因为晚了也不知道会闹出什么事情。我急忙买了机票飞到夏威夷，在那里又等了三四天才上船。船上的中国学生看到我，感觉很奇怪，怎么突然从夏威夷上来一个中国人？我是乘坐总统轮船公司第一班轮船"克利夫兰总统号"回国的中国留学生，如果乘坐下一班轮船，可能我也会被美国政府扣留了。乘坐第二班船的罗时钧①，实际上是代我受难的。他们的船到日本时他被扣留了。那班船到菲律宾后，美军又抓了一个中国留学生上岸，了解情况后发现不是他们要找的人，就放了出来。那次肯定是要找我的，因为每个星期都去钱学森家的只有我，没有别人。在他们要抓我之前，我抢先走了。这批人回国的旅费是由美国政府提供的，由轮船公司找美国政府结账。

王德禄：您回国以后的工作是怎么安排的？

克利夫兰总统号（President Cleveland）

1947 年为 Bethlehem Alameda Shipyard 建造，排水量 2.38 万吨，自重 1.04 万吨，载货总重 1.54 万吨。全长（LOA）186 米，船宽 23 米，设计吃水深度 9 米，时速 20 海里；货运能力 5490 立方米，乘客舱位有一等舱、经济舱。龙骨铺设时原为海军运输服役（Admiral D. W. Taylor 海军上将泰勒），下水前重新由 APL 公司设计成客运邮轮，下水后命名为"克利夫兰总统号"。1973 年 2 月 9 日卖给海洋运输发展公司（Oceanic Cruise Development, Inc., 董浩云集团, C. Y. Tung group），并更名为"东方总统号"。1974 年在台湾高雄报废。

---

① 罗时钧（1923— ），江西南昌人。1945 年毕业于中央大学（重庆）航空工程系，后任中央大学助教。1947 年赴美留学，1948 年获明尼苏达大学硕士学位，1950 年获加州理工学院博士学位。1950 年 8 月回国，历任中科院数学研究所助理研究员、哈尔滨军事工程学院教授、空气动力学教研室副主任等。1970 年起任西北工业大学教授、空气动力学研究室主任、副校长。

罗沛霖：我是党组织派出去的，得通过党组织回来。我原来的上级是王诤，在延安的时候同王诤关系很好，我们经常保持联系。我出国以后，中共南方局将我的情况都向他通报。新中国成立后，徐冰曾任北京市副市长，搞统战工作。回到北京，我没找到徐冰，就去找王诤了。后来跟我谈工作安排的是张灵（音）。我被分配到正在组建中的电信工业管理局，任技术处长。工业部门像我这样拿到博士学位的人很少，我与中科院、科委、大专院校、经委技术局以及科委技术局联系很多，长期从事科技管理方面的工作，所以我在科学界的人脉很广。

我回国后做了一些工作。第一项工作是，我制造了抗美援朝用的无线电台。当时国内用的是加拿大生产的由美国零件改装的，它不符合我们的要求，需要重新改装。设计和改装工作都是在我以前工作过的天津712厂进行的。为了完成这项工作，我用了很多以前的小创造和小发明。第二项工作是，派我到民主德国建立一个联络电台。本来我们要创建一个自己的电台，民主德国当时跟我们关系比较好，我们就租用民主德国的电台，民主德国的电台完全有能力保障我们的需要。第三项工作是，到民主德国考察，目的是建立我们的无线电工厂。

王诤当时想要开办三个技术工厂，一个是电子管厂，一个是电子元件厂，还有一个是自动交换机厂。我们向苏联寻求援助。苏联方面说，我们的无线电元件都要靠民主德国的帮助，你们还是直接找民主德国吧。实际上，民主德国在这方面的水平更高。所以这个项目转到了民主德国，让我负责这项工作。为了这件事，我参观了民主德国的几十个工厂。回国以后，我们内部却认为苏联的比较先进，民主德国的比较落后。历尽千辛万苦，1956年一个大型的无线电厂在中国建成了，上级派我到那个厂，后来由张家口市管工业的副市长李贯英担任厂长。

要说我有贡献，就是1956年参与了《1956—1967年科学技术发展远景规划纲要》的制定。当时国务院成立了科技规划委员会，并邀请了近百名苏联专家，帮着我们搞十二年科技规划。这就要求我们的人与苏联专家配合，我开始专职做配合苏联专家的工作。规划纲要提出13个方面57项国家重要的科学技术任务，并确定了12个具有关键意义的重点项目或课题。对某些特别重要而在我国却比较薄弱的环节采取紧急措施。当时有四大需采取紧急措施的环节，除了电子学，还有半导体、自动化和计算机。电子组的组长是王士光[1]，副组长有四个，孟昭英[2]、马大猷[3]、钱文极[4]和我。

关于信息工程，我负责讲课，因为信息论实际上就是关于通信的比例问题，我专门学过这方面的知识。大家对信息论的很多基本原理很感兴趣，因为我有统计数学的基础，再加上雷达方面的文献掌握得比较快，所以也参与了这项工作。在雷达信息方面，雷达这块真正的总设计师是张直中[5]。

---

[1] 王士光（1915—2003），原名王光杰。天津人，王光美的四哥。清华大学无线电系肄业。1949年后，历任中央军委电信总局工业管理处处长、第四机械工业部副部长、电子工业部总工程师。

[2] 孟昭英（1906—1995），河北乐亭县人。中科院院士（1955）。1928年毕业于燕京大学，1931年获得清华大学硕士学位。1933年赴美留学，1936年获加州理工学院博士学位。1936年回国，任教燕京大学、清华大学。1943年再度赴美做科研和教学，1947年回国，任清华大学物理系和无线电系教授。1957年错划为"右派"，1979年获改正。

[3] 马大猷（1915—2012），广东潮阳人。中科院院士（1955）。1936年毕业于北京大学。1939年、1940年分别获得美国哈佛大学硕士、博士学位。1940年回国，历任清华大学、西南联大教授，北京大学工学院院长、哈尔滨工业大学教务长、中科院电子所、声学所研究员、副所长等。

[4] 钱文极（1916—2006），原名钱景伊，江苏太仓人。同济大学肄业。1938年到延安，从事通信器材装配。1949年后，历任国防部第五研究院二分院副院长、第四机械工业部通信工程研究院院长。1980年负责创建了北京信息工业学院。

[5] 张直中（1917—2011），浙江海宁人。中国工程院院士（1994）。1940年毕业于浙江大学电机系，1945—1946年先后在英国Leicester大学和通信兵学院（R.E.M.E）、E.M.I无线电制造厂做访问学者。1955年后历任第二机械工业部720厂（后改名为南京雷达总厂）设计科科长、副总工程师，国防部第十研究院或第四机械工业部第十四研究所（南京）副总工程师、总工程师，电子工业部第十四研究所科技顾问等。

王德禄：请您讲一讲"文化大革命"期间的经历。

罗沛霖：我回国后重新申请入党，人家说我的经历太复杂，入不了党，拖了很久，一直到1956年3月24日才正式批准我为预备党员，到1959年才转正。"文化大革命"又把我的党籍问题扯出来了，街道造反派把我家抄了，抄得相当狠，我岳母剩下的首饰都让他们给抄走了。1968年秋天清理阶级队伍的时候，他们说我们夫妻俩是"特务"，把我们关起来了。我被隔离审查，我妻子也被隔离了，就剩我老岳母在家里。一直到中共九大召开的时候才解除隔离，把我送入干校。实际上，那个时候我们都被认为是资产阶级，直到1972年才给我恢复党组织生活。

"威尔逊总统号"邮轮上的真实故事 3

鲍文奎 口述①

采访人：樊洪业
访谈时间：1979年4月
访谈地点：北京农林科学院内鲍文奎家
整理人：樊洪业

受访人简介

鲍文奎（1916—1995），浙江宁波人。作物遗传育种学家，中科院院士（1980）。1939年毕业于中央大学农学院农艺系。毕业后在四川省

---

① 在1979年《自然辩证法通讯》杂志创刊号上发表《李森科其人》一文之后，我奉派选择与李森科主义有关的国内事例，为此采访了鲍文奎先生和当时在北京医院住院的农业部副部长刘瑞龙，成文以《鲍文奎：绿色的目标》为题发表于同杂志的第3期。当时因担心涉密，全部删除了与赵忠尧事件有关的文字，但保留了忆述这部分内容的采访整理稿。因可补本书其他采访者忆述之不足，故提供发表。——樊洪业注

农业改进所麦作股工作。1947年夏赴美留学,1950年6月获加州理工学院生物系博士学位,同年8月回国,历任四川农科所食粮组副主任,中国农业科学院作物所研究员、副所长,北京农业大学教授。1951年起以各类作物的人工多倍体为对象研究人造新物种如何使之成为人工新物种,首次将异源八倍体小黑麦应用于生产,育成"小黑麦2号"、"小黑麦3号",第二代矮秆八倍体小黑麦品种"劲松5号"和"劲松49号"。著有《禾谷类作物的同源多倍体和双二倍体》、《八倍体小黑麦育种与栽培》。1978年获全国科学大会奖。

出国前

我是宁波人。祖上几代很贫穷,到我父亲这一辈,他做经营草席的买卖,有了些积蓄,就在乡间置地,成了地主。我是我们家中五世单传的独苗,家境宽裕,有条件供我读书,一直很顺利。1935年我考入南京中央大学农学院的农艺系。读了两年,抗战爆发,学校内迁到重庆沙坪坝,我又读了两年。1939年毕业,由金善宝教授推荐到成都的四川农业改进所工作。先是搞小麦育种和栽培研究,后来跟随李先闻先生做小麦和粟的细胞遗传学研究。在那里的几年中收获很大,与李先闻、李竞雄联名发表了好多篇文章。李先闻老师很有成就,后来当选为中央研究院院士,新中国成立前夕去了台湾。李竞雄后来做玉米杂交,也很有成就。我和他在中国农科院作物研究所同事多年。1971年,我们下放到北京农林科学院,所以家就搬到这里了。去年6月决定恢复原有机构,我们很快又搬家了,再次回到农科院的大院。

1947年夏,我到美国留学。是李先闻先生推荐的,得到了资助,到加州理工学院生物系攻读博士学位。留学三年,每年

1950年初鲍文奎在加州理工学院生物学实验室(鲍文奎提供)

需600美元,政府只给了留学一年的钱。按学校规定,所有课程成绩在B以上的学生,可以申请奖学金,我就申请了三年的奖学金。这期间,我半工半读,每月能得100美元,生活费就够了。

加州理工学院生物系,从1930年代起成为国际遗传学研究的中心。我去的时候,摩尔根已经去世,由"化学遗传"的创始人G. W. 比德尔领导。我也赶时髦,学习化学遗传,拿微生物做研究材料。我的导师是S. 爱默生,指导我研究链孢霉菌的一个隐性突变体的基因作用机理,我由此完成了博士论文。在这项研究中,我如果继续追踪下去,会在生化遗传机理方面有所发现。

当时,我们读遗传学的留学生,已经知道苏联在1948年8月召开的苏联农科院会议,知道了斯大林支持李森科攻击摩尔根基因学说和迫害苏联遗传学家的事情。当时在美国有些进步书店出售苏联出版的书,常去书店的人会受到监视。但是我还是进去买了一本李森科的英文版的《论生物

科学现状》。读了这本书，我感到困惑，想找人讨论讨论，人家说"无聊"。我们是搞科研的科班出身，认为李森科的东西不是科学的，没有可靠的实验数据，只是讲理论观点要人相信。科学的东西可以随便想，但需要有办法证实，这是实验科学。科学工作需要假定，但不能把假定的想法当真理，不能在第一个假定还没有证实的情况下就又急着根据第一个假定去推导第二个假定。苏联李森科他们就是这套作风。

  1949年，国内军事、政治形势已经很明朗。我很高兴，想早些回来。当时有个留美科协的组织，动员留学生回国，我参加了这个组织。1950年6月，我本来应该参加授予博士学位的毕业典礼，但是这期间我被选为洛杉矶的代表，要到芝加哥参加几天留美科协召开的年会，我就放弃了毕业典礼，跑到芝加哥去了。参加年会的有几十人，主题就是动员大家回国参加建设。我当时拍摄了室外会场的照片。

  回国干什么呢？从政治方面说，看来生化遗传是不能搞了。我在国内跟随李先闻先生做植物染色体分析的时候，对多倍体育种产生过兴趣。我想如果在这方面尽快把科学上的最新成就应用到农业生产上去，可以让人们见到实用效果，以此绕开理论学说观点上的争论。哪个国家不搞农业增产呢？我

1950年6月留美科协在芝加哥召开动员留学生回国的会议（鲍文奎提供）

确定了这样一个目标,决心尽快回国,因此,抓紧时间购买了为开展多倍体育种必需的药剂秋水仙素、X 光与紫外灯管以及相关的专业书籍。

归途

我是 9 月初乘坐 4.5 万吨的"威尔逊总统号"邮轮回国的。① 回国前先是发生了钱学森事件,他本来是要去加拿大坐飞机回国的,只是行李由我们乘的那条船托运,海关检查时把他的行李扣下了,接着人也被扣下了。坐那艘船回国的中国人很多,同时从加州理工学院离开的人,除了我之外,还有赵忠尧②、沈善炯③和罗时钧。

赵忠尧是搞核物理的,国民党政府派他到美国学习、了解核物理学前沿的知识,并负责购买有关的科研设备。他已经陆续把装配加速器的一些大件设备发运回国。就在这个过程中,国内政权变了,他还坚持按原来的计划进行。他要冒着风险把静电加速器的图纸以及真空管等小零件随行李带回来,就把这些东西交给我,放在我的行李箱中保存,因为我是学生物的,与原子弹没有关系。我们上船的时候,美国方面对赵忠尧的行李做了

---

① 根据《沈善炯自述》(湖南教育出版社,2009 年)第 58 页,登船离开洛杉矶的确切时间应是 8 月 31 日。

② 赵忠尧(1902—1998),浙江诸暨人。中科院院士(1955)。1925 年东南大学毕业,1927 年赴美国留学。1930 年获加州理工学院理学博士学位。1931 年回国,先后在清华大学等多所大学任教。1946 年再次赴美做研究。1950 年回国,历任中科院近代物理所、原子能所、高能物理所研究员,中国科技大学近代物理系主任。全国人大第一、二届代表及第三至七届常务委员。

③ 沈善炯(1917—),江苏吴江人。中科院院士(1980)。1942 年毕业于西南联大生物系。1947 年赴美留学,1950 年获加州理工学院博士学位,后到威斯康星大学生化系当博士后研究员。1950 年 8 月辞去威斯康星大学聘约,离美回国,历任浙江大学医学院副教授,中科院上海植物生理研究所研究员、副所长,中科院上海微生物研究所副所长等。

1950年8月31日，100多位中国留学生乘坐"威尔逊总统号"邮轮离开旧金山回国，回国途中在船尾合影（朱小鸽提供）

严格检查，扣下了他的所有图书，并且当时还问了一句"钱学森在不在"。

威尔逊总统号（President Wilson）

1948年由Bethlehem Alameda造船厂承造。规格同"克利夫兰总统号"（姊妹船）。原为海军运输服役，下水前重新由APL公司设计成客运邮轮，下水后命名为"威尔逊总统号"。1973年4月27日卖给海洋运输发展公司（董浩云集团），更名为"东方皇后号"并移交至巴拿马旗下。在香港搁置了8年半后报废卖掉，1984年在台湾高雄拆解。

我们途经檀香山时还没什么事，到日本横滨时就出事了。原打算到横滨时要上岸玩一玩的，结果是船不准靠岸，在横滨港近海处抛了锚。早晨7点钟时，广播叫人，叫的正是我们加州理工学院的四个人，赵忠尧、罗时钧和沈善炯就起身去了。① 我有晚睡晚起的习惯，叫我时我还在睡觉，没听到。他们三个长时间没有回来，过了中午，大家才知道他们被扣下了，于是商量怎么办。我们决定写信给我国政府报告情况，同时写信给美国国务院提出抗议，还发动大家分别写信向各方求助和通报。我写了两封信，其中有一封是写给加州理工学院校长 Du Bridge 的。在船上寄不出去，我就把信贴上美国邮票，托船上的美国人到岸上给寄出去了。另外，估计到各种可能性，我与船上的留美科协的负责人商量，需要把赵忠尧藏在我箱子中的东西转移一下。他们很快就安排妥当了。船到菲律宾马尼拉时，还是不靠码头。这回轮到我了。晚上7点钟，广播呼叫我。我应声去了，在一个舱室中有四个人等着我，两个美国人，两个菲律宾人，都是警察。那两个美国人是从日本坐飞机赶来追我的。他们说要检查我的行李，没查到什么。美国人说要把我扣下，据说船上工作人员告诉警察，在菲律宾的国土上抓人，必须补办正式手续。当天晚上得到天气预报说第二天有台风，清早必须开船。这样就没有抓我，搜查和盘问了我三个小时，过了这一关。只是把我的笔记本扣下了，他们看不懂本子上记的科学符号，说是要找人去鉴定。②

9月19日船开到香港，还是不许我们上岸，乘小船经九龙到深圳，在国门之外我们像被押送的犯人。进了国门之内，政府就派人来接，陪着我

---

① 关于"赵忠尧事件"的细节，见《沈善炯自述》第60～77页。
② 有关船上留学生的组织情况以及转移图纸等情况，在本丛书《朱康福自述》和《涂光炽回忆与回忆涂光炽》两书中有所记述。两书均于2010年由湖南教育出版社出版。

们到广州并安顿下来。赵忠尧他们三个人比我们晚回来大约两个月。赵先生后来在中国科学院近代物理研究所工作,利用从美国运回和带回的零件装配成了我国最早的静电直线加速器,开展核物理研究。1950年代后期我也到了北京,曾多次拜访过他。

回国后

回国之初,感觉知识分子政策很好,干什么工作由我们自己选择,去工作单位的旅费由政府出。没回来之前,罗宗洛所长邀我到上海植物生理研究所去。但我更想回四川,到我原来工作的单位,当时名称已改为农科所。我到了所里,人很熟,军代表也很支持我做多倍体育种。当时四川刚解放,经济很困难,工作经费以大米做标准,给我拨了4万公斤大米。我觉得中国共产党办事真痛快,自己很受鼓舞,劲头也足,花了半年时间就把谷类作物多倍体实验室建成了。由我负责,给我分配了三个技术人员。

1951年年初,我们开始了多倍体诱变选种,用秋水仙素处理幼苗。1951年冬,李森科的风吹过来了。1952年10月,农业部在北京举办《米丘林农业植物遗传选种和良种繁育学习班》,由李森科的坚定支持者伊万诺夫讲授米丘林遗传学。李森科否定多倍体育种,曾说过"秋水仙素是毒药,植物不需要"。在四川省某些领导的眼里,把对多倍体的态度看作是区分进步与反动的标志。有点幸运的是,1952年秋天所里来了一位副所长,叫王楚材。他知道上面对多倍体的态度,但是他来所以后先做调查研究,看我们的总结材料,跟我们谈话,了解情况。过了三个月,他对我说,看不出有什么反动的,可以研究下去。就这样,虽然外面批判摩尔根遗传学批得很厉害，但我们在1953年、1954年还是继续做研究。1953年获得了第一代有繁殖能力的小黑麦品系。

1954年秋收之后，开始整地，准备冬播。这时批判摩尔根遗传学的浪头也达到了顶峰。压力太大，王楚材也扛不住了，他对我说，秋水仙素就不要用了。好在这两年中我们已经得到了四种作物的人工多倍体。11月，省里召开农业生产大会，有1000多人参加。省委主管农业的书记赵林同志在会上点名批判王楚材，说他的屁股坐到美帝国主义的板凳上了。接着把科技人员留下来，专门批判我一个人，让王楚材主持会议，要我做检查，有省农业厅派来的人坐镇。我的检讨通不过。后来我说，不能只让我检查，应该让我讲话，讲我的道理。他们批判我，只会唱高调，没有事实，争论不出结果，只能从李森科的本本中念几句话下结论。做了结论之后，就把我试验田的幼苗全部用犁铲掉，把栽在盆子里的苗拔掉。我的助手严育瑞是含着眼泪去拔苗的。几天以后，王楚材所长就被撤职调离，这项工作也就停止了。

田里的活没法干了，只能在办公室中做工作总结。思想上想不通，很苦闷，不知道党的政策是怎么回事。我仔细读了《列宁、斯大林论科学技术》那本书①，认识到党的政策还是讲科学的，比如其中有列宁论述知识分子了解共产主义要通过自己的道路，读后很受教育和鼓舞，我就给农业部负责人刘瑞龙②和杨显东写信。不到两个月，部里给省里发了电报，说多倍体育种要恢复，这是1955年7月份的事情。但是，到8月份搞"肃反"运动，又把我搞进去了，隔离我三个月，说我组织反动小集团，成员

---

① 应是《列宁、斯大林论科学技术工作》一书，龚育之编译，1954年由科学出版社出版。
② 刘瑞龙（1910—1988），江苏南通人。1926年加入共青团，翌年加入中国共产党。曾任南通县委书记、红四方面军政治部宣传部长、三野后勤司令兼政委。新中国成立后任上海市委秘书长、华东局农委书记，1953年起任农业部副部长。

都是同情我做多倍体工作的人员。这样在单位里与人的关系就弄得很僵,没办法待下去了。我要求调到上海植物生理所,农业部和中国科学院都同意了,省里又不让走。拖到1956年夏天,刘瑞龙副部长亲自来到成都做工作,农业部正准备成立中国农业科学院,决定把我调到北京。那时,我前妻已经去世。我到北京后与严育瑞结婚,她也是我一生工作中最重要的助手。

1956年的一件大事,是8月在青岛召开了遗传学座谈会,摩尔根学派得到了解放,我搞多倍体育种的政策障碍被扫除了。我可以直接奔着培育八倍体小黑麦的目标前进了。中国农科院在筹建阶段,暂时没有工作条件,中国农业大学农学系主任蔡旭邀我去学校开摩尔根遗传学的课。一开始是给助教和进修生讲,后来是给高年级学生讲,很顺利。而"反右"运动是在我处在农科院和农大两不管的时期度过的,我没有遇到麻烦,自由的时间也比别人多。

1958年,农科院已经就绪了。冬天我从农大搬到魏公村的作物研究所。所里的所长、室主任、秘书全是米派的人,处处给我穿小鞋。说起来都是些鸡毛蒜皮的小事,而这些小事都牵涉到工作条件,硬是卡你,让你没办法搞科研。搬家的时候,育苗就要处理了,所里没有温室给我用。要把在农大的温室挪到农科院来,又不给人手。此时我妻子已怀孕。好在农大方面很慷慨,安排工人杨广才帮我。我们两个人拆、运、搭建。温室供暖需要炉子、烟囱和煤,向所里要,所里说不在计划之内,不能给,要我去找院里。我找到院部的行政处主任,其实仓库里放着炉子、烟囱一大堆。煤也是我自己去找院里安排运来的。从农大借用的杨广才,家住马连洼,很远,我这里没有他住的地方,就住温室,结果病倒了。我在温室烧了三个月的煤。后来盆栽工作也有很大的工作量,大田和盆栽两头忙,所里硬是不给安排人手。

1960年年初，院里集中到香山编写《水稻栽培学》，前后持续好几个月。我的两亩多地没人给灌水，我星期六从香山回来，星期天早晨去灌水。星期天是假日，我央求管理污水井的工人来帮忙。工人开机，我拖着管子灌水。因为不忍心占用人家太多休息时间，就加大单位时间的流水量，结果我跑来跑去，非常紧张，干了半天，手上打了好几个泡。有一次灌水浇地，有一块地原来是坟地，我一脚踩空陷下去，污水没了腰，手上有伤，被污水感染了，长了一个月的疮，开了两次刀。5月间，第一次开刀的时候，医院拿我做超声波麻醉试验，不打麻药，开完刀就昏了过去。后来我也有过助手，但不稳定，刚刚熟悉工作就被调走。

到农科院后，我通过所长要了一间十二三平方米的房间做实验室。房间里没有水，要到厕所打水，十分费力麻烦，很多时间都花在了从实验室到厕所之间的路程上。1963年，中宣部主管科学工作的于光远来实验室视察，询问工作情况时，我带着气说："我的工作是在厕所里做出来的。"他走后，所里才安排给我的实验室装了水管。

本来人手就少，忙不过来，所里还多次让我脱离工作。1960年要安排我下乡，因为主持编写《水稻栽培学》的有关领导不同意，才没有去。1963年要我去社会主义学院学习，我说工作离不开，1964年又要我去，实在是离不开啊。人生有限，科学时间有限，要做点工作怎么就这么难呢？！

1965年所里让我去搞"四清"，这一回，我咬着牙说"去"，8月去了杨村。1966年5月，工作队逐步撤离。我看事情不多了，我不能再这么泡着，就要求提前回来。工作队队长是部里的，他同意了。我比最后撤出的人早回来一个月。我去社教时，组里的工作只有严育瑞一个人顶着。来

1985年5月鲍文奎夫妇在赫章到威宁的路上（鲍文奎提供）

北京前，我们有了一个多倍体小黑麦的原种。在如此困难的情况下，我们想尽方法支撑，坚持。"文革"前已种了12亩地，温室有100多平方米，小黑麦原种的编号已经排到了4700多号。那时已准备到外地播种，种子都打包了，结果"文革"一来，出不去了，种子全都损失了。

"文革"开始了，白天搞运动，工作只有靠早晚的时间，但晚上也常开会，主要利用早晨4—6点钟这段时间。起初是天一擦亮时就到办公楼，要值班人员开门进楼。几天后怕影响别人休息，就在头一天晚上把箱子、口袋等用具搬到温室。晚上被人们发现了，说我们在偷东西，大字报、漫画都出来了，我有口难辩。8月23日，我作为第一批"反动学术权威"被揪了出来。我妻子不服气，被强制跪在地上，披麻袋，挂牌子，她算是"权威婆"。

1967年年初，我在"黑帮队"劳动，让我扫楼道。垃圾通道中有水结冰被堵塞了，"黑帮队"的队长和我一起烧纸化冰，结果有浓烟从垃圾堆中冒出来，进了楼道。被人们说成是要纵火烧楼，是"现行反革命"，我是从犯。晚饭没有吃上，被连夜送到公安部押了一天。第二天吃早饭还是临时借的钱。

在我被隔离审查的三年时间里，倒是没开过我一次批判会。说我是反动学术权威，无非是指责我搞多倍体育种研究"脱离实际，农业上不需要"之类，至于他们背后整我些什么，我就不知道了。

原来我们是准备到井冈山和开封地区试种的，把麦种装包了。有一部分发出去了，我们人没有出去，种子散失了。大部分种子没发出去，三年未播，生了虫子。严育瑞含着眼泪，一粒一粒地把种子挑出来，把虫子弄死，这样把相当一批种子保存了下来。这是我们前20来年的心血，也是后来工作的基础，否则我们就都要从头做起了。

1969年7月，我被解放了。9月间允许参加科研工作，但分配我搞水稻。好在我妻子可以做小黑麦，我可以从旁了解情况，指导她工作。

直到1972年秋，严育瑞接待了一位来自贵州威宁的客人，他们乌蒙山脉高寒山区作物亩产一般在40~60斤。引种黑麦虽然亩产提高到200斤，但很不好吃。他们盼望有一种作物能有黑麦的秆子、小麦的穗子。后来听说北京有人研究小黑麦，就找到我们这里来了。我们把小黑麦的种子送给他们试种，第二年收成很好，产量高，品质也好。我去他们那里指导扩大推广面积。我们的工作走到了一个新的起点。

4 从中央工业试验所到匹兹堡大学

余国琮　口述

采访人：王德禄
访谈时间：1990年11月20日
访谈地点：天津大学余国琮家
整理人：焦安欣、高颖、程宏

受访人简介

余国琮（1922— ），广东台山人。化学工程学家，中科院院士（1991）。1939年考入西南联大化工系，1943年毕业获学士学位，后到重庆国民政府经济部中央工业试验所任助理工程师。1944年赴美留学，次年获密歇根大学硕士学位，后转入匹兹堡大学，1947年获博士学位，留该校化工系任教。留美期间担任留美科协匹兹堡大学分会第一届理

事。1950年8月回国,历任唐山工学院化工系、天津大学化工系教授。1983年负责筹建天津大学化工研究所并担任所长。其1985年"大庆引进原油稳定装置提高轻烃收率研究"、1988年"动态精馏新分离技术",获国家科学进步二等奖,1998年获何梁何利基金科学与技术进步奖。

王德禄:请余先生谈一谈您出国前的情况。

余国琮:1922年我出生于广州(原籍台山),1938年秋日本占领广州,我和父母逃到香港。我在香港知用中学念书,后考入西南联大化工系。1943年大学毕业后,我到重庆中央工业试验所当助理工程师。当时中央工业试验所的准入门槛比较高,我有一个亲戚的同学在那里当副工程师,他介绍我去的。那个人后来去了美国,我一直没有找到他。我刚去中央工业试验所的时候,所长是顾毓琇①,技术室主任叫吴有荣②。他们都是我的直接上司。我们没有什么研究

1945年余国琮在密歇根大学(余国琮提供)

---

① 顾毓琇(1905—),江苏无锡人。1927年毕业于交通大学机械系,赴美留学。1931年获美国康奈尔大学博士学位,后回国。曾任中央大学教授、中央工业试验所所长、国民政府实业部副部长,1949年后任上海纺织工业局高级工程师、上海纺织器材公司总工程师。

② 吴有荣(1911—1992),江苏无锡人。1930年代美国麻省理工学院留学生,曾任中央工业试验所技术室主任,后为西安交通大学教授。

1947年余国琮在匹兹堡大学获博士学位（余国琮提供）

课题，只不过搞点小规模的生产。我在中央工业试验所10个月，没有事情可做。1944年①国民政府组织了第一届自费留学考试，我报名参加考试，考上了。

王德禄：您是怎样去美国的？到美国以后的情况怎么样？

余国琮：1944年年底，凡通过考试的人可以购买当时很便宜的官价外汇，我以很少的钱买了一些美元，可以出国了。那时候抗日战争还没有结束，为了躲避日本人，我们兜了一个大圈子，整整走了42天。我们从重庆动身，乘飞机到加尔各答，转坐火车到孟买，又坐运输船，绕过澳洲，经过南太平洋，绕道南美洲，从洛杉矶上岸。1945年1月2日，一到美国我就去了密歇根大学。因为我在国内已经申请了这个学校。密歇根大学的化工系在美国很出名。当时中国留学生学化工的比较多，现在有5个在国内，其中在世的有华南工学院的邓颂九②和华东工程学院的

---

① 据刘真编《留学教育》第十六章"录取第一届自费留学生"化学工程类录取名单第2121页，余国琮参加考试应在1943年12月。

② 邓颂九（1918—2002），湖南长沙人。1942年毕业于浙江大学化工系。1946年获美国密歇根大学化学工程硕士学位。1947年回国，曾任湖南大学教授，华南工学院化工机械系主任、化学工程研究所所长。

肖学忠①。邓颂九和肖学忠是和我一起出国的。

1945年年底硕士毕业后，我转入匹兹堡大学，1947年获博士学位。毕业后，我留校任教，直到1950年才离开美国。那时候，朝鲜战争已经爆发，美国开始阻止中国留学生回国，普通学生回国比较容易，我在美国有工作，回国比较困难。当时我找了一个借口，说要去香港探望有病的母亲，甚至把返回美国的手续都办好了，所以他们没有怀疑我，允许我离开。

王德禄：您在美国参加留美科协了吗？请讲一讲当时留美科协的情况。

余国琮：留美科协成立半年前，刘叔仪②和丁儆③一直忙碌着筹备。我跟刘叔仪很熟悉，他写信告诉我要成立留美科协，想找个地方，问我在匹兹堡大学行不行，我说行，你来吧。因为当时开会地点不好找，就定在了我们学校。当时我作为该校助理教授，以为学生补课的名义，借用了学校主楼的一个大教室。1949年6月18日，留美科协成立大会在匹兹堡大学召开，有六七十人参加了会议，比如刘静宜、李恒德、侯祥麟、吴自良④、邹元燨⑤、

---

① 肖学忠（1914—2008），浙江温岭人。毕业于山东大学化学系。1945年赴美留学，1946年获密歇根大学硕士学位。1947年回国，先后任中央工业试验所油漆厂副厂长、解放军军事工程学院化学实验室主任、华东工学院系主任。

② 刘叔仪（1918—2003），贵州毕节人。1943年毕业于武汉大学矿冶系。1946年获美国匹兹堡大学化学冶金硕士学位。1949年获凯斯理工学院物理冶金博士学位。1950年回国，历任清华大学教授、中科院上海冶金陶瓷所研究员、中国科技大学教授。

③ 丁儆（1924— ），江苏无锡人。1945年毕业于浙江大学化学系。1950年肄业于美国布路克会理工学院研究院，其间曾任留美中国科学工作者协会常务理事。回国后在华北大学工学院任教，后任北京工业学院（现北京理工大学）教授、副校长。

④ 吴自良（1917—2008），浙江浦江人。两弹一星元勋，中科院院士（1980）。1939年毕业于西北工学院航空工程系，曾任中央垒允飞机制造厂设计科设计员、中央机器厂副工程师。1943年赴美国卡内基理工学院冶金系读研究生，1948年获博士学位后留该校金属研究所做博士后。1950年回国，历任交通大学唐山工程学院冶金系教授、中科院上海冶金陶瓷所副所长等职。

⑤ 邹元燨（1915—1987），浙江平湖人。中科院院士（1980）。1937年毕业于浙江大学化工系。1942年赴美国留学，1947年获卡内基理工学院博士学位。1947年回国，历任资源委员会南京钢铁实业管理委员会工程师、浙江大学化学工程教授、中科院上海冶金陶瓷研究所所长等职务。

1948年余国琮在匹兹堡大学任助理教授（余国琮提供）

傅君诏①等，他们都是从美国各个大学赶来的。留美科协成立后，选出第一届理事会，到1950年夏为止，理事会在纽约和芝加哥召开过。

开始我以为留美科协是以丁儆为首搞的，后来才知道薛葆鼎是主要负责人。薛葆鼎的顶头上司是胡乔木，他们是单线联系的。薛葆鼎是学化工的，新中国成立后曾担任上海轻工业局副局长，当时我感觉很奇怪，问他怎么当了领导，他告诉我，去美国以前他就是中共党员，是党组织把他派到美国去的。这时候我才知道他是党员。薛葆鼎曾担任国家计委重工局局长，"文革"期间被下放到黑龙江，从黑龙江回来后开始从事经济方面的工作。前几年，我在北京见过薛葆鼎。中央组织部让薛葆鼎写留美科协的发展史，他写完，让我修改，修改完再把稿件寄给他。关于留美科协的情况，地下党是如何组织成立留美科协的，找了哪些人，开了几次会，在国外是如何跟地下党组织取得联系的，甚至留美科协的各位理事是如何回来的，薛葆鼎都知道，他写得也很清楚。当时留美科协选出了第一届理事，理事有华罗庚、张文裕、侯祥麟、丁儆、涂光炽和我等人，1950

---

① 傅君诏（1921— ），云南昆明人。1945年考入西南联大。1945年赴美留学，1948年毕业于卡内基理工学院，1950年获宾夕法尼亚大学硕士学位。1950年回国，先后任教于华北大学工学院、哈尔滨工业大学、北京钢铁学院，曾任金属学会副秘书长，后到北京科技大学任教，1992年离休。

年夏秋间这个组织让美国政府取缔了,据说没有第二届理事了。几乎所有的留美科协的理事都回来了,比如丁儆回来了,华罗庚也回来了。留美科协分了好多小组,比较活跃的有化工小组、油脂小组。我是化工小组的,刘复光①、陈绍澧②等人是油脂小组的。陈绍澧的夫人是俞惟乐③,现在在中科院兰州化物所工作。

王德禄:你们回国时乘坐的是哪艘船?船上都发生了哪些比较有意思的事情?

余国琮:我是1950年8月31日乘坐"威尔逊总统号"离开美国的。这艘船有2万多吨的排水量,整个航程历时24天,比我去的时候用的时间短得多。和我同船回国的有赵忠尧、傅鹰④、涂光炽、金荫昌(夫人是唐冀雪⑤,两人都在协和医科大学工作)、邓稼先等120多个中国留学生。据我的一个亲戚说,1950年8月中旬,广州的报纸上刊登了回国人员的名单,他还在报纸上看到过我的名字。我们船上,在美国最有名的教授是赵

---

① 刘复光(1922—1992),江苏南通人。1940年考入上海之江大学,后转入沪江大学。1946年考取燕京大学研究生,后赴美留学,在爱荷华州州立大学攻读化工。1951年获得博士学位。1951年回国,曾在燕京大学、天津大学任教。1957年调到南京工学院筹建油脂专业,1958年随食品工程系东迁,在无锡轻工业学院粮油系任教。

② 陈绍澧(1925—1968),广东东莞人。1948年毕业于燕京大学化学系。1948年赴美留学,1950年获爱荷华州州立大学化学系硕士学位。1950年回国,曾任中科院石油研究所和兰州化学物理所研究室主任、副研究员。

③ 俞惟乐(1926—),女,上海人,陈绍澧的夫人。1948年毕业于上海圣约翰大学化学系,1950年获美国范德比特大学硕士学位。1950年回国,历任中科院兰州化学物理所研究员、副所长。现定居美国。

④ 傅鹰(1902—1979),祖籍福建闽侯,生于北京。中科院院士(1955)。1919年毕业于燕京大学化学系。1922年赴美留学,1928年获密歇根大学博士学位。1929年回国,后任厦门大学教务长。1945年再度赴美做研究。1950年回国,任清华大学、北京石油学院和北京大学教授。

⑤ 唐冀雪(1915—),女,河北河间人。1939年获燕京大学生物系学士学位,1941年获硕士学位。1948年赴美在加州大学伯克利分校攻读博士学位,1950年中断学业与丈夫金荫昌回国,在中国医科院药物所工作。

忠尧，像他这样有地位的还有傅鹰。傅鹰和他夫人坐二等舱，其他人都坐三等舱。三等舱很简陋，没有什么可享受的。船尾有一个休息室，我们经常在那儿活动。船上有人唱歌，有人跳舞，大家都很活跃，并不寂寞。

回国途中必经的一站是日本横滨，那里驻有美军，赵忠尧等3人被扣事件就发生在横滨。为了应付搜查，船到横滨之前，我们把行李中的一些文件、资料都收藏起来了。到了横滨，没有人搜查我们的行李，他们把赵忠尧等3人叫上岸，在即将开船的时候，把他们扣下了。我们在船上开了几次会，集体想办法，并以全船100多人的名义给北京打了几次电报，告诉他们赵忠尧被扣了，还请他们提抗议，要求停止进行扣人和检查。船到香港之前还有一站是菲律宾的马尼拉，那里也有一个拦截的机会。我们在电报中请他们帮忙找人，别再进行检查了。轮船经过马尼拉的时候，我们没有被拦截。你们可以查询一下报纸，不知道我们发的电报的内容有没有刊登在国内的报纸上。后来我们船上人员在船尾拍了一张合影，把照片放大，给每人发了一张。"文革"以前，我家里还保存着这张照片。"文革"期间，我们这100多人都被抄家了，我的照片已经找不到了，估计能有一半人保存着就已经很不错了。

当时乘坐我们这条船回国的中国留学生人数是最多的，有三个方面的原因。一是朝鲜战争已经爆发了，我们预感到美国要限制中国留学生回国，大家纷纷动身回国；二是留美科协做了大量的宣传工作，一些人已经有了回国的打算；三是那时候学校都放了暑假，我们回国比较方便。

王德禄：到了国内，有人负责接待你们吗？您回国后的工作是怎么安排的？

余国琮：到了广州，我们住在爱群酒店（位于珠江边），这个酒店现在还有，后来从广州坐火车回北京。途中第一站是武昌，停留了两天，又从武昌到汉口，再转乘火车到北京。我们每到一个城市，都是政府一把手出来接待。到了北京，我们住在留学生招待所①，由高教部的黄辛白②司长负责接待。当时留学生招待所位于原来的刑部街10号，现在这条街已经没有了，变成了长安街的一部分，原来刑部街是和长安街平行的。和这个招待所隔着两三间有一个戏院，现在戏院还在，到西单的拐弯处就能看到。从戏院往西数，不出五间就是我们的招待所，原来是个平房，现在可能已经拆了。

回国后，我们同船回国的中国留学生搞了一个同学聚会，在北京东城区的一条胡同搞的。

回国后，我在匹兹堡大学的一个同学林宗彩③去了交通大学唐山工学院。林宗彩跟当时的唐山工学院院长茅以升说余国琮有多么多么厉害。茅以升让他一定要把我找去，让我到该校刚成立不久的化工系任教，我就去了唐山。当时我认为去哪里工作都一样，无所谓。其他的知识分子也是这种态度，我们都没想着去大城市享受。两年后，院系调整开始了，化工系都要集中到天津大学，我跟随化工系去了天津。从那时候起，我一直在天津生活，已经30多年了。

王德禄：这些年您的经历比较特殊的是哪一个时期？

---

① 由高教部设立于北京西单的旧刑部街10号，是专门作为归国留学生安排工作过渡期间的专用招待所。时任高教部司长黄辛白负责接待。大部分中国留学生回国后都住在留学生招待所，教育部负责提供食宿，并帮归国的留学生介绍工作。此外，在上海、广州、武汉、沈阳等地也设有归国留学生招待所。

② 黄辛白（1921—2008），江苏嘉定人，钱正英的丈夫。大同大学肄业，1942年参加新四军。新中国成立后，历任华东工委统战部部长，上海交通大学副教务长，高等教育部司长、副部长，1971年后任教育部副部长，国务院学位委员会秘书长，第七、八届全国政协委员。

③ 林宗彩（1917—2000），福建福州人。1940年毕业于西北工学院矿冶系。1948年获美国匹兹堡大学工学硕士学位。回国后历任交通大学副教授，北方交通大学唐山工学院冶金系教授，北京钢铁学院教授、冶金系主任、副院长。

余国琮：我一回国就碰上思想改造。那时候，他们对我稍微好一点，只是贴大字报批评一下，其他的都不记得了。"反右"期间，我比较幸运，没有被错划成"右派"。"文革"期间，我被看作是从美国回来的"特务"。他们说，你在美国有工作，生活也很好，为什么要回国？是不是美国派你回国当特务的？回国后，我曾说过，美国人生活比较富裕，家家有辆小轿车。为此，我被批斗了一个晚上。他们说我在宣传资本主义，认为我们一个单位只有一辆小汽车，美国每家都有小轿车是不可能的。据我所知，1950年代初和我一起回国的同学，很多人被错划成"右派"，有不少和我比较熟悉的也错划成"右派"，比如刘叔仪。刘叔仪学识很渊博，"文革"后，消沉了，一直没有大的发展。

王德禄：北京铁道学院有一个被错划成"右派"，您知道是谁吗？

余国琮：我不太清楚。

王德禄：从美国留学回来的，"文革"期间自杀的都有谁？

余国琮："文革"期间，陈绍澧、萧光琰[①]、陈天池[②]都自杀了。

王德禄：哪几年您做的工作比较多？

余国琮：1960年代和1980年代以后，这两个时期我做的工作比较多，不过1950年代做的工作也不少。

[①] 萧光琰（1920—1968），福建福州人。1942年毕业于美国坡摩那大学化学系。1945年获芝加哥大学物理化学博士学位。1950年回国，任中科院大连化学物理研究所研究员。"文革"中与其妻子甄素辉和女儿先后服安眠药自杀。

[②] 陈天池（1918—1968），浙江诸暨人。1941年毕业于西南联大化学系。1949年获美国路易斯安那大学博士学位。1950年回国，历任南开大学化学系副系主任和物理二系主任。"文革"期间自杀身亡。

以难民身份回国 5

王守武　口述[①]

采访人：王德禄、杜开昔
访谈时间：1988 年 10 月 29 日
访谈地点：北京中关村王守武家
整理人：杨冬明、高颖、程宏

受访人简介

王守武（1919— ），江苏苏州人。半导体器件物理学家，中科院院士（1980）。1941 年毕业于上海同济大学机电系，后任重庆国民政府资源委员会昆明中央机器厂工务员、中国工业合作

---

① 整理时参考了霍元椿的《拳拳报国心：记半导体科学的奠基人与开拓者王守武院士》一文，引自《拓荒者的足迹：建所初期科技人物事迹选》第 14~32 页。

> 协会①翻砂实验厂工务部主任、同济大学助教。1945年赴美留学。1945—1949年，相继获得美国普渡大学硕士、博士学位，后留校任助理教授。1950年10月回国，后任中科院应用物理研究所研究员、半导体研究室主任。1958年筹建了我国第一个晶体管工厂。1960年负责筹建半导体研究所并担任副所长，直至1983年。1978—1981年，"4k和16k位动态随机存贮器的研制"获中国科学院科学技术成果奖，1980—1985年"集成电路大生产试验"获中国科学院科学技术进步奖。

王德禄：请王先生介绍一下您出国之前的经历。

王守武：1936年我考入同济大学机电系。同济大学是清朝时期德国人创办的，1927年正式改名为国立同济大学，教授还是德国人。我上大学一年级的时候，同济大学先后成立了文、理学院，也是从那时候起，同济大学才有了文学院、理学院，但以医学、机械等专业为主。院系调整以后，同济大学以土木建筑为主。

1937年抗日战争爆发后，日本侵略中国的战火烧到上海。八一三事变后，上海形势严峻，同济大学开始搬迁，随着抗战形势一路走，一路搬。我们先从上海搬到浙江金华，念了一个学期。战事紧迫，又搬到江西的赣州，念了一个学期。日本攻打南昌，赣州告急，我们从赣州搬到广西的八步。刚刚安定下来，还没有正式上课，传来日本在广州登陆的消息，奉教育部的指示，学校绕道越南，搬到昆明。我们在昆明念了大概两年。

---

① 中国工业合作协会，英文名：Chinese Industrial Co-operatives（简称：中国工合CIC）。1938年，由国际友人路易·艾黎（新西兰）、埃德加·斯诺夫妇（美国）和胡愈之、徐新六等发起成立。旨在将失业工人组织起来，寓救济于生产，支援抗日战争。国共两党和民主人士参加了中国工合的领导工作。宋美龄任名誉理事长，理事长孔祥熙，代理事长杭立武。

大学期间，我们基本上以自学为主。因为德国的教授都回德国了，剩下的老师都是年龄比我们稍微大一点的讲师、助教。1940年临近毕业，学校要搬到四川南溪县李庄。我们毕业班的同学都希望在昆明毕业，要求学校暂时不要让毕业班搬迁，实际上我们是想提前毕业。1941年年初我就是从昆明毕业的。

在学校搬迁期间，江浙一带战火弥漫，我的家人已经从苏州迁往长沙。我大学毕业的时候，他们又搬迁到昆明。我的大哥王守竞①在国民党政府资源委员会所属的昆明中央机器厂当厂长，我就进入这个厂的一个分厂当了工务员。一年后，我辞职，到中国工合翻砂实验厂当工务部主任。1943年年初，我又辞职，到同济大学教书。因为1941年年底太平洋战争爆发后，学校缺少教课的老师，我向学校申请做助教，很快有了回信，学校同意接收。我在同济大学做了几年助教，主要是教机械和电工。

1946年2月王守武在普渡大学
（王守武之女王义格提供）

---

① 王守竞（1904—1984），江苏苏州人。1924年赴美留学，1925年获康奈尔大学物理系硕士学位，1926年获哈佛大学文学硕士，1928年获哥伦比亚大学物理系博士学位。1929年回国，任浙江大学、北京大学教授和物理系主任，组织筹建中国物理学会。1933年受国民政府军政部俞大维邀请，主持国防光学工业，筹建南京光学器材厂，1936年被任命为少将专员负责筹建中央机器厂等。1943年派往美国，主持资源委员会驻美技术团（1944年成立，1946年3月改为"驻美代表办事处"）。1949年定居美国，在美国国防部与麻省理工学院合办的林肯实验室工作，直到1969年退休。

抗战期间，除了教书，我无事可做。1944年①国民党政府组织了自费留学考试。我想趁机出国看看，长点见识，就报名参加了考试，而且考上了。参加自费留学考试的，学理工的学生比较多，国民党政府也希望学理工的出去。我考上以后，由于身体不好，耽误了一年。1945年病好了以后，我换了几千美元的官价外汇，靠着这个去了美国。

王德禄：请您讲一讲在美国留学期间的经历。

王守武：出国之前，我听说美国普渡大学的机械系不错，开始申请，被录取了。1945年抗战刚结束，我就去了普渡大学。我原本打算学机械，后来又想学一些基础性的学科，就改学工程材料。1946年拿到硕士学位。那个时候，我想回国参加建设。我对工程材料的许多力学性能很感兴趣，想知道它们为什么具有这种力学性能。我的硕士导师听说我有这个想法，就劝我念博士，并给我提供助学金，但这个助学金只提供给学量子物理的。我原来是学工程力学的，跟量子力学无关，经硕士导师介绍，我转到了物理系，跟随詹姆斯（Hubert Maxwell James）教授搞物理方面的研究。1949年博士毕业后，我留校教书。

王德禄：普渡大学还有其他的中国留学生吗？

王守武：普渡大学只有几个中国人，其中有邓稼先。

王德禄：在美国的中国留学生，有的支持台湾，有的支持祖国大陆，这些人之间有没有产生矛盾？

王守武：当然有一点。中国留学生有的倾向于国民党，有的倾向于共产党。1949年以前就有不同观点，不过没有大的争辩，个人观点不同而已。

---

① 据刘真编《留学教育》第十六章"录取第一届自费留学生"机械工程类录取名单第2120页，王守武参加考试应在1943年12月。

杜开昔：中国留学生在美国成立了两个组织，留美中国科学工作者协会和北美基督教中国学生会。您参加这些组织了吗？

王守武：留美中国科学工作者协会的英文名字是 Association of Chinese Scientific Workers in U. S. A，简称留美科协。我在普渡大学的时候，留美科协设立了普渡分会，我参加了。留美科协主要是介绍国内的一些情况，动员、帮助中国留学生回国参加建设，我也是受了他们的影响才回国的。

1949 年王守武获博士学位时与夫人葛修怀在普渡大学合影（王义格提供）

我没有参加北美基督教中国学生会，当时我不知道有这个组织。

在美国，还有一个组织叫中国留学生同学会，我也参加了。中国留学生同学会开展的都是宗教活动，活动不多。

杜开昔：您回国时遇到麻烦了吗？

王守武：朝鲜战争爆发后，中美处于交战状态，我想回国，可是我与学校签的教书合同是一年，合同没有到期，不便马上走。我发现形势越来越紧张，美国开始限制中国留学生回国。那时候，印度大使馆可以帮助中国留学生办理回国手续，我这才下决心回国。我向学校提交了回国申请，领导问我为什么回去，我说回去看我母亲，他这才让我走。

我是 1950 年 10 月回国的。当时中国内地跟美国不通航，回国要绕道香港，我这一批回国的时候，船上有 100 多位中国留学生。手续是通过印

普渡大学部分中国同学合影：王守武（前排）、葛修怀（二排左）、张惠珠（三排左三）、唐庆祥（三排右一）（王义格提供）

度政府办的。

杜开昔：您是怎么知道印度政府可以帮助中国留学生回国的？印度政府是如何给中国留学生提供帮助的？

王守武：好像是留美科协开动员大会的时候给我们讲的。那个时候，中美没有外交关系，印度驻美大使馆受新中国政府的委托代办中美间的民间事宜。中国留学生可以到印度大使馆办理回国手续，甚至可以向印度大使馆申请回国路费。印度使馆也同意垫付路费。那时候，我有点钱，没有申请。我们没有利用外交关系，是办了难民证，作为难民回香港的。到了香港附近海面，按英国政府的规定，我们这些非福建和两广（广东、广

1950年11月王守武与100多名回国留学生在回国的邮轮上合影。第三排右起第一、二、三人为王守武夫妇及其女儿（王义格提供）

西）籍的人员，不准许上香港海岸。新中国的九龙海关派来了一条小船，直接接我们到九龙车站。我们再坐火车到深圳，之后去了广州。从广州自费经上海来到北京，我去上海主要是陪夫人看望岳父。

王德禄：您回国以前，国内有没有人给您写信，邀请您回国？台湾有没有人给您写信，邀请您去台湾？

王守武：我的姐夫陆学善[①]当时在上海的镭学所工作，他给我写过信。

[①] 陆学善（1905—1981），浙江湖州人。中科院院士（1955）。1928年毕业于中央大学物理系，1933年清华大学研究生毕业。1934年赴英留学，1936年获曼彻斯特大学物理学博士学位。1936年回国，历任北平研究院镭学所研究员、中科院应用物理所副所长等。

台湾没有人给我写信。

杜开昔：您在美国有没有受到种族歧视？

王守武：没有。我待在一个小城镇，不像大城市种族歧视那么厉害。我的美国朋友包括老师都对我非常好。

王德禄：谈一谈您回国以后的经历吧。

王守武：1950年回国的时候，我没有什么打算，只是觉得新中国刚成立，想为国家建设做点贡献。当时我思想很单纯，不知道回国后要干什么。我原来是学工程力学的，又改学物理，我觉得回国搞建设，干什么都可以，什么都能干，所以我没有事先跟国内联系，直接回国了。

我在上海顺道去了同济大学，看看是否有条件在那里工作。后来我觉得不尽如人意，决定去北京。我在北京联系了几个单位，有清华大学、北京大学，还有中科院。当时我去各单位看了看。我思想很简单，只想为祖国做点贡献，没有提出任何要求，哪里需要就到哪里去。中科院让我去，我就去了。

当时中科院有两个物理所，近代物理所和应用物理所。我到了应用物理所工作。应用物理所没有几个人，办公条件很差，当时中科院的近代物理所、应用物理所和化学所①都挤在一栋楼，设备非常少。我原来是学材料的，刚去的时候，他们让我写了一篇与材料相关的文章，之后又让我创办电学实验室。我当时在中科院的主要工作就是筹备这个实验室。

我一边筹建实验室，一边尽量培养人才。有一些大学生毕业后被分配到电学实验室，我带领他们念书，看文献。新中国成立前，北平研究院从英国买来一个感应电路，还没有开箱，我去了后帮他们开箱、调试。感应

---

① 指原北平研究院化学研究所的人员。

电流没有起搏器,我们买了一个起搏器装上,然后一起安装电子显微镜。电子显微镜也是北平研究院在新中国成立前买的。我是学工程出身的,我的工作与物理相关。1950—1954年,我基本上都在做这些,调试设备,建实验室,后来我们开始研究半导体。

杜开昔:应用物理所还有哪些人是从美国留学回来的?

王守武:汤定元①是从美国留学回来的,比我回来得稍微晚一点。他开始在我们电学组,后来调到中科院上海技术物理所。电学组只有汤定元和我。洪朝生②也是从美国留学回来的,毕业于普渡大学。洪朝生在留美科协活动很积极。我们回国的时候,洪朝生先去了欧洲荷兰的一个低温实验室,1952年才从荷兰回国。向仁生③是磁学组的,曾去美国留学,比我回国晚一些。林兰英也比我回国晚。

杜开昔:回国后,您参加过哪些政治运动?有没有遇到麻烦?

王守武:我参加的第一个政治运动是镇反,后来是"三反五反",接下来是思想改造。思想改造期间,我做检查了。后来的"反右"运动主要是针对知识分子开展的运动,我也挨批了,当时我是半导体研究室主任。运动不过是发动下面的人提意见,就是所谓的"大鸣大放",贴大字报。

1954年以后我开始研究氧化亚铜整流器。之前国际上有研究论文表明,氧化亚铜整流器对供电有用处,国内也曾有人做过这方面的研究。

---

① 汤定元(1920—),江苏金坛人。中科院院士(1991)。1942年毕业于中央大学(重庆)物理系,1948年赴美留学,1950年获芝加哥大学硕士学位。1951年回国,在中科院应用物理所、半导体所任职。1964年后任中科院上海技术物理所所长。

② 洪朝生(1920—),北京人。中科院院士(1980)。1940年毕业于清华大学电机工程系。1944年赴美留学,1948年获麻省理工学院博士学位,在普渡大学研究半导体低温导电。1951年回国,任中科院物理所研究员。

③ 向仁生(1917—1985),湖北武汉人。1942年毕业于清华大学物理系。1949年获美国拉特格斯大学物理学博士学位,曾任亚特兰大大学副教授。1951年回国,后任中国科技大学物理系教授。

1956年我们同北京大学合作开展氧化亚铜整流器的制作与性能研究，我带领北大一个研究生研究了一段时间。没干多久，在十二年科技规划会议后就不做了。

在半导体研究方面，我们做了些科普工作。当时国内不了解半导体学科，甚至有很多人未曾听说过。为此，我们在《物理学报》等刊物上陆续发表文章，介绍半导体方面的科学知识和研究成果。1956年，我们在应用物理所的大礼堂专门召开了半导体物理讨论会，给科学界普及半导体知识，会上我们详细介绍了什么是半导体以及国外半导体的发展状况。这次科普会议触动了中央领导。周恩来很重视这件事，他认为，中国在十二年科技规划上一定要抓一些新兴学科。

十二年科技规划开始后，中央制定了"四大紧急措施"，成立了半导体所、电子所、计算机所和自动化所。这些都是首先要解决的问题，当时计算机在国内的发展是一片空白。1956年，筹备委员会以中国科学院为主，集中了当时第二机械工业部十局、军委总参三部、国防部五院和高等院校几个方面干练的科技力量，租用了西苑大旅社（西苑饭店的前身）的3号楼作为办公和实验室的临时地点，筹建了计算技术研究所。

我参与了十二年科技规划半导体学科的规划。中央有关部门决定，拟建应用物理所半导体研究室。为此，我全身心投入到规划工作中，将电学组扩建为半导体研究室，并担任负责人。除十二年科技规划的制定外，我们又制定了两项短期措施。一是扩大半导体学科的研究工作。我们原计划搞氧化亚铜，由于形势发展又转向研究锗和硅。二是培养人才。我们决定以电学研究组成员为对象，举办半导体专业培训班，并把培训基地设在北大，由黄昆和谢希德负责。当时我们从五所学校抽调学生，每个学校抽调了一部分，集中到北大。这些人成为北大新创建的半导体专业的第一批学生。复旦大学的谢希德教授调到北大教课,此外,还有一些学校的老师自愿调到北大,这些人也集中起来了。

那时候,中科院给了我们100克锗,太少了,舍不得用,就放着没敢动。我们和有色金属研究院的同志合作搞研究,从烟囱里回收了大量的煤灰,在中科院物理所提取锗,提取完以后我们开始拉单晶。我们自己设计了一个单晶炉,头一个是我和另外一个同事设计的。我是工科出身的,以前的知识都能用上。1957年年底,半导体研究室成功拉制了我国第一根锗单晶。

1958年"大跃进"的时候,我们开始推广先前的那一套办法,开办半导体学习班,把全国的有关科技人员请来,教他们如何研制半导体。那些半导体元器件都是在实验室现有的简陋的条件下手工制作而成的。这样做有利有弊。好处在于,原来大家对半导体不了解,从来也不做,这样一来,大家都开始研制半导体,使用半导体。科普工作起了很大的宣传作用,现在很多研制半导体的科技人员都是那时候参与进来的。缺陷是,半导体是在很不严格的条件下做出来的。研制半导体原本要求非常严格,要在非常干净的地方才能进行。群众科学运动开始后,大家到处研制半导体,养成了不科学的习惯,甚至在很差的环境下也去做,导致成品率非常低。

"文革"中,邓小平主持中央工作以后,半导体研究有所好转。我们觉得应该做些理论方面的研究工作。后来我自己搞了一些半导体激光研究,当然只是理论上的工作,没有条件开展深入研究。有一次,我带领一个代表团到国外参观,回国后需要做报告,我借助开会的机会,向大家宣传,半导体不能一哄而起,要严格要求环境条件。

王德禄:"文革"的时候,您遇到麻烦了吗?

王守武：我当时被审查了一年，受批判了。后来，半导体专业组让我参与他们的工作，前期工作以为国家做规划为主。现在已记不清楚我在那里工作了多久。

粉碎"四人帮"以后，在改革开放初期，上级对研制大规模集成电路任务压得很紧，下面有些蛮干。我向上级建议，不能这样做，这样做不出来，要把条件分析清楚以后再去做。这些意见没有得到上级的重视。我们所从1977年开始做，到1978年也没有成功。后来，中科院的领导找我谈话，要我负责这项工作。我告诉他们，如果让我负责，必须采取我说的办法，要认真检查设备，规范工艺流程，分析问题到底出在哪里，并要从中小规模集成电路做起。如果按现状让我保证在一年之内完成，我做不到，我要先做些基础研究，把问题弄清楚以后才能知道一年之内能否成功。领导同意了。经过一年多的努力，大规模集成电路研制成功了。中科院院长方毅对这件事非常重视，让我继续研究下去，还要在中科院109厂进行大规模生产。方毅让我当109厂的厂长。有人劝我别去，这个厂长当不得。起初我也不想去，主要有几方面的顾虑。一是我没有当厂长的经验；二是109厂情况比较复杂，困难重重；三是中国的人事制度规定不准工厂随便换人，某个人工作做得不好，你想换一个，很难做到。尽管如此，经过深思熟虑，我想既然国家需要我去，我还是去了。

王德禄：半导体所是如何成立的？

王守武：半导体所的前身是应用物理所在1956年成立的半导体研究室。到1960年，半导体研究室的规模已经比较大了，有将近100人，便在9月成立了半导体研究所。当时的应用物理所要从城里搬到西郊，半导体研究室从应用物理所分出来，成立了半导体所。

半导体研究室成立之初，设立了三个研究组，有半导体材料、半导体器件、半导体光热电。半导体所成立后，规模进一步扩大，设立了5个室和3个组，分别是材料室、器件室、测试室、电子学室、光电室、温差电组（归光电室领导）、化学组（归材料室领导）、物理组（归测试室领导）。

杜开昔：您和苏联专家有联系吗？您觉得他们对中国科学发展有什么影响？

王守武：十二年科技规划之前，中科院曾组织代表团到苏联考察，我也去了。我们主要参观了苏联科学院的半导体研究所、技术物理研究所等，了解他们国家半导体的发展情况。十二年科技规划开始后，我们邀请了一个苏联科学院的院士做专家，参与半导体科学的规划。他给我们做了几次报告，都是科普性质的，后来他发现我们已做过半导体研究，就不讲了。苏联专家和我们一起做规划，一起讨论。我们和他的想法基本一致，不过有一点分歧，那就是最好的半导体材料是硅还是锗。我们看过一些国外的资料，资料中说，目前半导体材料主要用锗，但我们相信硅是更好的，准备在规划中明确研制硅。苏联专家说，你们估计得太简单了，现在时机尚未成熟，不太容易成功，等苏联研制成功以后，你们再做。我们不同意苏联专家的观点，决定立即动手。如今看来，苏联半导体事业的发展，在当时比我们国家还要差。

规划制定完，我们派了几个人到位于列宁格勒的苏联科学院技术物理研究所的实验室学习了半年。那时候，我们只不过向他们学习如何用扩散法做硅，回来以后，我们自己做。总体来讲，苏联的半导体研究没有生气，也没有新意。后来，有人从美国留学回来了，我们很快得到了一些美国的情报资料，他们的方法比较先进。中苏关系破裂后，我们的半导体研究大部分使用了美国的技术与方法。

杜开昔：当时半导体所有哪些人是从美国留学回来的？

王守武：材料方面，有林兰英；电子学方面，有成众志①。成众志是搞电子学的，1955年从美国留学回来的，"文革"期间受迫害比较厉害，后来去了美国，现在可能在惠普（HP）公司。机电方面，有吴锡九②。吴锡九理论知识比较丰富，但是动手能力不强。当时他比较年轻，手下的人不太服气，这让吴锡九感觉不舒畅。"文革"又伤了他的心，所以他后来又去美国了。

杜开昔：高鼎三③呢？

王守武：高鼎三曾去美国留学。1955年回国后，他去了吉林大学教书，并创建了半导体系。吉林大学的领导对他比较尊敬。

杜开昔：洪朝生呢？

王守武：洪朝生是搞低温的，用低温技术研究半导体。这项技术在国外比较先进。洪朝生曾去欧洲参观，很积极地帮助我们搞半导体。"大跃进"之前，大家给他提了很多意见，此后他很少过问半导体的事情，专心搞低温研究。在用低温研究半导体方面，洪朝生很有成就，不仅搞低温技术，还筹建了低温中心。中科院的低温中心就是洪朝生负责创建的。孙湘④也是搞低温的，也去美国留过学。

---

① 成众志（1921— ），湖南湘乡人。1943年毕业于中央大学（重庆）电机系，1945年赴美留学，1947年获哈佛大学电信工程系硕士学位。1955年经欧洲回国，在中科院应用物理所工作，后到半导体所任电子学实验室主任。1978年提前退休，后定居美国。

② 吴锡九（1932— ），出生于上海。1949年赴美留学，1953年毕业于加州大学伯克利分校电子工程系，后获麻省理工学院硕士学位。1956年回国，在中科院工作。1978年移居美国。

③ 高鼎三（1914—2002），出生于上海。中国工程院院士（1995）。1937年考入交通大学。1947年赴美留学，1951年获加州大学硕士学位。1955年回国，曾任吉林大学教授、半导体系主任等。

④ 孙湘（1916—1999），女，江苏无锡人，李正武的夫人。1938年毕业于清华大学物理系。1948年留学美国，1953年获南加州大学物理学博士学位。1955年回国，历任中科院物理所研究员、核工业部西南技术物理所副所长。

王德禄：你们想成立半导体学会，成立了吗？

王守武：成立了。半导体学会是一个社团，主要从事科学技术交流。我在学会负责审查论文，我们定期开会。半导体学会发行的刊物是《半导体学报》，我担任主编。《半导体学报》是国内半导体方面最高水平的学报，而且现在在美国被翻译成英文了。我们这个学会讨论学术问题比较多，开年会的时候也会讨论政策问题。我参加了多个顾问小组，并担任顾问组组长，我觉得顾问组没有充分发挥作用。尽管我们提了很多意见，但是计委是实施单位，他们不同意。比如说顾问组认为微电子技术应该大力投资，半导体学会也同意，报到计委以后，计委说没钱。

6 受侯德榜先生提携

姜圣阶　口述

采访人：王德禄
访谈时间：1989年9月9日
访谈地点：北京海淀姜圣阶家
整理人：张静、高颖、程宏

受访人简介

（尹桂芝提供）

姜圣阶（1915—1992），祖籍山东海阳，生于黑龙江林甸县。化工与核能专家，中科院院士（1991）。1932年毕业于天津河北工学院，曾任南京永利宁厂技术员、永利川厂制碱部副部长、永利宁厂高压合成车间主任工程师。1947年赴美工作，次年就读于美国哥伦比亚大学研究院，1950年获硕士学位。1950年10月回国，历任南京化学工业公司副经理、华东化工研究设计院院长、国营404厂副厂长、第二机械工业部副部长、核工业部科技委员会主任、国家核安全局局长。

王德禄：请姜先生介绍一下您出国之前的经历。

姜圣阶：我是1915年十一月十四日（公历12月20日）出生的，这是我的阴历生日，在美国填表写的也是这个时间。我的曾祖父是山东海阳县的，闯关东到了黑龙江林甸县范家屯村，我就是在范家屯出生的。我们家附近有一个天主教会创办的小学，可以免费念书。我9岁那年，在教会小学念了一个冬天。第二年，我发现这个学校不适合我，随即转入附近一家私塾，念了三年。那时候，我们家附近有一个小业主的儿子在齐齐哈尔念中学，他很热情，寒假指导我学习，教我《论语》、数学。寒假结束后，我不想念私塾了，转入县城的高小，念了两年。

高小毕业后，我想到齐齐哈尔念书，家里没有钱，交不起学费。当时如果考上师范学校，学费可以全免。我们县的教育局局长多次来我家，劝说我报考师范学校。教育局局长原来是我们小学的校长，我在小学的时候，每次都考第一名，他很欣赏我。教育局局长给我们出路费，送我们五个人去参加考试，考上了三个，我就是其中之一。那一次，我取得了省立师范学校第四名的好成绩。

我在省立师范学校念了四年，成绩一直比较好。当时我的数学老师叫高胜才（音），是个山西人，曾赴日本留学。高老师人品很好，数学教得也不错。有一天，他找我谈话，问我为什么上师范学校，我说，

1936年姜圣阶获天津河北工学院学士学位，（尹桂芝提供）

家里经济困难，没办法供我念中学，只能上师范。高老师说，从师范学校毕业以后只能教小学，没有前途。当时他已经拿到北平一所学校的聘书，要去北平教书，让我跟他一起去北平，还说要资助我念中学。我跟着他去了北平。高老师在大学教代数。我在北京一中念了两年。高中刚毕业，高老师调入天津河北工学院当副教授，我又跟着他去了天津。1931年我考入天津河北工学院机电工程系，念了四年。在那些老学校中，河北工学院是比较好的，老师都是麻省理工学院毕业的。机电系教过我的老先生，有教电工的王东浩（音）、教数学的齐云昌（音）、教物理的马洪（音）。前几天学校开会，我回去了一次，这些老先生都已经不在了。

1936年我大学毕业的时候，永利公司在南京开办了永利宁厂，要招聘员工。永利公司在全国有几个分厂，比如天津的永利沽厂、南京的永利宁厂、四川的永利川厂、湖南的永利湘厂。永利公司的考试很严格，用人制度也很严格，所有应聘的人员都要先参加面试，通过后再笔试，笔试很难。我报名参加考试，被录用了。

1936年7月我到永利宁厂工作，试用期6个月。新入职的员工都要从设计部门做起。工厂给出设计题目，员工完成后，根据其设计水平分配相应的工作。后来我被分到动力车间搞安装。我刚去的时候，动力车间没有技术员。那时候技术员待遇比现在好得多，永利宁厂的技术员都住在有独立卫生间的单间宿舍，床、书柜等室内用品都是公司给配置的，交通费、水电费全免。工厂规定，职工每个月基本工资是60元钱，加上奖金，每月可以拿到66元钱。如果公司有重大活动或者重大事项，比如，哪个厂子要开工了，就发双倍工资。公司有一套制度，每年给职工涨一次工资，有的涨5元，有的涨10元，依照职工的工作情况而定。资格比较老的秘书可以拿到160元钱。具体的等级是这样划分的，国内大学毕业的每月至少拿到 60 元钱，从日本留学回来的每月 120 元钱，美国、英国、德国留学回来的每月 240～360 元钱，等级相差很悬殊。我在宁厂做了一套设计，搞安装也比较成功。安装完成后，他们又给我安排了其他的事情。德国专家来评估，对我的工作给予了高度评价。那年我的工资涨了 25 元钱，算是特殊待遇，每个月就拿到 85 元了。而比我早去两年的才拿 70 元钱，所以他们都很羡慕我。永利宁厂原来是生产氮肥的，1937 年抗战开始后改做炸药和地雷。日本侵占南京后，日本人消息很灵通，来炸工厂，连续炸了三次才炸毁。迫不得已，工厂宣布解散。

工厂解散后，我想回老家。因为我的母亲和夫人都在南京，我要把她们送回东北。当时我和侯德榜的关系比较好，他对我的印象也很好。侯德榜劝我说，你不要回东北，回去以后没有出路，恐怕再也回不来了，还是跟着我们走吧。公司租了一条大船，船上放着重要物资，有不锈钢板、车床。船停靠在岸边，我们已经准备好了，待命开船。一天，我们接到通知，马上就出发了。我们先坐船到武汉，武汉水量太小，大船不能通行，只好下船，在武汉等候。当时条件很艰苦，没有地方住。永利公司是大厂，各地都有办事处。办事处帮忙在大陆银行找了一个仓库，临时整顿一下，集体住在那里。吃饭问题要自己想办法解决，可以去外面买。

在武汉滞留的那段时间，范旭东决定在湖南设立一个分厂，派人勘察地方，当时派了刘苏达（音）。刘是土建工程师，比较出名，让我跟着一起去。到了湖南，我们发现湘潭县不错，就在那里搞钻探。搞钻探需要地质知识，我到湖南大学借了一些地质方面的书籍，一看就懂。黄汲清到我们的住所与我们交谈，发现我的地质知识很丰富，以为我是学地质的。在湘潭县搞了一年多，日本攻打汉口之前，我们撤走了。

我们坐船经过宜昌、重庆到达泸州。在乐山有个永利川厂，我们在那里工作了将近 8 年,一直到抗战胜利。永利川厂是生产肥料和发酵产品的,需要盐,我们在那里打深钻,把盐水抽出来。那时候,四川有页岩、岩盐,在岩层下面注水,岩盐融化后,再把盐水抽出来,盐就采集出来了。过了一段时间,我们就开采煤矿,我也参加开采了一段时间。煤怎么机械化运出来,怎么排水,怎么通风,都是我自己想办法解决的。1942年,公司把我派到永利修车厂当厂长,当了一年。我原来是学机电的,学过汽车方面的知识,那一年就等于参加社会实践了。后来,我们又辗转了几个地方,从南京到昆明,再到缅甸。日本占领东南亚以后,我去了香港,办了一个小炼油厂,偷着炼汽油、柴油、煤油,但是没办法出口。汽油有的留着自己用,有的拿去卖,柴油卖给运输公司。

我在永利川厂工作的时候受了点刺激。川厂车间的工作人员都有国外留学的经历,学历都很高,有留德的、留美的,还有留英的,留美回来的人最多。中国国内毕业的大学生做得最好的,每月工资是 120 元钱。其中有一个是 1915 年大学毕业的,在厂里只不过是高级技术员,工程师都当不上。看到这种情况,我想参加出国留学考试。我利用那段时间,把大学的课本又看了一遍。

王德禄:您是通过什么方式去美国的?请介绍一下您在美国的情况。

姜圣阶:1945 年抗战胜利后,永利公司要派几个人接手永利川厂。在抗战时期,川厂曾被日本人占领。我和侯德榜已共事多年,他对我的印象很好,派我去了。侯德榜开始是永利宁厂的总工程师,当初我参加录用考试,外文考试就是他主持的。侯德榜很注重培养人,这在《侯德榜传》上有记录。范旭东先生去世后,侯德榜接任总经理。1947 年年底,永利公司要创办湘厂,派人到美国做新厂设计。当时派了五个人,其中有三个是永利碱厂的,他们已经 50 多岁了,还有两个永利宁厂的,一个是我,另外一个是永利公司的高级财务人员。

到了美国，情况发生了变化，湘厂的贷款没办成，改成给印度塔塔公司设计碱厂。塔塔公司是英国人开办的。侯德榜跟他们签订的协议是 20 万美元，最终提供一套碱厂图纸。我们工厂的原有图纸设计得乱七八糟，都是 20 年代设计的，拿不出手，所以我们开始重新整理和设计图纸。永利公司在美国纽约有设计处，我们去了设计处。煅烧工艺图纸是我搞的，使用的煅烧方法比较先进，属于自动化，其他的工艺图纸都是别人搞的。用了三个月我就完成了煅烧这部分的任务。我想，既然到了美国，如果不留学未免有点遗憾。我告诉侯德榜，我要上学。他说，公司有规定，只要能考上永利承认的大学，公司都给提供学费，恐怕你考不上。我报考了哥伦比亚大学的机械系，结果考上了。

我原来是学机电的，只能报考机电学院，要考英文、高等数学、机电

姜圣阶（右二）留美期间与同学合影（尹桂芝提供）

原理、材料力学和热力学。虽然我以前在北京一中学过数学，在天津也学过，看课本都能看懂。但是过了这么多年，知识记得不牢固。我就去专修高等数学，学了一个学期，四个多月。我的考试成绩很好，芝加哥大学通知我可以免交学费，当时学费很贵，每个学期400美元。我把这个消息告诉了侯德榜，他听了很吃惊地说，你毕业这么多年居然还能考上？我说，我在重庆温习过大学课程，我原来是学工科的，上小学、中学、大学都考第一名，功课还可以。虽然我报考的是哥伦比亚大学机械系，但是我想学化工。我从事化工行业已经10年多了，出国的时候，我已经是永利宁厂的值班主任工程师，升到这个职位是很难的。化工方面，我实践经验很丰富。后来我才知道，化学加机械就是化工，化工源于机械，机械学得好，学化工就没有问题。对我而言，学化工一点困难都没有。侯德榜带我去哥伦比亚大学，问化工系主任能不能把我调到化工系。化工系主任看了我的成绩单，同意把我调过去。

那个与我同去的高级财务人员也考取了一所大学，但是文字表达能力比较差，到了学校跟不上课，半路辍学了。永利碱厂的那三个人看我念书，非常嫉妒，屡次向侯德榜告状说，为什么让我们工作，让他念书。侯德榜说，你们也去参加考试，考取了就能念书。他们学习不好，考不上，其中有一个报考了函授学校，逛了一圈，花了360美元。他回来也去报销，设计处主任给他报了。侯德榜知道以后，非常不高兴。那几个人都不愿意让我念书，毕竟大家是一起来的。后来，侯德榜跟我商量，让我一边工作一边念书，我答应了。我上午工作，下午上课，我选的都是下午的课程。这样大家都没有意见了。我做了很多工作。有一次，老师把我们的工作成果做了对比，我已经画了二三十张图，他们才画了一两张。老师说，你们看，姜圣阶半工半读，画了这么多张，你们还对他有意见。

化工系有规定，学习成绩达到一定标准可以拿到奖学金。我在化工系学习成绩一直很好，得过两个奖学金，每月可以拿到280美元，那时候一个月才花60美元，条件算是很优越的。1949年从哥伦比亚大学毕业后，侯德榜给我介绍了几个比较有名的大工厂，有硫酸厂、肥料厂等，让我去参观并在工厂实习。后来，学校通知我，如果你想回国，就给你买票。那时候，我有两个选择：一是不回国，过几天登记，加入美国国籍，否则得不到法律保护；二是回国。我去美国是为了学习文化知识，为祖国做贡献，我不可能留在美国。那时候，传言很多，有的说回国后要"洗脑"，但是我不怕，因为我的家庭出身很清白，我不怕揭老底，就回来了。

王德禄：哥伦比亚大学中国学生多吗？您和哪些人接触比较多？

姜圣阶：不少。和我接触相对比较多的有唐敖庆、徐光宪[①]。我估计唐明照是地下党。他在美国联系一些进步学生回国，还说派人去青岛码头接我们，让我们来天津大学当教授。

王德禄：您回国以后的工作是怎么安排的？

姜圣阶：回国后，我还是永利公司的人，因为我的家属在永利公司领薪水。1950年10月，我到了北京，侯德榜说他要调到重工业部当副部长，让我去宁厂，我去了他才放心。我就去了南京，到永利宁厂当总工程师。南京化学工业公司成立后，我担任副经理兼总工程师。从1936年到1962年，我一直在永利系统内来回调动工作。

1962年年底，化工部让我去北京，告诉我可能要把我调到第二机械

[①] 徐光宪（1920— ），浙江上虞人。中国科学院院士（1980）。1944年毕业于交通大学化学系。1947年赴美留学，1951年获哥伦比亚大学物理化学博士学位。1951年回国，历任北京大学原子能系（技术物理系）副主任、稀土化学研究中心主任等。

1956年10月姜圣阶（左五）在捷克斯洛伐克布拉格出席国际氮肥会议（尹桂芝提供）

工业部（简称二机部）。他们说不愿意让我走，可是没办法，得看我自己了。如果我不想走，他们可以帮我联系几个人说一说。他们带着我去找当时的中央组织部部长安子文。安子文说，这事不好办，被提名的几个人，组织部已经批准了，恐怕很难挽回。他们又带着我找了薄一波。薄一波也说帮不上忙。没办法，我只好去了二机部。去之前我不知道他们安排我做什么工作。我跟他们讲，如果能胜任工作，我愿意去。到了二机部，刘杰部长负责接待，和我谈了一会儿。这时候，我才知道是让我搞原子能，研制原子弹。我问刘杰部长为什么让我到二机部，他说，组织部知道你有理论基础，知识丰富，在工厂的工作经验比较丰富，而且是一个能够将理论与实践很好结合的人，所以我们选择让你去。他把核燃料生产局的白文治局长介绍给我。白局长简单介绍了什么是生产反应堆和核燃料后处理的程序等。我一听,二机部百分之八九十都是化学工业,也就是化工加放射性。我当即告诉他们,我对这个行业不熟悉,不能胜任这个工作。如果让我搞老本行还可以,因为我已经工作了二三十年,可是现在我快50岁了,突然让我转行,我有点舍不得,有点犹豫。其实,我有点私人原因,当时我妻子半瘫了,不能起床。我们没有子女,没有人照顾她。她有高血压,不能跟我一起去,确实有困难。

1963年年初,有一天晚上10点多,我已经睡着了。忽然听到有人在敲门,这个人说,周恩来总理让你去一趟。我赶快起来,跟他去了。见到周总理,总理跟我讲,现在苏联专家撤走了,国家想继续搞原子弹,加强国防,请你去挑大梁。周总理特请我去西北的404厂,即原子能燃

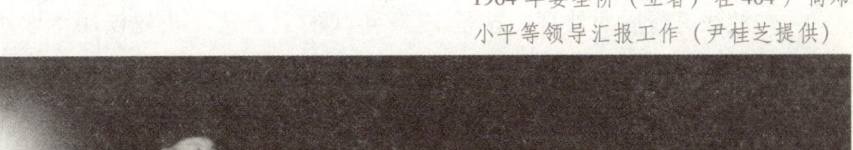

1964年姜圣阶(立者)在404厂向邓小平等领导汇报工作(尹桂芝提供)

料厂工作。404厂有四个分厂，主要负责研制原子弹的核心部件所用的材料，设计好了再拿到九院制作。九院是工艺厂，负责搞设计。我觉得自己可以胜任这项工作，当初我学工业的初衷，就是想振兴中国嘛。我想了想说，克服困难我也去。回到南京，我把公司的事情安排完就去了西北。

我在西北工作了13年，做了很多工作。我负责设计和建造了生产反应堆大型设备，比我们四院的设计师设计的好得多，生产成本也降低了。1966年核反应堆建成了。后来我领导建造了核燃料后处理厂、氟化胶厂。这几个厂子都是我们自己设计和建造的。这样一来，原子弹的元件制造出来了。

值得一提的是，原来苏联给我们设计的后处理厂是个老式作坊，用沉淀法进行后期处理，这是1920年代的老方法。我建议用萃取法，这是现代化工常用的方法。上级说苏联设计的东西任何人不得改动，即便是改也要做到万无一失。以后我每次开会都要提意见，在青岛开会我也提了。我说，沉淀法是老方法，苏联设计的后处理厂是一个畸形厂子，一个机修车间1万平方米，坏了设备就会中断生产。我不接收这个厂子。从青岛回来，二机部又召开会议，刘杰说，萃取法你得做到万无一失。我说，科学上哪有万无一失的。原来搞萃取试验的时候，我跟孙志远说成功率是90％，他说50％都干，现在你让做到万无一失，那就得建个中间试验厂。苏联设计的后处理厂也就改名为中间试验厂。后来还是采用了萃取法，制造出了原子弹。这个厂已经扩建成大厂了，也做氚的生产线，生产制造氢弹所需的材料。

我在404厂做了一些工作，有几方面的原因。一方面，跟上级领导对我的信任分不开。二机部对我比较信任，把所有的技术、设计、机件生产都交给了我，让我全权负责；设计中遇到了问题，如何解决，厂长让我来决定；党委书记也把技术工作交给我了，他只负责思想工作。另外一方面，我是燃料厂的总工程师。当时苏联给我们设计了两个组合厂，包含有四个工艺厂，都在西北。我原来在南京的那个厂子有35000人，江南、江北有好多分厂，有磷肥厂、氮肥厂等。在这里便于我工作，指挥基建、指挥设计都方便了，指挥生产更方便。

王德禄："文革"期间您遇到麻烦了吗？

姜圣阶：我遇到了一些麻烦，周总理保护了我。1967年周总理找两派的领导开会，据说他在会上说，姜圣阶的历史我清楚，你们两派谁也不能动他。另外，造反派对我比较尊重，也比较客气。那时候，二机部的领导都要接受审查。批斗刘杰的时候，我陪着他去了。当时刘杰被说成是"叛徒"，谁敢接近他啊。我还好一点，可以陪着他，给他弄饭吃。这些事他现在都还记得。当时刘杰是二机部的部长，404厂党委书记是王侯山，

1989年王德禄采访姜圣阶时合影

厂长是周秩①,我是第一副厂长兼总工程师。书记和厂长配合得很默契,大家配合得都比较好。技术方面出了问题,只要找周秩厂长,他就会告诉你接下来应该做什么,书记更不用说了。

王德禄:您现在主要担任哪些职务?

姜圣阶:我现在是核工业部科技委主任,原来是核工业部的科技顾问、中国核学会理事长,这些工作都比较轻松,事情不多。去年,我把国家核安全局局长的职务辞掉了,但是没有正式宣布。任命的时候,李鹏同志找到我说,第一任局长要选个合适的人,各个部经过协商,认为我最合适。他让我当第一任,任期三年。快到期的时候,我写了辞呈,辞去了职务。

---

① 周秩(1916—2011),曾用名潘永金,广东南海人。金陵大学肄业。1940 年加入中国共产党。1953 年 12 月起,任总后勤部政治部、宣传部副部长及部长。1955 年被授予上校军衔。1957 年 3 月起,任第二机械工业部十四局副局长,国营 404 厂党委书记、厂长。1978 年 6 月起,任第二机械工业部副部长、核工业部顾问。1985 年 2 月离休。

父亲说"中国人要为中国做事" 7

王启东　口述

采访人：王德禄
访谈时间：1990年5月14日
访谈地点：浙江大学王启东家
整理人：张静、高颖、程宏

受访人简介

王启东（1921— ），祖籍浙江黄岩，生于南京。机械工程学、金属材料学专家。1943年毕业于浙江大学机械工程系，后留校任助教。1947年赴美留学，1948年获斯坦福大学硕士学位。1951年获爱荷华大学热能工程学博士学位。1951年1月回国，历任浙江大学教授、机械系副主任、冶金系主任、副校长等职务。

王德禄：请王先生讲一讲您出国前的经历。

王启东：我的祖籍是浙江黄岩，祖父辈以上都居住在黄岩西乡宁溪镇。经三考拔贡后，祖父被派往福建省福州市的闽侯、福清等七个县做县官。我父亲王琎①就是在闽侯出生的。维新变法以后，父亲到北京念译学馆，学英语专业。清光绪最后一年（1909年），他是与秉志先生一同出国的，比竺可桢早一届。

回国后，父亲曾在东南大学教书。他是中国科学社的骨干人物之一，曾担任南京（中国科学社）社友会理事长。1921年八月二十七日（农历），我在南京出生。那时候，我家住在南京科学社附近，我从小就在东南大学附属小学念书。1931年，蔡元培先生请我父亲到上海中央研究院主持化学研究所，我跟随家人搬到上海。后来父亲转入浙江大学教书。抗日战争爆发后，浙江大学搬迁到贵州遵义，他随校去了遵义。1939年我考入交通大学（上海）。1941年太平洋战争即将爆发，我离开了上海，转入遵义浙江大学机械系。因为当时浙大机械专业很热门，我认为，学机械有很大的发展前途。而今想来，如果我当初学化学，可能会更利于事业的发展，毕竟父亲是学化学的，他可以给我更多的指导。

我刚从交大到浙大的时候，感觉这两所学校氛围有很大差异。当时交大整体气氛很沉闷，浙大很活跃。因为当时交大在法租界，四周被日军占领，不允许人们搞任何活动，平时我们只好自己待在家里。到了浙大，学生们都住在一起，学校经常组织集体活动。浙大比较民主开放，学生思维比较活跃，学术氛围也很浓。浙大有各种讲坛，有的比较正统，有的比较

---

① 王琎（1888—1966），字季梁，浙江黄岩人，生于福建。1909年留学美国，1915年毕业回国，曾任东南大学化学系主任、中央大学理学院院长、中央研究院化学所所长。1935年再次赴美，1937年获明尼苏达大学科学硕士。1937年回国，先后任四川大学教授，浙江大学化学系主任、师范学院院长、理学院代理院长等职。1952年院系调整后，在浙江师范学院、杭州大学任教。

进步。竺可桢先生主张学术自由,每周五晚上和周六都是讲坛时间。当时有很多学生来听,很活跃,但是现在的浙大没有以前那么活跃了。浙大很重视做实验,实验条件比交大好一些。在遵义专门建造了房子,有瓦房也有草房,用作实验室。交大的实验室都是临时借用别人的房子,平时不开放。我的父母都是浙大的老师,同上层接触比较多,认识很多教授。我在浙大的生活比在上海苦多了,但是在浙大师生之间相处得很融洽,感情很好。

我是在太平洋战争之前到遵义的,在那里待了五年,念了两年书,做了三年助教。我给丁履德和王仁东[①]两位教授当过助教。丁履德是学航空工程的,曾经到意大利留学,回国后到浙大负责实验室。我在浙大跟着他做事。丁履德教书不错,后来调往山东工学院担任院长,我接任了实验室主任。王仁东在美国西北大学做过访问教授。他去美国比我早一点,回国也比我早一两年,现在是浙大机械系的教授。竺可桢先生是浙大的校长,在各地招聘人才。浙大那批教授都不错。我在浙大的时候,与一些地下党的党员很熟悉,大家关系很好,但是他们没有发展我入党。我念书花的时间比他们多。

1946年我随浙大迁回原址,在上海参加教育部组织的留学生考试,考取了机械工程学科的公费留美生,第二年去了美国。我那一批到各国留学的有一百四五十人,留美的大概有100人,比如徐皆苏[②]、杜庆

---

① 王仁东(1908—1983),上海人。1935年毕业于交通大学(上海)。1946年赴美任美国西北大学机械系客座教授。1949年回国,任浙江大学机械系、化工系、力学系教授。

② 徐皆苏(1922—),江苏苏州人。1940年入中正理工学院造兵系学习。1947年入美国斯坦福大学研究院,1948年获机械工程硕士学位,1950年获工程力学博士学位,后任加州大学伯克利分校应用力学教授。

1947年斯坦福大学博物馆门前合影,前排左一王启东,右一杜庆华;中排左一田炳耕,左二杜庆萱;后排左二钮因美,右一徐皆苏(王宇平提供)

华①、杨纪珂②和我。浙大机械系只有徐皆苏和我出国了。我们两个是很好的朋友,在美国留学的时候住在同一个房间,一起学习机械工程。徐皆苏现在在美国,是美国工程院院士。杜庆华在美国是学习航空工程的,回国后到清华大学教书。杨纪珂现在在人大常委会工作,我去人大常委会开会见过他,杨纪珂看到我很亲切。

---

① 杜庆华(1919—2006),浙江杭州人。中国工程院院士(1997)。1940年毕业于交通大学(上海)机械系航空组。1947年赴美留学,1948年获斯坦福大学机械工程硕士学位,1949年获哈佛大学航空工程硕士学位,1951年获斯坦福大学工程力学博士学位。1951年回国,历任北京大学教授,清华大学校务委员、力学教研组主任。

② 杨纪珂(1921—   ),上海人。1944年毕业于交通大学唐山工程学院。1948年获美国俄亥俄州立大学冶金硕士学位。1955年回国,历任中科院生物物理所副研究员、中国科技大学教授、安徽省副省长、安徽省第七届人大常委会副主任。

王德禄：您当时为什么选择去美国？家人对您的学术发展有哪些影响？

王启东：我想去美国，是因为我父亲、舅舅都在美国留过学。我们是先考取再申请学校。那时候，斯坦福大学不算太有名，在机械领域，斯坦福大学的弗雷德里克·特曼（Frederick Terman）是全世界很有名的教授，他也是工学院院长。我申请了斯坦福大学，学校同意接收，父亲也同意我去，我就去了。选择专业的时候，父亲对我影响不大。父亲治学十分严谨、认真，这种治学态度对我影响很大。

王德禄：你们兄弟姐妹几个？其他人有在国外留学的经历吗？

王启东：我们兄弟姐妹共三人。哥哥毕业于中央大学建筑学专业，他毕业后在中南设计院工作，后来担任总工程师。哥哥没有出过国。姐姐王宝琳[1]比我晚一年出国，她是1948年出去的，当时在美国从事医学研究，现在在北京医科大学工作。我姐夫是林秉南[2]，那个时候也在爱荷华大学念书，1956年，他们两个是一起回国的。

王德禄：您在美国都有哪些经历？

王启东：到了斯坦福大学，我先选修理论力学，又学习机械工程方面的课程，1948年获得硕士学位。当时斯坦福大学没有机械工程博士点，我就转入爱荷华大学，攻读热能工程。当时我姐姐在爱荷华大学，她说爱荷华大学不错，生活费很低。爱荷华大学同意给我提供奖学金，并免除学

---

[1] 王宝琳（1919— ），浙江黄岩人，生于南京，王启东的姐姐，林秉南的夫人。1944年毕业于上海医学院，1948年赴美留学，获爱荷华大学博士学位。1956年回国。在北京大学第一医院从事儿科肾脏病教学研究。

[2] 林秉南（1920— ），原籍福建莆田，生于马来西亚。中科院院士（1991）。1942年毕业于交通大学唐山工程学院土木系。1947年获美国爱荷华大学硕士学位。1951年获博士学位。1956年回国，曾任中国水利水电科学研究院院长。

1948年王启东获斯坦福大学工程硕士学位（王宇平提供）

费。到那里两年半，我获得了博士学位。如今回想起来，斯坦福大学相对好一点。因为斯坦福大学在加州旧金山海湾区，新兴工业比较发达。

我本来是公费留美生，到1949年完全没有公费了。我的生活负担很重，为了维持生计，我一边念书一边做助教。暑假期间，我做了一些工作，其他时间没有工作。对于是否允许中国留学生回国的问题，美国政策几经改变。起初是鼓励中国留学生回国，后来又比较中立，或走或留敬请自便。朝鲜战争爆发后，美国开始限制中国留学生回国。我是1951年1月离开美国的，当时美国已经开始限制一部分中国留学生回国了。我们想方设法，委托亲戚从广州去香港给我们和美国国务院发电报，说爱荷华大学某某人的家属已经到了香港。这样一来，美国方面就放心了。若当地限制得不太紧，留学生基本上都能回来。我姐夫的老家在广州，他委托他姐姐到香港给我发电报。我就是收到了从香港发来的电报才回国的。

那个时期，大家内心充满了矛盾。我离开的时候，有很多人不敢走，毕竟我们在美国生活得很好，一旦离开，一切又要从零开始了。我们那一批回来得比较晚，比我们再晚的也不过晚三五个月。1951年7月，美国开始完全禁止中国留学生回国了。

王德禄：爱荷华大学的机械系有什么特点？比较有名的、比较活跃的都有谁？

王启东：爱荷华大学机械系没有太大的特点，它的热能工程、传热专业比较好,制造工程是新兴学科,当时比较差。我念博士学位学的是热能工程、热动力厂建设。爱荷华大学比较出名的中国人有钱宁①、林秉南。钱宁回国后任清华大学教授。当时比较活跃的现在大部分在美国。我回国后,参加社会活动较少。

1949 年年末王启东在爱荷华大学机械工程实验室做实验(王宇平提供)

王德禄:您为什么要回国?

王启东:我们看到不少劝中国留学生回国的信。华罗庚给我们写信,告诉我们在共产党的领导下,祖国建设很需要人才。中国留学生在美国成立了留美科协,留美科协在各地都有分会,爱荷华也有。华罗庚等人的信就是通过留美科协传给我们看的。留美科协也给我们写信,向我们传达国内的情况。《留美科协通讯》上刊登的那些信基本上是公开的。《留美科协通讯》是油印的,发给每个人,我也收到过。中国政府也给我们写信了,这对我们回国起了一定的作用。当然主要还是家庭的原因。一方面,当时我和姐姐都在国外,家里只剩下父亲、母亲和哥哥。当时我父亲在浙

---

① 钱宁(1922—1986),浙江杭州人。中科院院士(1980)。1943 年毕业于中央大学(重庆),1948 年获美国爱荷华大学硕士学位,1951 年获加州大学博士学位。1955 年回国,任中科院水工所研究员、水电部水利水电院河渠所副所长、清华大学水利系教授。

大化学系教书,他还担任了师范学院院长。父亲劝我回国,我哥哥也赞成我回来。哥哥说,新中国要搞建设,很需要人才。另外,我夫人也动员我回来。我们是1946年在浙江结的婚,1947年7月我出国了,11月孩子就出生了,所以家庭责任感也促使我回来。此外,还有亲戚给我写信,动员我回国。

当时留美学生的爱国心很强烈,我们认为,如果中国没有人好好做事情,国家的发展就很渺茫。本来我们这些留学生回国后可以做得更好,但是后来开展了诸多运动,这些人被整得太厉害了。1950年代初期刚回国时,我们很努力地工作,但是有些人还是不理解我们为什么1951年回来。

王德禄:您父亲对您回国有什么影响?

王启东:我父亲出过两次国,第一次出去了六年,第二次出去工作了一段时间。尽管在国外待过很长时间,但是他认为中国人要为中国做事。

王德禄:您在美国参加留美科协了吗?爱荷华留美科协的领导人是谁?

王启东:我参加留美科协了,我们学校学理工的基本都是留美科协的成员。丁儆是负责联系的,侯祥麟是领导人。我们关系都很好。当时有些人口头说得比我们进步,但是走的时候,我们比他们坚决。我们做博士论文的时候,非常忙碌,没有空闲。我论文写好后交上去,合格了。学校告诉我,再等半个月就要召开毕业典礼,可以拿到博士学位证书。我没有等,马上回国了。

在斯坦福大学念书的时候,我们那批中国留学生差不多都是公费派出去的,像现在美国贝尔实验室里很有名的田炳耕①。在爱荷华念书的时候,

---

① 田炳耕(1919—),浙江上虞人。美国工程院院士(1975)、美国科学院院士(1978)。1937年考入中央大学(重庆)电机工程系,1941年毕业于交通大学(上海)。1947年赴美国斯坦福大学攻读博士学位。1952年夏入贝尔实验室工作。

我们那批中国留学生人数很多,其中林秉南、徐乾清①等人回国后去了水科院,还有一批回国后去了黄河水利委员会。当时在爱荷华念书的,我算是回来得比较早的。

王德禄:您回国以后的工作是怎么安排的?

王启东:我们刚从美国回来,到达广州的时候,有一些大学邀请我去,北方也有一些大学邀请我,我都谢绝了。

1949年王启东在爱荷华大学宿舍写博士论文(王宇平提供)

别人都去了北京,等待分配工作。我家在杭州,我对杭州很熟悉,就直接回杭州了,在浙江大学机械系教书,一直到现在。

到了浙大,我们自己决定教什么课程,当然学校也会提出希望。浙大那时候已经比较注重制造专业了,我在斯坦福大学学的是制造,所以我一边教传热学,一边教质量控制,当时焊接学没有人教,也让我来教。我还帮浙大成立了一个实验室,刚搞了一年多,院系调整开始了。

浙大原本是一个学风非常好的有自己传统的大学。院系调整时,中国学习苏联,开设学科的范围很窄。浙大的一些学科被撤掉了,比如航空、热能、内燃机等专业。这些浙大原来比较强的学科全都并到了其他学校。浙大最强的是理学院,院系调整时整个并到上海的复旦大学。这样一来,浙大最大的特色丧失了。浙大撤掉一些学科后成了工科学校,这对浙大后期的发展不利。院系调整之初,有一段时期,我们认为浙大发

---

① 徐乾清(1925—2010),陕西固县人。中国工程院院士(1999)。1949年毕业于交通大学(上海),曾任水利部科技局副局长,水电部计划司副司长、副总工程师等职。

展得还不错,当时工学院发展速度很快,招生规模扩大了,房屋建设也不错。

院系调整对我们个人来说,有一些损失。浙大热能系调到别的学校,没有学生了,我们教热动力的好几个教授都转行了。原来浙大热能系教授就不少,加上我们这些刚从国外回来的,人就更多了。我们都是搞热工的,如果把浙大的热能系完全撤掉,我们改教别的课程,太浪费人才了。院系调整的时候,刘丹①担任浙大的副校长,主管此事,他说浙大是搞热加工的。实际上,仅一字之差,却是两个不同的学科,热加工就是铸造、锻造、焊接。材料和机械本来就不是一个学科,刘丹不理解这一点,还批评我们过分强调自己的特色,最终还是把热能系撤掉了。为此浙大损失了很多人才,有很大一批教授都是这个原因转行的。在我看来,院系调整后,浙大的整体水平和机械系的水平都下降了。没办法,只能靠大家的努力,学习苏联,再慢慢地调整上来。离开热能系以后,我先是搞铸造,当时没有人,马上让我做铸造的教研室主任。我对铸造一窍不通,只能边学边干。

现在回过头来看,如果浙江大学保持当年的特色,不拆分,合理使用教授,把那些钱用于学校建设,浙大将会是一所了不起的大学。当时苏步青调去复旦大学,他认为在复旦大学发挥不了作用,复旦大学的学风与浙江大学有所不同。

王德禄:为什么有些学校要综合发展,而浙大却要拆分?

王启东:当时的综合就是文理综合,虽然叫综合大学,实质上是文理

---

① 刘丹(1909—1989),安徽肥东人。1928年入安徽大学,因参与领导了学生运动被开除。1932年参加了"左联",任安徽分会宣传部部长。1949年后,任浙江省政府秘书长、文教厅厅长、浙江师范学院院长等职。1952年担任浙江大学第一副校长。

综合学院。真正的综合大学是文、理、工、农都有。现在浙江医科大学水平不高，就是因为没有理科。工科学校没有理科基础也不行，教学水平无法提升，这就跟理科学校没有工科的研究成果做支撑发展不好是一个道理。西方的特色是综合，苏联的模式是办专科学校。新中国成立之初，学习苏联，如今苏联仍然采用这种发展模式，科学发展受到了相当大的限制。当然这样做也可能是为了改造领导体制，要打破旧体制，实质上是对中国知识分子不太信任。假设放手让知识分子去管，我相信会干好。对机械系调整的事情，当时我们提了意见，领导没有采纳。

浙大机械系虽然留下了，但是改变了方向。原来的浙大是以动力为主的，机械制造次之，院系调整后只突出制造，动力部分全撤了，损失了很大一批人才，从整体学术水平、从世界竞争力上看是吃亏。这也是对我们的一大影响。当然不能说刘丹不重用我们，他对我很重视，让我做教研室主任、系主任。总的来说是"左"的思想影响太深。各种运动开始后，我们这些人都受冲击了。"肃反"和"文革"的时候，他们批判我是美国派来的特务，还说我肯定得了美国的好处，否则是不会回来的。

"肃反"时我被整得很厉害。他们没有给我扣上什么帽子，但是隔离、抄家。把几个人集中在一起，让交代历史问题，强迫写材料。抄了我两次家，抄得很仔细，把所有东西都翻一遍，看看能不能找到反革命的证据，当然他们抄不到什么东西。

当时我写过很详细的交代材料，如何出国，如何在美国学习，各阶段的经历都写得很详细。这份材料后来没有还给我，如果还给我，那是我很详细的历史资料。"文革"的时候，又写过一次交代材料。有一些外行人领导系里的工作，这些人比较"左"。如果做出了成绩，就把你调开，遇到这种情况的不止我一个人。我们做科研要出成果，他就把我们调离，再派其他人来做。新派来的人做不出成果，科研就糟蹋了，这种事情屡见不鲜。我建立的实验室三起三落。我们先建了一个，碰到"肃反"，撤销一次，"反右"的时候又撤销了一次。"文革"期间，撤销得更彻底，说我搞的是修正主义实验室。

"文革"一开始，他们说我是"反动学术权威"，在机械系推行美国的教育思想。1968年以后，无中生有，又转说我是"美国特务"。之所以后来没有把我抓起来，可能是没有人控告我，也没什么证据。假如当时有人写一封检举信，我马上就会被关进监狱。

"文革"中，我本人受冲击不算太厉害，但我的家庭受冲击太厉害了。

我夫人出身不好，她家是大地主成分，她在英士大学念财经。我们结婚以后，她先带孩子，后来在浙大做管理工作。受冲击的时候，我夫人也被关起来了，主要是家庭背景引起的。后来去干校，迁到了农村。"文革"的时候，我们被赶到自己创办的一个废弃的钢铁厂里住，在郊区。男孩子上学要走很远的路。我们回国的这些人，经历都很坎坷，没有回国的，在国外发展得还不错。

我们有三个孩子。"文革"的时候，有两个孩子上山下乡干了七八年。老大男孩子从农村回来后念了几年电视大学，现在在塑料机械厂；老二女孩子在杭州的医院当医生；岁数最小的女孩子现在在美国，当时她只有五六岁，我们都下乡或是被管制了，只能让她姐姐带着她。她姐姐比她大六七岁，十二三岁的孩子带着一个五六岁的孩子，生活很苦啊。

我父亲是教理科的，浙大拆分后，想留在杭州工作。"文革"开始后，1966年12月我父亲在杭州大学被打死了。他被打死的整个过程和死亡的原因都没有写成文字材料，当时谁敢说这些啊。后来学校给他开了追悼会，已经很不错了。我母亲去世得早，继母叫德梦铁①。她是杭大外文系教授，患有高血压，1969年也被整死了。"文革"的时候，把她单独隔离，我说不能这样做，隔离后如不给药吃，起居无人照顾，肯定很快会死的，结果就是这样死的。继母去世以后，他们把她家里的东西统统卖光了，不通知我们就全部卖了。这事做得很绝啊！"文革"的时候，我也被关起来，每天按时到牛棚，参加劳动。当时很大一批人都是这样的，没有自由，外面的事很少能顾得上。因为我的继母没孩子，只有我去帮她照料一下家里。

王德禄：当时您父亲是怎么被打死的？您知道吗？

王启东：知道。我父亲被打死不是由于直接的政治原因，是劫匪抢父亲的钱的时候把他打死的。这件事是冒充红卫兵的人干的。父亲和继母两人都是教授，收入高，家里有钱。有些人就冒充红卫兵，去我父亲家说，我们要串联，需要用钱，你得提供。我父亲说，现在我手头没有钱，抄家都抄完了，钱都在学校里，我只有这个月的工资，可以给你三五百元钱。我父亲说的完全是真话，失策的地方是把那个人带到卧室里了。父亲进卧室拿钱，他也跟着进去，看到桌子上放着几块很好的表，他朝我父亲头上啪啪就是几棍子，把我父亲打死了，拿着东西就逃走了。事发后，杭大通知我了，显而易见是抢劫杀人。可是杭大不承认，还说我父亲是自杀的。我很生气，我说哪有自杀打在这个部位的？自己能打得着吗？自己打在这部位能打得死自己吗？我父亲去世两年后，凶手被抓住了，因为他把这块表拿出来了，表一出笼，公安局开始注意他，把他抓住了。1978年，学校才给我父亲和继母开追悼会平反，暂时给他们落实了政策，承认了错误。

---

① 德梦铁（1903—1969），拉脱维亚人，俄文名字 ОльгаС. Демант。早年攻读文学，通晓多国语言。1941年起在浙江大学任教30年，主要教授德语和俄语，很受学生欢迎。

1990年王启东夫妇合影

王德禄：你们家是书香门第，有没有因为很特殊的政治关系而被整来整去的？

王启东：这倒没有。我父亲的思想很进步，很拥护共产党。党中央对他也很重视，毛泽东主席、周恩来总理请他吃过饭，这些省里都知道。"文革"开始后，那些老先生只有他没有挨整。我父亲身体不好，整天待在家里，家里没有其他人，这就出问题了。当时人家来抄家，因为要抄我继母的，他的当然也连带被抄了。我姐姐在北京也被抄家了，他们回国迟一点当然也逃不掉，都整得比较厉害。姐姐在美国的大学教过书，学术地位比较高，算是"反动学术权威"。

王德禄：这十年来您工作的情况怎么样？您做了哪些工作？

王启东：这十年来，我的工作还不错。以前是你往前发展一点，就有人给按下去，不让发展，比较"左"。这十年，学校允许我们自由发展，对我们很信任，还让我担任副校长，管理教学和科研，我还曾兼任系主任。当然，我也做了一些其他的工作。我在学校创建了材料系，把现有人员集中在一起，这是一项很重要的工作，也是我做的主要工作。另外，我组织了一个科学研究团队，这十年来一直没有间断，慢慢地发展，最近发展得还不错。我还没退休，现在是材料系教授。我还是浙江省人大常委会副主任，负责科学技术委员会，涉及省里科技发展方面的事情。我还负责我们系里的学术委员会，科学研究的工作也还在做。

现在让我最遗憾的是，我们想把科学研究做得更好，培养了一批人才，我们送了六七个成绩比较好的学生去国外留学，可是这些人都没有回来。他们都是我们自己培养的博士生、博士后，其中，有四个人给我写信说要回来，但是最终都没回来。这些人都是学材料的，在国外的大学做了一段时间，有些做了七八年，应当是很不错的人才。我们现在岁数大了，希望他们能多理解我们，能够回来。

我最近十年主要是做金属材料中的一个新领域，叫作贮氢金属材料，把氢吸进去，可以贮存氢。这种金属应用面很广，可以储存，可以净化，也可以做空调机和压缩机，还可以做电极材料，即可充放电电池的阴极材料。这种材料是能源工业污染大气与环境问题尖锐化以后提出来的，我们注意到它发展得很快，当时我们想试着做一做，学校当时非常支持。我们现在这段时间都是做这项工作。

王德禄：您对政治运动有什么看法？

王启东：我们在历次政治运动中，浪费的时间太多了。"文革"中，关牛棚、去干校、插队、接受再教育，这些加起来，这十年我们无法工作，大部分时间都花在"学习"上了。浪费的时间加起来，说十年都有点少。

"肃反"持续的时间不长，但是这半年什么也做不了，白天要接受审查，交代问题。"肃反"最后给下结论了，不是很彻底。虽然没有发现你有什么问题，但是以后一旦有机会，可能就会再审查一次。

王德禄：在"文革"期间最艰难的时候，您对生活有信心吗？

王启东：我对生活还是有信心的。当然我也有很悲伤的时候。父亲被打死了，我们被赶出来，住到那么艰苦的地方，甚至我们所有的东西都被卖光了。我没有挨打。王仁东教授为人很正直，敢于讲话，他认为那些政策是错误的。为此，"文革"的时候，他被整得更厉害，戴高帽子、游行、挨打。不过，浙大打人的比较少，只是开会的时候、要辩论的时候打两下，真正被吊着打的不多。

王德禄：现在一些留学生不想回国，您对此有什么看法？

王启东：从外国回来的那些老朋友，总体来讲，住宅都不豪华，生活都不太讲究，甚至在美国地位很高的也是如此。他们把精力都集中在学术研究上。年轻人不清楚我们这一段经历。他们为什么到美国留学后没有很积极地回来，自有原因。留学政策很值得总结，怎样做才更好。

王德禄：前阵子有种说法，浙大想要恢复老浙大的传统。您知道是怎么回事吗？

王启东：当时确实想把老浙大在杭州的四所大学合并起来，包括现在的浙大、杭大、浙农大、浙医大。复旦大学的理学院也主要是老浙大的，已经搬到上海了，没办法要回来。浙大想把这四所学校联合起来，恢复老浙大。但由于人事关系很复杂，无法恢复。老浙大的校长是刘丹，院系调整是他在浙大的时候干的。后来他心里很内疚，认为这件事没干好，想把老浙大恢复过来。刘丹是共产党员，1920年代的大学生，有点儿学识。

王德禄：1950年代回国的，还有谁在浙大，您能帮我们推荐几个人吗？

王启东：你可以找两个人问问，浙大化工系的周春晖①是 1957 年回来的。侯虞钧②，侯德榜的侄子，是 1956 年回来的。1950 年代更早回国的基本上都已经去世了，比如王仁东、徐纪楠③。你也可以问问曾国熙④，他是学土木的，人还不错。

王德禄：谁去过哥本哈根？

王启东：杨士林⑤去过哥本哈根。1960 年代国内曾派了一些学生出国，数量不多，大学里派了几个，主要是到英国。这些人都是党组织比较信任的、思想比较进步的学生。杨士林也被派去英国了。"文革"期间，他挨整了。杨士林现在住在我们后面，侯虞钧住在旁边那栋楼。

王德禄：对您父亲研究方面的回忆有写得比较好的文字材料吗？

王启东：最近科学出版社要出版一本《科学名人大辞典》，上面有我父亲的一个条目，让我写。我已经写好了。

---

① 周春晖（1922—2008），云南富源人。1941 年入云南大学化学系。1945 年赴美留学，1947 年获麻省理工学院化工学士，1950 年获特拉华大学化工硕士学位，1949—1950 任费城大陆纸品公司技术员。1950—1954 年就读于密歇根大学，先后获应用数学硕士学位、化工博士学位，在伦士勒理工大学化工系任助理教授及副教授。1957 年偕夫人刘韵清回国，历任浙江大学化工系主任、副校长，国家科委自动化科学学科组成员等职务。

② 侯虞钧（1922—2001），福建福州人。中科院院士（1997）。1945 年毕业于浙江大学化工系。1945 年赴美留学，1947 年获威斯康星大学硕士学位，1955 年获密歇根大学博士学位，任该校助理教授。1956 年回国，历任化工部上海化工研究院副总工程师、浙江大学化工系教授、科学技术研究所副所长。

③ 徐纪楠（1920—1983），浙江绍兴人。1946 年毕业于交通大学（上海）机械系，毕业后在教育部任秘书半年，考取公费留学，1946 年赴美留学。1948 年获加州理工学院工程硕士学位。1948 年回国，历任浙江大学机械系（材料工程系）金属学及热处理教授、教研室主任。

④ 曾国熙（1918— ），福建泉州人。1943 年毕业于厦门大学土木系并留校任教，1948 年赴美国西北大学担任研究助教，专攻土木学。1950 年获美国西北大学土木工程系科学硕士学位。1950 年回国，任厦门大学副教授，1953 年院系调整到浙江大学任教授、土木工程系主任。

⑤ 杨士林（1919— ），江苏吴县人。1941 年毕业于浙江大学化学系，留校任教。1948—1950 年在丹麦哥本哈根理工大学进修，1950 年回国。1963—1965 年在英国利物浦大学做访问学者。历任浙江大学教授、化学系主任、校长。

王德禄：关于丁履德的生平经历，现在有没有比较好的材料？

王启东：丁履德曾担任山东工学院的院长。丁履德这个人很不错，值得一写。后来我们失去联系了。

因留美科协活动被关押的"红色分子" 8

颜鸣皋 口述

采访人：王德禄
访谈时间：1990 年 7 月 20 日①
访谈地点：北京海淀颜鸣皋家
整理人：张佳玲、高颖、程宏

受访人简介

颜鸣皋（1920— ），祖籍浙江慈溪，生于河北定兴。金属物理学家、航空材料专家，中科院院士（1991）。1938—1942 年就读于中央大学（重庆）机械工程系。1942—1944 年任经济部中央工业试验所助理工程师。1944 年赴美，在惠普公司实习，1946 年

---

① 2011 年 4 月 23 日，我专门到武警总医院看望了颜鸣皋。2011 年颜鸣皋回国 60 年，这也是 20 年后我再次采访他。根据再访颜鸣皋时的谈话内容对本文进行了修改、补充。

进入耶鲁大学冶金系学习，1947年获硕士学位，1949年获工学博士学位。后到切斯铜加工厂研究部任助理冶金师。1949—1951年在纽约大学做研究。1951年2月回国，历任北京工业学院教授兼第二机械系主任、中国航空工业总公司航空材料研究所研究员。1991年获航空航天工业部创建40周年最高荣誉——航空金奖，2001年获何梁何利基金科学与技术进步奖，2009年获中华全国归国华侨联合会颁发的"侨界十杰"奖。

王德禄：请颜先生大概介绍一下您的经历。

颜鸣皋：我是1920年6月12日在河北省定兴县北河店车站附近出生的。1935年初中毕业后，我到北平念高中，其间，曾辗转于几个教会学校。我先在汇文中学念了半年，学费太贵，随即转入通县潞河中学，念了一年。日军扶持成立伪冀东政府以后，很多爱国学生和各界人士强烈反对日军的侵略行为，我也感到十分气愤，随即转回博文中学，接着念高二。当时教会学校聘请了一些好老师，教学质量不错，学校管理得比较严格，所有的学生都要住校。我们念高三的时候，课本都是用外语编写的，外语课是牧师教的，数学、物理、化学都是中国老师教的。

1938年，我参加教育部组织的全国第一届统考，大部分考生是国立学校的。我考上了中央大学（重庆）机械工程系。当时中央大学是全国最高学府，校长人选在国内的地位都比较高。我刚入校的时候，中央大学的校长是罗家伦，后来顾孟余接任了校长职务。我毕业的时候，中央大学校长是蒋介石。之后，顾毓琇和吴有训也曾先后担任中央大学的校长。新中国成立后，中央大学有些老师跟随蒋介石去了台湾。

1942年中央大学（重庆）机械系30级同学合影，第四排右一为颜鸣皋

当时机械工程系是中央大学比较好的系。系主任是李酉山①，新中国成立后，李酉山曾担任清华大学机械系主任。教机械学的是曹继贤（音），他后来去清华大学教书了。教热工的是陈大燮②，院系调整后，陈大燮曾担任西安交通大学教务长。当时我们班有30多个学生。这些人在北京的有清华自动化系的方崇智，清华力学系的万嘉煊，北大物理系的杨立铭③；

---

① 李酉山（1905—1968），辽宁义县人。1929年毕业于美国伊利诺伊大学机械工程系。1931年获麻省理工学院机械工程硕士学位。回国后，曾在西北工学院等学校任教。1949年后，历任北京大学、哈尔滨工业大学教授，清华大学机械系主任。
② 陈大燮（1903—1978），浙江海盐人。先后就读于唐山、上海两所交通大学。后去美国普渡大学留学，获硕士学位。1928年回国，先后在浙江大学、中央大学等学校任教。1949年以后曾任西安交通大学教务长、副校长。
③ 杨立铭（1919—2003），江苏溧水人。玻恩的学生，中国科学院院士（1991）。1942年毕业于中央大学（重庆）机械系。1945年赴英留学，1948年获爱丁堡大学研究院博士学位。1951年回国，历任清华大学副教授、北京大学教授、中国核物理学会理事长等。

学农机专业的多一点，比如曾德超①、水新元②和王万钧③。

1942年大学毕业后，我到经济部下属的中央工业试验所任助理工程师，在设计室搞万能材料试验机，1944年调去筹备材料实验室。当时中央工业试验所有四个人，所长是顾毓琇，副所长李汉起（音）兼任材料实验室主任，还有会计和我。这期间，我从事过结构钢试验及楠竹材料的力学性能研究工作。

1944年，国民党政府组织了留美实习生考试，招生1000人去美国公费实习。原来无论是公费还是自费出国，走之前都要接受集训，然后加入国民党。我们这批实习生集训之前，美国政要对国民党的做法提出抗议，所以我们这批人都没有参加集训，直接去了美国。"文革"期间，我们为此挨批了。红卫兵说，以往的自费生都参加集训了，你们为什么没有集训？

王德禄：参加出国实习的人是如何选拔出来的？

颜鸣皋：留美实习生都是通过考试选拔出来的，任何人都可以参加考试，大部分考生是政府的工作人员，主要是学理工的，学哪个专业就参加哪方面的考试。被录用的考生分成两三批去美国进修，国民政府有规定，学期一年，一年后必须回国。我们都是以实习工程师的名义去工厂实习的，护照上也是这样写的。我在美国进修精密机械制造，周末经常去耶鲁

---

① 曾德超（1919—2012），海南琼山人。中国工程院院士（1995）。1942年毕业于中央大学（重庆）机械系。1945年赴美留学，1948年获明尼苏达大学硕士学位。1948年回国，1952年后曾任北京农机学院教授、农机系主任。

② 水新元（1918— ），浙江宁波人。1942年毕业于中央大学机械系。1945年赴美留学，1947年获明尼苏达大学农业工程硕士学位。1948年回国，1949年后历任华东农林水利部农业工程研究室主任，南京农业机械化研究所副所长、高级工程师。

③ 王万钧（1918— ），江苏海安人。1942年毕业于中央大学（重庆）机械系。1945年赴美留学，1947年获明尼苏达大学硕士学位。1948年回国，先后在华东工业部、华北农机总厂工作，曾任中国农业科学化机械研究院总工程师、副院长。

大学冶金系听课。实习期结束后，很多人按规定回国了。在美国的时候，前半年我们都是自己找实习工厂，后半年很多工厂不再接收实习生。负责实习的人告诉我可以去大学念书，1946年春天，我正式进入耶鲁大学念金属物理专业，1947年获得物理冶金科学硕士学位。1948年，我进行了铝单晶横断弯曲试验研究，并提出晶体塑性变形的显微弯曲新假说，1949年7月提交了《铝单晶体的横断弯曲研究》博士论文，获得工学博士学位。

那个时候，陈能宽①、刘有照②和李继尧也在耶鲁大学念书，他们比我去得晚一点。从耶鲁大学毕业后，刘有照到美国福特汽车公司工作，李继尧回国了。李继尧学的专业理论性比较强，回国后到北京航空学院教书。北航对李继尧不重视，改革开放后他又回美国了。

博士毕业后，美国纽约大学工学院邀请我负责钛合金实验室的筹建工作。当时我的待遇比较好，每个月工资是650美元，算是比较高的。我住在学校附近，自己租公寓，买了汽车。

王德禄：请您讲一讲回国时的经历。

颜鸣皋：我毕业的时候，大家都想回国，我也想回国参加建设。美国人以前歧视中国人，朝鲜战争爆发后，美国人开始敌视中国人。我看到国内来信中描述的情形，深知祖国建设需要人才，回国的愿望更加强烈。那时候，我的确是这样想的。

---

① 陈能宽（1923— ），湖南慈利县人。中科院院士（1980）。1946年毕业于交通大学唐山工程学院矿冶工程系。1947年赴美国耶鲁大学学习，1949年获物理冶金学硕士学位，1950年获博士学位。1955年回国，任中科院应用物理所及中科院金属所研究员、第二机械工业部第九研究院副院长。两弹一星功勋奖章获得者。

② 刘有照（1922— ），上海人。1947年毕业于交通大学（上海）机械系。曾在美国耶鲁大学留学，后在福特汽车公司任工程师，现定居美国密歇根州。

1950年10月我预订了回国的船票。上船前两个星期，两个彪形大汉找到纽约大学研究部的实验室，让我拿着衣箱跟他们走。他们以"非法居留"的名义，把我押上一辆旅行车带走了。后来我才知道，那两个人是联邦调查局的官员。他们把我拘留在纽约的埃利斯岛，一个美国专门关押外国移民的地方。刚去的时候，他们在我的名字旁边加了"Red"三个字母。Red的意思是赤色分子。我们被关押的地方四周都是高墙，我们白天在广场上活动，晚上睡在用铁丝网围着的宿舍里，吃的还可以。与我住在一起的，大部分人是南美洲一些国家的移民，他们大部分是偷渡来美国的，属于非法居留。关押期间，谁想出去就要交2000美元保释金。在我的强烈抗议下，两三天后，他们允许我给学校打了一个电话。我通知了学校自己被关押的事情，还当着狱警的面在电话中扬言：如果不放我出去，我就要绝食。直到这个时候，我在耶鲁大学的同学才知道我的去向。我被关押了4天就出来了，因为同学帮我交了保释金，大部分保释金是我的同学刘有照的父亲资助的。当时刘有照的父亲在香港，家里富裕。

我出来以后，美国政府允许我在美国工作，但是不允许我出境。不得已，我请了一位律师，将美国联邦调查局告上法庭。为了筹集资金打官司，我把汽车也卖掉了。1951年2月，我胜诉了，同时拿回那2000美元的保释金。回国前，我把那些钱还给了当时的资助人。

王德禄：他们为什么要把您抓走，您知道真实背景吗？

颜鸣皋：我估计有两个原因。一个原因是，我是留美科协的骨干，联邦调查局想杀一儆百。1949年留美科协在匹兹堡大学召开成立大会，当时有上千人入会。留美科协出版了一个刊物《留美科协通讯》，李恒德担任编辑，我主要负责传递，因为只有我有汽车。1950年暑假，联邦调查局找留美科协的骨干谈话了。美国政府不直接说让我们取消留美组织，而是用传讯的方法威逼大家解散。第二个原因是，我负责与国内联络，收集国内来信，了解国内情况。因为葛庭燧①他们回国后经常给我写信，我就担任联络人。联邦调查局不喜欢我这样做。

留美科协成立以前，我和中国学生联系不多。留美科协成立以后，我们才相互认识，彼此联系。

王德禄：听说当时留美科协冶金小组联合编制了一份冶金学名词中英文对照表，后来发表了吗？

颜鸣皋：没有发表，我们带回来了。中国留学生在美国成立了多个学术小组，1949年以前金属小组组长是葛庭燧，他回国后，我接任组长。我们金属小组回国的人比较多。国内有金属理论专业，为了以后国家更好地发展冶金和材料研究，我们金属小组集体翻译了一本《金属物理导论》。为了统一名词，我们编制了一份冶金学名词中英文对照表，采用了一些简化名词，比如"austenite"译为"奥氏体"，"Widmanstanttenpattern"译为"魏氏组织"。回国后，我被聘请到北京工业学院（现北京理工大学）任教授，并兼任第二机械系主任，1955年又兼任中科院应用物理研究所的研究员。中科院以我为主，编写了一本《冶金学名词》，这是我们国家第一本冶金学名词方面的书籍。

王德禄：金属工业领域，有没有中国学生参加过美国军事方面比较机密的工作？

颜鸣皋：我不太清楚。凡是参与军事方面工作的人都要填写一个表格，并做忠诚宣誓。美国联邦调查局开始以为钛合金合同牵涉到陆军军部

---

① 葛庭燧（1913—2000），山东蓬莱人。中科院院士（1955）。1937年毕业于清华大学，1940年获燕京大学硕士学位，1941年赴美留学，1943年获加州大学伯克利分校物理学博士学位。1949年偕夫人何怡贞回国，历任清华大学教授，中科院应用物理所、金属所研究员和固体物理所所长等。

的秘密，调查后得知我们搞的是外围的、基础性的研究，没有什么可保密的，很快把我放了。联邦调查局问我为什么要回国，我说，要回家团聚，仅此而已。

我是被驱逐离开美国的。1951年2月，我乘坐从旧金山起锚的"克利夫兰总统号"回国了，同船的有100多位中国留学生，比如哈尔滨建筑工程学院的刘恢先①和洪晶②夫妇，当时他们还带着孩子。我们在船上没有组织活动，大家分散在各处，也没有集体合影。轮船航行了26天到达香港。在香港我们没有着陆，内地派了小火轮把我们接到广州。《南方日报》的记者知道我在美国被关押过，专门到小火轮上采访了我。在我之后，每个月有100多位中国留学生坐船回来，从6月份开始美国不允许中国留学生回国了。那些执意要回国的中国学生，想方设法回国。我听说，有的是绕道欧洲三三两两地结伴回来的，当然这种情况很少。1949—1951年要回国的中国留学生被美国抓起来的不多，西岸是钱学森，东岸是黄葆同③和我。

王德禄：黄葆同为什么被抓起来了，您了解情况吗？

---

① 刘恢先（1912—1992），江西莲花人。中科院院士（1980）。1933年毕业于交通大学唐山工程学院。1934年赴美留学，1935年获康奈尔大学硕士学位，1937年获博士学位。1938年回国后相继担任湘桂、叙昆、黔桂、平汉铁路工程师，以及浙江大学、西南联合大学教授。1947年再度赴美，在工程设计公司任工程师并在大学任教。1951年回国后，任清华大学教授、中科院哈尔滨工程力学研究所所长。

② 洪晶（1917—2003），女，原名洪晶晶，原籍福建闽侯，生于北京，刘恢先的夫人。1937年毕业于燕京大学物理系。1945年赴美留学，1946年获罗彻斯特大学应用光学硕士学位，1948年再度赴美攻读博士学位。1951年3月回国，历任北京辅仁大学物理系副教授、北京师范大学物理系代主任，哈尔滨工业大学物理系教研室主任、副校长。

③ 黄葆同（1921—2005），上海人。中科院院士（1991）。1940年入上海的沪江大学化学系，1942年转入中央大学（重庆）化学系，1944年毕业获理学学士学位。1947年赴美留学，1948年获得克萨斯大学化学硕士学位，1952年获纽约布鲁克林理工学院博士学位。同年秋天到普林斯顿大学塑料研究室工作，被吸收为美国化学学会会员。在美期间担任北美基督教中国学生会和留美中国科学工作者协会纽约区会主席。1955年回国后在中科院长春应用化学所工作。

颜鸣皋：黄葆同为什么被抓起来，我不太清楚，可能与成立留美科协分会有关。当时黄葆同和我都被关在埃利斯岛。黄葆同被关的时间长一些，关键是没有人出保释金，2000 美元的保释金，我们学生根本拿不出来。我们在耶鲁大学念书的时候，每学期只能拿到 100 美元的生活费，学费是 150 美元。黄葆同 1955 年才回国，比我晚回来几年。当时李恒德在费城被"画地为牢"了。

埃利斯（Samuel Ellis）岛

位于纽约市曼哈顿炮台西南约 1.6 千米、新泽西海岸东 400 米左右，是美国上纽约湾的一个岛屿。该岛面积约 11 公顷，以 1770 年代拥有该岛的埃利斯的名字命名。有个时期，船舶的底货（石、砂等）都被倾倒在这里。1808 年，纽约州以 10000 美元将该岛售给联邦政府，用作修建堡垒和火药库。1892—1943 年是国家的主要移民站，移民通过该岛接受移民局审查，合格后方准进入美国。1943 年移民检查站迁往纽约市区后，在 1954 年前该岛仍继续作为外侨和被驱逐出境人员的拘留地。据说在 1892—1954 年的 60 年移民潮期间，曾有超过 1200 万的移民抵达此地，在高峰期间，每天均有 5000 人在这个移民大厅等待移民官的询问和检疫。1965 年成为自由女神国家纪念地的一部分，1976 年由国家公园管理处向游人重新开放。岛上的主要大厦和其他建筑物于 1980 年代修复一新，并于 1990 年以埃利斯岛移民博物馆的名称向外开放，展出美国移民的历史文物。

王德禄：你们回来以后，国内是怎么对待你们被关起来这件事情的？

颜鸣皋：记者在报纸上刊登了我们被关起来的消息。1951年三四月份，政协在北京中山纪念堂召开了一次专门的报告会，请我讲述了我们回国过程中受迫害的经历。到会的都是北京一些单位的专家、教授，中国科学院副院长吴有训也参加了报告会。当时吴有训还邀请我到中国科学院工作，但是我已经答应北京工业学院去他们那里工作了。后来中国科学院要在东北选址，筹建金属研究所，吴有训让我陪同他去考察。当时我们一行五人在沈阳、鞍山、大连、长春、哈尔滨等地进行考察，最终选中了沈阳。这其中一个原因就是沈阳地理位置不错，而且离鞍山比较近。

王德禄：据说，改革开放以后，第二波回国的中国留学生给方毅写了一封信，附件中有专门的一个说明，主要讲述了1953年以后他们是如何同美国政府抗争的。你们第一波回国的人也提出过这样的申诉吗？

颜鸣皋：没有。后来他们统一申诉过，留美科协的骨干，包括理事、监事可以提出申请，享受离休干部待遇。1949年6月18日，留美科协成立时间可以作为参加工作的日期。① 我们国家原来规定，只要在美国留过学，毕业后留在国外工作，有一年以上工作经历的留学生都属于归国华侨。

王德禄：据说从美国回来的留学生有人享受离休待遇，您享受离休待遇了吗？

---

① 2011年请余国琮审核文稿时，余国琮说鉴于"文革"时参加过留美科协的留学生受到迫害，在1990年代中期，当时他为全国政协常委写了一个提案并找到10多位留美科协的成员签名，希望中央明确留美科协的性质，后得到中央组织部的答复，肯定留美科协是党外围的进步组织，并且由于是在新中国成立前成立的，故凡参加过该组织的都可享受离休待遇。天津大学已有4位留美科协的成员享受离休干部待遇。

1990年王德禄采访颜鸣皋（右）　　　　　　　　王德禄2011年再访颜鸣皋（右）

颜鸣皋：我是享受离休待遇的，但并不是所有从美国回来的留学生都可以享受这种待遇，只有在留美科协做了一些事情的人，比如监事、干事等，这样的人才能享受这种待遇。

王德禄：刘静宜、顾以健、侯祥麟都是中国共产党派出去的，还有其他人吗？

颜鸣皋：傅君诏也是中共党员，曾担任金属学会副秘书长，现在北京科技大学，已经离休了；孙绍谦①也是中共党员，学医的，现在北京，已经半瘫痪了②；薛葆鼎也是中共党员，他给中央写过一封信，反映留美科协的情况。丁儆不是中共党员，当时留美科协大概可能就是他们几个人组织创办的。

王德禄："文革"的时候，您遇到麻烦了吗？

颜鸣皋："文革"期间，我遇到麻烦了。因为从国外回来的人都给扣

---

① 孙绍谦（1912—1988），祖籍天津。1942年毕业于四川华西大学医学院，留校从事临床和病理检验工作。1947—1949年赴美留学，1950年回国参加了抗美援朝，并在白求恩医学院任教。1952年任教于山东医学院，1964年调至北京大学医学院。

② 此处口述有误，颜鸣皋接受采访时可能不知道孙绍谦已去世。

上了"特务"的帽子。"走资派"、"特务"等各种罪名我全都够得上。我在美国留学时拍了很多照片,"文革"期间全都烧掉了。"破四旧"的时候,凡是穿旗袍的、穿西服的照片都要烧掉,甚至我从美国带回来的一厚摞 25 厘米双面密纹唱片也被要求砸碎。当时是红卫兵让我用锤子亲手把它们砸碎的。那些唱片每张 10 美元。现在想来,感觉太可惜了。

留学俄亥俄州立大学的夫妻 9

虞福春　田曰灵　口述①

采访人：王德禄、杜开昔
访谈时间：1988 年 11 月 30 日
访谈地点：北京大学虞福春家
整理人：杨冬明、高颖、程宏

受访人简介

虞福春（1914—2003），祖籍福州，生于上海。实验物理学家。1936 年毕业于北京大学物理系，后任中央研究院上海物理研究所助理研究员、西南联大物理系助教和讲师。1946 年赴美留学。1949 年获俄亥俄州立大学博士学位；后到斯坦福大学物理系做博士后研究，是布洛

---

① 整理时参考了赵渭江、李坤的《虞福春传记》（未刊稿）；The Life of Professor Fuchun Yu: *Biography of a great physicist and co-discoverer of NMR chemical shifts*, Published in Stan's Library, Editor S. Sýkora, Vol. III. March 21, 2009。

1988年虞福春和田日灵夫妻合影

赫核磁共振学派的重要成员。1951年3月偕同妻儿回到北京，历任北京大学物理系教授、代理系主任，1955年筹建北京大学技术物理系并担任副主任直至1982年。1957年加入中国共产党。1982年起先后担任北京大学物理系主任、北京大学重离子物理研究所所长。

田日灵（1917—1994），女，浙江上虞人。石油化学家。1943年毕业于西南联大化学系，后留校为曾昭抡做助教。1945年6月加入民盟，同年12月加入中国共产党。1947年赴美留学。1950年获俄亥俄州立大学化学博士学位。1951年3月与丈夫虞福春一同携子回到中国，曾在北京大学化学系和北京石油学院炼制系任教。

王德禄：请虞先生讲一讲您出国前的经历。

虞福春：我的祖籍是福建省福州。我于1914年12月9日出生在上海一个小职员家庭，家境非常贫寒。1927年考入北京男四中（现在的北京四中），学校规定，考试获得第一名的学生，学费全免；获得第二名，半免。我每年都考第一名，靠着这个免费念了五年。学生运动的时候，学校对学生迫害得比较厉害。我的同班同学有的是地下工作者，在四中主办了《火焰》板报，让我参加活动，给他们做掩护。为此，四中校领导对我意见很大，他们认为，像我这样的好学生不应该参加这种活动。有一个同学劝我说，现在学校已经开始注意我们了，我们干脆走吧。我们学习成绩都很好，不怕考不上大学，就走了。

1932年，我考入北京大学物理系。大学期间，我获得了三次奖学金。我和马大猷是同班同学，1936年大学毕业的时候，恰巧赶上上海中央研究院招录助理研究员，我们一起参加考试，都考上了。① 那一年，清华大学要招录留美公费生，马大猷一考上就离开了中央研究院，我工作一年后，也离开了那里。

王德禄：1932—1936年在北大期间，你们同班同学多吗？物理系有哪些教授？

虞福春：我们班上有二十几个人，是北大物理系当时学生最多的一个班。现在在研究所里工作的就剩马大猷了，其他人都没有在物理岗位上。那时候，考大学淘汰比较厉害，同班或者比我高几班的学生报考物理系的都比较少。清华物理系学生可能多一些，北大物理系学生很少。

北大物理系连换了好多人。早先系主任是丁燮林（丁西林），我到北大的时候，王守竞是系主任。王守竞是个很有名的物理学家，可是学生说他教得不好，我到北大的第二年，他就被学生赶走了。后来，王守竞去了美国。教我普通物理的是萨本栋，是个很有名的物理学家，曾在美国斯坦福大学留学。萨本栋的老师是弗雷德里克·特曼教授，一个很有名的教授。王守竞一走，萨本栋也不干了。教我光学的是饶毓泰。我念二年级的时候，饶毓泰被提拔为理学院院长。当时北大教授很少，周培源、吴有训都在北大兼课。后来，来了两个年轻的教授，一个是从美国留学回来的吴大猷，另一个是从法国留学回来的。吴大猷毕业于密歇根大学，教过我两

---

① 根据《虞福春传记》，虞福春同时考上了北京大学研究生和上海中央研究院物理研究所助理研究员。由于家庭经济的需要，选择去上海物理研究所附属教学仪器厂工作。

门课。我在西南联大的时候，吴大猷指导我做研究，可以说，他是我真正的老师。我到俄亥俄州立大学留学就是吴大猷推荐的，当时俄亥俄州立大学物理系主任是吴大猷的同学。吴大猷现在是台湾中研院院长，不过他得了脑软化症。当时北大还有一个教授叫朱物华，也是我的直接老师。朱物华现在是上海交通大学的校长。我离开北大以后，又来了一个教授叫郑华炽，他是中共党员。这些教授中，吴大猷教我的时间最长。

大学毕业后，我到上海中央研究院物理所做了一年实习助理研究员。当时，丁燮林很看重我，对我非常好，让我到物理所附属的教学仪器厂玻璃车间搞光学仪器研究，我很不情愿地去了。我在工厂磨了近10个月玻璃，磨了一个望远镜。我是一个只知道念书的人，想做科学研究。那时候，马大猷正在研究分子光谱，我觉得他做的工作比较好。

1937年，我回到北平，准备进入北大研究生院念研究生。不久抗日战争爆发了，我在北平待了两年。那时候，我没有工作，生活条件很艰苦。我的老师饶毓泰先生在昆明的西南联大教书，是物理系主任，在他的帮助下，我去了西南联大。我先乘坐英国泰古公司的轮船，途经上海、香港到达越南海防，又改乘火车去了昆明，用了差不多一个月。途经越南时，我不幸生病了，出了麻疹。那时候，我孤身一人，住在一个破庙里，幸好碰到了一个越南的老大爷，他对我照顾得很周到。11天后，我的病好了，继续赶路，1939年9月到达西南联大。

到了西南联大，我有些沮丧。去之前，我以为是一边做实验一边教书，可是吴有训让我做他的助教，实际上就是给吴有训当秘书，负责行政管理工作。当时吴有训只不过40多岁，是理学院院长，我比较佩服他。当时西南联大的教授阵容在全国是最强大的，所有的课程都是教授教课，讲师很难有资格教课。后来，饶毓泰先生病了，我替他讲课。教课的老师当中唯独我是讲师，为此我感觉很幸运。我在西南联大教了将近 7 年，有很多学生，像朱光亚、邓稼先都是我的学生。在他们之后，我教的学生也有好几位很出名。

我每天的工作量很大。既要当秘书，又要教普通物理，还要帮周培源先生改力学卷子，杨振宁就是那个班的学生。后来我又负责管理电力实验，与沈寿春搭档。沈寿春很有名气，实验做得非常好。当时，江安才①是助教，他和沈寿春同班，比我高三班，也是我的老师兄。江安才曾在美国密歇根大学留学，动手能力非常强，1950 年代他曾担任南开大学物理系主任。尹以莹也是助教，新中国成立后去了重庆西南师范学院，"文革"期间自杀了。他们三个人都是实验室助理，也是北大的骨干助教，都是我的好朋友。

在西南联大工作的时候，我积累了很多的行政经验。作为秘书，我统管系里的全部行政工作，比如统管学生选课，批准转学、转系同时讲课。我还负责管理系里的财务，系里的图章也在我手上，好像我当了系主任。我在西南联大被称为"大管家"。

我们在西南联大的生活非常困难，物价飞涨的速度快得令人难以想象。饶毓泰先生病了，住到乡下；周培源住在昆明西山，交通不方便，没有车，需要坐船，来回得用一天；还有一些人住在城里。日本轰炸昆明的时候，我们搬到了乡下。

原来清华物理系实验条件比较好，北大物理系实验条件差一些，饶毓泰先生曾千方百计买回来一堆光学仪器。到了西南联大，实验条件更差，但

---

① 江安才（1909—1981），广西平桂人。1933 年毕业于北京大学物理学光谱专业，获学士学位。1941 年赴美留学，1943 年获密歇根大学硕士学位，1944 年受聘为副研究员，在该校光谱分析室工作。1947 年回国，到北京大学物理系任教，次年受聘到南开大学物理系，1954—1966 年任南开大学物理系主任。

是教授水平比较高,他们培养了一批有成就的大学生,像杨振宁、李政道。李政道是从浙江大学转到西南联大的,在西南联大念了没多久就出国了,是吴大猷带他出去的。杨振宁真正在西南联大念了四年大学,又在西南联大念研究生。黄昆毕业于燕京大学,后来到西南联大念研究生,还在西南联大当过助教。李荫远①也是西南联大的毕业生,现在在中科院物理所工作。

当时西南联大有"三剑客"——黄昆、杨振宁、张守廉②。后来,黄昆在英国留过学,导师是诺贝尔奖获得者玻恩。杨振宁的老师是美国"氢弹之父"泰勒。张守廉是物理系最活跃的,兴趣非常广泛,曾在美国留学,获得博士学位后到电机厂搞电机,现在在美国纽约州立大学担任电机系主任。张守廉没有杨振宁的成就大。张守廉说自己在美国没有碰到好老师,东干西干,没有什么成就。李政道的导师也是诺贝尔奖得主。还有几个去西南联大比我早的,像林家翘③和郭永怀。林家翘是全球有名的应用数学家,世界三大流体力学巨头之一冯·卡门的学生。林家翘写的博士论文水平非常高,解决了很大的难题,老师没有解决的问题他都解决了。郭永怀是力学家,我到西南联大的时候他已经出国了。

杜开昔:你们在上海中央研究院实习的时候,物理研究水平怎么样?

---

① 李荫远(1919—),四川成都人。中科院院士(1980)。1938年入四川大学,1941年转入西南联大物理系,1943年毕业。1947年赴美留学,1948年获华盛顿州立大学硕士学位,1951年获伊利诺伊州立大学博士学位,遂应邀赴匹兹堡卡内基理工学院做研究工作。1955年回国,在中科院物理所磁学组任研究员,1960年后曾历任固体理论室主任、晶体学室主任及副所长。

② 张守廉(1920—),1942年毕业于西南联大,获物理学学士学位,1944年获清华大学硕士学位,1947年获美国普渡大学电机工程博士学位。曾任美国纽约州立大学石溪分校电机系主任。

③ 林家翘(1916—2013),福建福州人,生于北京。美国科学院院士(1951)、中科院外籍院士(1994)。1937年毕业于清华大学。1939年留学加拿大,1941年获多伦多大学应用数学硕士学位,1944年获美国加州理工学院航空学博士学位。历任加州理工学院、布朗大学、麻省理工学院教授等。2001年被聘为清华大学教授。

取得的成果多吗？

虞福春：在国内，当时中央研究院物理研究所水平比较低，清华物理研究水平比较高。因为清华有一些老教授，比如叶企孙、赵忠尧、周培源等人，他们在美国留学期间就都有成就。北大也有一些老教授留过学，比如饶毓泰是从美国留学回来的，在光学方面很有成就。

中央研究院是1928年在南京成立的。我刚去中央研究院的时候，它的物理研究水平不高，只有光谱学和磁学。当时施汝为①教授是搞磁学的，他的夫人顾静徽是搞光谱学的。那时候他们还没有结婚。顾静徽曾在南开大学念书，1936年我大学毕业那年，她就在南开大学教书。后来，顾静徽去美国留学了，回国后曾担任北京钢铁学院普通物理教研室主任。顾静徽物理方面的成就不大。

王德禄：您是如何出国的？出国后有哪些经历？

虞福春：1946年4月，我到美国俄亥俄州立大学自费留学。去美国之前，我没有旅费，我的老师跟费正清教授联系，因为费正清的夫人费慰梅（Wilma Canon Fairbanks）是美国驻华大使馆的文化参赞。在费正清夫人的帮助下，我向美国国务院申请了资助。我就是靠着资助去美国留学的。我先乘飞机到印度的加尔各答，又坐美国的一条货船，途经印度洋、苏伊士运河、地中海、大西洋到尼日利亚，最后抵达美国的俄亥俄州。这段路一共走了50天。

1949年我获得了俄亥俄州立大学的博士学位，但是我感觉收获不大。因为我的博士生导师的水平不高。我了解到，斯坦福大学的费利克斯·布

---

① 施汝为（1901—1983），上海崇明人。中科院院士（1955）。1925年毕业于东南大学物理系，后任清华大学助教。1930年赴美国留学，1931年获伊利诺伊州立大学硕士学位，1934年获耶鲁大学博士学位。1934年回国，曾任中央研究院物理所研究员等。1950年任中科院应用物理所磁学研究室主任，后任所长。

1949年虞福春在麻省理工学院（虞英曾提供）

洛赫（Felix Bloch）教授的水平很高，是20世纪几个伟大的理论物理学家之一，1952年获得了诺贝尔物理学奖。我就给他写信，申请做他的博士后。布洛赫同意了。我做了一年多的研究助理。在斯坦福大学，我们做学术研究很自由，可以充分发挥自己的才能。布洛赫正在做核磁研究，他有一个博士后叫普洛克特（W. G. Proctor）。我与普洛克特合作发现了核磁共振谱线的化学位移效应和自旋耦合劈裂效应。这两个重大发现都是我在美国做得很有名的工作。普洛克特是我的好朋友，现在在丹麦，已经退休了。我认为，博士后研究对一个人的成长异常重要。

1949年，我夫人田曰灵获得了博士学位。① 当时很多中国留学生抱着极大的热情，想回国，为新中国服务。我们是1951年3月回到国内的。如今来看，我后悔过早回国了。因为在斯坦福大学的工作处于我研究工作的最高峰，出成果最快。如果晚回来几年，我的成就会比现在更大。

杜开昔：在斯坦福大学读书的中国学生多吗？

虞福春：斯坦福大学有很多中国学生，有的回国了，有的留在美国。

---

① 据虞英曾提供的《田曰灵：回忆在美国的三年》（未刊稿），田曰灵于1947年8月24日从上海搭乘"戈登将军号"轮船赴美，9月12日抵达旧金山。1950年12月获得博士学位，导师是Newman。1951年2月虞福春和田曰灵乘坐"克利夫兰总统号"回国，同船有50多位中国留学生。

现在斯坦福大学机电系主任就是我当年的大学同学。有一次,斯坦福大学校长来中国,我们宴请他,校长把我们当成他的荣誉学生,送给我们每个人一张永久校友卡。

杜开昔:您在美国参加留美科协了吗?

虞福春:参加了。当时我和我夫人都在俄亥俄州立大学。我夫人是留美科协俄亥俄区会的组长。

在留美科协的时候,是我们在美国期间最困难的时候。俄亥俄州立大学不允许我们在校园里开会,我们只能在户外草地上开,校卫队知道后,派人把我们赶走。有人认为,动员中国留学生回国的活动是中国共产党的外围组织搞的。后来确实有很多人回国了。留美科协的成员回国后有很多人在重要岗位上工作,有几个人现在是电子工业部的领导。

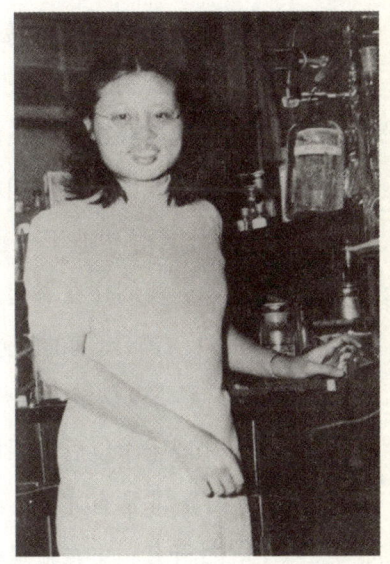

1947年田日灵在俄亥俄州立大学实验室(虞英曾提供)

王德禄:您在俄亥俄州立大学的时候,那里中国人多吗?

虞福春:前面提到的那些人都是我在西南联大教书时的学生。中科院高能所的郑林生[①]就是我的学生,也是我在俄亥俄州立大学念书时的同学。胡日恒[②]毕业于西南联大物理系,他曾在俄亥俄州立大学物

[①] 郑林生(1922—),广东中山人。1944年毕业于西南联大物理系。1948年赴美国留学。1951年获俄亥俄州立大学博士学位。1955年回国,任中科院原子能所研究员、室主任。

[②] 胡日恒(1920—1996),浙江宁海人。1943年毕业于西南联大物理系。1943—1946年为西南联大物理系研究生。1946年西南联大解体后留南开大学任教。1948年赴美留学,先就读于俄亥俄州立大学物理系,后转化学系学习。1951年获博士学位,并留该校化学系庄斯顿实验室从事热化学研究。1956年初回国,任中国科学院化学所研究员。

理研究生院学习，后转入化学研究生院。胡日恒回国后去了中科院化学所。安徽省副省长杨纪珂也是学物理的，曾去美国留学，比我出国晚一些。杨纪珂获得了俄亥俄州立大学冶金硕士学位。还有其他一些人也是学物理的，我记不清他们的名字了。

严忠铎①毕业于交通大学（上海）电机系，也是我在俄亥俄州立大学的同学，我们住在一起，彼此很熟悉。严忠铎回国后曾在北京铁道学院教书，"反右"运动的时候，被错划成"右派"。

丁渝②也是俄亥俄州立大学的毕业生，是我推荐他去美国留学的。丁渝获得博士学位后去了加拿大，做研究，回国后在中科院物理所也是做研究。丁渝非常有才华，不幸的是10多年前他得肺癌去世了。

杜开昔：您在斯坦福大学的时候，还有谁是学物理的？

虞福春：在斯坦福大学，其他的中国留学生没有学物理的。中科院高能所的谢家麟③是学应用物理的。范新弼④是电机系的，是最早搞计算机的，原来在美国没有人搞计算机。范新弼搞的是大功率的售票机，他的博

---

① 严忠铎（1915—1972），江苏东台人。1938年毕业于交通大学（上海）电机系，在国民党军统无线电总台第四处任公务室主任。1944年赴美留学，1944—1946年在哈佛大学，1946—1950年在俄亥俄州立大学，获硕士学位。1950年回国，先后在唐山铁道学院、哈尔滨铁道学院和北京铁道学院任教授。1957年被错划成"右派"，被北京市中级人民法院判处反革命罪，劳改至1962年。后留劳改农场做外文翻译工作，1969年被遣返家属所在地南京，后又被下放江苏泗洪农村，1972年因病医治无效，含冤去世。

② 丁渝（1920—1974），江西临川人。1942年毕业于交通大学电机系。1951年获美国俄亥俄州立大学物理学博士学位。1954年赴加拿大国家研究院任纯粹物理研究员。1956年7月回国，任中科院原子能研究所、高能物理研究所研究员。

③ 谢家麟（1920— ），祖籍天津武清，生于哈尔滨。中科院院士（1980）。1943年毕业于燕京大学物理系。1947年赴美留学，1948年获加州理工学院物理硕士学位。1951年获斯坦福大学博士学位。1951年回国途经檀香山被扣留，重返美国。然后在斯坦福大学、芝加哥麦卡瑞斯医学研究中心等从事教学和加速器研究工作。1955年7月回国，曾任中科院高能物理所副所长。

④ 范新弼（1921—2010），湖南长沙人。1944年毕业于中央大学（重庆）电机系。1951年获美国斯坦福大学电子学博士学位。1954年回国，历任中科院物理所、计算技术所研究员。

士论文就是研究这个。范新弼是计算机方面的专家，在美国工作就是搞计算机，回国后，在中科院计算所工作还是搞计算机。当然，还有一些人没有回国，比如田炳耕。田炳耕毕业于斯坦福大学电机系，现在是贝尔公司实验室主任，职位已经很高了。

1948年虞福春和田日灵夫妻合影（虞英曾提供）

王德禄：您当时是中共党员吗？

虞福春：我当时不是，我夫人是地下党党员，她是一二·一运动以后入党的。现在我是教授，她是副教授，离休干部。

王德禄：据说留美科协的活动是中共地下党组织的。你们是如何与党组织取得联系的？

虞福春：我听我夫人说，她出国之前，党组织在北京有一个机构，有很多认识的人，她与这些人联系。跟她联系的人有一些出国了，一直没有回来，非常奇怪。

留美科协俄亥俄分会是我夫人发起的，那些人负责联系。当时他们动员学生加入留美科协，并召开了几次会议，主要是希望大家好好学习，学成后回国，为祖国服务。后来有些人毕业回国了，有些人没有回来。

王德禄：你们回国的时候，是有人写信让你们回来，还是你们自己觉得应该回来？当时有人劝你们留在美国吗？

虞福春：我们觉得在美国待着并不舒服，准备回国。当时有很多人劝我不要回国。布洛赫教授也劝我留下来，问我为什么要回去，我说，我要回去接替我老师的事业，培养人才。他说，你也可以在斯坦福教书。当时我在斯坦福的工资很高，每月400美元。还有一位非常要好的美国朋友也劝我不要回国。这位美国朋友以前来过中国，我们一直保持着联系。

我在斯坦福大学做的工作比较出色，有很多老朋友至今还记得我。美国一家公司的董事长助理到中国来过三次，每次都来看望我。我和我夫人在美国的时候，生了两个小孩，一男一女。现在这两个孩子都在美国。我女儿出国的事情就是刚提到的这位美国朋友帮忙办的，当时我女儿在他家里住了两年。听美国朋友说，他们那个小区住的都是美国的有钱人，突然看到有个中国女孩从他家里走出来，感觉很奇怪。

王德禄：您回国以后的工作是怎么安排的？

虞福春：当时聘请我的人很多。厦门大学副校长卢嘉锡让我去厦门大学，南开大学校长杨石先让我去南开，钱三强让我去中科院。我和钱三强商量后，钱三强说，你可以到中科院兼职，一半时间在近代物理所，一半时间在北大。我同意了，可是时任北大校长的马寅初不同意我去中科院，让我全部时间都在北大。我认为，到哪里工作都无所谓，就留在了北大。

王德禄：您在北大工作的情况怎么样？

虞福春：1955年，我们国家要培养原子能方面的人才，在北大建立了技术物理系①，派我去教书。我们4月接受任务，10月开课。我在北大教过很多学生，发生了很多感人的故事。这批学生中有些人的成就比我高很多。1956年那个班的学生都非常优秀，当时我是班主任。他们都还年轻，讲话讲过了头，有好几个被错划成了"右派"，有的甚至被送到监狱，在监狱里蹲了20多年。方励之就是那个班的，我教了他三年多。

1957年"反右"运动开始后，我们受到批判，参加劳动改造，这些

---

① 1955年7月1日，北大物理研究室正式成立，1958年改名为原子能系，1962年又改名为技术物理系。

都无所谓,最遗憾的是 1956 年以后运动搞得太多,浪费了很多时间,我们没办法为国家做贡献,要不然我们对国家的贡献会更大。

王德禄:您能讲一讲当时技术物理系的情况吗?

虞福春:技术物理系创立之初有三个人,胡济民①、朱光亚和我。朱光亚是从美国留学回来的,胡济民担任系主任,我是副系主任。后来,复旦大学的卢鹤绂②先生也调入技术物理系,工作了一年多,又回去了。技术物理系原来是非常保密的,慢慢地就不保密了。保密其实做得也不严实,人家都知道那栋楼是搞原子能的。我是 1957 年加入中国共产党的,他们让我参与原子能教学说明对我很信任。

王德禄:"反右"的时候,你们这些老师有被错划成"右派"的吗?

虞福春:技术物理系的副主任是个老干部,保护了我们,要不然我也有可能被错划成"右派"。那个时候我们都很年轻,我 40 岁,胡济民 35 岁,朱光亚 30 岁。由于年纪轻,我们火气很大,对老干部不是很尊敬,但是他对我们很宽容。

王德禄:"文革"期间,您遇到麻烦了吗?

虞福春:"文革"的时候,我们都被关起来了,从 1968 年秋天一直关到 1969 年春天。后来我们被下放到汉中干校去劳动,修铁路。我还真的修过一个多月的铁路。当时我们住在一个破庙里,后来由于一些学生要毕业,又让我们回北京了。

---

① 胡济民(1919—1998),江苏如皋人。中科院院士(1980)。1942 年毕业于浙江大学物理系,在浙江大学和重庆大学任教。1945 年赴英留学,1948 年获伦敦大学博士学位。1949 年回国,任浙江大学物理系副教授,1955 年调到北京大学,任技术物理系主任。

② 卢鹤绂(1914—1997),祖籍山东莱州,生于沈阳。中科院院士(1980)。1936 年毕业于燕京大学物理系。同年赴美国明尼苏达大学学习近代物理和原子物理。1938 年和 1941 年分别获得硕士和博士学位。1941 年回国,历任浙江大学、北京大学、复旦大学教授,兼任中科院上海原子核所副所长。

从汉中回来以后,我接着教书。那时候,他们对我很信任,推选我当了先进分子。"文革"期间,有一次天安门观礼,让我参加了。我常常在北京和汉中两地来回跑,这条路跑了好多次。当时我搞了一个项目,在北京待一段时间,在汉中待一段时间。粉碎"四人帮"以后,从1977年开始我正式恢复教学,我教的大多是研究生的课程,本科课程少一些。

现在来看,我觉得"文化大革命"很可笑。他们说我是"特务",在北大关了我半年,而我心底坦荡。当时别人以为我要自杀,其实我是不会自杀的。我被关起来这件事对我下一代的影响很大。我女儿才12岁,老师总是找她谈话,说她爸爸是"特务",动员她做爸爸的思想工作,还让她和妈妈划清界限。有时候女儿来找我,给我做思想工作,说着说着就大哭起来。当时她妈妈是华东石油学院副教授,她和妈妈划清了界限,跟我们很对立,说我们犯了多么多么大的错误。每次她这样,我内心都非常难过,尽管我不是特务,但是不知道怎样才能给她解释清楚。即便是我说了,她也不相信。这件事情对小孩的心灵伤害很大,很残忍。这一点让我一直很难过。

"文革"期间,他们还说我走修正主义教育路线,写大字报批判我,拉着我去游街。当时有个工农兵学员说我给他的考试分数是个不及格,这是在打击他。1956年,我提出把研究加速器列入国家计划,王淦昌也支持,他们说这也是修正主义。"文革"期间,有人说我搞阴谋,把加速器塞进国家计划。后来说我们技术物理系是国家非常保密的地方,"特务"一定很多,要抓"特务"。这样一来,从美国回来的人被说成是"美国特务",从苏联回来的人被说成是"苏联特务",这些人都被关起来了。在接受审问的时候,我从头到尾把我的历史讲述了一遍,他们说我不老实,无休止地审问我。他们看到实在诈不出什么信息,得不到任何材料,慢慢地，这件事就不了了之了。

"文革"期间，我的问题还与北大的徐光宪有牵连。这件事很可笑。我和徐光宪经常下围棋，有人说我们在搞特务活动，为此查来查去。"文革"结束后，他们给我平反了。

杜开昔：您知道梅镇安①吗？

虞福春：梅镇安原来在北大生物系教书，后来移居美国。她女儿也在美国。梅镇安的丈夫董铁宝②已经自杀了。

杜开昔："文革"期间，您知道饶毓泰为什么自杀吗？

虞福春：饶毓泰脾气很古怪，我作为学生，比较了解他。他经常一个人，性格有些孤僻。他自杀的原因，我觉得有两个方面。一是军管会把大家集中关在一起，他受的刺激比较大；二是跟他恋爱的生物系教授病故了，饶毓泰受不了这个打击，对生活失去了信心。③

杜开昔：张宗燧④为什么要自杀？

虞福春：张宗燧的事情，我很遗憾。据说他自杀是婚姻问题导致的。"三反"运动的时候，我们整了他。那时候党员很少，我是工会小组长，负责主持批斗张宗燧的会议。会上他交代了很多生活问题，我们把这些事情夸大了。他夫人受不了，和他离婚了。"文化大革命"后期，张宗燧又

---

① 梅镇安，女，曾赴美留学，获植物学硕士。1956年回国，后任北京大学生物系教授。
② 董铁宝（1917—1968），江苏武进人。1939年毕业于交通大学（上海）土木工程系。1945年赴美留学，1949年获伊利诺伊州立大学博士学位。1956年回国，在北京大学任教授。1968年在"清理阶级队伍运动"中被隔离审查，自缢身亡。
③ 据《竺可桢日记》，五六十年代与饶毓泰有恋情的是吴素萱。吴于1948—1954年任北京大学生物系教授。自1955年起任中国科学院植物研究所研究员、细胞研究室主任。1979年去世。
④ 张宗燧（1915—1969），浙江杭州人，张东荪之次子。中科院院士（1957）。1934年毕业于清华大学物理系。1938年获英国剑桥大学哲学博士学位。1939年回国，任中央大学（重庆）物理教授。1945年再赴英国剑桥大学进行科学研究。1947年赴美国普林斯顿高等学术研究院工作。1948年回国。历任中央大学、北京大学教授，中科院数学所及理论物理所研究员。

和一个护士结婚了,据说护士对他很不好。

王德禄:您知道朱家珍①吗?

田曰灵:我有个朋友叫朱家珍。朱家珍毕业于沪江大学,1947年去美国伊利诺伊理工学院学习无机化学。朱家珍毕业后没有回国,现在美国一家工厂工作,她回国探过亲。

王德禄:您能详细讲一讲留美科协的情况吗?

田曰灵:留美科协是冯平贯②发起并成立的。那时候,他在芝加哥大学学物理。1948年冯平贯去了俄亥俄州立大学,问我,你是新来的吧?我说是新来的。因为冯平贯是浙江大学毕业的,我也是。我估计,我来美国之前冯平贯就知道我。当时他希望我参加留美科协。起初我们以学生会的名义,邀请中国留学生来聚会,自愿参加。③ 这个组织不能在学校登记,登记需要教授当见证人。我们不敢跟教授说,说了也不行。因为留美科协和中国共产党有关系,没有一个教授愿意招惹这种麻烦。我们不能登记,就不能借学生会的房间开会,只好把学生请到我家里开会。开会时,我们问他们是否愿意加入这个组织,会后,我给他们每人发了一份油印文件,是以中国留学生俄亥俄州学生会的名义发的,因为组织活动要经过学生会同意,不能随意发。当时我们都不敢说自己倾向于共产党。后来,有人告

---

① 朱家珍,女,浙江海宁人。毕业于上海的沪江大学,1947年赴美留学,在伊利诺伊理工学院学化学,后留居美国。1990年在浙江海宁一中和海宁三中为其母设"朱肖琴奖学金"。

② 冯平贯(1925—?),浙江义乌人。1945年毕业于浙江大学物理系。曾获美国芝加哥大学博士学位。后在亚特兰大的埃默里大学任物理教授。

③ 据虞福春女儿虞英曾提供的资料,大约在1949年三四月,冯平贯到哥城(即俄亥俄州的州府哥伦布城)找到田曰灵,提出在哥城成立留美科协分会。冯平贯也是浙江大学毕业的,通过青联知道了田曰灵,当时田曰灵已是预备党员。于是冯平贯、田曰灵、虞福春三人作为发起人,由田曰灵刻写了一份发起信,借中国学生会的名义召开全体会议,并把信分发给留学生,哥城大概有一半留学生参加了会议。参加哥城留美科协的人有杨纪珂、江安琪、胡日恒、郑林生、虞福春、严忠铎、田曰灵、赵和生、周坚等。杨纪珂有车,外出时总是他开车出去。

诉我,在家里开会的事情,有人打了小报告,你已经受到注意了,以后千万不能这样干了。此后,我们都是比较小规模地开会,出去玩玩,参加活动的人很少。留美科协俄亥俄分会原来有一个负责人,后来改由我和周坚负责。周坚是个女生,帮助我们运作。周坚回国后去了中科院物理所,现在已经退休了。

留美科协一共召开了两次大会。1949年6月在匹兹堡大学召开成立大会,我先生参加了,当时他就在斯坦福大学念书。1950年在芝加哥大学召开全美大会,我参加了。我记得梅祖彦在会上很活跃。①

王德禄:在俄亥俄州的时候,到你们家参加活动的那些人,有人反对共产党吗?

虞福春:当然有了,反共的人很多。我的同级同学牛满江②反共反得非常厉害。

王德禄:回国后,你们有关于这个组织的回忆材料吗?

田曰灵:没有。留美科协总负责人是侯祥麟,丁儆是骨干。去年(1987年),我在北京参加了一个会议,会上由当时留美科协的骨干汇报了留美科协从成立到后期发展的整个过程,他们了解得比较全面。

王德禄:您是中共地下党党员,侯祥麟他们也是地下党党员。当时您和他们有组织上的联系吗?您去美国以后,他们知道您是地下党党员吗?

田曰灵:当时中共地下党都是单线联系。在美国没有中共党组织和我

---

① 据虞福春女儿虞英曾提供的资料,1949年6月留美科协在匹兹堡大学召开全美大会,虞福春和严忠铎代表哥城参加会议。虞福春从匹兹堡回来后,很快就去斯坦福大学工作了。1950年夏天,田曰灵代表留美科协哥伦比亚分会到芝加哥大学参加年会。那次会议的主持人是梅祖彦,邓稼先、何炳林、黄葆同等人参会。

② 牛满江(1912—2007),河北博野人。1936年毕业于北京大学生物系,后留校任教。1944年赴美留学,1946年获斯坦福大学博士学位。曾先后在斯坦福大学、洛克菲勒医学研究所从事教学和科研,为费城坦普尔大学生物系终身教授。

联系，我们相互都不知道。最近一些材料公开后，我们才彼此知道。以前只有两三个人知道我，包括我的入党介绍人郑伯克①。开始我虽然与郑伯克认识，有联系，但只知道他是怎样一个人，并不知道他的名字，郭沂曾②告诉我以后，我才知道。郑伯克原来是组织部老干部局局长。我去美国的事情，当时只有党小组组长郭沂曾知道。郭沂曾曾担任北大物理系的讲师，后来调到海军司令部工作，现在已经离休。那时候党组织不太正规，入党介绍人都是我们自己直接找的，我们认识很简单，管理不正规。当时他们同意我们出国，还说，你们有机会出去学习，想去就去，将来还可以回国建设国家，组织关系暂时先停下来，回国以后再接上。

王德禄：您回国后，党组织关系马上接上了吗？

虞福春：最近中央出台了新政策，她才接上。回国后，她想重新入党，一直没有被批准，因为资产阶级知识分子入不了党。直到1982年，山东省委才承认她是中共党员。

田曰灵：党龄从1951年回国后算起，之前的党龄不算。刚回国时，我们很幼稚。我觉得自己是中共党员，很容易恢复组织关系，我给支部书记文仲说过这件事。文仲现任北大校长办公室主任。我们对党组织绝对信任，觉得无论什么事情，只要说了，党组织就会帮我们办成。在我们看来，很多事情办起来容易得不得了。

我们委托郭沂曾帮忙恢复组织关系，他已经调到海军司令部，调来调

---

① 郑伯克（1909—2008），四川沐川人。曾任商业部干部学校校长、中央组织部老干部局局长等职。

② 郭沂曾（1914—2006），山东潍坊人。1935年考入清华大学，1941年毕业于西南联大物理系，后留校任讲师。1950年从北京大学调到大连海军学校（现海军工程学院）负责筹建物理学组。1954年调入海军司令部从事海军学校的教学管理。

去，当时我也不知道他去了哪里。我只好重新申请入党，盯着郭沂曾，没过多久，郭沂曾也找不到了。我想党组织一定会帮我办好这件事情，如果不能恢复党籍，我就重新入党。"反右"运动开始后，政策比较"左"，知识分子入党比较困难，因为我回国的时候是副教授，属于资产阶级知识分子。

当然在要求恢复党籍和重新入党这个问题上，我也有自己的思想认识。刚回国的时候，跟很多年岁大的人一样，我认为自己还没有改造好，仍然需要改造。因为我对好多事看不惯，比如看不惯"大跃进"，看不惯"文化大革命"，那就再等等吧。结果越等情况越糟糕，我发现自己好像没有跟着党的步伐走。我申请重新入党时，他们没有理睬我。按理说，当时他们就应该给我恢复党籍。

到1982年恢复党籍的时候，我问他们为什么当时不给我恢复党组织关系。那人说，按照七大《党章》的规定，不交党费，不过组织生活超过六个月就等于自动退党。我说，我没有退党，当时我找了负责组织关系的组长，是组长同意我去美国的，这事怎么能怪我呢？我又问他，之前为什么没有人跟我讲七大《党章》这件事情，让我一直等到现在？那时候，我就是这么糊里糊涂的。

王德禄：据我所知，顾以健原来与党组织有联系，他是党组织派去美国留学的。当时留美科协有哪些人是中共党员？他们回国后重新入党了吗？

田曰灵：侯祥麟肯定是中共党员。邓稼先也是中共党员，西南联大的地下党党员，留美科协的成员，去芝加哥开过会，他回国后重新入党了。①

---

① 据宋健主编的《两弹一星元勋传（上、下）》（清华大学出版社，2001年4月），抗战胜利时，邓稼先在昆明参加了中国共产党的外围组织"民青"，1956年加入中国共产党。

王德禄：华东石油学院迁到山东，您跟着去了吗？

田曰灵：我也去山东了，当时我在炼制系，1975年才回到北京。那时候我们想调回北京，可是学校迁到山东后，只能退休不能调动，我就退休了。退休后我来到北京，北京的王晶晶（音）在那里当党总支书记，对我很热情。他让我写申请，帮我恢复组织关系。我们俩以前一起开过会，我在会上总是顶撞他。会后他说，我可记住你了，认识一个人很不容易，这次我一定要帮你解决这个问题。

王德禄：您在"文革"期间，有非常难过的经历吗？

田曰灵："文革"初期，江青在北大讲了一些不好听的话，我先生回来跟我重述了一遍。我出去又跟别人讲了。他们说我诬蔑江青，开始整我，挂黑牌批斗，又下放到山东劳动。

华东石油学院有几个人是从美国回来的，比如朱亚杰、杨光华[①]、武迟[②]。武迟后来去了燃化部石油化工科学研究院，刚去世不久。华东石油学院炼制系有八大夫人，我是其中之一。八大夫人只有我留过学。傅鹰的夫人曾在华东石油学院工作，"大跃进"的时候被批斗得很厉害。

[①] 杨光华（1923—2006），湖南浏阳人。1945年毕业于浙江大学化工系，1948年赴美留学，1951年获威斯康星大学化学工程博士学位。1951年回国，先后在北京大学、清华大学任教。1953年参加北京石油学院筹建工作，1956—1958年在苏联莫斯科石油学院从事研究工作。回国后历任北京石油学院（1969年更名为华东石油学院，1988年更名为中国石油大学）炼制系主任、副院长、院长和校长。

[②] 武迟（1914—1988），浙江杭州人。中科院院士（1980）。1936年毕业于清华大学化学系，1937年赴美留学，1939年获麻省理工学院硕士学位，后应聘于美国福斯特惠勒公司任工程师。1950年回国，任清华大学化工系代系主任、北京石油学院炼制系主任和院副教务长。1972年后，任燃化部石油化工科学研究院副院长兼总工程师。为第三届全国人大代表。

芝加哥大学的教育模式好 10

徐亦庄　口述

采访人：王德禄、杜开昔
访谈时间：1988 年 11 月 13 日
访谈地点：北京清华大学徐亦庄家
整理人：孙兰芳、程宏、高颖

受访人简介

徐亦庄（1924—1993），上海人。光学家。1941 年考入交通大学（上海），后转到大同大学物理系，1945 年获学士学位。1946 年考入清华大学研究院物理学部，1948 年获硕士学位。同年 8 月赴美留学，1951 年获得芝加哥大学博士学位后回国，到清华大学任教。1952 年任清华大学物理教研组主任，1956 年任理论物理教研组主任。

> 1972年任物理教研组主任。1982年清华大学恢复物理系后重任副系主任，兼任原子分子物理教研组主任；1984年后任物理系近代物理研究所副所长。

王德禄：请徐先生大概介绍一下您出国前的经历。

徐亦庄：我是1924年8月21日在上海出生的，1941年考入交通大学（上海），后转入大同大学物理系。1945年从大同大学毕业后，我到南京临时大学教书，1946年考入清华大学研究院物理学部，导师是王竹溪。

当时清华刚从昆明迁回北京，全校共有30多个研究生，教学条件和生活条件都很差，教授的工资非常低，但是他们依然很热情地工作。这对我以后决定从事教学工作有一定的影响。我在清华念书的时候，国民党政府很腐败，我认为中国共产党代表了国家的希望。

1948年拿到硕士学位后，我参加了自费留学考试，考上了。那年8月，我换官价外汇去美国芝加哥大学留学。我在芝加哥大学研究院主要研究金属物理，导师是克拉伦斯·M.齐纳（Clarence M. Zener）。克拉伦斯是个美国人，人品很好，现在已经退休了。

1980年徐亦庄率中国物理教师代表团访问美国时与他的导师Clarence M. Zener合影（徐亦庄之子徐弘提供）

杜开昔：您为什么选择去芝加哥大学？后来您觉得芝加哥大学怎么样？

徐亦庄：那时候，芝加哥大学名气很大，我对芝加哥大学的印象非常好。一方面，芝加哥大学的教育很有特点，能够带动学生充分发挥他们的积极性和创造性。另一方面，芝加哥大学的教学水平很高。那里有著名的教授，一些很有名的物理学家在教课，比如费米。理论物理方面有惠特克（E. T. Whittaker），在原子能方面有西里尔·斯坦利·史密斯（Cyril Stanley Smith）。他们的科研水平都很高，教学经验都非常丰富，很有责任心。

杜开昔：中国留学生在美国成立了留美科协，您参加留美科协的活动了吗？

徐亦庄：参加了。留美科协在芝加哥举行活动比较多，他们还组织了一些政治活动，很多学生参加了。这些活动不都是由中国共产党控制的，参加活动的人也不一定都是中国共产党党员，比如说我就没有加入任何政治党派。新中国成立后，国内传来很多消息，我们在留美科协的活动中互相传播。我们希望毕业后能够回到中国。那时候，许多中国留学生在美国还参加北美基督教中国学生会，我不信基督教，没有参加。

杜开昔：在美国的时候，有没有人因为您是中国人而看不起您？

徐亦庄：我的活动范围基本上都在学校，校园里种族歧视的现象没有那么明显。当时我的朋友差不多都是犹太人和黑人，他们说，同黄种人交朋友很容易。在我们这个小圈子里，我感觉种族歧视不太明显。

杜开昔：您的美国老师和同事对您回国这件事有什么看法？

徐亦庄：克拉伦斯教授很开明，很支持我回国。我对他从来不隐瞒自己的想法，我赞成共产党领导新中国，他很理解我。克拉伦斯品德很高尚，我从他身上学到了许多东西。我回国后，虽然我们没有通过信，但是彼此都还记得，1980年我去美国开会，他还特意来见我了。

王德禄：您在美国的时候，有人给您写信动员您回国吗？

1948—1951年徐亦庄在芝加哥大学留学时留影（徐弘提供）

徐亦庄：我家在上海，家人给我写信，说他们对新中国人民政府的印象很好。比如说，上海刚解放的时候，解放军的秩序非常好，他们没有住到老百姓家里，而是睡在大街上。

杜开昔：你们回国时遇到麻烦了吗？

徐亦庄：类似钱学森这样的名人当然受到美国政府的注意了，回国比较麻烦，其他人想回国也遇到了一定的阻力。这种阻力不仅来自美国政府，也来自香港政府。比如说，我们回国途中要经过香港，香港政府故意拖延很长时间才给办理过境签证。我办过境签证花了好几个月，还是朋友帮我办的。即便有了过境签证，香港也不允许我们停留。到了香港，船一靠岸，马上要换乘小船，转到广州。

我回国以后才知道，美国已经不允许中国留学生回国了。据我所知，1951年9月，有人坐船回国，在夏威夷被扣留了。那可能是解禁前最后一批回国的中国留学生。那个时期能回国的人，大概都是1951年8月以前回来的。

杜开昔：您回国后的工作是怎么安排的？

徐亦庄：当时清华大学和中国科学院都给我发出了邀请函。前面我已经提到，我觉得，我有责任培养年轻一代，很自然地选择去清华大学教书。第一学期清华没有发生什么政治运动；第二学期思想改造运动开始了，运动的主要目的是希望教授们对国民党有新的、更深刻的认识。我认为，一些教授决定留在清华，跟着中国共产党做事，本身已经说明他们对国民党有了一定的认识。不过思想改造希望大家有更深刻的认识，用现在的话说，就是希望这个认识不仅是从爱国主义角度来看中国共产党，而是从无产阶级立场上来认识中国共产党。我刚从美国回来，没有参加思想改造。

院系调整开始以后，1952年9月，清华文理法三个学院的绝大部分师生都要搬到北大，很多有名的教授都搬过去了。清华物理系只留下了几个人，成立物理教研组。我有两种选择，可以留在清华，也可以去北大。我当时知道清华开展科学研究的条件比较差，可是总要有人留下呀，所以我没有选择去北大。当时清华大学邀请孟昭英教授负责筹建无线电电子学系，所以他也没有离开清华。后来，孟昭英担任无线电电子学系主任。钱伟长等人是工学院的，理所当然都留在了清华。

王德禄：请您讲一讲回国以后的情况。

徐亦庄：我从回国到现在一直在清华工作。院系调整后清华没有物理系，只有物理教研组，那是个独立的教研组。1952年，我负责筹建物理教研组并担任教研组主任，后来清华的数学教研组、物理教研组、外语教研组和力学教研组合并为基础课教研组，由基础课委员会统一领导。1982年秋天，清华恢复了物理系，由两部分组成，一部分是物理教研组的成员，另一部分是工程物理系的成员。从那时候起，我调入物理系并担任副系主任，直到1984年。我现在只领导一个科研组，同时还教课。

王德禄：最近几年各大学都在创新，有没有想过把院系调整时调走的人请回来一些，或者重建物理系？

徐亦庄：现在的清华物理系不是重建的，而是重新恢复的。院系调整时一些老教授被调走了，我的老师就被调走了。多年以前，他们不愿意回到清华，认为在清华看不到希望。现在，我们把希望全部寄托到年轻人身上，希望多培养一些年轻人。在清华工作的这段时间，我开展科研工作少一点，在教学方面做了很多贡献。如今来看，我们还算是做出了一点成绩，因为有很多年轻人在教学上、科研上取得了一些成就，作为老师，当中也有我们的一份功劳。我们没有直接参与国家级的科研项目，但是我们的学生参加了。

杜开昔：您回国后与苏联专家一起工作过吗？苏联专家对中国高等科学教育的发展有影响吗？

徐亦庄：当时清华物理教研组来了一个苏联专家，叫邦邦农（音）。他很热情，给我们介绍苏联的教学经验，我认为有些用处。比如说旧中国学校不太重视演示实验，苏联专家建议我们应该加强这方面的训练。另外，他们介绍了一些苏联的教材，过去我们看到的只是美国的教材，这使我们对苏联的教材有所了解。在我看来，当时苏联的物理教材水平很高，中学和大学的物理教材水平都比我们国家的高一些，中国的教材只能作为参考书。

关于教育模式的问题，我比较倾向于美国的教育模式。美国的大学生在校期间学习基础比较扎实，到了念硕士、博士的时候才接受专业训练。苏联的大学生在校期间都要接受专业训练，用的学时比较长。我认为，芝加哥大学的教育方式比较好，他们完全提倡每个学生根据自己的特点自由发展，而非去勉强。我很赞成这一点。

杜开昔：邦邦农在你们物理教研组是做什么工作的？他教书吗？

徐亦庄：邦邦农是我们校长的顾问，住在友谊宾馆。他不教书，也很少参与我们教研组的工作，我们有什么疑难问题可以与他一起讨论。讨论的时候，邦邦农总会提出一些不同的看法。可是在我们看来，未必可行。我们把自己的想法讲给他听，最终还是按照我们的想法去做。因为我们是从实际情况出发来考虑问题，比如工作中会遇到哪些困难，而邦邦农未必了解我们所遇到的困难。我和邦邦农的关系很好，他的家庭与我的家庭关系也很好。

杜开昔：您刚刚谈到，您换了几次工作，都是物理方面的。您为什么要调换工作？

徐亦庄：1955年以后，我开始从事理论物理教学工作，把精力完全倾注于纯理论物理研究上，仅仅是了解了当时国际上理论物理方面的发展情况，并没有做太多工作。1972年，清华工学院派我去做激光方面的研究，我很感兴趣，就去了。1976年我又改行做实验。

王德禄：1972年，组织上让您搞激光，当时是什么背景？

徐亦庄：没有大背景。到现在我所做的工作跟国家的重点规划都没有任何联系，根据工作的连续性，仍然以教学为主。激光是从1960年代开始发展起来的，到了1970年代，大家对它了解得比较多，用得也比较多。我觉得确实需要更多的人去研究激光。

杜开昔："大跃进"对您的工作有什么影响？

徐亦庄："大跃进"对我的工作几乎没有影响，我一直从事理论物理教学工作。"大跃进"给学生带来了比较坏的影响，当时大学生认为马上就能超越老师，他们能够做出比老师更好的成就。实际上，以他们当时掌握的文化知识，不可能马上超过老师。这种思想坑害了学生。应该说"大跃进"期间，学生的学习质量比较差，比院系调整以后的学生还要差。

杜开昔："大跃进"期间很多人在搞群众科学，您参加了吗？

徐亦庄：我没有参加。北大当时也有人在搞群众科学，有些教师给学生灌输了一种错误的思想：不学量子理论，同样可以搞量子理论的研究。纯属胡闹！这样一来，学生必定不再好好学习。清华当时没有这么严重，即便是有人搞群众科学，有些所谓研究成果，也不一定是学生搞的，而是老师搞的。也有些老师宣称有一些重大发现，其实不是，是他们工作上出现了错误。

王德禄："文革"期间，您遇到麻烦了吗？

徐亦庄：我没有遇到直接的麻烦，相对而言，待遇好一点。这些年来，我在清华碰到了很多事情，而且我回国后没有同美国朋友通信。这样一来，人们不会猜想我同美国有什么联系。在"文革"期间，这样的情况对我来说，也许好一点。我不是中共党员，不是当权者，所以我没有被视为"走资派"。直到现在我都没有入党。

"文革"以前，我有一个好的愿望，只能算作一颗爱国心，但是我不了解政治，不知道什么是"左"、什么是右。那时候，大家都很听党的话，党怎么说，我们就怎么做。"文革"结束后，我才弄清楚什么是"左"，什么是右。这也是我最大的收获。①

---

① 徐亦庄之子徐弘在审阅访谈稿后的回复意见中做了如下补充说明，他认为由于当年的环境和采访人杜开昔的外国人身份，父亲不愿意讲述自己在"文革"中的不幸经历，担心对国家有不好的影响，因此当时并没有表述实情。真实情况是："文革"初期，徐亦庄即以"反动学术权威"、"蒋南翔红人"的罪名受到冲击，与梁思成、黄万里、谢祖培等教授各家被赶到清华北院非常小的房子中居住。在"清理阶级队伍"时，更因被怀疑为"美国特务"而遭到残酷拷打，几乎丧命。1969 年年初，徐亦庄又被下放到江西农场，在那里染上了血吸虫病。1972 年回京后在科学馆前扫马路，直至 1974 年才被允许从事科研活动。徐弘在自己编著的《徐致一太极拳研究》（山西科学技术出版社，2010 年 6 月）一书中曾对父亲受难的经历有过如下忆述文字："'文革'中父亲被造反派抓去，造反派说你不是会武功吗，那就试一试吧。当时把父亲的眼睛蒙上，强迫他站在凳子上，四个人从四个方向打，直至打得父亲遍体鳞伤昏死过去，之后被当成死尸半夜悄悄从清华大学科学馆的后门扔了出来。父亲醒来后爬了四五个小时才回到家中，当时他伤势非常严重，正当祖父和家人不知所措时，白玉玺先生（徐亦庄父亲徐致一的弟子）来到我们家。白玉玺当天就把他的老师张作芬先生请到家中为父亲疗伤……父亲在床上躺了三个月得以康复，度过了那最危险的日子。"

王德禄:"文革"的时候,要"开门办学",您出去了吗?

徐亦庄:我没有去。1972年以后,我身体不是很好,转行做激光科学研究。清华的开门办学有两种形式:第一种形式是招收工农兵学员来学校学习,这些人学科基础非常差,没有能力念大学;第二种形式是有一部分老师到工厂讲课,就称之为"开门办学"。

杜开昔:"文革"的时候,有人批评爱因斯坦,批评一些科学理论,对您的工作有影响吗?

徐亦庄:我没有参与批判。当时我看到清华有些学生写文章,用马列主义的词句批判爱因斯坦,他们让我给文章提意见。这就给我出了一道难题。我发现,那些学生没有好好学过列宁主义,因为列宁根本没有批判过爱因斯坦,即便是评价爱因斯坦,也不可能像他们那样说。我就引用列宁的话,让他们信服。学生要批判牛顿,我就引用恩格斯的话,说服他们。

1988年王德禄(右)、杜开昔(中)与徐亦庄合影

恩格斯对牛顿的评价很高，认为牛顿是个很伟大的人。有学生告诉我，他们对批判牛顿持怀疑态度。我就让他去看恩格斯的《自然辩证法》。我认为，这些问题的出现源于两个方面：一是学生对科学的无知；二是学生对马列主义的无知。

"文革"初期，完全是政治斗争，没有对科学理论的批判。工宣队占领上层建筑以后，才开始提出批判爱因斯坦、批判牛顿。科学上有很多事情的对错争论并非都像政治斗争那样，还好，他们没来找我参加这些批判。

杜开昔：现在女学生出国的多吗？

徐亦庄：有一些女学生去了美国。我想，在美国的中国留学生，如果将来能有一部分回国，对中国的建设就会大有好处，否则就是一种损失。

杜开昔：1978年改革开放以后，您的生活有哪些变化？

徐亦庄：1978年以后，我们思想上受"左"的影响和束缚解除了。这个时候，我觉得和美国朋友联系是很正常的。我有亲戚在美国，他们回国后来看我，我们之间相处得也很自然。虽然30多年没有见面了，也许在政治上存在一些隔阂，这并不妨碍我们之间继续保持原来亲密的关系。

父亲不赞同我回大陆 11

谢希德 口述①

采访人：王德禄
访谈时间：1990年5月17日
访谈地点：上海复旦大学谢希德家
整理人：耿锡金、高颖、程宏

受访人简介

谢希德（1921—2000），女，福建泉州人。固体物理学家，中科院院士（1980），第三世界科学院院士（1988），美国文理科学院外国院士（1990）。1946年毕业于厦门大学数理系，后执教于上海的沪江大学。1947年赴美国留学，先就读于史密斯学院，后转入麻省理工学院攻读理论物理，1951年获博士

---

① 整理时参考了谢希德的《海外归来参加祖国建设》一文，引自《建国初期留学生归国纪事》第186~200页。

20 世纪中国科学口述史
The Oral History of Science in 20th Century China Series

> 学位。1952 年 9 月取道英国，与在英国剑桥大学刚刚获得生物化学博士学位的未婚夫曹天钦一道回国。后在复旦大学任教，曾任复旦大学校长等职。

王德禄：请谢先生讲一讲您出国前的经历。

谢希德：1921 年我出生于福建泉州市的蚶江镇赤湖乡。我出生那一年，燕京大学请我父亲[①]去做助教。他一边教书，一边进修高等物理。1923 年，父亲得到了洛克菲勒基金会的奖学金，赴美国留学。父亲就读于哥伦比亚大学，一年后获得硕士学位，随即转入芝加哥大学念博士，1926 年拿到博士学位，同年回国。回国后，父亲到燕京大学物理系任副教授。当时我只有 6 岁，跟随父亲搬到燕东园。不久父亲升职为教授，后来担任物理系主任。

我 11 岁进入燕大附中，念初中一年级，在那里认识了同班念书的曹天钦[②]，后来我转入贝满女中。贝满女中是一所有名的中学（现为北京第 166 中学），美国教会创办的，从这所学校走出了很多名人，比如王承书[③]、李

[①] 谢玉铭（1893—1986），福建泉州人。1917 年协和大学毕业，1923 年赴美留学，次年获得哥伦比亚大学硕士学位，1926 年获得博士学位。1926 年回国，历任燕京大学物理系主任，湖南大学教授，厦门大学物理系主任、理学院院长等职务。1946 年后，赴菲律宾马尼拉东方大学任教，1968 年退休后移居台湾。

[②] 曹天钦（1920—1995），原籍河北束鹿，生于北京。中科院院士（1980）。1944 年毕业于燕京大学（成都）化学系。1946 年 10 月赴英留学，1951 年获剑桥大学生物化学系博士学位。回国后，曾任中科院上海生物化学研究所研究员、副所长，中科院生物学部主任。

[③] 王承书（1912—1994），女，湖北武昌人，张文裕之妻。中科院院士（1980）。1934 年毕业于燕京大学物理系，1936 年获硕士学位。1941 年留学美国，1944 年获密歇根州立大学哲学博士学位。1956 年回国，历任中科院近代物理所理论研究室研究员，兼任北京大学教授，中科院原子能所热核聚变研究室、铀同位素分离研究室副主任，华北 605 所副所长，第二机械工业部第三研究院研究员，大型气体扩散机总设计师，核工业部研究员，科学技术局总工程师等职务。

德全。我在贝满女中一直念到高二。

1937年抗日战争爆发后,我们全家离开了北平。当时湖南大学邀请父亲去教书,我跟随父亲到了武汉,后来又搬到长沙。高中毕业后,我报考了湖南大学数学系。1938年日本侵略军的战火烧到长沙,长沙告急,全家又搬到贵阳。本来1942年就可以大学毕业,可是我生病了,在贵阳休养了四年。1942年我考上了已迁至遵义湄潭的浙江大学物理系,但是父亲不同意我去。后来父亲应聘为厦门大学数理系教授,当时厦门大学已经从厦门迁至福建长汀,全家人又搬到长汀。当时,我考上了厦门大学数理系,1946年大学毕业。

1946年谢希德获厦门大学理学学士学位(来源于《谢希德》,金城出版社,2008年4月)

我们数理系的同班同学不多,现在有几个在物理方面发展得不错。比如曾融生①现在是中科院院士;吴清义(音)原来在长春应化所,后调入武汉物理所,现在又调去别的地方了;陈奕陪②现在在厦门大学教书。

王德禄:您和家人有哪些故事,可以讲讲吗?

谢希德:我们搬到厦门大学以后,我也住在学校。这时候我和父亲的接触才稍微多一点。1946年,应菲律宾马尼拉东方大学的邀请,我父亲去了菲律宾,我们又分开了。我家里其他人都是学工科的,因为我父亲觉得学工科比较有希望,所以一直到后来我们家再也没有人学物理。

---

① 曾融生(1924—),福建平潭人。中科院院士(1980)。1946年毕业于厦门大学数理系。曾在北京大学、中科院地球物理所、国家地震局地球物理研究所工作。

② 陈奕陪(1924—),福建泉州人。1946年毕业于厦门大学数理系,后留校任教。

1946 年谢希德与曹天钦订婚
（来源于《谢希德》，金城出版社，2006 年 11 月）

1952 年，我和我先生曹天钦要回国的时候，父亲不赞同。我想，如果当时留在美国，美国有可能允许我留下。我回国后给父亲写信，他从来没有回过信，不过这些年又联系上了。

我有三个弟弟。大弟弟谢希文毕业于厦门大学航空工程系，现在在北京航空航天大学工作。他曾到麻省理工学院进修，现在在西德进修。二弟弟谢希仁毕业于清华大学电机系。他在清华念了一年电机，想改学物理，父亲不让改。二弟弟毕业后曾在解放军张家口通信工程学院、西安军事工程学院、重庆通信兵工程学院教书，现在在南京通信工程学院。三弟弟谢希哲是学数学的。他从小就喜欢算术、测绘，曾任新疆生产建设兵团勘测设计院的高级工程师，现在在非洲搞石油勘探。三弟弟本来想调回来，厦门大学也邀请他来教书，但是单位不让他离开。这三个弟弟都没有出国留学。

王德禄：请您说说出国时的情况。

谢希德：1946 年国内战争开始后，通货膨胀非常厉害，工作环境比较差。我觉得，要想在事业上有所成就，最好是能出国进修。大学毕业后，我先到南京参加了出国留学考试，然后到上海的沪江大学任助教。不久，我考取了自费留学。我父亲的学生张文裕当时在美国工作。张文裕介绍我去史密斯学院，位于麻省西部的安普敦，做研究生助教，学校答应给我提供奖学金。史密斯学院是私立大学，当时有十几个中国人，包括大学生，后来比较有成就的有沈淑瑾①。沈淑瑾现在北京的中国医学科学院儿科研究所工作，她先生是北大生物系的李正理②。李正理的哥哥是李正武（李整武）③。我是1947年去美国的，两年后获得硕士学位，后转入麻省理工学院研究固体物理，1951年获得博士学位。我没有参加过军事方面的研究项目，不过有一部分项目经费是军方资助的。二战刚结束的时候，美国国家科学基金会（NSF）尚未建立，项目经费都由海军、陆军和空军资助，但是研究课题不一定和军事有关。

1948年谢希德在史密斯女子文理学院的花房和水池前（来源于《谢希德》，金城出版社，2006年11月）

曹天钦在英国文化委员会的资助下曾赴英国留学。他和李约瑟（Joseph Needham）是在重庆认识的，那时候他给李约瑟做翻译。到了英国，他们关系依然很密切，第一年他住在李约瑟家里。他去英国主要是念书，李约瑟写《中国科学技术史》一书的时候，他也会帮忙。1951年，他获得了英国剑桥大学生物化学博士学位。原计划在我拿到博士学位以后，他就来

---

① 沈淑瑾（1920—2011），女，李正理的夫人。1941年毕业于西南联大，后留校任教。1946年赴美留学，后获得史密斯学院硕士学位。1948年转入费城女子医学院，1952年获医学博士学位。1956年和丈夫李正理一起回国，后在中国医学科学院儿科研究所工作。

② 李正理（1918—2009），浙江东阳人。1943年毕业于西南联大。1947年赴美留学，1953年获伊利诺伊大学哲学博士学位。1956年回国，历任北京大学教授、植物形态教研室主任。

③ 李正武（1916— ），曾用名李整武，浙江东阳人。中科院院士（1980）。1938年毕业于清华大学。1946年赴美留学，1951年获加州理工学院物理学博士学位，后任加州理工学院凯洛格实验室研究助理、研究员。1955年回国，历任中科院原子能所核物理室副主任、第二机械工业部585所所长。

1952年9月谢希德乘"广州号"轮船回国（来源于《谢希德》，金城出版社，2006年11月）

美国和我举行婚礼，然后一起回国。可是我博士毕业的时候，美国已经不允许学理工科的中国留学生回国了，我申请去英国也受到很大阻碍。我们已经下定决心回国，只好改变计划，把婚礼地点转移到英国。在李约瑟博士的帮助下，我到了英国，和曹天钦举行完婚礼，准备回国。1952年8月，我们从剑桥登上"广州号"轮船离开了英国，途经苏伊士运河、印度、新加坡、香港到达深圳。

王德禄：中国留学生在美国成立了留美科协，您参加留美科协的活动了吗？

谢希德：没有参加，当时留美科协没有在安普敦组织活动。

王德禄：您去美国留学，受您父亲的影响大吗？

谢希德：父亲对我出国留学没有什么影响。

王德禄：您回国后的工作是怎么安排的？

谢希德：天钦是研究生化的，上海有生理生化所，他回国前就已经联系好去这个所工作。1952年10月1日我们到了上海，几天后我又去了北京。当时我没有太多的选择。离生化所最近的是交通大学，我是学理论物理的，交大的老教授周同庆①让我去上海的交大教书。院系调整时，上海

---

① 周同庆（1907—1989），江苏昆山县人。中科院院士（1955）。1929年清华大学毕业后，进入美国普林斯顿大学物理系读研究生，1933年获博士学位。1933年回国，历任北京大学、南京中央大学、重庆交通大学教授，1952年院系调整后到复旦大学任教。

交大物理系大部分并到复旦大学，物理系的老师大部分去了复旦大学，我也跟着去了。这不是我自己的选择，是上级安排的。

我在美国留学主要是研究半导体，回国后，在复旦大学仍然研究半导体。那时候国内尚未开展半导体研究工作。1956年，十二年科技规划开始后，国家把半导体作为重点工作，将北京大学、复旦大学、南京大学、厦门大学、吉林大学共五所大学的一部分老师和学生汇集到北大，联合创办了半导体研究专业组，当时也把我调入北大了。我们培养了国内第一批半导体专业的大学生。1958年我从北大调回复旦大学，1978年年底开始担任复旦大学副校长，1983年升为校长，当了5年。

王德禄：请您讲一讲"文革"期间的经历。

谢希德：我是从美国留学回来的，1966年"文化大革命"开始后，我有"特务"嫌疑，受到隔离审查。我在复旦大学整整被隔离了一年多，1968年年底开始隔离，正式隔离是在1969—1970年，我们夫妻两个被隔离以后，家里的保姆也被威吓得自杀了，当时她还不到40岁。现在我先生身体不太好，跟隔离期间整天受批斗有关系。我们的儿子是1956年出生的，那时候只有10岁，他在家里独自生活。直到1973年才给我们平反，做出"事出有因，查无实据"的结论。

王德禄："文革"后期，上海对自然科学理论批判得比较厉害，您当时受批判了吗？

谢希德：那是1972年发生的事情。当时上海组织活动，批判爱因斯坦，幸亏我在接受劳动改造，没有去参加，要不然还得挨整。在1977年年底举行的全国自然科学规划会上，我做了关于表面物理学的科学调研报告，阐明了表面物理同高新技术和科学发展以及与国民经济之间的重要关系，提出在中国发展表面物理的倡议。返校后，我们立即着手筹建以表面物理为研究重点的复旦大学现代物理研究所,并在很短的时间内,在原有的物理系和核科学系的基础上建立了八个研究室。1978年9月,我又组织了两个系列的学术报告讨论会。一是表面物理,系统讲述了表面物理的基础内容和发展前景;二是固体能带理论。在此基础上举办了全国性的表面物理讨论班。1985年、1987年我们取得两项重要的科研成果,即"半导体表面电子态理论与实验之一"、"镍硅化合物和硅界面理论研究"。

王德禄:我采访了很多科学家,有燕京大学毕业的,比如孟昭英。据说,谢老对他的影响很大。

谢希德:孟昭英、张文裕、王承书、褚圣麟都是我父亲的学生。1987年第3期的《物理》杂志上刊登了一篇文章,题目是《一个真实的故事》,你在那里可以看到有关我父亲的材料。另外,物理学界有很多人都是我父亲的同辈,像吴有训、周培源、严济慈、赵忠尧。

第二波归国潮

1 两封联合签名信

梅祖彦　口述[①]

采访人：王德禄、杜开昔
访谈时间：1988 年 10 月 22 日
访谈地点：北京清华大学梅祖彦家
整理人：张静、高颖、程宏

受访人简介

梅祖彦（1924—2003），北京人，梅贻琦之子。水力机械学家。1942—1943 年入西南联合大学机械系学习。1943 年在美军中任译员，因协助美军抗战做出贡献，1945 年 7 月获美国总统授予中国军人的自由勋章。1949 年获美国伍斯特理工学院机械系学士学位，1949—1950 年在伊利诺伊理工学院做研究生。1950—1954 年

[①] 整理时参考了梅祖彦的《由美回国经历纪实》一文，引自《建国初期留学生归国纪事》第 192~200 页。

为沃兴顿公司技术员。1954年6月回到北京，在清华大学水利系任教授。

杜开昔：请梅先生谈一谈您在美国留学期间的情况。您是通过什么方式去美国的？

梅祖彦：我于1942年考入西南联大（昆明）。1943年冬天，正值第二次世界大战期间，有很多美国的军事人员来到中国，主要集中在云南、四川、贵州、湖南一带。他们找了一些中国学生做军事翻译，我也去了。所以我在大学念了不到一年半就离校了。我在美国军队工作了三年，先在云南给美国人做军事翻译，1945年最后一年服务期间，调到美国南部的密歇根做军事翻译，算是工作调动过去的。我们在国内属于国民党的军事委员会，在美国由美国陆军部统管。

1946年10月工作完成后，我们的身份改为实习教师。借助这个机会，我想留在美国完成大学的学业。我在波士顿的伍斯特理工学院念书。1940年，伍斯特理工学院规模很小，只有600多个学生，现在也只不过3000人。这种小学校很照顾第二代，因为我父亲在伍斯特理工学院念过书，我就去了。1949年大学毕业后，我到芝加哥的伊利诺伊理工学院（IIT）念研究生，1950年年底获得硕士学位。其间，我在沃兴顿公司，美国一个不太出名的机械制造厂，得到了一个职位，硕士毕业后我留在公司工作了三年多，直到1954年才离开。

中国留学生在美国成立了两个组织，留美中国科学工作者协会（简称留美科协）和北美基督教中国学生会（Chinese Student Christian Association，简称CSCA）。留美科协与我们现在的中国科协名字不一样，这是有原因的。1949年夏天，中国留学生要在美国成立一个组织，原本打算取名为中国科协美国分会，可是外国人在美国登记一个团体的分会，办手续非常繁琐，更何况那时候美国对中国的态度发生了转变，管中国人叫"Red-China"。中国人可以在美国成立一个学生协会，但是不可以成立中国科协的分会。所以这个组织最终取名为留美科协。1949年6月，留美科协召开成立大会，主要目的是动员中国留学生回国。冯平贯是留美科协的全国主席。留美科协在很多城市都有分会，我是协会的文书，负责编印简报。我做了一年文书，大概出了七八期简报。留美科协的工作很明确，按专业分了很多个学术小组，以工程科学类的小组为主，比如机械工程小组、电机工程小组。我这里有一个留美科协的成员名单，是个800人的名单。

CSCA管理比较松弛，很多人是去凑热闹的，当然也有一些人很爱国，觉得应该回国。我参加过CSCA的活动，有宴会、跳舞，就是大家一起出去玩。

我主要说说1949—1950年的情况。1947—1948年国内的情况我了解得很少，美国报纸上刊登的也很少，只有《纽约时报》上偶尔会刊登一点。我在美国的时候，家人基本上都在国外，家里很少有人给我写信。1949年，有一部分国民党军队已经退到长江以南。国内形势不同了，中国留学生开始表明态度，没有毕业的学生，暂时不打算回国；即将毕业的，有些人开始准备回国；还有一部分是家里给他们写信，告诉他们国内发展形势很好，让他们赶快回国。当时有很多中国留学生想回国，我也觉得应该回来。可是刚念完本科，我想继续深造，因为去美国留学的中国学生，有很多人是特意去念研究生的。

1950年6月朝鲜战争爆发了。美国反应非常迅速，中国还没有派军队去支援朝鲜，美国大概已经感觉到了中朝是一条心。美国政府在中国留学生内部搞了一大堆安全检查，8月美国移民局找中国留学生谈话。在此之前，美国移民局对中国留学生的管理比较松弛，平时只找一些从南美洲来的人谈话，不找中国留学生谈话，因为中国留学生很老实。当时我在沃兴顿公司工作，我的档案存放在沃兴顿附近的移民局。移民局找到我，问我这几年待在哪里，做什么，是否知道中国和美国在朝鲜战争问题上的冲突，如果美国跟中国对立起来，会站到哪一边。大多数中国留学生的回答是站到中国这一边，当然还有人不直接说站到哪一边，而是希望中国和美国不会对立起来。我记忆中，移民局找过我不止一次，还有一次是审问我关于留美科协的事情。后来留美科协受到了很大的压力，1950年9月被迫解散了。

那次审问完以后，美国移民局再也没有发放新签证，不给护照盖章。他们给了每人一张纸代替护照，纸上写着签证的有效期从几月到几月，每次有效期是一年，签证到期后再给换一张纸。8月份很多人的护照到期了，去国民党的领事馆申请新签证。交完钱，领事馆的人让他们先把东西留下，说办完以后再寄给大家，后来一直没有寄。如果有人去问，移民局就说，要换新签证，换好了再寄给大家。我知道当时有好几个学生办了手续。我想，国民党的领事馆可能跟美国方面有某种协议，很多学生不能回国，都是因为手里没有护照。美国移民局不给办新签证，还说中国留学生"非法居留"。还好，我的护照是早些时候延长了期限的。

美国移民局把学理工的学生的签证拿走了，不让回国，但是没有讲扣留的原因。有些人没有钱了，无法维持生活，大家就一起出去找工作。很多美国的公司不管去的是不是被扣留的中国学生，只要去了就接收，但是始终没有发放工作许可证。学理工的人很快找到了工作。学文学和社会科学的不太容易找到工作，1950—1951年他们在美国没有事情可做，很多人回国了。这些人在美国有的学经济学，有的学社会学，还有的学心理学，专业都不错，学得也很好，只可惜他们回国后都没能发挥作用。他们都去中学教英文了，我知道的有好几个。甚至获得了博士学位的回国后也没能发挥作用。也许这些年可以用上，但是他们已经太老了。我们学理工的，主要是学工程的，回国后很容易找工作，马上就能发挥作用。

我们了解到美国有两派。麦卡锡当政时期，麦卡锡这一派影响到美国移民局和联邦调查局，他们跟共产党是对立的，认为中国学生留在美国是祸害，要把这些人都送回去。当时有些学生确实被驱逐出境了，美国还给了一个期限，让他们在一个月内或者三个月内必须离开美国。但是各地的做法不太一样。还有这样一派，在美国有一些州的政府认为，中国学生知道的东西多一些，中美友好的时间很长。而且中国派学生出国留学，首先是去美国，这段历史也很长。美国应该培养这些学生，如果这些人将来留在美国，美国也会有利可图。一些地方政府甚至派人去看望中国留学生，跟他们谈话，但是那些人没有讲清楚他们的身份。后来，大家把这些情况总结起来，得出一个结论：在美国，不同的城市，不同的地方，中国学生的待遇不一样。在大城市，政府对待中国留学生比较严厉，在小地方好像没怎么管。你们访谈了很多人，我想，这一段时间，每个人的经历都会不一样。比如李恒德在宾夕法尼亚大学的时候，移民局找过他；我以前没有做什么事情，移民局对我比较好。"文革"结束后，我到美国去了三次，碰到一些老同学。问起这段历史，他们都不太记得，还说美国政府好像没有去找他们，他们没回国是有别的原因。据我所知，当时纽约移民局对中国学生的调查非常厉害，洛杉矶、旧金山、芝加哥也搞得比较厉害，一些小城市稍微好一点。

1950年，钱学森回国前，在旧金山被抓起来了；赵忠尧在回国途中，途经日本时被拦截了。钱学森比我们年纪大很多，赵忠尧大得更多，当时我们是学生，他们都已经是教授了。还有一个学生，被弄到警察局，挨了一顿打，估计是政治原因引起的。在留美科协活动中比较活跃的，有个别人被美国移民局抓走了。比如黄葆同被抓走了，关在路易斯安那。黄葆同现在中科院长春应化所，我不太清楚为什么要抓他。美国原本打算把黄葆同驱逐出境，后来没有驱逐，几个月后把他释放出来，每个月要他到移民局报到一次，过了一年多就不管他了。这些都是我听别人说的。在美国，我们只知道谁要回国，谁没有走成。回国后，我才了解了一些详细情况。

1951年夏天，回国的人不少。1951年以后，大家的签证差不多都到期了，美国不给延期，回国的人越来越少。我回国后听说，1949—1951年上半年回来了上千人，都是新中国成立后回来的，特别提前或者着急要回来的有很多是经济原因引起的。抗战胜利后，很多人考取了自费留学生，现在中科院有很多老专家都是那时候出去的。他们主要是靠自费出国留学的，直到做了研究生才有点经济来源。国内战争时期，国内的经济来源被切断了，一些人待不下去，回国了。

当时大家都很关心国内的情况，（搞运动的）消息总是能传过来的，很多人开始害怕，观望。本来有人很积极地想回国，那两年却沉默了。尽管我对国内的情况很不了解，我觉得中国人还是应该回到中国，为祖国服务。

我为什么决定回国呢？我在沃兴顿工作的时候，认识一个犹太人玻尼，他是个年轻的大学毕业生。这些年我很想找他，始终没有找到。当时在纽约、芝加哥有一些犹太人组成了一个很强的团体，主要是反对政府。玻尼曾带我去参加过一个聚会，主要是讲黑人的公民权利。其间，他还介绍我认识了一个黑人学生。这个学生是做社会工作的，经常去南方，他知道我以前也去过南方，对我说，1946年黑人在南方是二等公民，他想学点技术，想学医，南方有专供黑人读书的学校，他的地位总提不高。在社会上生存，黑人有黑人的医生，也有黑人的牧师，还有黑人的教师，永远不能跟白人竞争。从他的经历中，我才知道有"阶级"的划分、"阶级斗争"这些粗糙的概念，这让我提高了认识。后来，我阅读了一些相关的书籍，知道了《论人民民主专政》、《新民主主义论》这些著作。这些书在香港可以买到，有人买了，从香港寄到美国，大家互相传着看，我不知道书是谁买的，只要想看就能找到。从一定程度上来说，好像有一种新的推动力促使我回国。1953年夏天，我决定回国。

1953年8月朝鲜板门店停火后，大家又开始活跃起来，讨论回国的事情。大家手里几乎都没有合法的证件，只好各自想办法回国。那时候，留美科协早已解散，集体活动很少。1953年夏天，我们十几个人凑在家里商量如何回国。我听说，有些人坐飞机去了加拿大，从加拿大坐船回国了；有些人绕道欧洲回国了；还有一些人可能认识领事馆的人，拿到护照回国了；再有一些人接到了通知，就是美国政府写的一封信，回国了。没有接到通知以前，任何人都不能离开美国。李恒德可能就是收到那封信以后才回国的。我没有收到信，对这个印象不深刻。

我回国前，有很多人从美国坐船到香港，在香港被拦截了。这个方法行不通，大家商量着绕道欧洲回国。当时有两个学生，是夫妻，也回到了国内，男的是个艺术家，女的好像是个化学家。他们有签证，不是所有人的签证都被没收了。当时我也有签证，1952年已经过期了。很多同学看到后感觉很奇怪，问我，你的签证为什么还保存着？我说，我是最后一拨儿，本来要去申请新签证，听说风声很紧，没去。若当初我去了，估计签证也会被扣掉。刚提到的这对夫妻先坐飞机去了法国，从法国回国的。当时我开车送他们到纽约的爱德华机场（后改名为肯尼迪机场）。我发现，飞机场没有什么人，此行畅通，这是一个收获。过了一个月，又有一个学生要回国。起初他打算坐船回国，我开车送他去码头。我看到好多船停靠在码头，有两个人戴着帽子，正在进行安检。他们检查得非常严格，走私贩、签证不合格的乘客无论如何都闯不过这一关。这个学生当即决定改乘飞机离开美国，后来他从别的地方乘船回国了。这是秋天发生的事情。

从冬天开始，我一个人来回跑。我有签证，他们没有，我就自己跑。我去了纽约第五大道，欧洲驻美国的领事馆都在这条街上。我为了申请签证，几乎走遍了各个国家的领事馆，比如法国的、瑞士的、意大利的。他们看到我的签证过期了，让我把护照拿回去，说以后再给我答复。每个地方都是这样说。每次跑完，我们几个中国学生便一起商量。大家觉得，二战以后，法国政府很腐败，我们估计法国大使馆有可能给办理签证。那时候法国政府确实很腐败，跟国民党政府一样。圣诞节前，我又去了一趟法国大使馆，告诉他们我有一个认识的人在法国，要去趟法国。当时汪德昭在法国，他的夫人与我有点亲戚关系，不过那些年很少联系。我给汪德昭写信说想去他那里一趟，汪德昭同意了。我申请了访问签证去看他。法国大使馆同意了，还说立刻给我办签证。圣诞节前，我催了他们一次，只要签证发下来，我的护照马上就可以更新。法国大使馆说要打一个电报，让我掏10美元。那时候，还没有发明电传打字机之类的通信设备，只有海底电报，海底电报比较贵。当时我很傻，问收款员要收据，一个工作人员走过去，瞅了瞅我，没说话，收款员也没有给我收据。到了1月份，签证还没有办下来，我又催了一次。法国大使馆说需要再打一个电报，我主动掏出10美元，又打了一个电报过去。一个月后，签证办下来了。我给工作人员说好话，说了很久，他才同意给盖章。签证的有效期是一个月。我的护照还是原来的那个，我拿着签证赶紧去瑞士驻美领事馆盖章。当时瑞士已经和中国建立了外交关系，在美国，差不多所有的中国学生都愿意去瑞士，再绕道苏联或者其他地方回国。到了瑞士领事馆，工作人员告诉我，你的护照已经过期了，不知道法国领事馆怎么会给你盖章，如果是我们，不会给你在签证上盖章的。后来别的几个领事馆也都没有给我盖章，只有法国一个章。

我们三个人一起去航空公司订机票。航空公司看到我的签证上只有一个章，护照过期了，告诉我这是不能买票的。但为了挣钱，航空公司还是给我订了机票。飞机票非常贵，从纽约到巴黎需要750美元。等到我们去拿机票的时候，我还是拿着那个过期的护照，航空公司的工作人员说，你最好补全手续，否则无法进入法国，如果护照出了问题，你自己负责。我交完钱，拿着飞机票就走了。

我是1954年4月①离开美国的，有两个同学送我到爱德华机场。在机场，工作人员又问起我护照的事情，并限制我离开。工作人员告诉我，你可以走，但是要拿一个再入境证。再入境证手续需要美国办理，拿不到就无法再回到美国。他让我补填了一张移民局报表。这个报表很长，要填写的内容很多，比如我在美国什么地方住过，住了多久，等等。我在美国待了9年，1945—1954年，报表填了很久。这个工作人员又说，如果你这样走了，将来美国政府有可能调查到你。我说，调查就调查。说完我乘飞机去了法国。回国前，我担心回国途中会遇到麻烦，所有的文件都没有带回来。那几年中，移民局给我写了很多封信，主要是问一下我对朝鲜战争的

---

① 据《建国初期留学生归国纪事》第195页，梅祖彦于1954年3月21日由两位挚友送到纽约的爱德华机场（现称肯尼迪机场）。

大致态度，那些信件我也没有带回来。那些文件都非常具有历史价值，现在想来，没带回来感觉很可惜。

1954年4月，日内瓦会议即将召开，中国、苏联、美国等多个国家代表要去参加会议。我们给中国代表团写了一封联合签名信，主要讲述了美国政府无理阻挠中国留学生回国的事情。我们希望中国政府在会上与美国交涉，使得美国允许中国留学生回国。当时有40多人在信上签名了，比如李恒德、我。我刚才说的事情，在全国政协出版的刊物《纵横》上刊登过。这封联合签名信，外交部现在肯定还有，很多档案也可以查得到。

到法国不久，我去了一趟瑞士。瑞士有中国的新大使馆，我想从苏联回国，希望中国大使馆给我换一个新护照。工作人员建议我从法国坐船，途经香港回国，这样可以节省路费。这是事实，坐船最便宜。那个时候，苏联的卢布和美元兑换很不方便，途经苏联路费很贵，坐火车花费的时间也很长，从莫斯科要11天才能到北京。这个工作人员还说，你不会俄文，从苏联走不方便。所以我又返回巴黎。刚到巴黎，我遇到在美国曾一度同学的柴俊吉，他是用另外一种方法离开美国的。柴俊吉是学工程的，现在兰州担任甘肃省水利局副局长。我们一起订了回国的船票。坐船要经过香港，需要英国的过境许可证和英国的护照，可是我们的护照不一样。不知道英国政府是怎样跟美国互通信息的。美国说我们的证件不合法，不准离开。我们只好在巴黎住了两个月。弄不到船票，钱都花在巴黎。巴黎消费很高，花钱的地方我们都不敢去，每天只去博物馆，从3月底到5月一直走不了。此时，中国代表团已经到了日内瓦，我们写的信也已经托人转交到中国代表团手中，代表团请我们两个去一趟瑞士。当时我们见到了王炳南和柯柏年，周总理也在日内瓦，但是我们没有见到。代表团找我们去谈话，问了很多美国方面的事情。因为会上主要讨论印度支那和平问题，中国代表团要在会上发表声明，谴责美国无理阻挠中国留学生回国。代表团还问我们有什么困难，我们说没有钱了。他们知道我们的生活实在维持不下去了，给我们提供补助，帮我们换了新护照。代表团有信使，每隔几天回一次北京。代表团把我们交给两个信使，让我们坐飞机回国。当时我们乘坐的是苏联的军用飞机，从日内瓦穿越柏林上空到达莫斯科，在莫斯科住了两个晚上，又坐苏联民航到达北京。我们到北京已经是6月6日了，回国差不多走了两个半月。

我和柴俊吉是这一批回国得比较早的。在日内瓦会议上中国政府发表了一个声明，那时候中美尚未正式建交，不能直接进行谈判。据说开会的时候，你不看我，我不看你，相互不问答，会后，各自召见记者，发表声明。中国指责美国政府限制中国留学生回国。美国发表声明回应说，你去问问，有多少人不愿意回中国，不是我们阻拦他们。两个国家说的都对。说实话，当时回国意愿非常迫切的确实占少数，有很多人不敢回国。那时候有个很不准确的统计数字，在美国大概有5000个中国留学生，真正想回国的可能不到500人。而我们知道，在那两三年里，实际上回国的只有200多人。

我离开美国以后，还有很多人无法离开。有些人组织了中国同学聚会，给艾森豪威尔总统写了两封公开签名信，1954年8月写了一封，1954年9月又写了一封。那两封信的后面都有英文签名。中国留学生写了很多封信，大概还给美国政府和议会写了很多封信，最后起了一点作用。后来，又回来了很多人，像中科院的吴仲华、李恒德。吴仲华是1954年12月回到国内的。1955年是大批人一起回国的。1955年年初，受中国政府的委托，印度政府给中国留学生办理回国手续，没有发护照，只发了一张证明，美国政府也认可。当时印度驻美大使是梅农（Menon）。印度政府甚至给一些中国留学生补助旅费，从美国到香港，费用不少。1955年有一批人回国了，他们都是这样回国的。比如中科院力学所的林同骥①和他的夫人张斌②、化学所的陈荣耀③。还有一些人办理了手续，想在回国途中去欧洲游玩，没有去成，直接回国了。有个别人与我回国的方式一样，绕道英国、法国等欧洲国家，从苏联回国了，比如吴仲华。中国留学生回国过程中，同美国政府作斗争的事情，我就不再多说了，毕竟当时我自己不在那里，而且《纵横》里的文章写得比较详细。

1954—1956年这两年回来了200多人，差不多都是学工程的，这些人回国后基本上都发挥了作用，算是比较好的。"文革"开始后，回国的留学生全都被整了一顿，没有一个例外，"文革"期间，有5个人自杀了。"文革"以前，也有因为别的原因自杀的，他们或者是受政治迫害自杀了，或者是因为工作不称心自杀了。

1956年回国的少一点。1957年"反右"运动开始后，只有个别人回来了。中科院力学所的谈镐生很特殊，他是1965年回来的。

杜开昔：您在美国的时候，有没有觉得中国人受歧视？

梅祖彦：没有。1950年我刚去美国的时候，斯坦福有黑人和白人分

---

① 林同骥（1918—1993），祖籍福州，生于北京。中科院院士（1980）。1942年毕业于中央大学（重庆）航空工程系。1945年留学英国，1948年获伦敦大学航空工程博士学位。1948年赴美，历任华盛顿大学和加州大学伯克利分校博士后及研究员、布朗大学研究员。1955年秋偕夫人张斌回国，历任中科院力学所研究员，第七机械工业部207所的研究员、副所长，中科院力学所副所长等。1993年7月底于美国逝世。

② 张斌（1930— ），女，山东青岛人，林同骥的夫人。1947年入辅仁大学化学系。1948年赴美留学，1950年毕业于堪萨斯圣玛丽大学，1954年获加州大学伯克利分校化学系博士学位，1955年回国。曾任中科院化学所研究员。"文革"身陷囹圄7年之久，1973年出狱，平反回到原单位。1989年定居美国。

③ 陈荣耀（1922—1997），广东台山人。1947年毕业于中央大学化学系。1948年年底赴美留学。1953年获印第安纳州诺特丹大学博士学位。1955年回国，任中科院化学所研究员。

开的电影院、洗手间。中国留学生都在白人区,斯坦福的中国人很少,而且我们都穿着军装,白人对军人很尊敬,我一直没有受到歧视。我在芝加哥也没有受到歧视。1950年中国人民志愿军出兵朝鲜,美国出现了一股反华势力,美国报纸上管中国留学生叫"中国佬",持续了一年多。不过从来没有人直接这样称呼我。还有人在报纸上刊登文章说"你们中国人是怪物"。1953年,我在美国工作的时候,我跟一个人讲起这件事,他也为此鸣不平。

杜开昔: 您在美国的时候,中国大陆有没有人给您写信,让您回国?台湾有没有人给您写信让您去台湾?

梅祖彦: 我是自己决定回国的。新中国成立后,我的家人去了国外,现在我还有两个姐姐在美国,一个姐姐在英国。1954年我回国以前,我的父亲、母亲也在美国,只有一个妹妹在国内,现在还在国内。我有两个同学是1951年回国的,他们给我写过信,告诉我,他们回国后去了燃料工业部,并给我讲述了新中国成立后国内的发展状况,不过他们没有说让我回国。我想,我的同学不愿意在信中说让我回国,是担心信寄到美国后会给我带来麻烦。台湾没有人给我写过信,我在台湾没有认识的人。1954年以前台湾发展很不景气,我听说,有人在美国收到台湾朋友的信,在信中做反共宣传,想反攻大陆。

王德禄: 中国留学生回国后,分到清华大学物理系的人多吗?

梅祖彦: 清华物理系有很多人。比如自动化系的童诗白[①]是美国伊利

[①] 童诗白(1920—2005),满族,辽宁沈阳人。1938年获上海之江大学土木系学士学位,1946年获西南联大电机系学士学位,后任清华大学电机系助教。1948年赴美留学,1949年获伊利诺伊州立大学电机系硕士学位,1951年获博士学位。1955年回国,任清华大学电机系、自动化系教授。

诺伊大学毕业的,工程物理系的李恒德是宾夕法尼亚大学毕业的,许葆玖①是和我们同一批去美国的。物理系的徐亦庄、高联佩②和王明贞也去美国留过学,他们都是 1955 年回国的,回国比较晚。回国后到清华工作的这些人,只有周寿宪③已经去世了,其他人现在都还在清华。

王德禄:您知道杜庆华吗?

梅祖彦:杜庆华是 1951 年回国的。他在学术上有些成就,曾任清华工程力学系副系主任,现在已退居二线,但是仍然很有权威。杜庆华不是"右派","文革"期间挨了整。杜庆华的女儿杜宪曾是中央电视台著名新闻主播。

王德禄:您认识中科院沈阳金属所的葛庭燧吗?

梅祖彦:葛庭燧比我班级高。我在美国念书的时候,他已经在教书了。葛庭燧是留美科协的成员,活动很积极。他是 1949 年回国的。

王德禄:您了解孟昭英吗?

梅祖彦:孟昭英是老一辈的知识分子。我们在昆明念书的时候,他已经是教授了。孟昭英是新中国成立前回国的,现在是清华大学无线电系的教授。"反右"运动把孟昭英错划成"右派"。孟昭英是九三学社的成员,我也是。1957 年,孟昭英说,谁有本事谁来治理国家。我想,他的意思是,共产党有很多事情做得不对,应该更多地招纳人才。这在当时是绝对

---

① 许葆玖(1918—),贵州贵阳人。1942 年毕业于中央大学(南京)土木工程系。1949 年获美国密歇根大学卫生工程硕士学位,1951 年获威斯康星大学哲学博士学位。1955 年回国,任清华大学副教授,1961—1989 年任清华大学教授。

② 高联佩(1919—),湖北江陵人。1943 年从中央大学(重庆)毕业后考取本校研究生。1948 年考取自费留学,赴密歇根大学学习固体物理。1955 年获得博士学位,1957 年回国,在清华大学工程物理系任职,1989 年退休后去美国,与 1979 年定居于波士顿的夫人团聚。

③ 周寿宪(1925—1976),江苏淮安人。1946 年毕业于中央大学(重庆)电机系。1947 年赴美留学,1949 年和 1951 年分别获密歇根大学电讯系硕士和博士学位。1955 年回国,任清华大学电子工程系副教授,参与研制中国第一台计算机。"文革"期间在其住所跳楼自杀。

不允许的。黄万里①也在美国留过学,他是清华大学的老教授,名气很大。黄万里是全国点名的大"右派",和钱伟长齐名。相对而言,科学界知道孟昭英的可能多一点,但是报纸上没有长期地、全面地批判他。

杜开昔:您回国后的工作是如何安排的?

梅祖彦:回国以后,我们都住在留学生招待所,由教育部负责招待。当时有两个留学生招待所,一个招待所接待从社会主义国家归国的留学生,像苏联、欧洲的一些国家;另一个招待所接待从资本主义国家归国的留学生,我们都住在这里。当时教育部给我们提供食宿,帮我们介绍工作。学工科的很快找到了工作,学文科的回来半年甚至一年,都没有找到工作。我们天天住在招待所,没事做,就是看书。我填报了志愿表,申请去工厂。因为我在沃兴顿公司做了三年半,我很喜欢那种工作。有一些学校也去留学生招待所问教育部要人,有两所学校让我去。当时黄辛白是高教部司长,要做决定的时候,都是黄辛白找大家谈话。黄辛白说,清华正在招人,我希望你去清华,在那里工作比较舒心。我告诉他,北京石油学院来找过我,沈阳石油工厂也来谈过。黄辛白说,很多地方在招人,我还是希望你去清华。我听了他的话,去了清华。当时清华非常需要人才,我们到了清华都能发挥作用。

杜开昔:您认为苏联专家对中国科学的发展有什么影响?

梅祖彦:苏联专家的思想对我个人的工作影响不大。清华大部分是学工程的,我们做的工作实践性比较强。我是水力发电部门的,批判不批判

---

① 黄万里(1911—2001),生于上海市川沙县,黄炎培之子。1932年毕业于交通大学(唐山)。1934年赴美留学,1935年获得美国康奈尔大学硕士学位,1937年获伊利诺伊大学香槟分校工程博士学位。回国后,历任甘肃省水利局局长兼总工程师、黄河水利委员会委员,交通大学(唐山)、清华大学教授。曾反对建造黄河三门峡大坝工程。1957年在清华大学被错划为"右派",1980年获改正。

都要建造水电站。但是，1950年代是所谓"一边倒"，倒向苏联。我们都接受过资本主义国家的教育，有很多东西不敢说，也不能说，全听苏联专家的。当时来了很多苏联专家，就个人而言，他们每个人都很好，也很愿意帮助中国，但作为一种政治倾向，这有点强加于中国。苏联专家看不起中国人，来了对我们指手画脚，强迫我们接受了很多东西。很多中国人觉得，不能说苏联专家说的那些都是错误的，但至少有很多东西对中国不适用。不过我们不能说，谁说了，都要受处分。

那期间，我的思想也受了一些影响。我觉得，在美国学到的知识，有些适用于中国，可是我不太愿意说。1950年代，年轻的老师和学生都在学俄文，我也学了。我们图书馆有很多俄文刊物，也不断买来新刊物，不过很少有人去看，年岁稍微大一点的才去。我觉得，美国的教育比较多样化，其他从美国回来的专家也会有同样的感受，一个人的成长不能只走一条很窄的路。苏联就是这样，最大的缺点是，把专业学科范围划得太窄，给你规定这条路就得一直走下去，不能管旁边。你根本不可能去管，因为别人的事情你不知道。而西方一些国家是提倡自由的、横向的学习。之前我们受到这样的训练，至少在思想上我们没有那么多条条框框的限制。那些年，我们受压制的时候，就待在这个框框里，什么时候放松一点，我就可以多学一点。好多留苏回来的人，即便是你对他放松一点，他也不能走出那个条条框框，根本不知道如何走出来。这样的例子很多。从这一点来讲，我觉得从美国回来的人比苏联训练出来的人占优势。现在1980年代清华的老教授，包括很多的系主任、一级教授，很多是留苏回来的，我发现他们一个最大的缺点就是各搞各的，互不交流。

王德禄：国内开展了一系列的运动，您在运动中遇到麻烦了吗？

梅祖彦：1955年"肃反"时，没有整到我，看见别人被整，我心里也很害怕。1957年"反右"运动开始后,我讲话了,不过没有被划成"右派",也没有扣上什么帽子。我认为,"反右"运动打击的面太宽,有一些十七八岁、十八九岁的学生也被错划成"右派"。这是完全没有道理的。"文革"开始后,我们越来越清楚地看到,所有知识分子的厄运就是从那时候开始的,而不是从"文革"开始的。

"文革"以前,我几乎没有去过水电站,只去过一个工厂。我们属于限制使用的那种人。还好,我在学校工作,可以教学,也可以搞科研,可以在很多地方发挥作用。"文革"期间,他们说我们是"特务集团",我感觉压力比较大。后来我才知道,当时他们对从国外回来的留学生都不太信任。我们手头没有证据,没办法证明自己的身份。"文革"期间,我在水利系教书,要带学生去水电站参观,学校不让我去,说在水电站工作比较辛苦,还是让年轻老师带队去吧。我才40多一点,完全是年轻人嘛!"文革"结束后,我给他们讲笑话,幸好我听了黄司长的话,来到清华,若去了沈阳石油工厂,我就会是第一号被整的对象,"文革"的时候大概早已经把我打死了。可是我在清华排不上队,因为上面的人太多了。

王德禄:关于"特务集团"是用什么方式说的?

梅祖彦:那个时候叫专案组。我们这些留学回来的,每个人都是有问题的人,都有个专案组。问题比较严重的给扣上"特务"的帽子,还有的被说成"叛徒"。我没有这些罪名,只是有问题的人,对我处理得比较轻。我也有个专案组,有人专门搜集我的问题。他们跑到各个地方去外调,也就是所谓的"内查外调"。他们外调的事情开始我不知道。后来大家回忆起来,我们才发现,专案组之间有一个协调机制,他们不仅仅是针对一个人调查,而是一起凑情况。比如说,我刚跟我的专案组讲了李恒德的一些事情,就会有人跑去和另外一个专案组核对,他们有一个"信息库"。

"文革"的时候，我们谁也不能见到谁，都不知道事情的真相，直到后来才发现。这个问题太严重了，我们要求政府澄清这件事。可以说，让我们最伤心的时候就是"文革"的时候。1966年或者1967年，当时有人在中科院的中关村福利楼贴了大字报，专门针对我们这些从美国回来的留学生写的。好大的大字报啊！四张大纸拼成一个大标语，写着八个大字"善者不来，来者不善"。另外，还贴了照片，好大的照片！"善者不来，来者不善"是中国的古语，这句话的意思是：好人不回来，回来的不是好人。这个打击面太大了，所有从美国留学回来的人都包括在内了。

"文革"期间，1954—1956年回国的这批人被叫作"特务集团"。我们给中国代表团写的那封信，没有在名单上签字的被说成是特务集团的成员，在上面签了字的更是这样。北大数学系的董铁宝被逼死，跟这件事情也有关系。董铁宝离开美国以后，有人把他的稿费汇到中国，这成为他的一大罪状。"文革"的时候，有人说给他汇来的是特务活动经费。董铁宝被逼得没办法，自杀了。"文革"期间，有的被关起来，有的受到这样的处分，有的受到那样的处分。其实他们都没有问题，直到1979年还没有给他们下结论，最后也没有写入个人档案。

1979年3月，"文革"已经结束三年了，清华、北大、中科院大概有28个人，我们一起聚过一次，给中央领导打了一个报告，希望政府调查一下那两年回国的人，他们回国完全是爱国的行动，没有其他目的。调查清楚以后，我们希望中央在人事系统发一个文件，让大家都知道这些人回国的目的。后来中央做到了，当然没公布，给每人发了三份文件，一份给本人，一份给所在单位的人事部门，还有一份给工作单位的领导。文件发下来以后，在我所认识的人中，差不多每个人的问题都解决了。比如说1969年中央就把我的问题给解决了，后来又复查了一遍，我的问题就算彻底解决了。不过有很多人,直到1979年问题都没有彻底解决。

当时我们写的报告由两部分组成。前面一部分是正文,希望中央把我们政治上的问题搞清楚。后面一部分是附件,附件一主要讲述了我们回国之前跟美国政府斗争的经过。这个内容跟《纵横》上刊登的文章很多地方都相似。附件二好像是一个名单,李恒德手里可能有这个。

杜开昔:您在美国当军事翻译员的经历在"文革"的时候对您有没有影响?

梅祖彦:在"文革"的时候,有一个阶段叫"清理阶级队伍"。我也被审查了,主要是调查当年我在中国和美国当军事翻译员的情况。我把情况写出来,交给人事部门。其实那些情况他们以前都知道。我估计,没有让我去三峡水电站工作,就是这个原因。当时他们审查了我一年,办学习班。没把我关起来,我天天待在家里。清查结束后给我下了结论,最初定的是人民内部矛盾,属于一般历史问题。他们又说这个还算是有问题。"文革"结束后,我又接受复查,查了两三年,我的历史问题总算彻底弄清楚了,档案也给改正了。

1988年王德禄(左)、杜开昔(右)和梅祖彦合影

国人不知道我做的工作 2

吴仲华 李敏华 口述

采访人：王德禄、杜开昔
访谈时间：1988 年 11 月 23 日
访谈地点：北京中关村吴仲华家
整理人：焦安欣、刘涛、高颖

受访人简介

1980 年代后期吴仲华和李敏华
夫妇合影（郭长铭提供）

吴仲华（1917—1992），原籍苏州，生于上海。工程热物理学家，中科院院士（1957）。1940 年毕业于西南联大机械系，后留校任教。1944 年赴美国留学，1947 年获麻省理工学院博士学位。后任美国国家航空咨询委员会（NACA）研究科学家。1954 年 8 月回国。历任清华大学动力机械系教授兼系副主任，中科院力学所副所长、工程热物理所所长，中科院主席团执行主席。1956年获中国科学院自然科学奖二等奖。1982年获国家自然科学奖二等奖。1950年代初他发表的论文在国际上被称为吴氏通用理论，该理论广泛应用于先进的航空发动机设计中。

  李敏华（1917— ），女，江苏苏州人，吴仲华的夫人。固体力学专家，中科院院士（1980）。1940年毕业于西南联大机械系，后留校任航空系助教。1944年赴美留学，1945年和1948年获麻省理工学院硕士和博士学位。后任NACA路易斯发动机研究中心研究科学家、美国布鲁克林理工学院机械系研究教授。1954年8月回国，历任中科院数学所、力学所研究员。1978年获中国科学院重大成果奖。

  杜开昔：请吴先生简单介绍一下您在国内的经历。

  吴仲华：我于1935年考入清华大学机械工程系。1937年七七事变发生后，日本攻占北平，我们搬到长沙的临时大学，念了半年，又到湖南大学借读。后来我在湖南参加了国民党的机械化部队。这是当时中国唯一的机械化部队，我们只是负责修理卡车、小型坦克。我在国民党部队训练了几个月，工作了不到一年。我感觉，国民党政府非常腐败，部队里各种各样的腐败现象都有。举两个例子，一个是部队里士兵的数量是假的，如果他们说一个部队有五百人，实际上没有这么多。点名的时候，有的人这边点名他来了，那边点名他又跑过去。二是，我们到师部看到有很多劳工在刻图章，弄假发票，甚至雇人刻图章、弄假发票。看到这些，我很失望，因此我们离开长沙，去了昆明的西南联大。

  西南联大大部分学生住在昆明市的西北部，工学院单独设在南部。工学院借用了会馆的房子，我们住在会馆里，把它当作学校，把北京实验室的仪器设备都搬过去了。我是1940年从西南联大毕业的,本应该1939年毕业,可是中途参军,耽误了一年。

王德禄:您是西南联大毕业,还是清华毕业的?

吴仲华:我们工学院的都算清华毕业的,理学院的比较复杂。我们有两个校友会,西南联大校友会和清华校友会。大学毕业后,我留校当了三年助教,一年教员。我在西南联大的时候没有做过研究。清华有美国庚款奖学金,通过考试的学生可以得到奖学金出国留学。我报名参加考试,考上了。

杜开昔:您印象比较深刻的大学老师都有谁?比较有成就的大学同学有哪些?

吴仲华:对我影响比较大的老师有物理老师吴有训和机械工程系老师刘仙洲。吴有训讲课非常好,对一些物理概念讲得比较清楚。从教学方面来说,吴有训可能是我大学里最好的老师。吴有训的爱国主义情结比较浓,他在北京教课的时候,赞成学生游行、罢课。刘仙洲最大的特点是用中文教课,而别的老师都用外语。这两个老师对我个人的成长影响也很大。

我认为,清华在教学方面很注重基础。物理、化学都由系主任授课,我大学一年级念物理,二年级念化学都是最好的老师教课。学科的基本概念都搞清楚了,这为我以后的学习打下了坚实的基础。

白家祉①和我是西南联大的同班同学。大学毕业后,我们都留在昆明教书,后来他也去美国留学了。白家祉也是清华机械系公费出国留学的,

---

① 白家祉(1917—),生于北京。1939年毕业于西南联大,1945年赴美留学,1946年获麻省理工学院硕士学位,1949年获哈佛大学博士学位。1949年回国,历任清华大学教授、北京石油学院教授、副教务长,西安石油学院教授,北京石油勘探开发科学院高级工程师。

曾在哈佛大学念博士，现在在北京石油学院研究生院教书。林蔚梓①也是我在西南联大的同班同学，去英国留过学，后来他和英国人结婚了。林蔚梓现在在美国一家公司工作，经常回国。

李敏华：我是1935年考入清华大学的。1937年抗日战争开始后，我们班大部分同学都报名参加了国民党的机械化部队。他们让我继续念书，一年后再报名。我去了昆明，直接从化学系转入西南联大工学院。当时我是机械系二年级的学生，吴仲华是机械系三年级的。其他的经历我们两个都一样。吴仲华毕业后回到昆明做助教，我毕业后也做了助教，做助教的经历对我们以后的工作大有好处。我们是教材料力学和理论力学这类基础课的，买了各种书籍，都是新出的外文版。我们把很多比较难做的题目都弄清楚了，基本概念也清晰了。

吴仲华和林敏华在美国留学期间合影（郭长铭提供）

杜开昔：您是通过庚款考试出国留学的吗？

李敏华：我报名了，可是身体不好，没有参加考试。我小时候得过肺病，抗战期间，我在昆明念书，吃得很差，肺病复发了，一直发烧，所以我没有参加考试。后来，我直接申请美国的大学，拿到护照，通过换官价外汇出国留学了。当时我们把所有的东西都卖掉，全部换成了外汇。听同学说可以申请奖学金，

---

① 林蔚梓（1917—2010），1939毕业于西南联大机械系。1940年代赴英国伦敦大学留学，1940年代末去美国。1970年代中期成为康明斯公司高级主管，现任美国康明斯集团副总裁。

我申请了，因为学习成绩很好，麻省理工学院愿意给我提供奖学金。1943年办理完出国手续，我和吴仲华就结婚了。

杜开昔：请您讲讲在美国留学期间的情况。

吴仲华：我夫人和我是大学同学。1944年我们一起去美国留学了。到了麻省理工学院（MIT），我没有念硕士，直接念博士。开始我打算念农业机械化专业的研究生，可是这个专业停招研究生了，我改学内燃机，1947年获得博士学位。这是我从美国带回来的博士论文，给你看看，所有的成绩全部都是五分。我夫人是MIT工学院的第一个女博士，念航空工程专业的。她念了四年才拿到博士学位，因为我们在美国生了两个小孩，学业耽搁了一年。

李敏华：开始美国机械系负责本科生的教授不让女生念博士，但是负责研究生的苏特勃（Sodeberg）教授很支持我。当时我们既要上课，又要带小孩，我们俩只能轮流上课。我遇到一些比较难做的题目就和他讨论，他也帮着我给小孩喂牛奶。

王德禄：吴先生为什么选择去MIT？

吴仲华：在机械工程方面，当时MIT是美国最好的学校，也是最难考的，我在国内的时候就知道。工程方面，到目前为止，中国留学生中我们好像去得最早。机械方面，钱学森在1936年获得了MIT航空工程硕士学位，后来转入CIT航空系念博士学位。钱学森曾在那两所学校参与国防方面的研究。梁守槃①也是MIT的，回国后，他去了航天工业部。梁守槃事

---

① 梁守槃（1916—2009），福建福州人。中科院院士（1980）。1937年毕业于清华大学机械系。1938年8月赴美留学，次年获麻省理工学院航空工程硕士学位。1940年2月回国，历任西南联大（昆明）航空系副教授，浙江大学、哈尔滨军事工程学院教授。1956年参加中国人民解放军，先后任国防部第五研究院分院副院长，第七机械工业部研究院副院长、总工程师，航天工业部科委副主任等职。

业成功，现在是中国科学院院士。梁守槃有一个同学叫屠守锷①。屠守锷也获得了 MIT 航空工程硕士学位，现在在航天工业部搞卫星，也很成功。回国后，到航天工业部工作的，有很多人事业成功了。进入其他领域的，成功的不多。我什么也没有搞成功。

1947 年博士毕业后，我想去汽车厂工作，学习内燃机设计方面的知识，当时工厂暂时不招收新员工。NACA 路易斯发动机研究中心急需有博士学位的人才，搞工程。当时外国人很难进入 NACA，恰巧 MIT 机械组主任是 NACA 的董事长，他很喜欢我，让我和我夫人都去了。NACA 只录用了四个外国人：一个德国人，一个意大利人，两个中国人。对我们来说，这是一个很好的做内燃机工作的机会。NACA 给了我一个最难的题目，开始工作不好做，很辛苦。1947—1951 年，我做了四年才出了成果，并发表了一系列论文。

我的出国护照是国民党政府给办理的。朝鲜战争爆发后，美国试图说服我们加入美国国籍。我们不想为美国人做研究，这相当于帮助美国人打中国人。我也从来没有想过加入美国国籍，即使在美国工作了几年，我还是想回来。科学家多半留在美国了，比如教我们数学的徐皆苏没有回国，后来被台湾拉过去了。

美国移民局知道我不愿意加入美国国籍。当时我告诉他们，我没有打算长久留在美国，其实我们不好说将要回到中国。

李敏华：那时候，我们做事很小心，不敢请保姆，找了一个中学生帮我们照看小孩，每个星期来三四个下午，从下午放学直到六点钟吃晚饭。

---

① 屠守锷（1917—2012），浙江湖州人。两弹一星元勋，中科院院士（1991）。1940 年毕业于西南联大机械系。同年赴美留学，1943 年获麻省理工学院航空工程硕士学位。1946 年回国，历任清华大学、北京航空学院教授，国防部第五研究院总体设计部主任，第七机械工业部一院副院长，航天工业部总工程师。

有时候，我们教孩子讲中文，教他说"花生米"，他感到很困惑，问我什么叫花生米，总是这样，我们就不教他了。本来打算临近回国的时候再教他说中文，朝鲜战争爆发后，我们楼底下住着台湾人，我们担心突然教孩子中文，那些人会怀疑我们要回国。

我们已经开始准备回国了。我先生向别人透露说，要去别的地方工作。当然回国的事情，我们只给个别要好的中国人说过，对不回国的同学不敢讲。那时候，在学校念书的中国学生回国比较容易，在美国工作过的回国就比较麻烦。钱学森在 CIT 做过航空方面的研究，上船之前被美国扣留了，后来被关进监狱。我们也在美国工作过，为了避免遇到这种麻烦，立即离开 NACA 去布鲁克林理工学院教书。

吴仲华：我听说，有些人是坐船回国的，上船的时候美国要检查护照；礼拜天坐飞机回国的，没有人检查护照，在航空公司登记了就可以走。梅祖彦就是坐飞机回来的。梅祖彦离开美国的时候，我们的朋友丁儆送他去机场。丁儆回国后给我们写信说，礼拜天机场不检查护照，你们可以礼拜天坐飞机走。1954 年 8 月 1 日星期天上午，我们把东西寄存到搬运公司，告诉工作人员，我们要去英国旅游，一家四口上了飞机。当时林蔚梓在英国，我们去了他那里，很安全。

那时候美国政府还未允许中国学生回国。到了瑞士，我们才写信辞掉美国的工作，告诉他们，我们在瑞士找到了工作，不回美国了。我们原计划从捷克途经苏联回国，在中国驻瑞士大使馆办理签证的时候，大使馆官员告诉我们从莫斯科回国比较安全。我们从瑞士到了莫斯科，正好赶上苏联的国庆节。

杜开昔：当时留在美国的中国学生办绿卡的多吗？回国的人办绿卡的多吗？

吴仲华：留在美国的中国学生，有人办了绿卡。回国的人办绿卡的不多，我知道的都没有办。打算回国的人没有买房子，租房子比买房子更划算。钱学森有绿卡，我若申请也可以拿到绿卡。当时我在美国有工作，允许我做美国公民。

杜开昔：您在美国的时候，国内有人写信让您回国吗？都有谁回来了？

吴仲华：当时清华的校长刘仙洲给我写信了。我们在美国工作了四年才回来。当时没有工作的比已经有了工作的回国容易一些。白家祉一毕业就回来了。

杜开昔：吴先生参加留美科协了吗？

吴仲华：有人去找我了，我没有参加。

杜开昔：您在美国的时候，有没有受到种族歧视？

吴仲华：有啊。比如说刚到美国的时候，我们租房子就遇到了很多障碍，美国人不愿意把房子租给中国人。后来我们搬到学校住，在学校住没出什么问题。当时美国人对中国人的看法与现在不一样，学校里中国人少，要么是开饭馆的，要么是熨衣服的。当然也有很多外国人同情中国人。

杜开昔：回国后，您感觉国内外的待遇差别大吗？

吴仲华：同一个人，在国内和国外待遇差别很大。在美国，我每个月的工资是1000美元，她是860美元；回国后，我每个月的工资是240多元钱，她是240元钱。我回国后，四年的工资不如在美国一个月的工资多。当时我们对钱没有现在的年轻人看得这么重，主要原因是社会背景不同。

杜开昔：回国后，你们的工作是如何安排的？

李敏华：我在美国学的是工程力学。回国后，本来我想去清华大学教书，清华力学系老师名额已经满了。白家祉回国后就没能进入清华，后来去了中科院。我知道北京大学有力学系，想了解一下力学系的情况。我先生就给钱伟长打电话，因为我们上大学搞学生运动的时候，钱伟长是物理系的助教，认识我们。钱伟长说中科院在清华新创建了力学研究室，他推荐我去中科院，我就去了。我刚到中科院的时候，力学研究室不到十个人，有几个是从国外留学回来的，比如庄逢甘。程世祜①和我都是在庄逢甘之后去的，当时钱学森还没有回国。

改革开放后，吴仲华（中）、李敏华（右）重访西南联大故地时与朋友合影（郭长铭提供）

---

① 程世祜（1918—1968），满族，辽宁抚顺人。1941年毕业于西北工学院机械系。1945年赴英留学，先后在曼彻斯特等地的机械制造厂实习。1949年转到美国留学，1950年获犹他大学硕士学位，1955年获伊利诺伊工学院博士学位。1955年回国，历任中科院数学所、中科院力学所、国防科委第五研究院511所副研究员等。"文革"中含冤自杀。

吴仲华：回国后，北京航空学院让我们俩去教书，我不喜欢教书，想做研究。我到中科院找了技术科学部主任严济慈，问他有没有工程力学方面的研究工作，他说现在还没有。当时清华有科研用房，房子很大，不过都是老房子。清华校长刘仙洲让我去清华教书，也可以搞科研。1955年4月1日我到了清华。清华非常照顾我，但是待遇跟国外差别很大。我在清华教了两个学期，当时流体力学招收汽车专业的人，力学课程只开设了一个学期。我对教书不感兴趣。1956年我在清华创建了全国第一个燃气轮机专业。

十二年科技规划开始后，中科院和清华在中科院合作创建了动力研究室，用于开展机械动力方面的研究工作。搞十二年科技规划，中科院邀请苏联专家帮忙，苏联派来十个专家。当时动力研究室很重视能源，与能源资源综合利用和动力新技术研究相对应的有两个研究室，即动力研究室和发动机研究室。

我去过苏联两次，1956年底去过一次，1957年年底又去过一次。我们在苏联、捷克斯洛伐克各停留了一个月。当时我们国内尚未开展机械化方面的研究工作，中国人不知道我做的工作，苏联人却知道我做的工作。在中国，没有人请我做报告，到了苏联，马上就有人把我请去做报告。

杜开昔：你们和苏联专家的关系怎样？

吴仲华：苏联专家来之前，清华让我负责机械动力研究室，苏联专家来了以后，不让我管了。之后，我离开了清华，去了中科院力学所动力研究室。

1957年年初我刚从苏联考察回来，"反右"运动开始了。"反右"的时候，有一次开会讨论问题，我讲错话了。我说我们国家要自己做研究，研究出来再制造。他们认为不要做研究。

李敏华："反右"的时候，他没有被划成"右派"。那时候我们刚回国不久，我同学帮忙出来打了个招呼。当时我跟我同学说，他学风有问题，但是政治思想上没有问题，会不会把他划成"右派"？我老同学告诉我没有划。

吴仲华："反右"的时候，我没有被扣上什么帽子。动力研究室成立之初，没有仪器设备，只有我一个人。我的工作主要是培养人，招收研究生。政治上可靠的研究生都被保送到苏联留学；政治上被认为不好的留在了国内。我到中国科技大学工作了两年。"大跃进"期间，我们都要下工厂。1960年我才正式离开清华到了力学所。

"文化大革命"期间，他们看了我的档案，档案上说我是什么组织的成员，我就不能做研究了。仅仅因为一句假话，剥夺了我为国家做贡献的权利。

王德禄：这件事情在"文化大革命"中对您影响大吗？

吴仲华："文革"期间，我受迫害最厉害的就是这件事。当时他们拼命调查，知道是什么人瞎写的以后，我才解脱。前面提到我参加过国民党机械化部队，他们说我是国民党党员，参加国民党的部队打中国共产党。当时我们的目的是抗日，但是根本没有打过仗，更不用说打共产党了。后来几个单位曾联合起来成立大的调查组，调查我的国民党党员身份。

"文革"期间，批我的第一张大字报也很有意思，说我是从美国回来搞资本主义的。我说，我不是搞政治的，我是搞工程的，回来建设国家，我没有搞资本主义的本领。在中科院力学所，我的大字报最多。

李敏华：批判我先生还有一个原因。当时钱学森是中科院力学所所长，他想把发动机这一块抓过去，他一回国就让我先生去中科院力学所，所以我们碰到的不光是政治问题，还有专业方面的问题。我先生到力学所以后不能好好工作，每次搞运动都要受批判。

吴仲华：后来我不想在力学所工作了，三番五次提出要离开，想去上海。本来1963年上级领导已经批准了。"四清"运动开始后,姓杨的党委书记利用"四清"运动不批准我离开,也没有向上级打报告。"文化大革命"开始后,国家科委副主任刘西尧①来到力学所,看到我就问,你怎么还在力学所?我以为你去上海了。我说,没有办成。1978年召开全国科学大会后,我的问题终于解决了,耽误了整整20年。

1980年我才离开力学所,中科院成立了工程热物理研究所,我担任所长。这时我已经过了60岁,应该退休了,最好的时光是中年时期,只可惜都浪费了。

王德禄:您做的研究什么时候开始受到重视?

吴仲华:直到1974年他们才知道事情的真相。1974年,中国要做发动机,派人去英国罗尔斯·罗伊斯高级轿车工厂参观发动机的制作过程,问他们的发动机是根据什么原理设计而成的,英国人说应用了中国的吴仲华的理论。中国人这才知道国内还有这方面的人才,他们回来找到我,开始让我搞航空工程方面的研究。

王德禄:您了解程世祜吗?

吴仲华:程世祜去美国伊利诺伊理工学院(IIT)留过学,后回国,"文革"期间自杀了。

李敏华:程世祜从小就离开家了,他的性格有点特别。他没有经历过政治运动,碰到"文化大革命"就自杀了。运动要批判人,我们回国的时候已经被批判得很厉害了,程世祜跟年轻人关系很好,就是脾气大。他一生气就发脾气,我是力学研究室副主任,经常给他们调和关系,但是每次要批判的时候,他都排不上号。"文革"的时候,程世祜

---

① 刘西尧(1916—),湖南长沙人。1937年武汉大学肄业。1937年参加革命,曾长期在国防科技战线工作。

去了怀柔，夫人不在身边。怀柔那边的人思想比较"左"。他自杀的详细情况我不清楚。

程世祜住在444楼。他的夫人本来有工作，可是程世祜脾气很古怪，不让他夫人工作，让她在家好好照看孩子。她不工作，对那些运动不了解。程世祜有一个孩子，他夫人和孩子都还在世。怀柔那边不管他们，力学所也不管他们了。程世祜的夫人告诉我，他自杀是出乎意料的，因为程世祜曾经跟她说过，有的人真傻，不管家里人就自杀了。

1988年王德禄（左）、杜开昔（右）和吴仲华合影

20世纪中国科学口述史
The Oral History of Science in 20th Century China Series

3 躲在瑞士农村写自传

陈荣悌 口述

采访人：王德禄、刘珺珺

访谈时间：1990 年 11 月 20 日

访谈地点：天津南开大学陈荣悌家

整理人：李雪、张佳玲、高颖

受访人简介

（陈荣悌之子陈昌亚提供）

陈荣悌（1919—2001），四川垫江人。物理化学家、无机化学家，中科院院士（1980）。1937年考入湖南大学化学系，翌年因迁校转学，1941年毕业于四川大学化学系，1944年毕业于武汉大学研究生院，后任中央大学化学系助教等职务。1947年赴美留学，1952年获印第安纳大学博士学位，先后在西北大学做博士后，芝加哥大学任研究员。1954年8月回国，任南开大学化学系教授。

王德禄：请陈先生介绍一下您的大致经历。

陈荣悌：我出生于四川省垫江县，小时候在垫江读私塾，1929年到万县读高小。我念垫江中学的时候对化学产生了兴趣。1937年七七事变爆发后，我到武汉参加高考，考上了湖南大学。1938年长沙着大火，湖南大学搬迁，我转入四川大学化学系。我念大学的时候，家里经济条件比较好。我父亲是学法律的，在万县当律师，赚了钱回家乡买了地，当了地主。叔叔也资助我。我们这一代人，我大哥初中上了没多久就辍学，去学医了，赚钱资助我和弟弟们上学。弟弟还很小，当时只有我是大学生，可以说是全家之骄子。

1941年大学毕业后，我想支持抗战，为抗战做点实事。我到犍为焦油厂当工务员，生产汽油。开始我的工作热情很高，一年后，我对厂里的状况感到不满，想继续深造。1942年，我考入武汉大学研究生院，学习物理化学，导师是邬保良①。我之所以学物理化学是因为1939年抗日战争期间，日本轰炸成都，轰炸得很厉害，四川大学迫不得已从成都搬到某个山区。那里没有盐，没有水，大学三、四年级的时候我们很少做实验，也很少上课。可以说，我是专门去武汉大学学习物理化学的。

王德禄：您上大学的时候，有些学生是中共地下党党员，您知道都有谁吗？

陈荣悌：大学期间，一些进步学生组织了农村宣传队，宣传抗日，我跟着去了。忽然有一天，一夜之间，那些同学全都逃跑了，和我关系比较好的同学也都跑了。后来，我听说，他们都是地下工作者，当时搞的是地

---

① 邬保良（1900—1955），广东龙川人。1922年赴美国留学，后来获化学博士学位。1928年回国后任中山大学、安徽大学教授，1933—1955年任武汉大学教授，1949年8月—1952年10月任校务委员会主任委员。

下活动，国民党、"三青团"要抓他们才逃跑的。我念大学的时候看不惯"三青团"的做法，毕业以后才听说当时我也在黑名单上。

1944年我拿到硕士学位后，到重庆的中央大学教书。那一年，国民政府组织了留学考试。我报名参加考试，考上了。武汉大学的老师建议我去芝加哥大学，可是我没有钱，芝加哥大学的学费比较贵，只好选择了印第安纳大学，并申请了助学金。1946年，国民政府搬回南京，留学经费依然很困难，出国的事情拖延了。1946年年底，我才从重庆去上海资源委员会办理完出国手续，第二年夏天去了美国。

出国前，看到国民党政府很腐败，国内秩序混乱。到了美国，我看到美国政局比较稳定，社会秩序良好，生活水平很高，工农业也很发达。我对别人说，将来内战结束了，无论谁掌握了政权，只要国家太平，我就回国搞建设，要把中国建设成像美国一样富强的国家。然而我清楚地知道，在国民政府的控制下，这是不可能做到的。去年我与同学交流，讲到了这些，同学们都笑了，但是这确实是我当时的一个真实想法。

刘珺珺：印第安纳校园内环境不错，很安静，去年我去了一次。

陈荣悌：印第安纳是小城市，治安很好。我们晚上做实验，十二点以后才回住所，路上不用担心有坏人，也不感到害怕。我们整天待在实验室，全部的精力都花在念书、做实验上，那段时光很美好。我的博士生导师叫威廉·乃伯戈尔（William H. Nebergall），美国佳洁士（Crest）牙膏的配方就是他发明的，后来卖给了宝洁公司。乃伯戈尔后来去做生意了，1964年左右去世。

1952年获得博士学位后，我到美国西北大学做博士后，待了一年多，后转到芝加哥大学低温实验室做化学高级研究员。我在芝加哥大学做的工作比较好，与原子能有关，职位和工资都比较高，每年将近7000美元，博士后的工资每年也不过三四千美元。中国人在美国待遇比较好的很少,比我待遇好一点的,比如陈省身,他当时是芝加哥大学的教授。我在芝加哥工作的时候,发表了几篇论文,这在当时来说已经很不错了。芝加哥大学的工作还没有做完,刚好有一个回国的机会,我就回国了。

1952年1月陈荣悌获印第安纳大学博士学位留影

王德禄:您在美国参加留美科协了吗?

陈荣悌:1949年丁儆、李恒德组织成立了留美科协,唐明照在成立大会上发表讲话。留美科协有很多成员,我是普通成员,参加过夏令营。那时候,学生有车的不多,我有一辆汽车,所以他们让我做联络工作。

王德禄:您能讲一讲回国时的经历吗?

陈荣悌:朝鲜战争爆发以后,我们的护照都过期了,需要延期。移民局把护照拿走以后,给每人发了一张证明信,算作身份证明。我们没有护照,想回国要提前申请。

我回国的过程比较独特。在芝加哥大学工作的时候,我想参加原子能委员会的科研工作。但是原子能委员会说,你不是美国公民,不能做原子能委员会的工作。他们建议我加入美国国籍。根据美国的法律,加入美国国籍,必须从美国以外的国家入境,也就是说必须先离开美国,转一圈,再回到美国。后来,我听说,最好的办法是申请优先移民,原子能委员会的科研项目是阿贡（Argonne）实验室和芝加哥大学合作开展的，他们替我申请了优先移民，第三天我收到回信，被批准了。我拿着批准表找芝加哥移民局负责进出境的一个部门，提出要回护照。那里的负责人叫凯瑞，他说，你的护照已经过期了，需要换新护照。我猜想凯瑞是联邦调查局指派的人，因为他一见到那封信就把我的档案拿出来看，问我是不是留美科协的成员，还说不允许我离开美国国境。他问我要去哪里，我说到香港。他说香港离中国内地太近，更不能去。第一次没有拿到签证。当时凯瑞给我做思想工作说，中国共产党正在搞阶级斗争，你是资产阶级，更不能回中国了。你看美国多好啊，珍惜这个机会嘛！第二次去办理，我找到办理过境签证的地方，那时候已经到了夏天。我到德国驻芝加哥领事馆，告诉他们我要去德国旅游，领事馆官员说，欢迎你去德国。他给了我两个星期的旅游签证，然后我到法国、瑞士等国家驻美大使馆申请了过境签证，英国驻美领事馆官员老奸巨猾，不给我办理过境签证。后来，我联系好了旅行社，去国外的船票也是旅行社帮忙买的。

在纽约上船的时候，要接受海关检查，他们看我只有出境签证，没有入境签证，不准许通关。我告诉他们我出去了马上就回来。他们随即打了一个电话，我估计是打给芝加哥移民局的，把我乘船的时间、乘坐的轮船班次都告诉了对方，这才允许我离开。

到了法国曼哈尔港口，旅行社把我安排在巴黎的一个临时旅馆。到了旅馆，美国驻法国领事馆派人在那里等我，那个人说他今天早上接到美国驻法领事馆的电话，得知我今天要到巴黎，让我当晚返回美国，不要耽误。我告诉他，我来了还没出去旅游呢，不能这么快就走啊。他表示，只是奉命办事，并让我要赶快回美国去。我原计划先到德国玩几天再去瑞士日内瓦的中国领事馆办手续，然后从意大利坐船回国。没想到，美国政府派人去巴黎找我，我只好调整计划，打算直接从巴黎去日内瓦，手续办好了以后再去德国等一些欧洲国家玩几天。回国的事情也是旅行社帮我办的，他们帮我订旅馆，订从意大利到香港的船票。我告诉他我要到什么地方，剩下的事情都是他们替我办的。

我在巴黎玩了三天，就去了瑞士日内瓦。我是1954年8月中旬到日内瓦的。当时中美谈判已经结束，协议内容尚未生效，美国依然不允许中国学生回国。中国驻瑞士日内瓦的领事馆官员看到我都很惊讶，说现在日内瓦美国特务很多，劝说我赶快躲起来。还说，中国代表团已与美国达成协议，只要中国释放了美国的战俘，美国就允许中国学生回国。我把所有的证件包括护照，都交到中国驻日内瓦的领事馆。开始我住在旅行社帮我订的旅馆，后来领事馆官员让我搬到一个比较偏僻的乡村去住。领事馆官员让我在那里写自传，包括我在美国的经历，在美国受到了哪些歧视，受到了哪些压迫。我告诉他们，我没有受歧视，没有受压迫。那时候我什么都不懂，每天写半篇。我写完把自传交上去，他们告诉我要去调查，让我等消息。三个星期后，他们根据我写的那个自传，把我的家属，我到过什么地方，以及其他一些情况都查证落实了。甚至我弟弟在哪里，我自己都不知道，这次也给找到了。最后，领事馆官员把我的新护照交给我，让我马上坐飞机经苏联回中国，不要直接坐船回国。他们还说现在坐船回国，美国会把我绑架，带回美国。我起初打算坐船走，带了几个箱子，还有一个手提式录音机。那时候，刚发明录音机，我感觉特别新鲜，国内没有这个，我想带回国。结果我的行李票比飞机票还要贵。我从瑞士出发，先乘坐瑞士航空公司的飞机到布拉格，再坐苏联的飞机到莫斯科。行李超重，我把东西都扔掉了，现在回想起来，觉得自己当时非常笨。

1955年美国才允许中国学生回国。钱学森就是1955年回国的，从美国坐船到香港。我记得梅祖彦是1954年回国的，我回国后，在留学生招待所遇见了他。他比我回国早一点。

王德禄：您在芝加哥大学做的工作与原子能委员会有关，能具体介绍一下您的工作吗？您参加原子能委员会的工作跟原子弹有直接关系吗？

陈荣悌：1953—1954年，原子能委员会让芝加哥大学做这个项目，我在芝加哥大学参与了。这个项目跟原子弹没有关系，实际上，那是一个基础性的研究，为了探索生命的起源。

王德禄：您下决心回国后，把在美国的东西都处理掉了吗？回国前有没有担忧？

陈荣悌：杨耆荪①毕业于清华大学，从事力学研究工作，1950年朝鲜战争爆发以前在中国工作，朝鲜战争爆发后去了香港，大概是1951年去了美国。思想改造运动的时候，国外宣传得很厉害，杨耆荪为离开中国而庆幸。我回国之前有些担心。一方面是担心国内再搞运动，回国后没办法发挥作用；另一方面是担心生活得不到保障。南开大学化学系的王积涛②是1950年回的。他回国后写信告诉我，思想改造已经结束，官方宣布，1952年思想改造完成后国内就不再搞运动了，只搞建设。

回国前，我把汽车送给了陈世凯（音）。陈和我是武汉大学的同学。在美国，我和他比较熟悉，我离开美国以前跟他提起过我准备回国的事情。我说，作为一个中国人，我要回去为自己的祖国做点工作。当时陈也想回国，因为他夫人在国内，要他回国，否则就跟他离婚。陈说：回国当

---

① 杨耆荪，女，杨石先之长女。1945年考入西南联大化学系。1950年代初期到香港，后移居美国。美国材料试验学会（ASTM）石棉专业委员会资深委员。

② 王积涛（1918—2006），江苏苏州人。1941年获西南联大学士学位。1945年留学美国，1947年获密歇根大学硕士学位，1949年获普渡大学博士学位。1950年回国，任职于南开大学，曾任化学系副主任。

然好，在国外始终是要回去的，可是就目前来看，回去以后没办法工作，国内在不停地搞运动，看样子再过 20 年，运动也不会停止，我暂时不打算回国了，过 20 年再回去。抗美援朝的时候，陈的夫人跟他划清了界限，离婚了。陈在美国又结婚了，夫人也是中国人。我回国的时候，陈正在筹备婚礼，蛮缺钱的，我把很多东西半价卖给了他。他的第一个夫人与他离婚后，和一个大学的干部结婚了。"文革"期间，那个干部受迫害死了，她又嫁给一个工人，可是夫妻两人性格不合，那个工人又跟她离婚了。陈一直没回国，他在国内有两个女儿，1980 年代初，两个女儿都去了美国，她们都是通过陈的关系去美国的。女儿劝父亲跟现在的夫人离婚，跟她妈妈复婚。陈世凯真的这么做了。前几年，1980 年代初，陈回国跟前妻复婚，在武汉大学教书，教了半年。陈想在中国定居，可是他夫人在国内经历比较复杂，认为美国好，他们就移居美国了。1984 年我去美国，在加利福尼亚碰到了他们。

芝加哥的中国人比较多，我回国的时候，只有极少数人知道我要走，关系一般的我都没告诉他们。我是暑假离开的，当时我在芝加哥大学的老教授去加利福尼亚休假了，所以我是没有辞掉工作就离开的。那天，我决定乘下午的火车去纽约，上午教授给我打电话说听说我要走，想和我谈谈。我问他谈什么，他让我先在美国等一等，将来考虑通过一个方案，中国人不需要到外国办理签证就可以成为美国公民，让我不用着急走。我说已经买好了船票，下午就动身。假如这个方案能通过，那也没关系，我走了还会再回来的。他听后很高兴，还说让我赶快回来。

王德禄：您离开美国的时候，是借鉴了别人的经验，还是自己设想的方式？

陈荣悌：我当时在芝加哥没听说有人这样回国的。我比较特殊，申请了移民，必须拿个签证回来。我拿到了护照，美国才允许我离境。到了领事馆，工作人员担心美国把我绑架回去。这些开始我都没有想到，还好，没出问题，要不然我也回不来了。回国后，过了很久，我听说美国国会通过了一项法律。按照这个法律，中国学生不用到美国以外的国家办理签证，在美国办理完手续就可以移民。这项法律条款是专门为中国学生出台的。

王德禄：您回国后的工作是怎么安排的？

1950年代中期陈荣悌在南开大学化学系授课

陈荣悌：回国后，我来到南开大学。那时候，我感觉天津社会风气很好，南开大学教育质量比较高，我们在学校的待遇也不错。当时天津就有劝业场，里面东西非常齐全，也很便宜。教授可以拿到1000多个工分，我只拿了500多个工分，差不多相当于150元钱。那时候这些钱是很管用的。1956年工资改革后，我的工资涨到了200元左右。回国后，我对各方面的情况都很满意。1980年我又去了一趟美国，当初没有回国的中国学生听说我们在"文革"中受了折磨，看到我，问我受罪不受罪，我说，不受罪，不就是为了国家，受点折磨嘛。大家都受折磨了，又不是我一个。或许这就是一颗爱国心。

一些经历过思想改造运动的老师问我，如果把你分配到边远地区，你愿意去吗？我说，只要工作好，我不在乎去哪里，只要能够为祖国的建设贡献力量，个人得失我不在乎。他们说，你这没经过改造的思想果然是崇高的。

王德禄：您回国后，哪几年的工作开展得比较顺利？

陈荣悌：1956年，我可以专心搞研究。1957年下半年，"反右"运动开始后，研究停止了。1962—1964年，这三年比较安定，我的主要工作就是那几年做的。

王德禄：您能讲讲1960年的管道化是怎么回事吗？

陈荣悌：那时候，什么东西都要管道化，以为这样就不需要人工去做了。我在工厂负责"双革四化"。"双革"就是指技术革新、技术革命；"四化"是管道化、超声波化，还有两个什么化。去之前，单位的书记讲得很清楚，让我们参与到群众运动中，加强锻炼、改造思想，绝对不允许对群众运动有不满的情绪。到了那里，我有时想改进老旧的方法，一旦提出来，只要学生、工人不同意，就要挨批。

1978年以后一切恢复正常。从那时候起，我开始考虑好好工作，培养研究生。我们化学系教授比较多，有的搞理论研究，有的搞技术研究。化学学科比较强，成立了多个研究所，有分子生物所、高分子所，学校还有化学系。

王德禄：您认识程京吗？

陈荣悌：思想改造期间，程京得了精神分裂症，精神有点不正常。程京是1949年回国的，和黄昆是同学。黄昆是北大的教授。

20 世纪中国科学口述史
The Oral History of Science in 20th Century China Series

4 负责编辑《留美科协通讯》

李恒德[①] 口述

采访人：王德禄、杜开昔

访谈时间：1988 年 10 月 31 日[②]

访谈地点：北京清华大学李恒德家

整理人：张佳玲、杨启智、高颖

受访人简介

李恒德（1921— ），河南洛阳人。核材料科学家，中国工程院院士（1994）。1942 年毕业于西北工学院冶金系，当年加入中国共产党。1946 年赴美留学，1947 年获卡内基理工学院硕士学位，1953 年获得宾夕法尼亚大学博士学位。留美期间担任《留美科协通讯》主编。1954 年 11 月回国。

---

① 整理时参考了李恒德的《不屈的斗争 自豪的胜利》一文，原载《建国初期留学生归国纪事》第 32～92 页。

② 2011 年 5 月 6 日，再次到清华大学李恒德先生家拜访，对原有的访谈内容做了订正、补充。

历任清华大学机械系副教授、金相及热处理教研室主任，工程物理系教授、核材料研究室主任、系主任。1997—2000 年任国际材料研究学会联合会（IUMRS）第一副主席。1998 年荣获何梁何利基金科学与技术进步奖。

杜开昔：请李先生简要介绍一下您出国前的经历。

李恒德：我是 1921 年 6 月 30 日在河南洛阳出生的。家里没有房子，没有地，好多人都在外地工作。1937 年抗日战争爆发的时候，我正在开封念高二，日本军队进攻比较快，开封很危险，我跟随学校搬迁到河南正平，念了一年。高中毕业后，到武汉参加了大学统一招生考试。日本军队

1946 年李恒德（后排左一）与留美同学合影

轰炸武汉，我转到长沙，在长沙报考了陕西国立西北工学院，被录取了。当时西北工学院位于陕西省南部的城固县古路坝村。

1938年，我进入国立西北工学院矿冶系，到了三年级分为采矿和冶金两个小组，我在冶金组念书。1942年大学毕业后，我在重庆大渡口钢铁厂（现在的重庆钢铁公司）工作，后来去四川省南川县的一个飞机制造厂工作了一年。1944年，国民党政府组织了公费留学考试，我考上了。当时抗日战争还没有结束，我没有办法去美国。1945年11月我离开重庆，1946年3月底才从上海乘坐一艘运送美国大兵的运输舰去了美国。4月6日到达西雅图后，转乘火车去匹兹堡，最后到了卡内基理工学院。

杜开昔：国民党为什么要派学生公费留学，您了解当时的情况吗？留学费用是哪里资助的？

李恒德：1944年，国民党政府看到抗日战争即将胜利，开始考虑派一部分学生出国留学。当时美国和英国都提供了一些名额，允许通过考试的中国学生到他们国家的大学做助教，并提供奖学金，即"英美奖学金"。

考上以后，我们走不了。英国和美国新的学期即将开学，我们没能按时到达。当国民党政府给我们办好去美国的手续后，"英美奖学金"已经取消了。我估计，英、美是考虑到助教的职位不能总空着才这样做的。国民党政府就把"英美奖学金"改名为"第一届公费留学"，由教育部提供经费，每人每月资助150美元。我那批到美国的有30多个人，都是学习自然科学的，各个学科的都有。其中有两个人是学习冶金的，一个是我，另一个人现在在美国。当时还有30多个人去了英国。

杜开昔：您为什么选择去卡内基理工学院？

李恒德：我不知道哪个学校好。恰巧我有一个认识的人刚从美国回来，我请他给我推荐学校，他说卡内基理工学院比较好。我申请了这个学校，学校同意接收。的确，在研究方面，卡内基理工学院当时是美国最好的学校。我是 1946 年到卡内基理工学院的，1947 年夏天拿到硕士学位。1947—1948 年我在诺特丹大学一边念书一边做助理研究员。1948 年 9 月转入宾夕法尼亚大学念博士，1953 年拿到博士学位。后来我在美国做了一些工作。当时我并没有找到好工作，也是故意不去找好工作的，因为我已经决定回国。我工作挣钱，仅仅是为了维持生活。1954 年，我去一家机器材料设计公司工作，同年 11 月才回国。

杜开昔：您为什么选择去诺特丹大学？后来为什么去宾夕法尼亚大学？

李恒德：我在卡内基念书完全是国民党政府资助的。美国士兵在第二次世界大战期间没有机会念书，二战结束后很多士兵回到美国，当时卡内基理工学院学生特别多，非常拥挤。尤其是上课的时候，100 多个人挤在一间教室，大部分人都选择晚上上课。而且很多人离学校非常远，他们是从俄亥俄州开车去听课的。

我和美国人接触不多。卡内基理工学院太大，不提供实验室做实验。我想转到规模小一点的学校念书，希望能够接触到更多的美国人，能够见识到更多实际的东西，能够到实验室去做实验。我在广告栏里搜寻信息，看哪儿招人。我看到诺特丹大学在招生，给他们写信，他们同意接收我。我在诺特丹大学念了一年，觉得地方有点偏僻。诺特丹大学很少组织活动，虽然我与美国人的接触多了，与中国人的接触反而少了。我决定返回东部，毕竟在那儿接触到的信息多一些。我又看广告，宾夕法尼亚大学有教授在招助教。我就给那个教授写信，教授让我去谈谈。面试以后，教授对我很满意。我们签了合同。宾夕法尼亚大学的中国人很多。宾夕法尼亚和纽约离得很近，我有很多机会去纽约，有更多的机会接触到更多的中国人。

杜开昔：我们听说，在美国念书的时候，您在中国学生组织的活动中很活跃。您能不能讲一讲当时的情况？

李恒德：其实我不算活跃，有很多中国人在美国比我活跃。我比较关注国家大事，回忆起 1947—1948 年的情况，当时国内发生了天翻地覆的变化，中国面临着一场政治上的变革，中国共产党马上要推翻国民党政府。每一个中国人都很关心这件事。支持中国共产党，还是支持国民党？每个人都有自己的倾向。可以说，我倾向于中国共产党，反对国民党。内战期间，国民党的贪污、腐败、剥削、无能等很多缺点都暴露无遗。当时有血性的中国人都希望中国共产党能够胜利，希望中国有一个廉洁、民主的政府，希望中国人民能够得到自由。

那时，一些进步的书籍在中国我看不到，在美国我看到了。我拿到的第一本书是埃德加·斯诺的《红星照耀中国》（*Red Star Over China*）。它让我打开了眼界，让我了解了中国共产党。我在美国有机会接触了一些思想进步的中国学生，我们谈得很投机，后来我们开始越来越多地在一起参加活动。

1948 年前后，在美国最活跃的中国学生团体是北美基督教中国学生会（CSCA）。CSCA 的活动都是宗教性质的，很有意思，差不多都是临近圣诞节开会。我也参加了一些活动。开会时，大家分小组讨论，往往是讨论一些政治问题，就近期国内发生的事情发表自己的看法。CSCA 是一个进步团体，倾向于中国共产党，一些讨论也带有倾向性。CSCA 还曾邀请美国人发表演讲，比如 CSCA 曾邀请美国教友会（American Friend Service）的威廉·雷希尔（William Rehill）在会上讲述延安的情况。因为威廉·雷希尔去过延安，见过毛泽东主席。早期 CSCA 的活动带有宗教色彩，到 1948 年、1949 年我参加会议的时候，CSCA 的活动改成了解国内的时事，学习共产党的理论，比如毛泽东的《新民主主义论》。

这个组织叫北美基督教中国学生会，仅仅是一个名称而已。实际上，它并不是基督教的组织，尽管也有基督教的活动，但都是表象。CSCA 的组织者都是中国人，而且大多数是正在上大学的学生，当然还有一些人已经参加工作了。这个组织完全是业余性质的，一年搞一次或者两次活动。聚会的场地都是租用的。我们曾经在新泽西州的麦德夫营地举办夏令营，当时住得很简陋，吃得也很便宜。每次举行活动一般两三天。

CSCA 是一个非常活跃的组织，很多人都去参加，有的倾向于中国共产党，有的倾向于国民党。倾向于中国共产党的人多一些，倾向于国民党的比较少。辩论起来基本上是一边倒，都倾向于中国共产党。这个组织里没有几个人是真正的教徒。CSCA 最活跃的成员基本上都回国了。比如陈秀霞回国了。还有一个活跃分子是《中国日报》的副总编陈辉[①]。陈辉小时候是文幼章把他带到加拿大的。陈辉就是在美国长大的，也在美国念书。

杜开昔：在美国的中国留学生，有的支持中国共产党，有的支持国民党，这两拨人之间有大的矛盾吗？有公开的冲突吗？

李恒德：公开的冲突不多，毕竟大家都是中国人。从个人角度来说，大家都是朋友，都是同学，差别就在于一个倾向于中国共产党，一个倾向于国民党，个人的政治观点不同而已，这并不影响彼此之间的关系。我们照样一起吃饭，一起学习，一起玩。我感觉没有什么直接的冲突，谁也不

---

① 陈辉（1928—2007），曾用名陈利生，祖籍浙江诸暨，生于上海，夫人陈秀霞。中学及大学均在美国上学。1949 年获宾州斯窝斯摩学院（Swarthmore College）文学学士学位。1949 年 9 月回国，在外交部新闻司任处长。1983 年到中国日报社工作，曾任常务副总编。

愿意和谁打起来，有什么意思呢。只是越到后来，倾向于共产党的人越不敢表明态度，越要隐藏他们的态度。因为我们是在美国，万一有人听到你说有倾向的话，到移民局、联邦调查局告一状，可能就会遇到麻烦。我有很多好朋友，到现在还没有回国。当时有人对我说，你回国是你的选择，我的组织关系在国民党，我认识的人都是国民党，无论如何我都不能回中国大陆啊。

杜开昔：接下来请您讲一讲留美科协的情况。

李恒德：留美科协是我参加活动最多的一个组织。从筹建到正式成立，我全程都参与了。留美科协成立的最主要的目的是"响应解放，准备回国"。它的意思是说，中国要解放了，国民党快要垮台了。中国原来是不统一的，现在是统一的，中国要从一个战争混乱的时期过渡到一个和平时期了。本来我们学习自然科学就是为了回国搞建设，现在是回去的时候了。大家怎样做好回国的准备？相互之间怎样取得联系？为此，我们开展了很多活动，都是与回国相关的。留美科协有20多个地区分会，一般的活动都是分地区开会，而且是不定期的，有时几个月活动一次，有时一两个月或者三个月活动一次。

留美科协组织了两次比较大型的活动，参加这两次活动的人比较多。1949年6月18日留美科协在匹兹堡正式成立。留美科协成立后出版了一个刊物《留美科协通讯》，交由费城区会管理，我是总编辑。我们有三个人做编辑工作，自己写稿，也从别人那里约稿。我们有油印机，印刷很方便。后来事情越来越多，我们既要组稿件，又要刻钢板，还要滚筒印刷，忙不过来，有一个人给我们帮忙印刷。一开始所有的工作都由费城区会完成，后来一部分在费城做，一部分交给纽约，然后两部分合在一起。1950年留美科协改成在芝加哥附近开会，冯平贯接手管理留美科协，《留美科协通讯》编辑工作也转交给了别人。不过此后这个刊物再也没有出版，至少我没有看到过。我现在还保存着我们编辑过的这个杂志①。《留美科协通讯》中没有留美科协的英文名称，留美科协也没有正式注册的英文名称。《留美科协通讯》的存在，使得留美科协的整个经历更加明朗。

1950年9月留美科协解散了。当时美国处于麦卡锡时代，美国不只是严格控制中国学生的活动，对美国学生的活动控制得也很严格。麦卡锡非常反共，美国通过了《史密斯法》，要求所有的团体都要登记、注册。比如说，一个刊物要发行多少份，寄给什么人，你有多少钱，钱是谁给的，这些都要登记，而且必须登记。任何团体都要发表声明：不是亲共的，跟共产党没有关系。我们这些中国学生做不到。美国这样做，实际上是为了限制留美科协的活动，所以我们把留美科协解散了。

留美科协有近一千人，我可以给你们一份留美科协的名单。当时在留美科协活动比较积极的人都回国了，你可以从名单上找到这些人的名字。还有许多人留在美国了。

杜开昔：您可以具体说说留美科协是如何成立的吗？它是中国共产党组织的吗？

李恒德：在我看来，这些组织都是自发形成的，不是中国共产党组织的。留美科协是中国人组织的，当然这里面也包括个别的中国共产党党员，或者跟中国共产党有密切关系的人。中国国内有中国科学工作者协会，在美国成立这样一个协会是很自然的事情。

---

① 2011年5月6日再访李恒德时，他说，他已经将《留美科协通讯》杂志捐献给中国国家博物馆。因为国家博物馆知道他在美国负责编辑《留美科协通讯》，当年他把杂志带回了国内，请他捐献，所以他就捐了。当时没有举行捐献仪式，后来，给了他一个捐献证明。已经记不清是哪年捐献的。实际上是1997年，李恒德和侯祥麟先生将全套《留美科协通讯》捐献给中国国家博物馆。

我觉得，留美科协的大多数成员都不是共产党员，大多数发起人都不是共产党员，大多数活跃分子也不是共产党员，但是有一些共产党员在里面确实起了很重要的作用。

在留美的中国学生中，自然科学工作者最多。学自然科学的最难有政治上的立场，反正我是学自然科学的，到哪儿都能工作。学社会科学的不太一样，他们头脑中完全是美国的那一套，与共产党的思想格格不入。美国那一套，回国后肯定行不通，他们肯定要受批判。

杜开昔：您是中共党员吗？

李恒德：这个说起来很复杂。1942年我加入过中国共产党，三个月后，我大学毕业，组织不让转党组织关系，所以我们都没有转。我去美国留学后，再也没有交过党费，也没有参加过党支部的活动。从那时候开始，我就与党组织失去了联系。"文革"期间，有人说我是"叛徒"。因为我加入过中国共产党，他们说我脱离党组织，实际上，我与党组织失去联系是当时的历史条件导致的。我们这些人在国外不能以党员的身份活动，而要用最一般的身份，能与国民党多接近就多接近的身份活动。那时候我不能告诉别人我曾是中国共产党党员。1951年是我最困难的时候。当时我知道很多党员回国了，我还留在美国。虽然我跟别人说我不是共产党员，但是我认为，既然我加入了党组织，自己就要在政治思想上以党员的标准来要求自己，就要发挥一个共产党员应该发挥的作用。

最近两年，也就是到了1985—1986年，党组织才把我的党籍追加到1942年，承认当时不是我要离开组织的。对我来说，唯一要求的一条就是澄清了我不是叛徒。

杜开昔：您在美国这几年，遇到麻烦了吗？

李恒德：我自始至终都主张中国留学生回国，参加建设。我自己不打算留在美国，即使中国不是共产党掌权，我也要回来。这个目标一直很明确。我比较倾向于共产党。1948年，我在美国上学的时候，学生会组织活动，我演讲的题目是《中国的政治》。当时我替共产党说话，骂国民党。我演讲的时候说，国民党对中国人民不好，共产党对中国人民好。这个没有给我带来麻烦。后来我在留美科协搞活动，在CSCA搞活动，都没有遇到麻烦。美国人很尊重我们的政治自由，对我的印象也很好。

1949年以后，情况发生转变。新中国成立初期，美国政府非常支持中国人回国。这时候大批中国人回国了。1948—1949年，美国政府出台政策鼓励中国人回国。

美国政府出台的政策由两部分组成：一部分是以美国国务院为首的，这一派认为中国人在美国学习了一段时间，他们有的倾向于共产党，有的倾向于国民党，应该让这些人都留在美国工作。另外一派是以美国移民局为首的，他们认为中国人在美国讲中国话，吃中国饭，可是管理起来很困难。因为他们没办法搞清楚这些中国人在做什么事情，也无从辨别谁亲近共产党，谁亲近国民党。所以移民局认为最好让中国学生都离开美国。

最初，移民局的意见占上风。新中国已经成立，很多中国留学生都回国了。当时美国政府是怎么鼓励中国留学生回国的？我给你举两个例子。我有一个朋友叫颜鸣皋，他的护照过期了，美国把他关起来，过了几天放出来了。后来颜鸣皋要回国，移民局批准了，还给他买好船票，让他回国。那个时期，在伊利诺伊大学有30多人，都是因为护照过期遇到了一些麻烦。美国移民局下令把他们驱逐出去，伊利诺伊大学的外籍学生办公室帮中国学生讲话，说他们的护照过期了。当时，谁愿意回国就可以回，只需登记一张美国船票，美国不加任何阻止。如果有人遇到麻烦，美国就遣送他回国。颜鸣皋就是被遣送回国的。关于这些事情的详细情况，詹姆斯·赖斯顿（James

Reston）专门写了一篇文章，发表在 1950 年 3 月 5 日的《纽约时报》上。当时移民局是什么意见，国务院是什么意见，他都分析得很清楚。

后来美国国务院的意见占了上风。他们认为，不管是美国的朋友还是美国的敌人，都应该留在美国。如果是美国的敌人，美国把自己的敌人送回去是不应该的；如果是美国的朋友，美国把自己的朋友送给敌人也是不应该的。所以，美国决定，所有的中国留学生都不能离开美国，我的麻烦也是从那时候开始的。

当时在美国，我们这些中国留学生，有人被关起来，有人被搜查。有时候尽管找不出什么毛病，就是不允许回国。我一直想回国。1950 年的时候，我还没有拿到博士学位，我想把学位念完再走。我听说有很多乘船回国的中国留学生，回国途中被扣留。比如说，1950 年，有一批中国留学生坐船回国，途经日本时，有几个人就被扣留了。当时我感觉到，美国快要禁止中国学生回国了，我赶紧登记了回国的船票。宾夕法尼亚移民局知道以后，把我找去，问我登记船票是不是想回国，我说，是的。他们问我为什么要回国，我说，我是中国人，本来就应该回国。他们又说，难道你不知道，回到中国，共产党会杀你的头吗？我说，我的爸爸、妈妈都在中国，都挺好的，没有被杀头。他们最后警告说，你有一百条路可以偷着离开美国国境，我劝你一条也不要试，我们的政府现在已经决定，禁止你离开美国。这个命令我很快就可以下达给你。我正式告诉你，你现在不许离开美国。这是美国移民局第一次把我叫去，我知道美国移民局开始找我的麻烦了，这只是第一步。

过了几天，移民局派人到家里找我。他们到了，把牌子一亮，说要搜查我家。我不知道他亮的是什么东西，门口还停着一辆汽车。他们把我的抽屉翻了个底朝天，把留美科协的全部名单都拿走了，把我们编写的《留美科协通讯》也拿走了，还拿走了我买的书籍《列宁传》，甚至把别人从香港寄给我的《新建设》、《新观察》杂志也拿走了，不过他们没有拿走我的钱，我也没有多少钱。当时我很害怕，他们想扣留我，马上就可以扣留。他们走的时候对我说，我们这次来，是你自愿把这些东西给我们看的，不是我们强迫搜查的。美国移民局的人找过我好几次。

中央情报局也找过我。他们告诉我，你想回国也可以，不过我们需要你做点工作，如果中国有什么情况，你要及时给我们汇报，我们很欢迎你这样做。因为新中国成立以后，美国人在中国都很难活动，包括美国的传教士也很难活动。我说，我只懂科学，不知道怎样当间谍，也不会给你们送情报。我不会做这种事！这次搜查后，我知道他们会逮捕我，就事先通知了学校和同学，说他们可能要把我抓走。

结果他们没有抓走我。过了两天，他们把我找去，审问我，从早上八点一直审问到晚上五六点。他们提了很多问题，有些问题纯属吓唬人。第一个问题是，你为什么加入共产党？谁介绍你加入的？吓得我一愣一愣的，好像他们掌握了什么信息似的。我跟他们说，我根本没有加入共产党，也没有人介绍我加入。第二个问题是，你是不是和你的那个女同学某某发生关系了？我说，没有啊。事实上，我和那个女同学只见过一面，说过几句话，其他的什么事情也没有发生。接下来又问，你是什么时候加入留美科协的？为什么要搞留美科协？留美科协的成员都有谁？谁指使你做这些的？等等。前面提到了，美国移民局的人从我家搜查到一些东西，这次他们还审问我，这些东西是从哪儿来的？你收到中国的来信没有？家人在信中都跟你说了些什么？一项一项的，审问了很长时间，最后没有抓住什么把柄，就把我放出来了。放我出来的时候，他们说，你在美国的行为是非法的，随即把我的护照没收了。美国移民局不允许我回国，但是没有规定我必须待在费城，只让我每个月到移民局报到一次。有时候我没有去报到，那也就算了。因为我在美国的房东就是移民局的官员，我还要给他交房租呢，移民局想看住我还不容易吗？

后来美国司法部给我写了一封信，也算是正式的命令。信上说，根据美国总统颁布的法律第几条，你离开美国是不符合美国利益的，如果你要离开美国或者企图离开美国，我们将会处以你5000美元的罚款，五年的监禁。朝鲜战争发生后，美国做的第一件事情就是封锁与中国大陆的一切联系，不允许把任何东西运到中国。慢慢地，学理工农医的中国人都不允许回国了，学社会科学的随时可以走。

杜开昔：能否回国还有学科的差别，您是怎么知道的？是移民局这样说的，还是您发现的？

李恒德：不是我发现的，大家都知道。只要是学文科的回国，没人管；学理工农医的回国，肯定不行。收到这个禁令的不止我一个人，有一百多位中国留学生收到了，我们都是学理工农医的。詹姆斯·赖斯顿在文章中提到了这些事情。

王德禄：由于美国政府怀疑您，您的工作受到影响了吗？

李恒德：我不能回国。我被移民局搜查过，我的工作也不能做了，原来念书，学校给我的奖学金也没有了。我做的是海军研究所（ONR）的项目。ONR派人找到我的教授，跟他说，不能让李恒德在这个项目部工作了。

当时我做的工作是研究铍。铍是原子能的材料，点燃原子弹的时候需要这种材料。铍不仅可以用在原子弹上，还可以用在中子反射上，可以做反射层，这个很少有人知道。很多人知道铍的强度非常高，是刚性的，打上去强度很高。所以海军想用铍做武器，但是不希望铍那么脆。这样就出了一个题目，让海军研究所研究铍为什么这么脆，他们要找一个博士生来研究，就找到了我。开始我不知道铍可以用在原子弹上，后来才知道。

　　我的教授是布瑞克，他对我很好，停止我这个工作，但是别的工作还让我做一点儿，我可以拿到一些钱，还是可以维持生活的。当时我的学校和我的同学对我也很好。朝鲜战争爆发后，我在美国的大街上行走，没有人因为中国介入朝鲜战争把我当成中国共产党，或者是想揍我一顿，或者是对我持敌视态度。我去买报，走在街上任何地方都没有任何问题。我和同学相处，也没有任何问题。他们知道我倾向于中国共产党。尽管中国介入了朝鲜战争，我的同学也不认为是我在那里打仗。我们都是同学，对战争可以有不同的看法。

　　我和布瑞克教授讲了我要回国。他说，你要回国，我不反对，但是你要多征求别人的意见，你征求的意见越多，最后拿的主意越准确，得到的答案越接近真理。他还给我讲了一个小故事，大意是，以前他们有好几个人一起出去，要搭火车，却不知道时间，他们就每个人猜了一个时间，最后把大家说的时间加起来，算平均数，最后得出来一个非常准确的时间。所以布瑞克劝我多征求别人的意见。布瑞克现在还活着。我到美国，去过他家两次，他把自己写的书送给我。他一直记得我这个学生，一直对我想回到中国表示钦佩。布瑞克有好几个学生是中国人，有的回国了，有的没有回国。他说他记忆最深刻的有两个学生，其中一个就是我。我是希望回国的，另一个是不想回国的。布瑞克经常对我说，我看到中国人到美国来，也看到印度人到美国来，好多人来了就不想回国了，你想回去，为你们中国服务，这一点我是非常赞赏的！

　　我的很多美国朋友，我在美国时的一些美国同学，尽管我们的观点不一样，我是倾向共产党的，他们是不倾向共产党的，可我们一直都是好朋友，到现在也是。我的那些朋友，现在有的当了大学校长，我到他们家里去，他们也到我家来，他们几乎没有一个人没来过中国。几天以前，我的一个同学的夫人来了，问我后悔回国吗，她说，如果你当初留在美国的话，现在也是个很不错的教授了。我说，我一点儿也不后悔，我要当一个真正的中国人。

杜开昔：在美国都有哪些人被扣留了？您知道吗？采访梅祖彦时，他说当时在美国有个学生被弄到警察局，挨了一顿打，又被放出来了，您知道是谁吗？

李恒德：我记得有三个人被扣留过。一个是颜鸣皋。1950年美国政府把他抓起来，关在路易斯安那州的埃利斯岛上。颜鸣皋当时交了2000美元保释金。保释金是我经手交上去的，至于保释金是谁出的我不清楚。后来，那些保释金又给退回来了。颜鸣皋被关了几天就出来了，后来美国把他遣送回国。

第二个是黄葆同。他现在在长春应化所。1951年美国移民局搜查了黄葆同，当时黄葆同的护照也过期了，他们说他非法居留。当时黄葆同要回国，让美国把他驱逐出境，就像颜鸣皋那样。移民局说不能驱逐出境。纽约移民局把他关在埃利斯岛。没有人给黄葆同出保释金，他被关了半年多才出来。黄葆同在留美科协很活跃，他在CSCA和留美科协都是活跃分子，美国总要找几个人，所以把他扣留了。

第三个是杜连耀。当时杜连耀在纽约州立大学，他被关了几天。回国后，杜连耀在北京大学无线电系做教授。

还有一个是朱廷儒①。这个人可能就是你们刚才说的那个被打的。朱

---

① 朱廷儒（1912—1998），四川江油人。1937年毕业于华西协和大学（成都）制药系。曾任成都药友制药厂药师兼厂长、上海医学院讲师。1951年获美国哥伦比亚大学药学院硕士学位。1955年回国，历任沈阳药学院教授、药物化学教研室主任。

廷儒获得哥伦比亚大学硕士学位后留在纽约工作。他是学药学的，回国后在沈阳药学院工作。你们找到他可能会问出点情况来。

王德禄：你们收到禁令后，有人出来反抗吗？请您讲讲1953年准备回国时的情况。

李恒德：有些人起来反抗了，跟美国禁令做斗争，我就是其中之一。我们商量，不能接到禁令就这样算了，反正早晚要跟美国干一场。我们坚持要回国，哪怕被关到监牢里，也要跟他们斗一斗。

1952年开始，我加入到争取回国的活动中，这些活动基本上是秘密的。我们第一步的工作，是联系美国各个地方，以便了解都有哪些人要跟我们一起回国。我们联系了不少人，做了很多事情。比如，我先给移民局写信，提出抗议。我从宾夕法尼亚写信到华盛顿，信中说，我是到美国来学习的，父母在中国，我要回中国。你们仅仅因为中国介入朝鲜战争，就把我扣留在美国，这是不人道的；你们没必要害怕中国学生；等等。我在信中讲了一堆大道理。后来华盛顿移民局找我去谈话。最后他们说，我们会处理这件事情的，但是现在你还是不能回国，现在美国政府的政策还没有改变。

我一方面跟他们打交道，提出抗议，另一方面想去法院告他们。后来，我了解到，打官司的费用很高，告不起。我就采取其他办法。

1953年，我接到美国教友会寄来的一张贺卡，得知费城的教友会要在当年3月份主办一次讲演，演讲人是个美国人，名为伊斯莱（Walter Illsley）。伊斯莱刚从中国回到美国，主要介绍中国国内的情况，我也去听了。伊斯莱在中国住过五年。他和新西兰的路易·艾黎（Rewi Alley）都去过甘肃山丹。伊斯莱还参加了1952年召开的亚洲及太平洋区域和平会议。他给我们讲了很多共产党做的好事，也讲了新中国成立后的新气象。

我知道他倾向于中国共产党，当时听完报告，我没有找他。过了几天，我想办法找到他，给他讲了我们被扣留的事情，希望能得到他的帮助。伊斯莱给我介绍了纽约的律师高乐宾（Ira Gollobin）。高乐宾现在还在美国当律师，你们从黄皮书（YELLOW BOOK）上可以查到他的名字。高乐宾给我们提供了很多帮助，告诉我们应该做三件事：第一，你们要团结起来，给美国政府提出回国的要求；第二，你们一定要得到中国政府的支持；第三，你们要得到美国进步团体的支持，但是这些进步团体在美国能够给你们提供的帮助非常有限。接下来的几年，我们就是按照这三个方向来行动的。

杜开昔：您说的"我们"，指的是您和谁？

李恒德：我们的核心力量有二十几个人，包括现在基金委员会主任师昌绪、中国科学院计算所的范新弼、北京钢铁学院的教授张兴钤、中科院化学所的陈荣耀、南开大学的何国柱，还有虞俊、周寿宪和林正仙[1]。当时我们经常在一起商量，差不多一两个星期碰一次面，研究下一步怎么走。当时我们的力量主要集中在五个城市，费城、巴尔的摩、纽约、波士顿和芝加哥。我们基本上都是与这五个城市的人联系，后来发展到几十个人。

我们想给国内写信，反映美国扣留我们的情况，但是不方便自己寄信，所以就想办法找人把信带到中国。我们曾经找了一些美国人，把东西交给他们。他们是否带到了中国，我不知道。他们究竟跟中国有什么联系，通过什么途径把我们的信息带到中国，我们都不知道，也不方便问。

---

[1] 林正仙（1919—1986），浙江鄞县人。1944年毕业于浙江大学化工系。1948年年初赴美留学，当年获得华盛顿州立大学硕士学位，1952年获博士学位。1955年回国，历任石油部石油科学研究院主任工程师、室主任，燃料工业部石油设计局工程师，石油科学研究院总工程师等。

这是一件很冒险的事情。还有一次,我冒昧地去找一位叫 Goshall 的印度籍记者,请他帮忙。到了他家里,我给他介绍了我的处境,并请他帮我把信带到中国。结果我碰钉子了。他说,我不认识你。

后来,我们又到印度大使馆请求帮助。当时印度和中国关系很好,我跑到印度大使馆,他们态度很好,我找了一个叫 Rosgotra 的人,他说上午很忙,请我下午去喝茶。下午我又去了一趟,把我们的情况讲给他听。我告诉他,我们有一批人要回国,希望印度政府能够帮忙,把我们的信息转达给中国政府。同时,我们写了一封信,希望通过印度外交部一并转达,而且信上那些人的名字都要保密,千万不能泄露出去。他都答应了。我回去后,我们这些人就写了一封信,把美国扣留我们的情况,美国扣留我们的证件的事情都写上了。我们要回国的那些人,还写了一封联名信。当时我坐着飞机,到芝加哥找他们签名后,把签名信交给印度大使馆。这些都是很危险的事情。

另外,我想找人到联合国,看联合国能不能搞个提案,把美国扣留我们这件事公布于众。我问印度大使能不能这样做,他说让我去找梅农。梅农当时是印度驻联合国的代表团团长(后来是国防部部长)。我就去了纽约,到印度驻美大使馆找梅农。大使馆的人把他的住址告诉我了。他们一点也不隐瞒梅农住在哪儿,还说让我去看他好了。我拿到地址,马上就跑到梅农下榻的宾馆。我在楼下给他打了一个电话,告诉他,我是中国学生,有问题要跟他谈。他正在吃早饭,让我上去。他一边吃早饭,一边跟我谈。我把我们现在的处境讲了一遍,并请他帮我们提个议案。他说,我很同情你们,不过别人现在都骂我是共产党,我不好提这个议案,除了印度以外,你可以找印度尼西亚帮忙。我一看印度不好出面,印度尼西亚也不会出面。但是我已经找到一条途径了,通过印度大使馆跟中国取得联系，这一点是没有问题的。我相信印度大使馆已经把我们的信息带到国内了。

当时，我们也商量给爱因斯坦写信。如果我没记错的话，是我建议给爱因斯坦写信的，希望得到爱因斯坦的帮助。当时爱因斯坦在普林斯顿，我在费城，离爱因斯坦那里很近，骑车二十分钟就能到。黄葆同也在普林斯顿。我和黄葆同很熟悉，本来我可以找黄葆同写信。尽管当时黄葆同已经被放出来了，但是仍处于美国移民局的约束下，每隔几天就要去移民局报到一次。考虑到这些，我认为让黄葆同出面写信不合适。后来，我和关允庭商量给爱因斯坦写信的事情，关允庭又把这件事告诉了虞俊。关允庭当时是一个念大学的小伙子，是中国人，他的家就在美国。虞俊在我附近的一个公司上班。虞俊和关允庭经常见面。后来，虞俊给爱因斯坦写了一封信，爱因斯坦也回信了，信的大概意思是，我很同情你们的遭遇，但是我已经受到美国的怀疑，快被看作是共产党了，我不方便帮你们给美国政府写信。麦卡锡主义者把很多科学家、艺术家都看成是共产党。后来，我和虞俊很熟了，我还去过他家里。但是我对虞俊之前的情况不太了解，他是如何去美国的，到了美国在什么地方工作，我都不知道。虞俊回国后在第七机械工业部720所工作，我找过他，听他讲过自己的太太。虞俊是很能干的一个人，我们是好朋友，彼此很信任。

在美国的进步团体里面，我也找了几个人帮忙。一个是美国教友会，他们替我写信给华盛顿，询问我的情况。我还特意请了一个很有影响力的人物，叫皮克特（Clarence Pickett）帮我写信，专门写给艾森豪威尔的。艾森豪威尔把他的信转给移民局局长，移民局给他做了答复。我还找了美国公民自由联合会（简称 ACLU），请他们帮我写了一封信，美国政府也回了信。回信的内容都是说，他们知道有这件事情，将来会解决的。请别人写的那些信，我现在都没有了，但是美国政府给皮克特和美国公民自由联合会的回信我还保存着。

另外，我还接触了美国的一些进步人士，他们都在中国待过，包括爱泼斯坦。但是爱泼斯坦不在美国，我们组织留美科协的时候跟他联系过。还有一些人，我记不起他们的名字了。

之后，我们逐渐了解到，中国代表团要到日内瓦开会。我们想办法跟日内瓦取得联系，写了一封信直接送到那里。当时是周总理带领中国代表团在日内瓦谈判。周总理把我们这个消息也带回去了。美国报纸上开始刊登新闻说，在日内瓦会议上，中美双方要谈判扣留人质问题，一个是美国扣留中国学生，一个是中国扣留美国战俘。我们知道我们的事情快要解决了。我们有人随即把想回国人员的名单交给了周总理。

日后，我们又结合日内瓦会议，写了一封公开信。那封信是写给艾森豪威尔的，要求他取消给我们的禁令。我们把同样的信发给了艾森豪威尔以及美国各大报纸。我提着一个大箱子，里面都是信，偷偷摸摸地投到信箱里，就赶快回来了。后来得知艾森豪威尔要开记者招待会，我们就事先找了一位记者，请他在记者招待会上帮我们提个问题：艾森豪威尔为什么扣留中国学生？当记者提问时，艾森豪威尔毫无思想准备，回答得很狼狈。最后，我们又给联合国秘书长写了一封信。第一封公开信发表以后，过了九天，第二封公开信也发表了。第二封公开信是另外一批人，在中西部的芝加哥一带发表的。当时，美国的很多家报纸都刊登了，中国的报纸也刊登了，菲律宾的报纸也刊登了。谁都没有想到，美国政府能做出这样的事！一个一向标榜自由民主的国家，竟然会扣留中国学生，不让回国！真是令人瞠目结舌！第二封信是王祖耆带头写的。王祖耆回国后到成都电讯工程学院工作，现在是杭州电子工业学院的院长。那封信发表以后，事情就慢慢公开了。

　　日内瓦谈判的时候，移民局的人到我办公室来找我，问我是否要改变主意，如果我改变了主意，他会给我很好的工作，并且给我的钱比我失去的还要多。我说，我不改变主意了，我想回家。即便到了最后一分钟，他还想让我回心转意。过了两天，我就知道了，他一定掌握了我的信息。因为我是带头人，当初他扣留的证件就是我的。他来找我，说明他遇到麻烦了。如果能把我留下来，对他一定是大有好处。过了两天，移民局给我打电话，让我去一趟，还说等候我的消息。我一听就知道有好消息了！我去了以后，他把手中的信一甩，说："这就是你要的东西，我就不明白你为什么要回中国去？"我没理他就走了。

　　这封信距头一封信正好是三年的时间。头一封信是1951年10月份给我的，这封信是1954年10月给的。这封信的大概意思是说，给你的限制已经取消了，限你在什么时间之前离开美国。我买了一张船票，就回国了。我们当时写信要求回国的人员的名单我还保留着，第一批有22个人，第二批是9个。美国政府允许中国留学生回国时，和我一起被批准的那些人，每个人的情况都不一样。具体是怎么通知他们的，如何跟他们说的，我不知道。他们被释放后，又是如何回国的，我也不清楚。

　　杜开昔：请您讲一讲回国途中的经历。

　　李恒德：1954年我乘坐"威尔逊总统号"回国，同船有十几位中国留学生，比如清华大学土木系的许葆玖夫妇、中科院计算所的蒋士䎹、中国医学科学院的罗会元，还有蒋锡夔。蒋士䎹和我是好朋友，我们一起争取回国，乘坐同一列火车从费城到旧金山，然后从旧金山登上回国的轮船。轮船航行到日本，我们下船在旅馆住了一个晚上。和我们同路回国的中国人还有谢和庚和王莹，他们两个都不是留学生。谢和庚是李宗仁的手下，广西人。王莹是个艺术家，曾和江青竞争《赛金花》中的赛金花一角。王莹在美国住了很多年，我不知道她为什么去美国。他们俩回国的时候比较危险。我和美国一些律师比较熟悉，因为在争取回国的时候，我经常向美国的一些律师请教法律方面的事情，我和他们成了朋友。临走那天，我去向他们辞行，有个律师说，谢和庚和王莹要回中国，他们在美国犯了罪，被关到一个地方，进监狱了。而今，美国要把他们押送回国。他们那一批犯罪的人被关在一个船舱里，美国不允许他们出来，没有人照顾，律师希望我在船上照顾他们。我小时候看过王莹饰演的一部戏《放下你的鞭子》。回国途中，在广州和香港我和他们在一起，很熟悉。至于他们犯了什么事，我不清楚。[①]

王德禄：请您介绍下刚刚回到国内时的情况。

李恒德：我是1954年12月下旬到广州的，1955年元旦回到北京。我回国后住在归国留学生招待所，等待分配工作。那时候从美国回来的留学生主要有两个去处，一个是中科院，一个是高等学校。我们一起回国的这批留学生，大部分去了高等学校，还有一小部分去了中科院。总的来讲，同一批回国的人不能都分到同一个单位，大体上应该有个平衡。我在中科院的很多朋友都希望我去中科院。我在招待所住了3个月，后来被分配到清华大学。我当时觉得到哪儿工作都可以，不在北京也无所谓。我们的思想就是这样，服从分配。我刚回国的时候，一个朋友就从西安给我写来一

---

① 王莹于1930年加入中国共产党，谢和庚于1933年3月加入中国共产党，积极从事革命活动。1942年，王莹离开重庆去美国，周恩来单独接见并叮嘱她要不断求艺，向美国人民宣传中国的抗日战争。同年7月，王莹和谢和庚夫妇在中共党组织的协助下，以国民党政府选派留学生的名义一起赴美留学，先后在耶鲁大学、邓肯舞蹈学校学习。在美期间曾担任美国民间组织"东西文化协会"董事兼中国戏剧部主任，并组织在美的中国文艺工作者到美国各地演出抗战戏剧。1949年后，美国移民局将他们逮捕入狱，经过中国政府的严正交涉，于1955年元旦回到北京。1967年被江青陷害，夫妇二人被关入监狱，1974年王莹死于狱中，1975年春下令释放谢和庚。

封信。信中说:"无论党安排你到什么地方工作,那都是最好的工作,你都要接受,没有什么可以选择的。"信上就是这样写的。现在看来,这种想法很可笑、很幼稚。但是这也代表了我们当时的思想,不计较去什么地方工作。有人被分到兰州,尽管那里条件很艰苦,他们也去了。

杜开昔:您可以讲一讲清华大学当时的情况吗?

李恒德:1955年我被分配到清华大学机械系,中国计划搞原子能,为了培养原子能方面的人才,要在清华大学成立工程物理系。1956年,学校让我参与工程物理系的筹建工作,我主要负责筹建核材料专业。1957年,我正式调入工程物理系,担任教研组主任,后担任副系主任,之后又担任系主任。直到两个月前,我都是在工程物理系。最近两个月清华新成立了材料科学系,我从工程物理系转到材料科学系。1986年10月,我参加了中国自然科学基金会的工作,担任材料及工程科学部主任。我现在还是清华大学材料科学研究所的所长。

这些年来,我主要做教学工作,筹办专业。"文化大革命"以前,以教学工作为主,没有做任何研究。教学工作特别繁忙,一星期要讲很多课。我一方面当教研组主任,另一方面还要讲课,这些几乎把我的时间都占用了。1966—1976年,"文化大革命"这十年,我没有工作。1978年我正式当教研室主任,此后我们才开始做一些科研工作。"文化大革命"期间,我还被下放到江西,在江西农场劳动改造了两年。

杜开昔:1956年中国有很多苏联专家。当时您和苏联专家联系多吗?

李恒德:我们1956年成立工程物理系后,1958年、1959年都有苏联专家来参观,而且还到核材料专业教研组来过。一个是苏联科学院院士格鲁兹因,搞放射性同位素应用的;另外一个是罗泽高夫,搞X光的。我与这两位专家接触得比较多。当然工程物理系还来了许多其他国家的专家,但跟核材料专业差距比较大，接触不多。

我们和苏联专家合作得很好。当时我们刚刚创办核材料专业，苏联专家很热心，给我们提供帮助。尽管在我看来，帮助并不大，仍然非常感谢他们。毕竟苏联专家不能代替我们讲课，我们还得自己讲；我们所有的实验也要自己筹集资金，自己建造。所以说，他们能够提供的帮助很有限。他们曾经讲了几堂课，我们建立了很好的友谊，取得了很好的联系，后来也通信。苏联专家有一个缺点，大国沙文主义思想非常严重。他们觉得自己了不起，爱摆架子，然而我们是不会买账的。虽然当时中国比较落后，可是我在美国念过书，是美国的博士，我觉得自己不比他们差。在我看来，他们讲的那些课程，我也可以讲。

杜开昔：您学的是什么专业？

李恒德：我在国内念的是矿冶系，就是采矿和冶金，以冶金为主。在美国念的是金属材料。我的博士论文是《单晶体的滑移》，与材料有关，属于纯粹的学术型课题。当时我选择材料专业，不知道它会有什么用处。回国后，我被分到清华大学，当时清华需要原子能材料方面的人才，我也参与了这项工作。

杜开昔：回国后您都遇到了哪些运动？

李恒德：我回国以后，接二连三地搞运动。我遇到的运动有1955年"肃反"，1956年"三大改造"，1957年"反右"运动，1958年"大跃进"，1959年"反右倾"，经济困难，1966年"文化大革命"开始后事情更多了。

前几次运动对我没有什么冲击。"反右"运动的时候，我也没有受到冲击，因为刚从国外回来，我没有发表高见。

"大跃进"的时候，全国大炼钢铁，我们也要花时间炼钢，我都是晚上去。"大跃进"对我们有利有弊。不好的一面是,我们养成了浮夸的作风,即说大话、说空话的作风。大家都要上去打擂台,说说自己能干些什么,说得越高明越好。有利的一面是,很多学生在学校参加实践活动,培养了动手能力。"大跃进"以前,学校是以上课为主;"大跃进"期间,学校采取"教育与生产劳动相结合"的教学方式,三年级以上的学生都要搞生产,搞科研。

"反右倾"的时候,我碰壁了,但受冲击不大。受冲击比较大的是在社会主义教育运动时期,学校搞"四清",把我端出来,说我是"右倾",还说我在搞资本主义。当时北大、清华搞"四清",大家都说蒋南翔要复辟资本主义。这给了蒋南翔很大压力,所以他把一些人端了出来。像我这样的就被端出来了,借口是李恒德是在教研组任职的人,没有阶级观念,是地主的儿子。蒋南翔说我只知道搞业务,不搞政治。

给我打击最大的是"文化大革命"。1966年5月"文革"开始了,当时我正在英国开会,6月才回来。之后,有一段时间我一直在开会总结。所以"文革"初期没有牵扯到我。回到清华大学,没有人让我去劳动,也没有给我戴高帽子,挂牌子,批斗,类似的事情都没有出现。我与群众的关系很好,从来不给他们摆架子,也没有打击过任何人,群众对我没有仇恨,更不会有报复心理。我只不过是个教授,一个教研室主任,没有多大权力。那时候,群众对我很好,一直保护着我,让我参加他们的活动,和他们一起学习政治、参加游行。工宣队出现以后,不得了了。解放军来了,开始"清理阶级队伍",我成了秃头上的虱子——明摆着的。这意思就是,他们只要抓人,肯定是先抓我这样的。在他们看来,我既是"特务"又是"叛徒"。我是从美国留学回来的,肯定被看作"特务";我加入过中国共产党,也加入过国民党,这就是"叛徒"。所有这一套都搬出来了。"文化大革命"持续时间很长,对我打击比较厉害。当然这不是肉体上的打击,是精神上的折磨。他们从 1967—1968 年开始整我,一直到 1973 年 9 月才给我平反,公开宣布我没有问题。平反后,我继续教书,但是不能担任任何行政职务。我重新担任行政职务是从 1975 年开始的。

王德禄:粉碎"四人帮"以后,留美回来的一些人给中央打过一个报告。您回到单位以后,也参与了报告的写作。您能讲一讲当时的情况吗?

李恒德:当时我们为留学生在"文革"期间的遭遇鸣不平,要求中央澄清这件事。我们留学生希望搞清楚这段历史,我们究竟是爱国的还是卖国的?我们回国是一种爱国行动,还是替美国做特务工作?当时我们打了一个报告,这个报告分为两部分。第一部分是很简单的一个报告;第二部分是附件,主要讲述了我们回国的经过,我负责起草,现在还有底稿。这件事由钱宁负责,底稿都在他手上,起草是我与钱宁商量的。钱宁已经去世了,你们可以问问他的夫人,她应该知道得很详细。

当时我们把报告交给了三个人,蒋南翔、方毅和廖承志,附录一、附录二都交上去了。报告交上去很长一段时间没有收到回信。后来专家局把范新弼、梅祖彦和我三个找去,询问我们在美国的情况,让我们再写一份补充报告。我们说,报告已经写好了,不需要补充了,你们可以去调查。那时候,他们不相信我们说的话,也不去调查。这件事情让钱正英①知道了。钱正英当时担任水利部部长,和钱宁很熟(钱正英和钱宁的夫人是中学同学)。有一天,钱正英打电话问钱宁,你们交上去的报告有回信吗?钱宁说没有。钱正英说,如果你们有什么信息要转交给邓小平,赶快再写一封信。我明天要陪邓小平去机场接一个人,那是一个国家的领导人。明

---

① 钱正英(1923—),女,原籍浙江诸暨,生于上海。曾任水利电力部部长、全国政协副主席。

天去了,我可以帮你们转达。钱宁马上找到我,用我们两个人的名字起草了一封信。我们写了一封很简单的信,大概讲述了我们跟美国政府作斗争的过程。我们在信中还提到,我们曾写信向中科院反映情况,没有收到回信。第二天邓小平看到我们写的信,很快就派人调查这件事。我听说,他们调查到当年日内瓦会议的负责人王炳南和柯柏年,详细情况他们两人都很清楚。因为当年梅祖彦曾经带着我们写给周总理的信,带着我们转交给中国代表团的资料去日内瓦交给了他们。这些事情王炳南和柯伯年都还记得。关于这些事情的非常详细的材料,现在外交部都有。教育部原来也有材料,但是他们说要把材料销毁,不知道现在还有没有。

这件事情调查清楚以后,1979年9月8日上午,中央召集当年回国的留学生在人民大会堂召开了一次专门会议,由方毅主持,蒋南翔也参加了。方毅在会上讲话。他说,中国学生的行动是爱国的行动,而有人把它当成卖国的行动。这种做法是错误的,你们不要介意。大家要学习这种精神……这段历史是可以名垂史册的,在留学生历史上留下了光辉的一页。方毅的讲话刊登在《人民日报》上,我的照片也刊登在上面了。①

当时我也发言了,我把我们当年和美国政府作斗争的经过大概说了一下,比如,我们是如何跟日内瓦代表团联系的,在美国给艾森豪威尔写了一封什么样的信。

杜开昔:您能详细介绍一下冯平贯吗?

李恒德:冯平贯是留美科协后来的负责人。他一直没有回国,现在还在美国。他当时在芝加哥大学。

---

① 2011年5月6日再访李恒德先生时,他说,会上方毅说了很多鼓励的话,具体是怎么说的,他记不清了。方毅在人民大会堂接见1950年代留美归国科学家的详情请参见《方毅同志代表党中央国务院勉励早年归国科学家同心同德为实现四化勇往直前》(1979年9月12日《人民日报》第1版)。

杜开昔：程世祜呢？

李恒德：程世祜也是芝加哥大学毕业的。他的经历很特别。他回国以前，所有的存款都被扣了，因为他在芝加哥已经工作。即便是这样，程世祜还是坚决要回国。回国后，他去了中科院力学所。"文化大革命"的大标语是"来

1979年9月方毅（右一）接见李恒德（左一）、钱宁（左二）

者不善，善者不来"，也就是说回国的没有好人，都是特务。"文革"期间，程世祜接受审问，有人问他，你在美国待得好好的，为什么要回国？他这个人特别正直，特别敢讲话，可是他讲的话人家不爱听。程世祜不会忍耐，后来死了。我不知道他是怎么死的，反正挺惨的。

因为你（杜开昔）是一个美国人，所以我想特别讲一讲我对美国的看法。尽管我们与美国政府发生了许多摩擦，但是我自己心里对美国还是有好感的。我在美国待了9年，有许多老师和同学，他们都对我很好。我接触的美国人是非常热情，非常友好的。尽管有那段经历，但是没有感觉伤心。我认为，就美国政府来说，当时他们做这种事情是不对的，但是也可以理解。从美国老百姓角度来说，美国同学对我都是非常好的，并没有因为我要回到中国而歧视我、敌视我。即使在我回国后，也没有人因为我回到中国了，而不愿意见我。相反，我的那些同学和老师都很关心我。"文

化大革命"期间,他们怕我死掉。

1979年中美两国正式建交后,我的同学听说我还活着,马上给我写信,邀请我去美国,教他的孙子讲中文。我这个同学就是密歇根大学的校长R.A.史密斯。我们是很好的朋友,我到美国后,他把车票都买好了,让我到他家里去。那天,他带着孙子来机场接我,他的孙子跟我一见面就用中文欢迎我。美国人还是非常友好的。现在

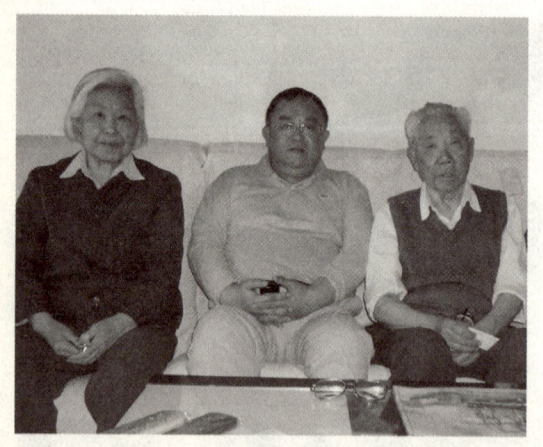

2011年李恒德(右一)及其夫人胡爱真与王德禄合影

R.A.史密斯的孙子在中国的一所大学里工作。他刚来中国时,是我到首都机场接的。现在看到中国和美国恢复了外交关系,我非常高兴。

杜开昔:我也很高兴。我在中国待了七年,我的先生也是中国人。所以我觉得我们两国人关系很友好,是自然的友好。

方毅同志代表党中央国务院勉励早年归国科学家同心同德为实现四化勇往直前
——源自1979年9月12日《人民日报》第1版专栏:方毅同志代表党中央国务院勉励早年归国科学家同心同德为实现四化勇往直前

新华社北京九月十一日电 中共中央政治局委员、国务院副总理方毅,在一次座谈会上代表党中央、国务院向早年归国的科学家致以亲切

的慰问，勉励他们在新的长征中，继续担当起科学技术工作带头人的光荣职责，同心同德，为实现四个现代化勇往直前。

新华社北京九月十一日电 中共中央政治局委员、国务院副总理方毅，在一次座谈会上代表党中央、国务院向早年归国的科学家致以亲切的慰问，勉励他们在新的长征中，继续担当起科学技术工作带头人的光荣职责，同心同德，为实现四个现代化勇往直前。

这次座谈会是九月八日上午在人民大会堂举行的。出席座谈会的有50年代从美国、日本等国回归祖国的科学家李恒德、王仁、杜连耀、王振通、许葆玖、施士升、梅祖彦、钱宁、王明贞、刘源张、范新弼、蒋士䮧、张斌、沙逸仙、陈荣耀、林同骥、关允庭、周坚、龚维瑶、林正仙、王恭业、虞俊、周同惠、梁晓天、宋振玉、俞启忠等人。教育部部长蒋南翔、中国科学院副院长胡克实、国家科委副主任童大林和国务院科技干部局负责人黄葳等，也出席了座谈会。

座谈会上，科学家们怀着十分激动的心情，回忆当年毅然回归祖国，参加新中国社会主义建设事业的情景。他们说：当年在海外留学和工作的许多人，听到祖国解放的喜讯，高兴极了，提出的口号是："青春结伴好还乡"，纷纷整装准备回国。可是，当时美国政府采取了阻挠的政策，很多人被扣留在美国。在美国朋友的声援下，他们进行了坚决的斗争。由于祖国人民的关怀，我国政府同美国政府进行了多次谈判，才取得了斗争的胜利。在50年代、60年代，陆续又有大批科学工作者、教育工作者、工程技术人员归国。毛主席和周总理曾经亲自关怀他们，令人至今难忘。

科学家们说：在党的领导下，二三十年来，我们为社会主义建设尽了一份心力，感到很自豪。林彪、"四人帮"横行时期，许多人遭受迫害和摧残。现在党的政策正在逐步落实，我们要向前看，要在实现四个现代化的新的战斗中，贡献我们的余力。一些同志反映了落实政策中还存在一些问题，需要尽快解决。

座谈中，大家还对进一步发展我国的科研、教育、经济建设等事业，提出了许多建议。他们说，科学研究贵在坚持，工作岗位频繁变动，就很难做出成就。希望各个单位认真为老一辈科学家、教师和工程技术人员配备助手，合理分工，充分发挥专家的作用。大家反映，现在科研、教学、生产机构，普遍存在人浮于事、工作效率低的问题，应当提倡和组织一部分工作人员重新学习现代化建设所需的新的知识。他们呼吁领导机关和领导干部认真转变作风，深入基层，深入实践，切实解决问题，不要只是坐在机关里画圈圈。

方毅同志在座谈会上讲了话。他说，中国留学生历来就有优良的传统，那就是热爱祖国。新中国成立后，50年代、60年代许多留学生抛弃了舒适方便的物质条件，满腔热情地回国参加建设。有不少人同当时的美国政府所实行的阻挠政策，进行了英勇不屈的斗争。这一切充分表现了中华儿女的民族气节，表现了爱国知识分子的骨气，表现了广大留学生对社会主义新中国的热爱。这是光荣的历史。林彪、"四人帮"肆意歪曲和颠倒历史，把爱国的正义的行动诬陷为卖国行为等等，制造了大量冤案、假案。现在，应当彻底恢复历史的本来面貌。海外留学生当年进行的爱国正义斗争，也应当载入我国人民革命斗争的史册，万古流芳。编写中国留学生史，这个时期的斗争应当占有重要的地位。对当年支持和援助我们留学生进行正义斗争的美国朋友和一切外国朋友，他们的真挚的友谊，中国人民也是永远不会忘记的。方毅同志非常赞成科学家们表示的向前看的积极态度。他说，林彪、"四人帮"那种残酷迫害知识分子的情景，是不可能重演了。方毅同志说，华国锋同志、叶剑英同志、邓小平同志和中央其他领导同志都非常关心大家。邓小平同志委托我来同大家见见面，谈谈心。我代表党中央、国务院，向受到迫害的科学家、教师、工程技术人员和一切知识分子，致以亲切的慰问。可惜的是，今天只能邀请很少一部分同志来参加会。特别是想起有些同志因为被残酷摧残，再也不能同我们一起交谈、一起战斗了，我们的心情就十分激愤。但是，人民群众是会怀着感激的心情来怀念他们的。至于落实政策中的各种遗留问题，各级政府和各部门领导人有责任迅速地妥善地逐一解决。国务院科技干部局要协助进行检查、督促，有什么问题随时向党中央、国务院反映。

方毅同志最后说，早年回国的科学家对新中国的科学事业、教育事业、经济建设都作出了很大的贡献。他们是科技战线、教育战线上的带头人。希望大家在新的长征中，继续挑起这副光荣的担子。"长江后浪推前浪"，这是规律。青年人的迅速成长，是国家兴旺发达的标志。希望老一辈的科学家、教师、工程技术人员都来培养青年一代。你们都是国家的主人翁，你们同党、同人民同甘苦共患难已经几十年了，新中国的一切成就，都有你们的心血。希望大家同心同德，把四个现代化尽快搞上去。我国唐代著名的文学家王勃说过："老当益壮，宁移白首之心；穷且益坚，不坠青云之志。"让我们用这两句话来共勉。

5 江青让我们蹲五年大牢

王明贞　口述

采访人：王德禄、杜开昔
访谈时间：1988 年 11 月 11 日
访谈地点：北京清华大学王明贞家
整理人：刘涛、耿锡金、高颖

受访人简介

王明贞（1906—2010），江苏苏州人。物理学家。1926 年考入金陵女子大学，1928 年转入燕京大学物理系，1930 年和 1932 年分别获学士、硕士学位，后在金陵女子文理学院数理系任教。1938 年赴美留学，1942 年获密歇根大学博士学位，后在麻省理工学院雷达研究室任理论物理组副研

---

① 整理时参考了《王明贞：转瞬九十载》（《物理》2006 年第 3 期），童蔚的《一代才女，玉汝以成：记我的邻居王明贞》一文（收于史际平等编著《家在清华》第 83~99 页，山东画报出版社，2008 年 4 月）。

究员。1946 年回国，在云南大学数理系任教授。1949 年 8 月再次赴美，在诺特丹大学任教。1955 年 5 月回国，任教于清华大学。

杜开昔：请讲一讲您在国内的经历。

王明贞：1926 年，我考入金陵女子大学物理系，两年后转入燕京大学，1930 年获得学士学位。后来我在燕京大学一边做助教一边念研究生，1932 年硕士毕业后，到金陵女子文理学院教书，教了六年。1938 年，我去美国留学，在密歇根大学学习理论物理，1942 年获得博士学位。

我选择物理专业，有两个方面的原因。一方面，我比较喜欢物理。记得念中学的时候，物理老师教得不好，同学们让我上讲台给他们讲课。另一方面，与我的家庭背景有关系。我父亲叫王季同[①]，是自学成才的科学家，精通数理化。父亲曾到英国留学，学习机电工程。我哥哥叫王守竞，毕业于清华大学物理系。哥哥和周培源是同班同学，去美国留过学，1938 年回来的。哥哥比我名气大多了。可以说，哥哥是物理学界的老前辈，我作为妹妹，当然有一点骄傲。1943 年哥哥被派往美国。新中国成立后，组织上让我哥哥回国，他也想回来，可是我嫂子不想回来，结果他们就没有回来。哥哥有两个儿子、一个女儿。女儿嫁给了美国人，他们现在都在美国。哥哥的一生都很出色。我的姐姐叫王淑贞[②]，是上海有

[①] 王季同（1875—1948），江苏苏州人。1895 年毕业于北京同文馆。1909 年派赴英国任清政府驻欧洲留学生督署随员，同时攻读机电工程。回国后，从事实业，后任中央研究院工学所研究员。其多个子女为著名科学家。

[②] 王淑贞（1899—1991），女，江苏苏州人，生于北京。1918 年赴美国巴尔的摩高氏女子大学学习，1919 年转入芝加哥大学，1921 年获芝加哥大学理学学士学位。1925 年获霍普金斯大学医学博士学位。1926 年回国，曾任上海女子医学院院长，1951 年任上海第一医学院附属妇产科医院院长。

名的妇科大夫。姐姐已经退休了。我作为妹妹,和哥哥、姐姐一样,也喜欢科学。

我姑妈叫王季茝,学化学的。姑妈也去美国留过学,并获得芝加哥大学的博士学位,她是中国第一个出国念博士的女科学家。有一次,我在金陵女子大学遇到一位来华的美国教授,他告诉我,有一位华裔女教授在美国非常出名,也很有学问,整天束着脚。我一听就知道,他说的那个人是我姑妈。姑妈出国后没有回来,为什么呢?这就要讲讲她家里的事。姑妈结婚以后,她的婆婆很凶,姑妈不愿意和他们一起生活,想办法出国,后来终于考到美国,她是1918年左右去美国的。姑妈博士毕业后,不敢回来。她担心回来后,姑父要她回家,她不愿意回到他们家。不得已,一直在国外生活,她想离婚以后再回来。后来,因工作的需要,我哥哥在美国和中国之间来回跑。有一次,哥哥回来一趟,好不容易给姑妈办好了离婚手续,姑妈可以回来了。我们劝她不要回来,毕竟在国外工作、生活了这么多年,回国后会很不容易适应国内的生活,可是姑妈执意要回国。姑妈回来的时候,我姐姐在上海工作,她在我姐姐附近租了一间房子,有什么事情可以找我姐姐帮忙。新中国成立后,姑妈开始有点害怕了,她不了解共产党,后来又重返美国,再也没有回来。姑妈已经去世了,那时候她大概95岁了。

王德禄:你们这个家庭很有意思,您能详细介绍一下您的家庭吗?

王明贞:我们家是一个大家庭。我祖母叫谢长达,是苏州有名的女权运动倡导者。祖母30多岁的时候,祖父去世了,她带着几个孩子生活,经济上存在很多困难。按照当时的观念,30多岁的妇女是不允许出门的,可是祖母坐着轿子,去为人家打抱不平。周围的农民受地主欺负了,她也会出来讨公道,跑到衙门替农民打官司,农民用轿子抬着她去。当时苏州还是个小地方，很多人都知道她，也有很多人怕她。祖母组织召开妇女放足会，号召那些受封建习惯影响裹脚的妇女站起来，自己解放自己，有时候她还倡导一些老年人加入。对那个时期的妇女来说，能够做到这些已经很不容易了。

父亲小时候念同文馆，平时不去学校，在家里自学英语和数理化，甚至在家里自己做化学实验，可以说父亲是自学的典型。后来父亲去英国留学了，学习机电工程，毕业后到德国西门子电机厂实习，很有成就。父亲发明了很多东西，现在很多都失传了，有些东西我都不知道是父亲做的，美国的工程文献上却有记载，可见美国的文献记载很全面。父亲去世很多年以后，有一次哥哥去美国开工程学会，会上有人提到父亲搞的工程方面的一个小发明。哥哥在国外听见有人提到父亲的名字，很高兴。我小时候，电风扇不会摇头。父亲说，电扇如果能摇头不是更好吗？他开始研究，发明了转动式交流直流变压器。

父亲曾经在中央研究院当研究员，1934年退休。父亲信佛，编写了一本《佛学与科学之比较》，书中提到了爱因斯坦、牛顿等名人。那时候，我不知道什么是科学，不懂佛法与科学这些理念。父亲跟外国人经常来往。英国有些人相信佛教，父亲跟他们通信。父亲还给我们讲佛学，讲得相当深奥。父亲信佛以后，不杀生，平时看见蚊子也不打死，逮住，扔出去。后来父亲得了肺病，姐姐劝他注意营养搭配，不能只吃素食，要吃点荤的。父亲不听劝告。

我们兄弟姐妹一共12个，有好几个未成年就死了。我的同母兄弟姐妹共有五个，上面两个哥哥未成年死了，老三是姐姐王淑贞，老四是哥哥王守竞，我是老五。我的母亲叫管尚德，生下我没多久，得了产褥热，去世了。母亲去世以后，父亲又娶了我母亲的妹妹管尚孝，也就是我的继母。继母也生了几个小孩,第一个小孩未成年死了,后来又生了王守璪①、王守融②、王守武和王守觉③。

姐姐毕业于北京协和医学院。她说看到家里有人病了,要请医生,母亲也是生病死的,她就想学医学,觉得当医生很好。王守璪是学文科的,毕业于清华大学,和妹夫陆学善一起去英国留过学。王守璪回国后基本上没什么成就,现在在天津大学教书。我有两个弟弟,一个叫王守武,另一个叫王守觉,他们都是搞半导体的。那时候,大家都说半导体很时髦。王守武去美国留过学,拿到了博士学位。他出国很多次,到法国去过几趟,美国也去过几趟,有时候是出去开会,有时候是去买仪器。王守觉进半导体所的时候,王守武已在半导体所。大家都知道半导体所有"二王",都相当聪明。有时候,做半导体器件,王守武赞成用基本方法,把产品中存在的所有理论问题先解决掉,再制造产品。王守觉强调想办法先把产品制造出来,再探讨解决其中的理论问题。王守武说,你这样子能做出来产品吗?这样不行。可是王守觉按照自己的想法做成功了,所以他"看不起"哥哥。这兄弟俩意见不一致,一开会就吵架。

我们小时候,父亲不让进学校念书,他要自己给我们讲课,是母亲把我们送去学校上学的。父亲对我们凶极了,平时不让我们随便出去玩,让

---

① 王守璪(1913—1997),女,江苏苏州人,陆学善的夫人。1931年考入清华大学中文系,1934年与陆学善结婚后随夫留英。1937年回上海,曾在中学教英文。1951年后,与陆学善翻译出版《物理实验室实用技术》,1990年还将陆学善在"文革"中写的大量手稿整理成《相图与相变》一书。

② 王守融(1917—1966),江苏苏州人。1937年毕业于清华大学机械工程系。1945—1947年赴美国与加拿大等考察和研究。1948年回国,1949年后任南开大学教授,1952年任天津大学机械工程系副主任、精密仪器工程系主任等。

③ 王守觉(1925—),江苏苏州人。中科院院士(1980)。1949年毕业于同济大学,曾任中科院物理所副研究员、中科院半导体所所长等。

我们在家里练习写毛笔字，写完 100 个字才可以出去。我们拿笔描红字，描得不好，就补一笔。实际上，写毛笔字应该是一笔一笔地写，不能补，补就等于是画画了。我们写完拿给父亲看，他拿去一照就看出来了，这样写的字不算数。哥哥岁数稍微大一点，父亲让他看报，看一小段，讲给父亲听，讲完才可以出去玩。我们都很怕父亲。

继母对我们比较好，把我们当成自己的亲生孩子一样对待。有时候继母也很凶，我们在她面前不敢说话，尤其是我们撒谎，她会打我们。有一次我不小心闯了祸，继母问我是谁干的，我怕她，不敢承认是我干的。继母把几个小孩挨个叫来盘问，一眼就能看出来是我干的。她打了我一顿，对我说，如果当时你承认错误了，我就不会打你，可是你说谎了，这样不行。后来我又在外面干了坏事，不等她盘问，赶快承认错误。继母说，虽然你干了坏事，但是已经承认错误了，我就原谅你，不打你了。

杜开昔：您是通过什么方式出国留学的？

王明贞：那时候，我一心想出国，什么事情都不管，结婚的事情也不放在心上。大学毕业的时候，我曾向美国密歇根大学申请了一次鲍勃（Bob）奖学金。密歇根有一个人叫鲍勃，他给中国、日本、挪威的学生提供奖学金，中国名额多一些，因为中国人口比较多。鲍勃奖学金的获得者都是凭在大学期间的分数选拔出来的。大学刚毕业的时候，我觉得好玩，让老师给写了几封介绍信。奖学金的说明写得很清楚，去学校的路费自理，他们只负责提供四年的学费。没想到，鲍勃同意给我提供全额奖学金。我是一个穷学生，没有路费，又不好意思直说，就撒了个谎，说我母亲生病了，去不了，等我母亲病好了再去。

我一边在燕京大学做助教，一边念研究生。硕士毕业后，金陵女子文理学院的校长吴贻芳①邀请我去她那里教数学和物理。我在金陵女子文理学院教了两年课，积攒了一些钱，足够用作路费。这时候，我想再次申请鲍勃奖学金出国留学。开始我以为，自己拿到了硕士学位，还有两年的教学经验，会很容易被录取。可是这次没有被批准，我感觉很灰心。

后来，教育部组织庚款留学考试，我报名参加了考试。当时清华物理系比较好，物理方面的各科命题人大半是清华物理系的老师。我是燕京大学的，不知道考试题目的类型，与清华大学的考生相比，我比较吃亏，但是我仍然坚持自学，下决心一定要考上。

我一共考了三次。起初，美庚款、英庚款各考了一次，没考上。我又考了一次英庚款的。当时国民党政府负责英庚款出国留学考试的人是杭立武②。杭立武的夫人陈月梅和我是金陵女子大学同班同学，预先得知了内部消息，打电话告诉我，这次你的考试分数是最高的，肯定考上了。考试总分数好像是这样计算的，专业课成绩占总分的60%，英语成绩占总分的30%，中文成绩占总分的10%。录取时先看这三科成绩，专业课成绩最重要，然后再看总分。按照这样算出来的总分，那次我确实考了第一名，我的专业课成绩比总分得了第二名的男同学少半分，理应让我出国。第二天报纸上刊登出来允许出国留学人员的名单，里面没有我的名字。我感觉很奇怪，既然陈月梅给我打电话了，为什么不让我出去？后来我才知道，当时考试委员会主席是吴有训，不让女的出国。委员会所有人都赞同他的说

---

① 吴贻芳（1893—1985），女，浙江杭州人。1919年毕业于金陵女子大学，1922年赴美留学，1928年获密歇根大学生物、哲学双博士学位。1928年回国，任金陵女子文理学院校长。1949年后，历任南京师范学院院长、江苏省副省长、全国妇联副主席等职。

② 杭立武（1904—1991），原籍浙江杭州，生于安徽滁县。1923年毕业于金陵大学。同年赴英留学，1929年获伦敦大学政治学博士学位。回国后历任国立中央大学教授、中英庚款董事会总干事、中国政治学会总干事、国民政府教育部部长等，1949年去台湾。

法。当我的老师得知我考了第一名没有被录取时,她亲自去找考试委员会。回答说,报纸上已经刊登了,不能改变了。从此以后,我不再考庚款了,女的就是女的,考上也不会让我出去的。

事后我才听说,当时留学考试的命题人是吴有训。我哥哥也是考试委员会的,负责出理论力学的考试题目。所有的考试题目哥哥都知道,要是他把题目告诉我,那我考试起来很容易啊。可是我们家人不做这种事情。

1937年秋,日本把战火烧到南京,金陵女子文理学院的大本营迁往四川成都。南京留下一部分人在学校做救灾工作。有一次,我出去买东西在大街上碰到哥哥的车路过,他悄悄跟我说,你们赶快离开南京吧。因为哥哥跟国防部有联系,他知道内部情况。我听了哥哥的话,和一位同事一起离开南京,去了汉口。几天后,果然发生了南京大屠杀,那些金陵女子文理学院的老师和学生受日本人的欺负,很惨。如果不是哥哥这句话,我真不知道后来会怎么样了。后来哥哥从厦门给我写信,让我出国。我想,现在国内乱得要命,那就出去吧。学校不开课,在国内什么事也做不成。正好这时候,吴贻芳和一部分师生还在汉口,她说如果你想去密歇根大学,我可以帮你写一封推荐信。吴贻芳就是靠鲍勃奖学金到美国留学的,她和鲍勃很熟。吴贻芳说,即便是你没有教学经验也会让你去,更何况现在你有教学经验,更可以去了。后来,她给我写了一封推荐信,1938年我去了美国。

我在美国碰到了乌伦贝克(G. E. Uhlenbeck)教授。他是一个很好的老师,这也许就是我的幸运,如果考上了英庚款,去英国留学了,我可能碰不到这么好的老师。

王德禄:您后来申请鲍勃奖学金的时候,他们提供路费了吗?

王明贞:没有。当时我姐姐在上海当医生,我是可以问她要路费的,可是我不愿意找她要,我想自己工作赚钱。我先工作了几年,攒了一点钱。那点积蓄做路费,足够。

王德禄:请您谈一谈在美国留学期间的经历。

王明贞:到了密歇根大学,第一学期,我在电动力学班念书。电动力学班只有我一个中国女学生,老师对我很好,我也很争气。第一次期中测验,我下决心考好,给他们一个惊喜。考完试的第二天,丹尼斯教授宣布成绩说,你们怎么考得这么差,成绩比较好的只得了二十几分。很奇怪,我感觉自己没有做错什么题目啊。教授走出门去,我问他我得了多少分,老师说一百分。我没有再问别的,也没有说话,以免老师以为我在炫耀。

第二学期,我在理论力学班念书,古德斯密特(S. Goudsmit)教授是我的物理老师。念完博士必修课以后,第三年我就开始做论文。本来古德斯密特教授要做我的导师,后来MIT邀请他去参加雷达实验室的工作,古德斯密特教授就把我介绍给他的好朋友乌伦贝克教授。1943年他们两个一起获得了诺贝尔物理学奖。其实在二年级时我就听过乌伦贝克教授教的统计物理和热力学两门课。他讲得很好。当得知他当我的论文导师后,我感觉非常幸运。

1940年秋天我开始着手准备博士论文,论文的主攻方向是关于波斯门方程的解。乌伦贝克教授指导我查阅了一些文献,剩下的时间都是我自己琢磨,每周和他讨论一次。1941年春天下半学期,有一天,乌伦贝克教授告诉我,只要把玻尔兹曼方程解的大意写出来交上去就行了。我听了非常高兴。乌伦贝克教授接着说,你已经有了材料,最多花一个月的时间就能把论文写出来。你还有一年的奖学金,不知是否愿意用这段时间和我合作做一些关于统计物理基础的研究,我当然希望能跟着他多学一点知识。暑假期间,乌伦贝克教授让我印了一些德国的文章,他没有时间看这些文章,让我看完把文章的大意讲给他听。一开始我觉得这样做很好,毕竟我学会了德语。过了一段时间,学校要我们检查身体,密歇根大学校医院的医生给那些从来不看病的外国人做体检,校医看了我的病历,让我多注意休息。那时候我有点害怕,以为自己肺部出了什么问题,担心不能回国了。后来得了失眠症,我晚上睡不着,白天没有精力做事。乌伦贝克教授看到这种情况,不再让我给他讲文章。那时候,整天待在学校里不知道该怎么办,没有工作,也不能回国,乌伦贝克教授让我去治疗一段时间,最后一年我没有做研究,时光基本上都浪费了。后来才知道我的肺部什么问题都没有,只不过有个疤痕。我把论文写完,结束了学业。

1942年我拿到了博士学位。那时候,美国的船和飞机不在太平洋通行,我没办法回国。我的朋友吴懋仪①在波士顿,她让我去波士顿暂住几天。古德斯密特教授也在波士顿,让我去玩。当时我还没有找到工作。古德斯密特说介绍我去MIT的辐射实验室。去之前,FBI调查了我的人事关系,看我是否有亲日行为。古德斯密特教授说可能要调查很久,让我不要着急,也不用去找别的工作,FBI调查不出问题就让我参加工作。古德斯密特教授是物理界的权威,也是MIT的教授,有实力把我安排进去。三个月后,FBI把我的情况调查清楚了,允许我去辐射实验室工作。几经辗转,我真正到MIT已经是1943年了。

古德斯密特教授让我暂时在理论物理组。辐射实验室是保密机构,古德斯密特不愿意找外国人做保密性的工作,当时辐射实验室只有一个中国人。因为我们研究的是打日本的飞机用的东西,每人每星期都要写报告信,去调查背景情况,以便了解有哪些东西需要改变。古德斯密特教授不

---

① 吴懋仪(1905—1973),女,江西九江人。1928年毕业于金陵女子大学。1932年获燕京大学化学硕士学位。1939年赴美国哈佛大学深造,1944年获有机化学博士学位,1945年回国,先后任金陵女子文理学院化学系和南京师范学院理化系教授、系主任。

愿意让不可靠的人做这件事。我在数字计算室工作，主要为理论组的成员服务。当时女性大部分是做辅助性工作，在实验室工作的很少。刚开始，一些美国人对我很冷漠，几个月后，乌伦贝克教授调入理论物理组担任实验室主任，他在密歇根大学和雷达实验室两个单位来回跑，一个月轮一次。此后，我搬到乌伦贝克教授的办公室，我们师生两人一起研究噪声理论。我在乌伦贝克教授的指导下编写了一本关于噪声理论的书籍，书名是《阈信号》。这本书的序是乌伦贝克教授写的，主编也是他，当然我的名字也在上面。我一直研究噪声理论，用了两年多才把那本书编完。1944年夏天，我根据博士论文阶段的工作，与乌伦贝克教授合作写了一篇关于布朗运动理论的文章。二战期间，雷达研究所的研究成果都是机密的，不能出版。雷达研究所在这四五年的时间做了很多工作。1945年秋天，第二次世界大战结束后，MIT把这几年雷达实验室为抗战做的保密工作，以丛书的形式出版了，大概一共有20本，其中一本就是《阈信号》。这套丛书我现在还保存着，书中有很多内容非常有价值。

我和乌伦贝克教授合作得比较好，和他一起共事了几年。"文革"期间，我在监狱接受审问的时候，他们问我和乌伦贝克为什么那么熟，我说，他是我的老师，很喜欢我，老师和学生亲密地来往，很正常。他们以为我是回国给美国做特务的。他们对乌伦贝克的情况也做了调查。那时候，乌伦贝克已经离开MIT了。

乌伦贝克是一个好老师，对我的帮助很大，我从他那里获得很大的信心。我对他是有感情的，回国后一直和他保持联系，我们经常通信。我还保存着他寄来的相片。现在乌伦贝克的眼睛看不见了，听力也不是很好，他就让他夫人与我通信。我现在很想念乌伦贝克。

杜开昔：您在MIT工作了多长时间？

王明贞：我是 1943 年去 MIT 的。1945 年 9 月，有一天，我正在整理手头的工作，忽然接到哥哥王守竞从华盛顿打来的电话。他说希望我去给他当管家。九一八事变发生后，国民政府军政部的俞大维[1]让我哥哥到南京筹建光学器材厂，他就去了。俞大维的儿媳妇是蒋经国的女儿。俞大维和德国人结婚，生了一个男孩。蒋经国和苏联人结婚了，生了一个女孩。蒋经国的女儿与俞大维的儿子结婚了，生的小孩子也很聪明，混血儿嘛。俞大维自己也很聪明，什么东西都学得很好。1936 年，俞大维让我哥哥负责开办中央机器厂，担任厂长。再后，宋子文要派一个人去中国驻美物资供应委员会，那里需要一个值得信任的人管理财务。宋子文看中了我哥哥，因为他知道我们家人都很正直，我哥哥也有能力胜任这项工作。宋子文执意让我哥哥去，哥哥就去了。当时嫂子不在美国，房子太大，他就让我帮他管家。

接完电话，我向乌伦贝克递交了辞职信。经乌教授批准，我工作没做完就离开了 MIT，11 月底到了华盛顿。三个星期后，哥哥说我不需要一整天来料理家务，随即把我安排到他所在机构的电报室帮忙。电报室分为中英文两个组，我在英文组做统计，主要用计算机处理统计数字。

1946 年年初，我嫂子带着孩子们去了美国。我准备买票回国，当时太平洋刚通航，不好买票。我在密歇根住了几个月，与我的老朋友见面。1946 年年底才买到船票。我是乘坐很小的兵船回国的，出国的时候是乘坐"总统号"大轮船。

王德禄：当时有哪些中国人参加了曼哈顿计划？

王明贞：我不知道。我刚到 MIT 的时候，MIT 只有一个姓朱的中国

---

[1] 俞大维（1897—1993），浙江绍兴人。1922 年获美国哈佛大学哲学博士学位。曾任国民政府军政部常务次长。1946 年任交通部部长。到台湾后，曾任"国防部"部长。1993 年皈依佛门。

人。后来，我的表妹夫葛庭燧也去了美国 MIT，我还去过他家里。葛庭燧参加过曼哈顿计划。

后来，孟昭英也去了 MIT。他们都是研究固体物理的，我是搞理论研究的。孟昭英和我同龄，我在燕京大学念书的时候就认识他。我去 MIT 的时候，孟昭英刚博士毕业，在 MIT 做助教。我没在 MIT 念过书，可是现在 MIT 把我看作他们的毕业生。

杜开昔：能不能讲一讲 1946 年您回国后的情况？

王明贞：1946 年回国后，父亲在苏州病得很厉害，我去苏州陪伴了他们半年。后来我想去找工作，当时国内在打仗，母亲说，上一次出国前你差一点死在南京，如今你还是去南边工作吧，离战区远一点。正好我的妹夫陆学善认识云南大学的校长，他写信介绍我去云南大学教书，学校同意聘用。1947 年夏天我去了昆明。不久，我遇到了昆明师范学院院长查良钊①先生，他介绍我认识了俞大维的侄子俞启忠②。启忠是搞教育研究的，当时在昆明师范学校当教育研究室主任。1948 年我和启忠结婚了。

1949 年昆明还没有解放，物价飞涨，我们上午拿到工资，不敢存进银行，赶快买生活必需品。启忠没有出过国，在这种情况下，我想带他出去见见世面，启忠同意了。我给乌伦贝克写信，请他帮忙找工作。很快，我收到了回信。乌伦贝克在信中说让我去诺特丹大学物理系，参与海军部资助的研究项目。

---

① 查良钊（1897—1982），祖籍浙江海宁，生于天津。1918 年赴美留学，获芝加哥大学教育学院哲学学士学位，后入哥伦比亚大学师范学院研究部两年肄业。1922 年回国，身栖学政两界，历任北京师范大学教授兼教务长、河南大学校长、河南省教育厅厅长、西南联大训导长、昆明师范学院院长等职。1954 年移居台湾，任台湾大学教授、训导长。

② 俞启忠（1913—1999），祖籍浙江绍兴。俞启威（黄敬）的弟弟，王明贞的丈夫。曾在昆明师范学校任教育研究室主任，后留美考察。1955 年与王明贞一起回国，在农垦部图书馆工作。"文革"期间在监狱被关押了 7 年，1975 年出狱，1979 年获得平反。

1949年8月初,我们一起坐船去了美国,这也是我第二次去美国。我在诺特丹大学工作了一年半。启忠开始主要是考察学校,参观访问。半年后,他也来到诺特丹大学。

杜开昔:当时乌伦贝克在诺特丹大学吗?

王明贞:乌伦贝克不在诺特丹大学。我在诺特丹大学不教书,主要是写点文章。1952年年底,我们想回国。那个时候美国政府不允许学理工科的中国学生回国,学文科的可以回国。我们不想为敌人做事,就辞掉海军部的工作,向美国移民局申请回国。美国移民局说我在MIT的辐射实验室工作过,知道他们国家的国防秘密,不允许我回国。如果我偷偷回去就罚款5000美元。当时我很害怕,我们没有那么多钱,不敢偷偷地回国。俞启忠是学文科的,美国移民局允许他回国。

大概是1953年,我们辞去工作去了美国西部。我们的钱慢慢花完了。没有钱吃饭,我们就给加州南部的一个学校写信,写了五六封。第一封回信是从加州的一个小地方寄来的。后来启忠提议按着信件的地址去找那个学校,学校位于一个山谷。到那里一周后,我们与学校的负责人联系,要求做一些研究工作,薪酬方面只要够生活费就行了。负责人一听我们很有学问,非常高兴,就来接我们。后来我们发现,我们的工作就是给几十个小孩补习功课,不能做研究。我们又辞职去了美国中部。

我们乘船到了旧金山,一下船就赶快找了一个相对便宜的地方住下。现在想起来,那个地方很可怕。有时候,我们半夜听到敲门声,咚咚咚,

1954年王明贞与俞启忠回国前在旧金山合影

声音很大，很吓人。我们就换了一个地方。后来才听说那里住了一些失业人员。经熟人介绍，我们认识了一个美国女人。她很热情，认识一对开小旅馆的中国夫妇。这对夫妇自己不愿意管账，他们想聘请一个人白天管理旅馆和账目，那个美国女人就介绍我们去了。这对夫妇看到我们很可靠，就让启忠管理账目。

我也想找一份工作，可是不好找。我在报纸上看到有些地方招聘会计，我是搞数学的，一周肯定能学会，就去面试。一听说我是博士，招聘人员说感觉有点晕，博士怎么找不到工作呢？我没有告诉他们我要回国。那个人说暂时没有工作。我想，他是不想录用我。那个时候物理学家找工作很容易，我估计那个人一猜就知道我是暂时失业的，不可能在他那里工作太久。没办法，我只好待在家里。启忠在后台管账，每个月的收入够我们的生活费了。无事可做，我就自学做皮包。我做皮包做得很好，朋友还夸奖我了。当然，皮包还可以设计成各种样式，甚至可以刻上名字，这是件很好玩的事情。

工作了一段时间，积攒了一点回国的路费，我们就申请回国。美国移民局来问我们为什么要回国，FBI也来问我们干吗回国，我们说中国是我们的家，我们要回家。我们有很多朋友，很多兄弟姐妹都在国内，当然要回去了。有一次美国移民局的人问我是不是中国共产

王明贞与俞启忠回国前在旧金山，手中捧着申请回国的材料

党党员，我说我没有资格做中国共产党党员，我们都知道中国共产党党员很好，不是很容易做的。

乌伦贝克知道我要回国，劝我留下来。乌伦贝克是物理界的权威，认识很多人。他说我想到哪里他就介绍我去哪里，但是不赞成我回国。古德斯密特赞成我回国，他说中国人应该回到中国。当时我已经下定决心。我和启忠是1955年5月回来的。

王德禄：王承书也是乌伦贝克的学生吗？

王明贞：是的。王承书和我是同一个导师。王承书跟随乌伦贝克工作了15年，名气比我大得多。王承书和乌伦贝克也一直保持着联系，他们也经常互相写信。

王德禄：你们同船回国的有多少人？有学物理的吗？

王明贞：当时我们船上有一个留学回国人员的名单，上面大概有15个人，每个人的地址都写在上面。"文革"的时候，我觉得没用，为了避免出问题，把它烧掉了。我们那条船上，只有徐璋本和我是学物理的，其他人都不是。

杜开昔：您从美国回来以后有哪些经历？

王明贞：回国后，教育部让我们提要求，问我愿意去哪里。我说，服从分配，哪里需要就去哪里。当时我们回国的留学生都是服从分配。教育部把我分到了清华大学。

刚回来的时候，有些留学生来北京报到，住在留学生招待所。启忠和我是一起回来的，我们住在他哥哥俞启威（黄敬）①家。启忠的哥哥是第

---

① 俞启威（1912—1958），又名黄敬，祖籍浙江绍兴，生于北京。1931年考入青岛大学物理系。1935年考入北京大学数学系。1949年后，曾任天津市市委书记兼市长、第一机械工业部部长、国家技术委员会主任。

一机械工业部部长,房子比较大,房间很多。当时我的妹妹、弟弟都在北京,但是他们的房子比较小。

我们刚从美国回来的时候,国内正在开展整风运动,我们不懂这个运动是怎么回事。开会讲"整风"、"反革命"之类的事情,我们听不懂,隔两天开一次会。9月份我才去清华报到。当时徐亦庄是理论物理教研组的组长。理论物理组与普通物理组合并以后,有一段时间徐亦庄担任物理教研组主任。我到清华大学以前,徐亦庄就知道我。我在金陵女子文理学院教书的时候,徐亦庄的姐姐是我的学生,我认为她是一个好学生,她也说我是一个好老师,我们关系一直很不错。这些事情徐亦庄都知道。

我在清华大学教统计物理和热力学。这门课相当难教,更何况我好多年没有教书了,我并不想教。徐亦庄说课程安排已经贴出去了,有的学生已经报了名上这门课,我只好教了。尽管我以前在昆明教过几年书,可是在清华教书不同于昆明。在昆明的时候,教书没有教学大纲,自己可以尽兴发挥。当时我备课很仔细,教书也很认真,从来不说一句废话。可是,清华有教学大纲,这对于我来说,有些束缚。

王德禄:您能介绍一下当时清华物理教研组的情况吗?

王明贞:我刚回来的时候,理论物理教研组和普通物理教研组是独立的。理论物理组有六七个人,其中有两三个是助教。理论物理组从国外留学回来的有徐亦庄、徐璋本、张泽瑜[①]和我。徐璋本去过美国两次。

我记得,有一次,在反"右派"大会上,徐亦庄说,我们理论物理教研组只有一个半不是"右派",剩下的五个半都是"右派"。我一听,糟糕了,如果徐亦庄是那一整个非"右派",剩下那半个就是我吧?后来我

---

① 张泽瑜(1926—),上海人。1947年毕业于交通大学(上海),1949年清华大学物理学研究生毕业。后任清华大学物理系教授,1957年被错划为"右派",1997年移居澳大利亚。

才知道，徐亦庄是半个"右派"，那一整个非"右派"的就是我。按比例来讲，清华大学物理教研组"右派"最多。

清华大学的钱伟长、孟昭英都是大"右派"。后来"文革"中，孟昭英被抓起来，关在教室看守。孟昭英想逃跑，跳楼了。他把棉衣、裤子撕成一条一条的，把它们系成一条绳，想自己荡下去，后来这条绳子断了，他的腿也给摔断了。

徐璋本和我们同船回来的，我们很熟悉。回国后，徐璋本也被分到清华大学物理教研组，他每天来上班都要路过我们办公室，我们经常叫他进来坐坐。有时候，我和我先生也请他来家里，一起打桥牌。当时在学校大礼堂宣布徐璋本是"现行反革命"，我去听了。徐璋本要组织一个"劳动党"，曾动员我们参加他这个党。徐璋本的妻子劝他不要这样做，并让我们劝劝他。有一次，我请徐璋本吃饭，想劝劝他，特意找了李恒德一起去了。我们四个人一起吃饭，李恒德有事提前走了，只剩我们三个人。徐璋本跟我们半开玩笑说，他那个"劳动党"要任命组织部长、文化部长。开始我们也跟他开玩笑，后来我们劝他别搞这些名堂了。徐璋本还让我们举手，看赞成不赞成，一举手两个不赞成。徐璋本又贴过小字报，争取人们参加他的"劳动党"，那还了得！

徐璋本至少出过两次国。第一次出国是在无锡的学校教物理的时候，"文革"时传言国民党的戴笠把他派到美国了，那是"历史反革命"问题。后来，徐璋本要组织"劳动党"，属于"现行反革命"问题，当然更得抓他了。他被抓起来了，后来大会上怎么批判他的，我不清楚。1957年，徐璋本进监狱了，在监狱待了20多年。徐璋本的夫人也被抓起来了。那时候，学生也来批判我们，我把所有的事情都说出来了。反正我们没有参加"劳动党"，作为朋友我们还劝过他别搞那个。

1988 年王德禄、杜开昔采访徐璋本时所摄

王德禄：您回国后参加了哪些运动？

王明贞：我们回国后，国内接连不断地搞运动。我在学校主要是教书，基本上没有做研究。"反右"运动的时候，我们一直在上课。"文化大革命"开始后，不能上课了，我们都去搞运动。"文革"初期，我们都要写大字报，我写不出来。后来，我被抓到拘留所，接受审讯，辗转了三个地方。去第一个地方不用戴手铐，又换了一个地方也不用戴手铐，最后一次真的被关进监狱了，要戴手铐。审讯期间，有一次，他们让我发表对毛主席、林彪、江青这些人的看法，即便是不好的想法也要写出来。我记得之前启忠好像说过，林彪将来要成为第二个赫鲁晓夫。赫鲁晓夫拍斯大林的马屁时甚至叫他父亲。当时我听了也有同感。我做了一番思想斗争，把这一条交代了。现在想来，如果林彪当时没下台，那个材料给他看到了，那不是要杀我的头了吗？我从监狱出来以后，跟我的朋友讲起这件事，他说你这个人性子太直了，什么都敢说，多危险的事啊。当时我确实是这么想的。我还写到，有一次康生带着江青来清华做报告，革委会把报告预先铅印出来发给我们每人一份。江青在宣读报告之前却说，是康生临时拖她来的，她来做报告之前没有做准备。当时，我去听报告了，跟旁边的人说，江青这个人有点幼稚，她这样说就是为了表明自己能脱口而出，其实她有报告稿，骗得了谁啊？审讯期间，我写的这个东西可能被江青看到

了。1968年我们进监狱就是江青下令把我们抓进去的。①

刚进监狱的时候,他们还让我写东西,我脑子里记着许多事,写出来,交上去。有一次讲我回国以后的经历,我把回国以后遇到了哪些人都写上了,写了厚厚的一大篇。现在想来,江青如果想抓一点把柄,只要看到我写的那个文件就可以整与我接触过的人了。他们说三天后就把我放出来。我想也许他们要调查我,他们调查不出什么东西,就会把我放出来,我就可以光明正大地回来了。可是,他们把我投入监狱,关押了我5年多,直到1973年才把我放出来,真是莫名其妙!我先生是1975年出狱的。

半步桥监狱

北京最老的监狱——京师模范监狱的俗称,曾经位于宣武区自新路附近(今清芷园住宅小区),也俗称"王八楼"(因狱中的五排监舍以中心岗楼为圆心散射开去,状似王八而得名)。监狱建自清末宣统二年(1910年),其内部格局很有特点,由于中心岗楼与周围各监舍筒道相连,因此看押人员只需在岗楼里绕一圈,就可以看到各排监舍的情况。1912年,民国政府将京师模范监狱改名为北京监狱,并于1914年增设了女监。在此之后,又先后更名为"北平第一监狱"、"河北第一监狱"、"河北北平第一监狱"、"京师第一监狱"等。1949年2月7日监狱被华北人民政府接收,同年4月14日更名为"华北第一监狱"。新中

---

① 据《王明贞:转瞬九十载》一文,直到1979年1月22日,中央组织部给王明贞和她的丈夫俞启忠开平反大会的时候才正式通知他们,他们夫妇二人都是被江青陷害的。此后,中央组织部在俞启威的平反大会上着重申明俞家的一切冤案都是江青陷害的,因为俞启威(黄敬)是江青的前夫。

> 国成立后，更名为北京市人民法院监狱。1950年7月，监狱的大门口又正式挂上"北京市监狱"的牌子。共占地13.3万平方米，有房屋603间。后迁移至大兴团河地区，原监房1994年拆除，现仅存部分房屋。

在监狱里，白天让我们念《毛主席语录》。有什么可看的，天天看，我已经把它背过了，我们差不多看了一年。后来让我看别的，比如《人民日报》、《红旗》，再往后马列主义的著作也可以看了。每间牢房门上都有一个小窟窿，解放军走来走去，监视我在牢房里做什么。监狱规定，中午都要休息一个钟头，如果不睡觉，解放军就骂你。到了该起床的时候，有人打铃让我们赶快起来。

我一直都睡不好觉，有时候，晚上睡不着，睡着又惊醒了。白天还要看《毛主席语录》，出去放风。我困了，白天躺在床上睡觉，解放军看到了就骂我，让我看《语录》。我看《语录》的时候，他们又说我是假装的。这可叫我怎么办？没办法，我天天闹，半夜爬起来，让他们赶快审问。他们一开始审问，我就高兴极了，以为审完我就没有事了。审问的时候，要面对墙，"坦白从宽，抗拒从严"，总是这几句。他们还说：死路一条，当心脑袋。当时我想糟糕了，是不是要杀我的头了。他们审问的时候，说我做了很多坏事，还说我加入了一个什么团体。实际上，我没有加入什么团体。我不知道这是怎么回事。当时我很害怕，我想是不是有人故意要陷害我，把那些罪名强加给我。可是我没有得罪人，我不知道是谁跟我有这么大的仇恨，非要把我拉下水！

我怕蚊子。那时候我们屋里都有灯，白天用大灯，因为他们要看到我们。夜里换一个小灯，因为外面漆黑一片，用小灯也能看见我们。晚上我听见蚊子的嗡嗡声，就睁开眼睛，找到了，把蚊子打死。有时候，打到蚊子了，我高兴极了，不过一般都打不到。我先生从监狱出来以后对我说，他在监狱里学了佛教的一些东西，可以看不见，听不见，这就是一种气功。他说，开始他也睡不着，学了那个，能睡着了。

在监狱里这几年，我们都是吃"素食"，一天两顿窝窝头，偶尔吃一顿馒头。当时，我从来没想过自己会垮掉，我一定要好好活下去。窝窝头吃不下去，我把它掰成一小块一小块的，摆在床上，用毛巾盖着。我在房间跑来跑去，解放军不说，也不骂，这也算是一种运动。我走到床边拿一块，像吃糖似的吃一块。我怕他们看见了骂我，等我转过头来，看守看不见了，就吃下去。就这样子，我把两个窝窝头，一天分几顿吃下去了。监狱里一间挨一间都是牢房，我们每天都要出去放风，一人一个院子，大家谁也看不见谁。解放军在走廊走来走去，监视着我们的一举一动。有一次，我听到解放军说隔壁的人：让你出来放风，你动也不动，你旁边那个人，在那边跑步呢。

监狱里规定，晚上睡觉我们的头都要朝外，不许朝里。因为他们怕我们头朝里睡，用被子把自己裹起来自杀闷死。我本来就睡不着，还这么多规定！我们在监狱里的生活很有规律。

监狱里还不错，两个礼拜让我们洗一次澡。房间里还有暖气，每人一个小厕所。有一年冬天，他们买了许多棉絮，让我们做棉衣，做好了他们就拿走。我只参加过这种形式的劳动，并且是在自己房间里。我记得，做完以后，一天只给一盆水洗手。我进监狱的时候，没钱买肥皂，所以我没有肥皂用。我搬了好多次房间，有一次搬动的时候，我看到地下有一只袜子，里面装着一些肥皂头。后来我问看管我们的解放军头头，这些肥皂能不能让我用。那个女解放军凶巴巴地说，不是你的就拿出来，交了。我要一点肥皂，她也不给。后来有一个女解放军给我肥皂了，夏天我洗了衣服，铺在地上晾干。有一次，我把自己被褥上的尼龙套子拆了，很大，晾在地上，一会儿就干了。

"文革"的时候，我弟弟王守融和弟妹一起自杀了，我想，可能是我弟妹太脆弱了，忍受不了那样的生活。其实他们的日子比我的好过多了。也许这就是我个人的坚强吧。我弟弟有心脏病，让他去劳动，有点吃不消，而且他的心脏病是突发的时候才检查出来。后来红卫兵抄家，把他们家抄得一塌糊涂，箱子都打开了，把厨房里的油盐酱醋打翻了，洒得满地都是。我弟弟知道，一直让他劳动他会吃不消，身体根本不行。弟弟他们死后的一个月，"革委会"拿出来一份材料。我另外一个弟弟仔细地把这个材料收藏好了。

"文革"的时候，我听说我的一个学生跑到我妹妹家里，想让妹妹揭发我。他说，你想想你姐姐，她和她丈夫在美国有很好的工作，她在国内没有子女牵挂，干吗要回国？肯定有原因。我妹妹说不知道，也看不出来原因。那个人又引导我妹妹说，别人想出国都出不去，你们父亲已经去世了，你母亲也不是她的亲生母亲，她为什么一定要回国呢？回国不是为了做特务吗？

当时从美国留学回来的，都被认为是美国派来的"特务"。

杜开昔：您从监狱出来以后，有没有人因为您在监狱里待过而对您有什么看法？又回清华教书了吗？

王明贞：我不认为他们对我有不好的想法。我从监狱出来以后，听说学校向大家宣布我没有问题，希望大家不要歧视我。很多人知道我进监狱了，很愿意帮助我。

我从监狱里出来就不再教书了。正好外语教研组要编字典，我无事可做，帮他们编了一段时间。后来，学校动员我退休，那个时候我差不多也到了退休年龄，1976年我就退休了。算起来，从我回国以后一直到"文化大革命"，中间发动了好几次运动，仔细想想，我真正教书的时间不过11年，时间就这样过去了。

杜开昔：您认识高联佩吗？

王明贞：高联佩曾在美国密歇根大学念物理系，回国后被分配到清华大学工程物理系。当时高联佩有"右派"嫌疑，工程物理系对他不太重视，甚至有点歧视。"文革"期间，他和夫人一起被关进监狱，很可怜。高联佩被关了4年，在监狱待的时间比我短。高联佩的岳父在香港，非常有钱。高联佩的夫人出狱后去了香港，后来移居美国了。到最后也没有说清楚为什么把他抓起来。高联佩退休以后，被学校回聘，主要是没有人教固体物理，只好让他教。

王德禄：您了解葛庭燧吗？

王明贞：葛庭燧从清华大学毕业后，到燕京大学念研究生，后来与我的表妹何怡贞结婚了。何怡贞曾去美国留学，回国后到燕京大学当老师，教物理。葛庭燧是她的助教。后来他们一起出国了，去了MIT了。何怡贞生完小孩没有出去工作。我听说，后来他们离开MIT去做放射性方面的研究了，具体的不太清楚。曼哈顿计划的原子弹发射成功以后，他们好像去了芝加哥。1949年，我和我先生去美国的时候，他们就在芝加哥大学。我认为，他们当中有一个人参与了曼哈顿计划的研究工作。

王德禄：何怡贞出国的费用是哪里资助的？

王明贞：何怡贞是自费出国的，她家里有钱。她父亲是留日的，最早加入了同盟会，我听说他与日本人有联系。何怡贞那时候也曾想去日本留学。小时候，我们家住的是老房子，很简陋，何怡贞家的房子最讲究，看上去像个花园。屋里有暖气,当时自家有暖气的不多,可见她家是有钱人家。他们那一辈有七八个小孩,三个女孩子,和我们家差不多。她姊妹三个,何怡贞和何泽慧两个出国留学了,第三个叫何泽瑛①,没出去。我很好奇,她父亲没有工作,又没做生意,家里怎么那么有钱?那时候何怡贞的父亲在北京,很少回家。后来她父亲死了,何怡贞的母亲在家带着几个孩子。1947年我们回去时,她妈妈还在。1949年她妈妈就被人杀头了,很残忍。

王德禄:您知道何成钧②吗?

王明贞:何成钧也是"右派",现在已经退休了。何成钧没有出国,普通物理教得很好,我印象中他是教得比较好的老师。当时我们二三十个老师在一起开会,批评学校存在的问题,有专人记录讲话内容。何成钧当时只因为说了一句很时髦的话,"毛泽东的太阳没有照到清华",后来被错划成"右派"。

那次开会,我觉得没什么可说的。因为我平时只专注于教书,不关心别的事情,没有什么要抱怨的。后来他们点名让我发言,我刚一讲话,那个做记录的人赶快拿起笔。我只说了两句,他刚要记,我的话已经说完了。当时有的人喜欢发言,总是翻来覆去地讲,有的人不喜欢发言,只讲了几句话。后来,在会上发了言的老师都被错划为"右派"了。

何成钧的能力很强,知识也很丰富,被错划成"右派"后,他夫人和他离婚了,那个时候要划清界限嘛。后来,他夫人一直在北大工作,一个

---

① 何泽瑛(1923—),女,祖籍山西灵石,出生于江苏苏州。何怡贞的胞妹。1948年毕业于东吴大学生物系,曾入协和医学院生物系学习,1950年在中科院上海生物所任职,1956年调入中科院南京植物所。

② 何成钧(1914—2007),四川成都人。1938年毕业于清华大学物理系。1949年后,曾任中科院计划处副处长。1956年后任清华大学物理系副教授。

人生活，我看到她非常同情，别人都不敢问候她。有时候，我看见她弟弟，会打听一些关于她的情况。何成钧的夫人跟他离婚以后没有再结婚。何成钧摘掉"右派"的帽子以后，组织上又让他们两个复婚了，现在的生活还不错。何成钧被错划成"右派"的时候是副教授，现在已经升职为教授。

夏学江①也是教授。他的问题属于历史问题，"历史反革命"。夏学江被打成"历史反革命"以后，别人都瞧不起他，不理他，夏学江抬不起头来。那些助教看到他，都不敢与他交流，有点敬而远之。夏学江不是"右派"，他平时不敢讲话，不可能成为"右派"。我刚回国的时候，夏学江30多岁了，还没有结婚，后来组织上从外地调来一个女教师给夏学江做助教。这个女教师年龄和夏学江差不多，人长得还可以，但是身体不太好。他们两个接触时间长了，产生了感情，结婚了。夏学江一直教普通物理，教得很好，后来大家也很重视他。现在也是这样，年轻人都向他请教，他也乐于帮忙。

杜开昔：您知道童诗白吗？

王明贞：童诗白夫妻两个与我们同时期回国。他的妻子是搞文学的，在北京师范大学教书。童诗白是搞无线电的，我们是很熟悉的朋友。我们的无线电设备坏了都找他帮忙修理。我听说，童诗白在无线电方面做得不错。我们从监狱里出来的时候，正好赶上批判何东昌。我记得那个时候我们去开会，童诗白在会上批判了何东昌。后来何东昌当了大领导，童诗白就吃亏了。何东昌问他，你是不是又想反对我啊？作为朋友，我们曾经问过童诗白，为什么要上台讲那些话？童诗白说，别人写好了稿子，让我去

---

① 夏学江（1925—   ），天津市人。1949年毕业于清华大学物理系，后留校任教。

讲。我先生说,既然那不是你自己的想法,你为什么去讲呢?这样做不太好。

杜开昔:王补宣①呢?

王明贞:王补宣是搞热能的,我认识他。我刚回国的时候,他在热能教研组工作。有一次,王补宣请我去做物理演讲,在他们教研组我们彼此认识了。王补宣现在还在工作,视力很好。

杜开昔:您知道许葆玖吗?

王明贞:许葆玖毕业于中央大学(南京)土木工程系,后赴美留学。他和我们是同一年回国的。

杜开昔:周寿宪呢?

王明贞:周寿宪是搞计算机的,很有成就,在国外名气很大。他回国以后才结婚。周寿宪和中科院计算机所所长范新弼非常熟悉。我和周寿宪是通过一个朋友介绍认识的。

1972年以后,运动特别激烈。那个时候,大家都要参加运动,参加学习班。我想,这些人可能都对周寿宪很不热情,让他感觉很郁闷。他妻子不让他去参加学习班,担心对他刺激太大。人家执意让周寿宪去,结果他的精神出了问题。周寿宪被下放到江西劳动,得了血吸虫病。从江西回来以后,教研组对他态度很不好。周寿宪的妻子一天到晚看着他,怕他自杀。有一次,他趁妻子不注意,自杀了,蛮惨的。周寿宪的夫人本来心脏就不太好,周寿宪死后,她心脏病发作,也死了,留下两个男孩。后来学校有几个人站出来,说一定要给周寿宪平反。因为不平反将来会对他的孩

---

① 王补宣(1922—),江苏无锡人。中科院院士(1980)。1943年毕业于西南联大。1948年赴美留学,次年获普渡大学机械工程硕士学位。1949年回国,历任北京大学教授、清华大学热能工程与热物理所所长。

子有影响，为了孩子的未来也要给他平反。1980年10月给他们两人一起开了平反大会。他的两个儿子已经大学毕业，参加工作了，也结婚了。

王德禄：从美国回来的，还有一个女的也进监狱了？

王明贞：张斌是林同骥的夫人，现在在中科院化学所工作。张斌是怎么进监狱的呢？这事说起来挺滑稽的。我们都是江青下令抓走的，张斌是陈伯达下令抓走的。当时那些人只知道要抓的这个女的在中科院附近，不知道长什么模样，他们就错抓了张斌，后来他们才发现抓错人了。张斌是从美国留学回来的，他们认为她也不是什么好东西，既然已经把她抓进去了，那就把她关起来，让她在里面待着。张斌在监狱里待的时间比我们还长。这简直是一个笑话。

我还算是好的，我的精神没有受一点影响。张斌年龄比我小很多，她受不了折磨，被逼得精神出了问题。她从监狱出来以后给平反了。张斌是搞化学的，执意到化学实验室工作，单位怕她把化学药品带出去引爆，伤害到别人，不同意她做这种工作。可是张斌还是要去，拿她没办法。单位给了她一个职务，先看看她的表现。现在不晓得怎么样了。她丈夫林同骥工作搞得很好。张斌很可怜，等于把她毁了。现在上边觉得冤枉了张斌，让她受了那么多罪，分给她一套很好的房子。实际上，以张斌的资历，她分不到这种房子。中科院有三栋楼比较好，808、809、810，房子面积比较大。

我在监狱里的时候，每天都是在没有希望的日子里生活。我把所有的想法都说了。当时我想我大概要死在监狱里了，人总是要死的。我抱着这个念头，坚持活着，无论受多大的罪也得活下来。现在想想，提都不能提，那个时候我却能够忍受，看来我还是比较坚强的，如果当初脆弱一点，我可能也被毁掉了。

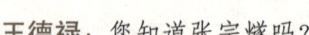

王德禄：您知道张宗燧吗？

王明贞：张宗燧很聪明，就是有点狂。记得刚回国，有人让我讲讲我在国外做的工作，我说没什么好讲的，他们就夸我谦虚。后来我讲了许多自己的缺点，张宗燧说没看见像你这样的人，只讲自己的缺点。可是我讲的都是真话。

张宗燧后来自杀了，具体是什么原因，我不清楚。据说，可能是与这些运动有关系，也许是家庭的问题，或许他对工作也不满意。我听说，张宗燧和他的妻子关系不好，他妻子用话刺激他，说他"最好自杀"。后来张宗燧真的自杀了，他妻子很难过，很自责。

王德禄：您在美国有比较出色或者比较满意的工作吗？

王明贞：没什么出色的，我自己觉得就是帮别人做点事，没什么成就。最近有个学生说要写一个东西，大概是关于50年以前对科学有成就的人的一些资料，他坚持让我写自传。我告诉他没什么可写的。他采访了我，还出版了一本书，就是把每个人比较重要的文章编写进来。我是念统计物理的，给了他一篇统计物理方面的文章，编到书里。

那个学生出版的那本书，后来给我看了。书中把我哥哥的文章也编进去了，还有清华的孟昭英、何增禄①的文章。何增禄是搞真空技术的，我刚回国的时候，他在清华工作，现在已经去世了。清华把我们三个人的文章编进去，其他人都是年轻人。8月份那个学生来找我，要我把那本书翻译成中文。我让他自己去翻译。我用英文写的文章，现在让我翻译成中文，我已经不记得具体内容了，甚至名字我都搞不清楚。刚到清华的时

---

① 何增禄（1898—1979），浙江诸暨人。1927年毕业于东南大学。1929年赴美留学，次年获加州理工学院硕士学位。1933年回国，任浙江大学教授兼物理系主任。1955年调至清华大学筹建工程物理系，任教授。

候，教书都很困难，我一开口就讲英文，不会说中文了，只好把中文写在书上，不然的话我脱口而出的都是英文。我想那个学生之所以把英文翻译成中文，是担心书出版以后，中国人看不懂。那个学生负责翻译我的这一篇，他说译好了再请我看，可是他再也没来过，也不知道翻译得怎么样了。那个学生挺好的，现在大概是副教授了。我认为他是最好的学生。

6 干了30多年高温合金

师昌绪　口述

采访人：王德禄、杜开昔
访谈时间：1988年10月30日
访谈地点：北京中关村师昌绪家
整理人：焦安欣、高颖、程宏

受访人简介

师昌绪（1920— ），河北徐水人。金属学及材料科学家，中科院院士（1980），中国工程院院士（1994），第三世界科学院院士（1995）。1945年毕业于西北工学院矿冶系。1948年赴美留学，1949年获密苏里大学矿冶学院硕士学位，1952年获诺特丹大学冶金系博士学位。1955年6月回国，历任中科院金属所研究员、所长等职务。1984年调任中科院技术科学部主任，1986年

任国家自然科学基金委员会副主任，1994 年担任中国工程院副院长，1995 年当选为第三世界科学院院长。2011 年获国家最高科学技术奖。

王德禄：请简单介绍一下您的经历。

师昌绪：从小时候说起。1920 年 11 月 15 日，我出生于河北省徐水县大营村的一个大家庭，当时算是地主家庭，有 40 口人。我的已故祖父是前清的进士，父辈有六个兄弟姐妹，我们这辈共有十几个。徐水县现在属于保定市。那时候保定相当穷，尽管我家是地主，也只有 200 多亩地，不过家里没有人种地。我家算是书香门第，有的是小学教员，有的是中学教员，层次最高的是县里的官员。

当时我们村没有小学，要到邻村上学，每天来回跑。1934 年我从徐水县城高小毕业，后考入保定第二师范学校，就是电影《红旗谱》中描写的那个抢粮食的学校。人们没有粮食吃，连树皮都吃光了。当时国民党包围了这个学校，打死了二三十个学生。那时候，保定第二师范学校是全国最有名的学校之一。我是在这个事件之后去学校的。学校管理得很严格，学生没有星期天，像半农业劳动式的学校。我在家很少参加劳动，顶多拾拾麦子。到了保定第二师范学校，我受到了有益的教育，开始参加劳动，养成了比较勤劳的习惯。

1937 年我初中毕业的时候，正赶上日寇入侵。当时学生有两种选择，一部分人到延安加入了中国共产党，另一部分在当地找工作或者是去了外地。我们家比较封建，比较注重念书。为了不给日本人当壮丁，我们全家凡是有当壮丁体质的人都南下跑到了河南，我的三个哥哥也去了。1937 年年底，国民党看到很多学生都去了延安，为了防止青年北上参加共产党领导的抗日战争,成立了冀察绥平津(现河北、内蒙古、北平、天津)联合中学,接纳一些流亡到河南的青年。后来这个学校搬到豫西淅川,改名为国立第一中学。

我高中就是在国立第一中学念的。当时我是全校的军训大队长,领着大家上操。三年后高中毕业,我考上了国立西北工学院(1957年该校与西安航空学院合并为西北工业大学)采矿冶金系。当时那个系很好,我念了四年。在大学,我是班长,在班里总是考第一名。我倒不是个书呆子,一边念书一边参加活动。

国立西北工学院原来在陕南,是西北联大的一部分。西北联大是抗日战争时期成立的,由国立北洋工学院、东北大学、国立北平师范大学、北平大学合并而成。西北联大位于陕西南部的汉中,比西南联大还要大,而且复杂。1938年7月西北联大又拆分为西北大学、西北医学院、西北师范学院、西北工学院。

抗战时期,川陕有三个坝——华西坝、沙坪坝、古路坝。关于这些地方,流传着一句话,大概意思是,成都平原的华西坝是华西大学,一所教会学校,生活比较好,算是"天堂";沙坪坝是重庆中央大学,算"人间";古路坝是西北工学院,算是"地狱"。我就在古路坝那一带上学,当时古路坝是生活最苦的地方,吃得比较差。那是个大教堂,有红衣主教和天主教,也有很多意大利人,我们上课占用了教堂的一部分。当时学校条件不好,我们做实验比较少,没有电灯,使用煤油灯,不过学生学习劲头很足,学生水平都比较高。我念小学、中学、师范的时候经历了很多次逃难,遇到了很多困难,可以说我在应对困难方面锻炼得比较好。

1945年,我大学毕业的时候,资源委员会向西北工学院要了5个成绩优异的毕业生,我就是其中之一。我被分配到四川电化冶炼厂去炼铜。四川电化冶炼厂位于四川省綦江县，是资源委员会最好的冶炼厂。1945年国民政府组织了留学考试，要招一批学生出国留学，我参加了考试。冶金、矿冶专业大概选拔了8个学生，公费留学。我英文成绩不好，没考上。冶金专业还招录5名自费生，我取得了自费留学资格。但我没有钱，当时没办法出国。

1945年日本投降，1946年开始分配后方的技术人员，炼铜厂所有工人都要被派到台湾，去接收日本曾占领的高雄渔业公司。我考虑到北方人去了台湾语言交流会有障碍，就没去。1947年，我申请调到鞍山钢铁公司，从事钢铁工业。我在鞍山的时候，通货膨胀很厉害，我们拿着面袋子领工资，100万用绳子一捆，贴上标签就写上100万，谁也不看。1948年2月19日晚上，大家一起躲炮弹，解放军打进来，鞍山解放了。当时很多人要离开，工厂没有人管理，我花了一天一夜走到沈阳。那时候，沈阳是国民党统治区。3月份，我又离开沈阳去了北平。北平的通货膨胀更厉害。北平当时很乱，闹学潮，反饥饿、反迫害游行，没办法工作，我就想利用在重庆考取的那个自费留学资格出国。

1948年，利用通货膨胀的机会，我借了100多美元，带了一些美元支票，换完钱留给家里一些，我就出国了。我申请了密苏里矿冶学院和加州大学，都被录取了，我决定去密苏里。8月份，我从上海出发，乘坐"梅格斯将军号"运输舰去了美国，9月初到达密苏里一个小镇罗拉，在密苏里矿冶学院

1952年师昌绪在麻省理工学院

冶金系读书。

密苏里矿冶学院学费最低，只需要65美元，生活费也很便宜，那里有十几个中国学生，还算不错。该校是美国四大矿冶学院之一，学校算中上等。我在那里可以安心念书，1949年5月我获得了硕士学位。当时很多人念完硕士就回国了，我想在密苏里继续念下去，但是学校不给提供奖学金，我就在芝加哥附近的诺特丹大学（University of Notre Dame）申请了奖学金。1950年我转入诺特丹大学念博士学位。不久，朝鲜战争爆发了，中国和美国发生了直接冲突，来势很汹。美国认为中国留学生很厉害，开始控制中国留学生回国。除了念文学、法律的，所有学理工科的都不可以回国。这个言论没有直接在报纸上发表，但是去移民局办理手续时，他们不让这些人回国，后来干脆把大家的护照拿走了。当时在美国留学的有5000人回不来了。美国移民局说，不回国的中国留学生如果有什么困难，美国国务院给提供生活费。当时我就领了一段时间的生活费。那些钱是当地的州政府提供的。

毕业之前，我想去印度、瑞典、巴西这样的中立国家工作，联系了几个，没有成功。后来我在麻省理工学院（MIT）得到了一个助理研究员的职位，主要是主持美国空军基地的"超高强度钢"课题，1952年6月拿到博士学位。"超高强度钢"课题是做飞机起落架大梁的。我的导师是M. 科恩（Morris Cohen）。科恩很善良，对我很照顾。毕竟是在外国，我还是想回国。因为国内有亲人思念着我，他们都

1952年师昌绪学士学位照

希望我回国,我自己也觉得应该回国。可是美国移民局说,不管你在哪里,只要企图离开美国国境就不行。中美两国在朝鲜战场上打了个平手,美国认为自己训练出来的人回到中国,帮助中国建设,这就等于是反对美国。我们遇到的最糟糕的情况是,没有护照,任何人要求回国,美国移民局就可能会说你"非法居留"。梅祖彦去了法国,从那里偷偷回国了,这只是个案,只有个别人才能钻空子。杜连耀要回国的时候被拘留了,借口是没有护照;毛汉礼①也因为这个原因被拘留了。当然被拘留的不止他们两个。当时美国移民局让他们从罚款5000美元和拘留中作出选择。这样下去不行啊。1953年CSCA搞夏令营,李恒德、张兴钤和我三人找了一个地方,聚集了30多人,开会讨论怎么回国。我们商量的对策是:第一,一定要联合起来向社会公开,让老百姓都知道美国不允许中国留美学生回国的事情;第二,要与国内取得联系,当时确实有不少美国老百姓给国会、报社写信,说他们不让中国人回去是非人道的。

1954年《基督教科学箴言报》对师昌绪的专访,照片下方文字提及师昌绪当时回国的愿望(师昌绪提供)

1954年,日内瓦会议召开,周总理指责美国非法拘留中国的留学生。美国政府认为这是在歪曲事实,不是美国要拘留中国留学生,是中国留学生自己不愿意回中国。美国希望用中国留学生交换他们国家的战俘飞行

---

① 毛汉礼(1919—1988),浙江诸暨人。中科院院士(1980)。1943年毕业于浙江大学史地系。1947年赴美留学,1947—1951年先后获加州大学硕士、博士学位。1954年回国,在中科院青岛海洋所任职。

员。中国政府否定交换的说法，并指出，中国留学生是去美国留学的，学成之后理所当然地要回到中国，这和飞行员打仗被俘是两回事，怎么能交换呢！这在当时是个非常热门的话题，光电台上就出现过很多次记者访问。美国在报纸上刊登消息说，中国希望交换。我记得通栏大标题是"5个中国学生以后会回到中国"。我现在保存下来的报纸已经不多了，好多都被海关没收了。

王德禄：当时麻省理工学院的中国学生多吗？回国的多吗？

师昌绪：CSCA 搞夏令营的时候，MIT 有三四十个中国留学生。比如现任中科院力学所副所长的吴承康①、第二机械工业部的张兴钤、水科院的汪闻韶②、航天工业部的陆元九③夫妇，他们都回国了。MIT 大概有一半留学生回国了，具体回来了多少，我不太清楚。华盛顿地区也有很多中国留学生，有两三百人。波士顿地区只有三个中国人，李恒德、张兴钤和我。我参加过 CSCA 的活动，参加夏令营活动的那些人中只有梁晓天④、

---

① 吴承康（1929— ），祖籍河北滦县，生于上海。气体动力学家，中科院院士（1992）。1947 年考入交通大学（上海），1948 年赴美留学，1951 年、1952 年先后获威斯康星大学机械系学士和硕士学位，1957 年获麻省理工学院博士学位。1957 年回国，历任中科院力学所副研究员、第七机械工业部二院 207 所副研究员，中科院力学所副研究员、研究员、研究室主任、副所长，中科院材料工艺力学实验室主任。

② 汪闻韶（1919—2007），江苏苏州人。土力学及土坝、地基抗震学家，中科院院士（1980）。1943 年毕业于中央大学（南京）水利工程系，1948 年赴美留学，1949 年获爱荷华大学力学和水力学硕士学位，1952 年获伊利诺伊工学院土木工程博士学位。1954 年年底回国，任南京水利实验处土木工程师，后调任水利部水利科学研究院工作。

③ 陆元九（1920— ），安徽来安人，夫人是王焕葆。中科院院士（1980）。1941 年毕业于中央大学（重庆）航空工程系，获学士学位。1945 年赴美留学，1949 年获麻省理工学院航空工程系博士学位。1956 年回国，任中科院自动化所研究员、副所长。1968 年调航天部工作，历任北京控制器件研究所所长、航天工业部总工程师等。

④ 梁晓天（1923—2009），河南舞阳人。中科院院士（1980）。1946 年毕业于中央大学（重庆）化学工程系。1948 年赴美国西雅图华盛顿大学化学系研究生院学习，1952 年获博士学位。1954 年 9 月回国，任职中国医科院药物所，曾任中科院化学部副主任。

汪闻韶和我三个要回国。当时他们两个已经结婚了，夫人都在国内。

杜开昔：当时美国政府情报机构曾经调查过您，您知道是怎么回事吗？

师昌绪：1952年我明确要回国了，向他们提出来，可是M.科恩不愿意让我回国，问我是不是嫌工资低、职位低，我说什么都不是，因为我家在中国。当时我还没结婚呢，我请他让我回国。M.科恩非常好，同意了。有两个人，我不知道是FBI还是其他政府部门的人，在麻省理工学院的大厅问过我一次。他们问我，为什么要离开美国？回去干什么？我说回去教书。他们又说，由美国训练的师昌绪，一个可以顶20个由苏联训练的师昌绪，希望你不要回去。我告诉他们，我已经决定回去了。后来他们也没找别的麻烦，同意让我离开。1955年4月，美国政府宣布了允许回国人员的名单，共有76个人。他们通知了个人，我也接到通知了。这些允许回国人员的数目在报纸上刊登了，要不然我也不知道有76个人。他们4月宣布的名单，我6月份就乘坐"克利夫兰总统号"离开了美国。

杜开昔：在美国，有没有因为您是中国人而看不起您？

师昌绪：没有，我没感觉到。当时我们在学校工作，学校好一些，社会上差一些。在所有的发达国家中，美国这一方面做得比较好，没有什么种族歧视。当然有个别情况，不过大多数还是好的。我住过的美国人家对我都很好。回国途中，我到了香港，船上还有一个美国人不想让我回国。他劝我说，如果现在你想返回美国，还是可以回去的。直到今年4月我才知道，这个人就是我在麻省做"超高强度钢"的课题时空军基地的负责人。今年4月份，我接待了一个美国代表团，有七八个人，我在烤鸭店请他们吃饭。我们交换名片的时候，那个人才认出我来。他说，听说当初美国把师昌绪放回来了，原来是你啊！他以前就知道我的名字，如果在船上认出来，事先给美国打个报告，恐怕我就不能回国了。

王德禄：回国后，您的工作是怎么安排的？

师昌绪：我回国的时候，国内还不太重视从美国回来的留学生，钱学森回国的时候就比较重视了。我们回国的时候，都要接受海关检查，我的钱全被没收了。回国后，我们住在高教部留学生招待所，自己选择去哪里工作。我在招待所待了一个多月。当时中科院只在上海和沈阳设立了金属方面的研究所。中科院领导问我愿意在哪个城市工作，我说去哪里都可以，无所谓。我回国做事不是为了享受，享受我就不回国了。那时候我的觉悟比现在高，我在志愿上填写的是服从分配。我们一起回国的有两个是学冶金的，我去了沈阳，另外一个去了上海。1955年9月，我到了位于沈阳的中国科学院金属研究所，在那里待了30年，直到1985年才调来北京。

1956年师昌绪夫妇在上海

1950年代末期，中国作出了高温合金生产立足中国的决定。因为我国当时的战斗机用的最关键的组件都是高温合金。这种合金在高温下工作，如果最关键的组件坏了，飞机也就坏了。1957年以前，所有的高温合金都是苏联制造的，中国不会制造。中科院让金属所在这方面狠下工夫，金属所开始转向研究高温材料，比如石墨、金属、高温合金、高温陶瓷等高温材料。1957年，我开始转行研发高温合金。我在鞍山工作组担任组长，帮助鞍山钢厂生产。金属所把重点转向研究军工尖端材料以后，我开始担任高温合金组组长。一年后，苏联专家撤走了，我们开始和冶金部、航空部合作研究。30多年来，我的主要贡献就是研究高温合金。在高温合金领域，金属所算是全国三大研究基地之一。高温合金是国家科委组织、全国统一搞的，应该算在十二年科技规划之内的，但是十二年科技规划做得没有这么细，我们做的已经超出了规划的范围。十二年科技规划初期，苏联专家还没有撤走。苏联专家一撤走，反倒使中国真正自立起来了，加速了发展。与此同时，中国的导弹事业也发展起来了。其实，中国当时不是缺少人才，而是组织得不好。

杜开昔：苏联科学家对中国科学的发展有什么影响？您跟苏联科学家联系多吗？

师昌绪：我回国以后，中科院的苏联专家不多，都是从苏联科学院派来的。据说先派来的苏联专家水平比较高，后派来的差一点。苏联专家对我的专业没有影响，我基本上没有与苏联专家接触过，我本人也没有去过苏联。

杜开昔：1949年以前中国已经有科学研究了，您的专业是从什么时候开始的？

师昌绪：我回国的时候，中科院早就成立了。我的专业是从新中国成立前开始的，当时我与研究院没有联系，主要与资源委员会联系。资源委员会负责掌管全国的资源，最好的单位是冶炼厂。我就在冶炼厂工作，主要从事生产。1955年，我从美国回来后才开始做研究。就我本人来讲，我回国后充分发挥了作用，只不过在"文化大革命"期间受了点罪。

杜开昔：您回国后参加了哪些运动？遇到麻烦了吗？

师昌绪：我说话很直接。"反右"运动的时候，我在鞍山工作，我说苏联把中国的机器都搬走了。如果一般人这样说就会被打成"右派"，不过我没有被打成"右派"。当时我们单位的党委书记帮我开脱了。党委书记是个女士,清华大学毕业的,她非常了解知识分子的心理。她说师昌绪心直口快,就给开脱了,算是一种保护吧。当然我对共产党没有抵触情绪,偶尔说一句半句这样的话没有关系。

"文化大革命"开始后,我受了点罪。我比较好动,爱管闲事。他们给我戴了很多帽子,其中一项叫"资产阶级野心家"。比如说,党委办不成的事情,我写封信到厂里就办了。金属所有八个比较大的任务组,我兼任着四个任务组的组长,大概是管的事情太多了,他们想把我打倒。当时大字报特别多,有些人在单位不怎么干活,反而没什么大字报。那时候我被关了10个月,抄了6次家。

王德禄:您是哪年入党的?

师昌绪:粉碎"四人帮"以后,具体哪一年,我记不清了。

杜开昔:金属研究所都有哪些人是从美国回来的?

师昌绪:从美国回来的,在金属所工作的有葛庭燧、斯重遥①和我,在上海冶金陶瓷研究所工作的有邹元爔、陈炳兆②、石声泰③、许顺生④、

---

① 斯重遥(1921—2005),浙江诸暨人。1944年毕业于交通大学唐山工程学院矿冶系。1948年赴美留学,1950年获伊利诺伊理工学院硕士学位。1956年回国,任中科院金属所研究员、副所长。

② 陈炳兆(1911—1988),祖籍广东香山县(今珠海香洲区),生于唐山。1937年毕业于北洋工学院矿冶系。后任资源委员会锡矿勘探队工程处、锡业管理处工程师,任教贵州大学。1947年赴美留学。1948年获科罗拉多矿业学院冶金工程硕士学位,1950年获密苏里大学博士学位。1955年10月回国,次年任中科院上海冶金陶瓷所研究员。

③ 石声泰(1917—2006),湖南湘潭人,生于长沙。1945年毕业于武汉大学矿冶系,留校任教。1948年获李氏奖学金赴美留学,专攻化学冶金及金属腐蚀。1951年获密苏里州立大学硕士学位;1954年获该校博士学位,后任该校电化学副研究员、蒙大拿州立大学冶金系副教授。1957年7月回国,任教于武汉大学,后任中科院长沙矿冶所和上海冶金研究所(现上海微系统与信息技术研究所)研究员。

④ 许顺生(1920—2007),安徽合肥人。1943年毕业于武汉大学矿冶系。1953年获美国诺特丹大学冶金系博士学位。1955年回国,任中科院上海冶金所研究员等职务。

吴自良，在钢铁学院工作的有肖纪美①。葛庭燧现在在合肥，他的夫人是何怡贞。斯重遥现在在沈阳。邹元燨已经去世了。葛庭燧他们是1949年回国的，1950年代回国的只有斯重遥和我。从美国回来的，现在在上海的比较多；从英国回来的，在沈阳的比较多，比如金属所的李薰②、方柄、张沛霖、庄育智。李薰以前在英国待了14年，后来被中国科学院请回国筹办金属研究所，他曾担任金属所的所长。方柄的夫人是奥地利人，粉碎"四人帮"以后，他们去了奥地利。郭可信是从瑞典回来的。从国外回来的这些人，"文化大革命"结束以后，只有少数几个人又去了国外，比如北京航空学院的李继尧去美国了，我9月份在美国碰见他了。

杜开昔：您是九三学社的成员，您是如何加入九三学社的？

师昌绪：九三学社是当时金属所最主要的一个民主党派，主要是吸引高级知识分子，科学技术方面的人比较多。葛庭燧是九三学社的老社员，我刚到金属所的时候，他就劝我加入九三学社，后来我加入了。

---

① 肖纪美（1920—　），又名肖继美，湖南凤凰县人。中科院院士（1980）。1943年毕业于交通大学唐山工程学院。1948年赴美留学，1949年获密苏里大学矿冶学院硕士学位，1950年获冶金学博士学位。1957年回国，历任北京钢铁学院教授、金属物理教研室主任、材料失效研究所所长、副校长。

② 李薰（1913—1983），湖南邵阳县人。中科院院士（1955）。1936年毕业于湖南大学工学院矿冶工程系。1937年赴英留学，1940年获雪菲尔德大学冶金学院哲学博士学位，1951年获该校冶金学博士学位。1951年8月回国，历任中科院金属研究所研究员、所长，中科院沈阳分院院长，中科院副院长等。

7 与美国宾州移民局打官司

杜连耀[1]　口述

采访人：王德禄、杜开昔

访谈时间：1988年12月7日

访谈地点：北京大学杜连耀家

整理人：王雅娟、高颖、程宏

受访人简介

杜连耀（1910—2004），河北遵化人。声学家。1934年毕业于燕京大学物理系，1937年获硕士学位留校任教。1948年赴美留学，1952年获宾州州立大学物理系博士学位。1955年6月回国，先后任北京大学物理系、无线电系教授，并继续从事超声学研究。

---

[1] 整理时参考了杜连耀的《从美国回来前后》一文，引自《建国初期留学生归国纪事》第259~264页。

王德禄：请杜先生讲一讲您在国内的经历。

杜连耀：1910年9月3日，我出生于河北省遵化县。这是我的公历生日，我在美国填表格用的也是这个时间。1929年我考入燕京大学物理系，1930年离开学校，到我中学的母校昌黎中学教书。一年后，我又回到燕京大学物理系。我们那一届学物理的大概有五个人，其中有王承书。当时教我物理的老师有杨荩卿①、谢玉铭、班威廉（William Band，英国人），还有两个年轻的老师是张文裕和孟昭英，他们毕业留校了。

1934年大学毕业后，我考上了本校的研究生，我的导师是谢玉铭。过了一年，我半工半读。一年后，我回到燕京大学继续念研究生，1937年获得硕士学位。我本打算留校做助教，可是昌黎中学急需物理教员，就在此时卢沟桥事变爆发了，日军攻占北平，我便到昌黎中学教书。1938年回到燕京大学物理系做助教。1941年太平洋战争爆发后，日本人占领了燕京大学，我临时转入慕贞女中②，教了半年书。当时燕京大学已经在成都复校，我又去了成都的燕京大学，在物理系当教员。抗战期间，成都分校的规模比北京小得多，在北平的时候，燕京大学有七八百个学生，只有三四百人迁到了成都。那时候，陈尚义③、曾泽培和罗无念也去了成都。我们没有结伴而行，都是各自去的。陈尚义是燕京大学的硕士毕业生，曾泽培是搞低温物理的，罗无念现在在美国。我一直在成都的燕京大学教

---

① 杨荩卿，1926年毕业于燕京大学，后获美国芝加哥大学理学学士学位。曾任教山东齐鲁大学，1929年到燕京大学任副教授。

② 慕贞女中由美国卫理公会（美以美会）1872年创建。初为慕贞书院，是中国最早的教会女中之一。与汇文（现26中）、育英（现25中）、贝满（现166中）并称京城"四大教会名校"。1952年更名为北京女十三中，1972年更名为北京市第125中学。

③ 陈尚义（1910— ），1932年毕业于燕京大学，获学士学位，1934年获硕士学位。1938年赴美到加州理工学院学习，1940年获物理学博士学位。后回国在燕京大学和中央研究院北平物理所任职。1949年去美，现为俄勒冈大学物理系教授。

书，抗战胜利后，1946年又随燕京大学迁回北平。1948年秋天，我离开北平去美国宾州州立大学留学了。

王德禄：您出国的费用是哪里提供的？为什么选择到宾州州立大学？

杜连耀：我是自己出旅费去美国的。出国前，我的老师告诉我宾州州立大学不错，他在那个学校有熟人，可以写信推荐我过去。我在物理系，一边做助教一边念书。做助教每个月有一定的收入，可以维持生活。我在宾州州立大学待了七八年，那里的中国人一直不多，起初大约有20人，最多的时候也不过30多人，物理系只有我是中国人。

杜开昔：您在美国遇到麻烦了吗？

杜连耀：我去美国之前，国民党政府贪污腐败的现象很严重，人民对生活失去了信心。新中国成立后，中国共产党掌握了国家政权。在美国的中国留学生听说新的人民政府对老百姓很好，在美国组织成立了留美科协，动员中国留学生回国参加建设。当时很多中国留学生参加了留美科协，这些人大部分都是快要毕业的学生，我也参加了。

1952年杜连耀在宾州州立大学工作的证件照（杜森提供）

美国移民局和联邦调查局（FBI）都认为留美科协是中国共产党成立的，究竟这个组织里有没有中国共产党党员，我不知道。留美科协的活动受到FBI的监视，他们指使移民局给我们办理签证时刁难我们。美国政府甚至制定了新政策，凡是用公款取得签证的中国留学生，每年都要重新申请新签证。1949年，我们更换新签证很顺利，一个星期就办妥了。到了1950年，我们再次申请新签证，没有人理睬我们。我们给美国移民局写信询问签证是否办妥，他们回信让我们耐心等消息。

1952年1月中旬，我正在学校做实验，准备毕业论文。房东老太太打电话通知我说宾州移民局（位于匹兹堡）的官员去我的住所找我。考虑到如果在住所出了问题，没有人知道，也无法营救，我就告诉老太太请他们来学校找我。移民局官员怒气冲冲地来了，没有出示任何证件，没有任何解释，一见面就说，你被捕了。当我问他们为什么要逮捕我，他们说，你的签证已经过期，留在美国属于非法居留，要把你带走。我告诉他们，我已经重新申请了签证，移民局官员让我等，我也在耐心等待。他们说，不知道那些事情，我们的任务就是把你抓走。当时我的同事也在实验室，他们把系主任J. A. 绍尔博士找来，绍尔博士了解情况以后，替我做了解释，他说杜连耀已经申请了签证，移民局让他等待，绍尔博士还把移民局的回信拿出来给他们看。绍尔博士接着说，他相信美国政府，也在耐心地等待，为什么还来抓人？况且他现在所做的科技工作是政府的工作，你们带走他不仅会影响政府的工作，还会影响他按时毕业。移民局官员不听，坚持把我带走，并告诉绍尔博士可以交2000美元保释我出来。绍尔博士听了立即要拿钱给他们，可是他们说送到匹兹堡才行。没办法，我只好跟他们走。被带走之前，我打电话通知了宾州州立大学的同学会，让他们想办法帮忙筹集2000美元保释金。

移民局官员是星期五上午11点把我抓走的。本来不到三个钟头就能到宾州移民局，但是他们故意在路上拖延时间，一会儿吃饭，一会儿喝酒，到了移民局已经是晚上6点多钟。当时办公室已经下班，移民局官员决定把我关进匹兹堡监狱看管。监狱的犯人大多数是刑事犯。他们看到我戴着眼镜，文质彬彬的样子不像杀人越货的人，都感觉很奇怪。监狱里条件很差，给每人发一条破毯子和一只吃饭、喝水用的小搪瓷碗，睡在一张很窄而且不能翻身的硬板床上。我在监狱待了一个晚上，第二天上午，我同学请了一个律师到监狱里去看我，并询问了事情的经过。听完我的讲述，律师说移民局官员的行为有很多地方不符合美国当地的法律程序。很重要的一个漏洞是，他们应该先出示证件，再以我的签证过期了，留在美国触犯了美国的条例为由，才可以将我逮捕。而移民局是先说要逮捕我。律师让我不要着急，他会找移民局讲道理的。第二天是周末，移民局不办公，我又在监狱待了一天。直到星期一，律师把我同学筹集的钱交给看守所的人，他们才把我放出来。我坐车回到学校。1月底如期博士毕业，我的博士论文题目是"窄带微噪声的测量"。

被释放以后，我把宾州移民局告到美国移民总局。在诉讼期间，我和宾州移民局来回地写信、回信，官司打了将近半年。后来总局回复说我的情况特殊，可以回国，但必须在两个月内离开美国，否则要驱逐出境。当时我和律师都很高兴，拿着总局的公文找到宾州移民局，谁知他们又拿出一份自定的文件说，中美现在处于敌对状态，所有的中国人都不允许离开美国，也不许去美国以外的任何地方。如果去了或者企图去，就会收到巨额罚款单。

我是1955年6月乘船回国的，同船的有张兴钤、师昌绪、童诗白等20多个中国留学生。上船时我带的一部分资料和仪器被扣下了。我们经日本横滨，7月份到达香港。到了香港不允许我们上岸，来了一艘小船直接把我们送到九龙，然后到中国内地。其实此前我一直都想回国，我的夫人和孩子都在国内。

杜开昔：美国移民局抓您，是因为您在留美科协活动很积极吗？拿钱保您出来的中国同学是留美科协的成员吗？

杜连耀：我在留美科协活动比较积极，当时担任留美科协东部地区

（宾州至纽约）负责人，我还是宾州州立大学中国同学会会长。我在宾州州立大学的中国同学一起想办法凑了2000美元保释金，将我保释出狱了。那些同学不是留美科协的成员。

杜开昔：您能讲一讲回国后的经历吗？

杜连耀：1955年6月，我们抱着为国家服务的热情回来了。我的家人都住在北大，很自然的我也到了北大。1956年年初，我一开始给半导体和无线电系上课，那是两三百人的大课。后来到海南岛观测日食。当时苏联科学家要去海南岛观测日食，中国科学家希望通过日食观测提高天文方面的研究水平，苏联科学院和中国科学院就合作开展这项工作。当时清华、北大、中科院共派了三四十人，苏联派了五六个人，他们还运了一部分仪器来中国安装。四个月后项目结束了，我回到学校继续从事教学工作，主要是带研究生。

刚回国那几年国家很重视我们，我们也很努力地工作，到处做报告，开研讨会。1957年"反右"运动开始后，情况发生了变化，我们的很多课程中断了。学校认为我们这些老教师思想保守，教学思路不新颖，正好有一批年轻教师可以胜任教学工作，我们这些老教师便不再讲课。"大跃进"的时候，很多浮夸的现象都显现出来。全国大搞超声波运动，每个人都要参与。当时我说这样搞运动没有意义，这就出问题了。他们认为我不关心群众科技运动，不让我负责超声波研究，遇到问题也不跟我商量。1958年大炼钢铁的时候也是如此，任何人都不能提意见。人们吸取了经验教训，国家让做什么就做什么。即便是心里不认同，也不说出来。

1963年，我被下放到北京清河中越人民公社。1966年"文革"爆发，我们就收拾好行李，回到北大参加"文革"。北大分成两派打仗，动刀动枪，甚至打死人了。工宣队进来以后，北大才停止打仗，全校师生都要接受历史审查。工宣队认为，从国外留学回来的人都有"特务"嫌疑，把我们集中起来，让我们写检查，采取各种办法审问我们，有人挨打或罚跪。我也接受审问了，幸运的是没有挨打。从1969年开始审查，1970年春天清队结束后我们被下放到江西劳动。去江西之前，学校告诉我要在那里安家落户。本来我和我夫人已经收拾好行李，学校说不用带那么多东西，让我先去，安顿好了再回来接夫人。到了江西，所有的劳动我们都要参加，不过不是很艰苦，能吃饱饭。还没等我回北京接我夫人，她已经病得很厉害了。我在江西待了不到一年就回来了，回来得比较早。

当时学校的无线电系和另外一个系搬迁到陕西汉中北大分校。夫人生病，我要照顾她，就留在北京教工农兵学员。汉中的分校离城区比较远，学校投资建了很多新房，从幼儿园到大学全都有。由于离大都市比较远，生活习惯差距比较大，查资料也比较困难，刚开始去了两三千人，后来去的人越来越少，实在没办法待下去，学校又搬回北京。汉中分校的房子送给了陕西工学院。当时北大无线电系没有自己的实验室和地盘，就分成了两个部分，分散在物理系和力学系。无线电系的学生逐渐多起来，但是设备始终没有改善，直到现在都没有什么好设备，也没有真正属于自己的实验室。我一开始担任无线电系物理教研室主任，后来担任声学研究室主任。尽管无线电系的新教学楼已经设计好，但是到现在还没有动工。

从1960年代开始到我从江西劳动回来，这期间至少有十二三年我都没有从事教学工作。粉碎"四人帮"以后，我才重新拾起来，可惜年龄大了，没有年轻的时候精力充沛，工作效率也降低了。

王德禄：超声波是怎么提起来的？

杜连耀：这个很难说。我们在上海、北京开过两次学术会议，讨论超声波的应用。大家提交了一些论文，将超声波应用于各个方面。比如使用超声波让种子提前发芽，增大产量；使用超声波把油和水混合在一起燃烧，可以省油，效果也不错；使用超声波把钻石雕刻出各种各样的花纹。大家一致认为超声波值得深入研究。后来全国大搞超声波运动，但是他们都不让我参与，我不清楚是谁提出来的。

杜开昔：您和苏联专家的关系怎样？他们对您有哪些影响？

杜连耀：当时苏联专家单独住在一个地方，我们去找他们，要出示介绍信。当时中国请苏联专家来当顾问或者请他们给研究生讲课。有两个苏联专家在无线电系工作了一两年，我和他们有过接触，但是接触不多。可以说苏联专家对我没有什么影响。

王德禄：1979 年方毅接见了一批从美国留学回来的科学家，据说您参加了接见。我们从梅祖彦那里了解到，在这次接见之前，有些科学家回到国内因为没有受到重用，曾经给中央打过一个报告，您能简单介绍一下情况吗？

杜连耀：我参加了方毅的接见。接见之前的事情，梅祖彦知道得比较多，我不太清楚。当时有人控诉说，"文革"中很多留美归国的科学家受到迫害。中科院化学所有个女同志叫张斌，"文革"期间，她由于戴手铐，手都磨破了；董铁宝也有类似的经历。会上张斌回忆过去，结果泣不成声，被人扶走了。我们同船回国的有 20 多位中国留学生，有两三个在"文革"中去世了。我有两个同学也是"文革"期间去世的，其中一个叫周寿宪。那天开会，有人专门讲了"文革"期间受迫害的事情，也有人说"文革"虽然过去了，但科技人员的待遇问题始终没有解决。诸如此类的问题，大家提了很多。

杜开昔：您了解董铁宝吗？

杜连耀：董铁宝在"文革"期间受迫害，死了。他做的工作跟计算机有关系，和数学系关系也比较密切，当时计算机尚未普及，只是数学系的一部分。董铁宝的夫人是北大生物系的梅镇安。

研制核武器自动引爆装置获特等奖 8

疏松桂 口述

采访人：王德禄
访谈时间：1990 年 6 月 1 日
访谈地点：北京中关村疏松桂家
整理人：耿锡金、杨启智、高颖

受访人简介

疏松桂（1911—2000），安徽枞阳县（原桐城县）人。自动控制及系统可靠性科学家。1939 年毕业于武汉大学电机系。毕业后，去宜宾电厂工作了两年半，于 1942 年回武汉大学任助教、讲师等职。1948 年赴美留学，翌年获田纳西大学硕士学位。一年后又获美国卡内基理工学院硕士学位。1951 年回国受阻后，去了克

> 里夫兰市的麦克公司与电气控制器制造公司工作，同时在凯斯理工学院攻读博士学位，1955 年 4 月成为博士候选人。1955 年 9 月回国，在中科院长春机电所工作，并参与筹建中科院自动化研究所，后任自动化所自动电力拖动研究室主任。1960 年后任第二机械工业部核武器研究所自动控制室主任、九院设计部副主任，主持核武器自动引爆控制系统项目。1978 年后任中科院自动化所副所长。因参加"原子弹的突破和武器化"研究于 1985 年获国家科学技术进步奖特等奖。

王德禄：请大概讲一讲您的经历。

疏松桂：我出生在桐城县北乡义津桥（今枞阳县钱桥乡），我的农历生日是 1911 年六月十二日（公历 7 月 7 日），我在美国填表格用的也是这个生日。桐城县的各地都有桥。我们家住在山下的束姚庄，那是一个贫困的村庄，家里很穷，吃饭都困难。

我的祖父是蒙学老师，也就是教私塾的先生。他 20 多岁参加科举考试，没考上，后来去教私塾了，一直教到 80 多岁。我 9 岁的时候跟着祖父念四书五经，天天背。祖父教书，一年挣十几元钱。我小时候要干一些农活，有时候还要上山捡柴，生活很艰苦。桐城县第一镇叫孔城，我就在孔城上小学，那时候农村叫它洋学堂。我是插班生，插班念四年级。当时我总是考第一名，老师对我很好。五年级的时候，小学还没毕业，老师就让我去考桐城中学。我考上了，念了三年。我在桐城中学念的也是洋学堂的课程，尽管老师都不怎么出名，但是教课很好。

我们兄弟姊妹中只有我念过书。祖父很心疼我，直到他去世的时候，还嘱咐我父亲，将来就算是讨饭也不能让我辍学。父亲没有念过书，做糕饼师傅，一年能挣 30 多元钱。我靠着父亲的工资念完了小学和初中。后来，我考入安庆中学，安庆当时是安徽的省城。学校规定，考试成绩好的学生都能拿到奖学金，一年大概有 100 元钱，我就拿过奖学金。头一年我考得不是特别好，没有拿到，第二年、第三年都拿到了。我靠着奖学金交学费，家里不用花钱了。高中老师对我都不错，尤其是当时的校长孙闻园，他很照顾我，对我影响比较大。孙校长出国留过学，回国后被分配到桐城中学当英语老师，后来晋升为校长。孙校长是个教育家，现在在安徽。

年轻的时候，我们学生的思想比较进步，对国民党政府感到不满。我记得在安庆高级中学念书的时候，有一天晚上，国民党部队把学校包围了，抓共产党。当时学校有一棵大树，他们把校长绑在树上，因为校长阻止他们抓人。他们撤走以后，学生们才把校长放了下来。

高中毕业以后，正好赶上安徽省教育厅有贷金考试，就是大学贷金制度考试。贷金考试由国民政府统一组织，安徽省政府出钱，一年 300 多元钱，每年资助 50 多个学生，在校就读的大学生与想进大学却交不起学费的学生都可以报名参加考试。考试通过了就能申请贷款，毕业后再还钱。当时只有安徽省有这个制度，而且只有安徽本省的学生才可以参加考试。

1935 年，很多人报名参加贷金考试，我也报名了，在武昌考试。那次我考了第一名。当时我报考的是武汉大学、北京大学、中央大学。到北京和南京上大学，每年学费都得四五百元钱，在武汉上大学，300 多元钱就够了。所以我决定去武汉大学，念电机系。

当时武汉大学规模不大，一年只招收 300 多个学生，报考的人特别多。我那一届是武汉大学电机系招收的第一届学生。当时教我电机的教授是赵师梅①，对我比较好。赵师梅年轻的时候当过通信兵，辛亥革命成功以后，孙中山送他去美国留学。他回国后，曾在湖南大学当电机系主任，后转入武汉大学电机系任系主任。当时武汉大学电机系老师不多，学校的上课制度与现在不完全一样，我们在大学还要念物理、化学、数学。当时武汉大学法学比较厉害，数、理、化也不错。我们班有30多个学生。抗日战争爆发后，战火很快烧到武汉。1938年武汉大学搬到四川乐山。当时有的同学没有跟随学校搬迁，辍学参加学生运动。大学毕业后，我们主要有两个去处，一个是参加国民政府的相关工作，一个是出国留学。我们班出国留学的人比较少。我想，能考上大学不容易，能念完大学更不容易，还是毕业以后再工作。于是我跟随学校搬到四川，1939年从乐山毕业后，曾在宜宾电厂工作了两年半，1942年回到武汉大学电机系教书。

1946年国共谈判破裂，国共全面内战爆发。1947年5月22日武汉大学发起武昌的大中学生举行了"反饥饿、反内战、反迫害"的游行。6月1日，国民党军、警、特到武汉大学抓人，甚至开枪打死了3个学生。我们躲在宿舍，不敢开大门。当时有一个学生往外看了看，也挨了一枪。第二天开追悼会，学生在会上提出抗议。国民党就封锁消息，不允许对外发布。后来学校的教师组织了一个讲师助教会，青年人相对活跃一点，又组织了青年助教会。我当时是讲师，先参加了讲师助教会，后来也参加了青年助教会。当时中国共产党在武汉大学活动不多，势力也不是很大。后来我才知道，有几个助教是中共党员。我在学校当讲师，到了1948年即将当副教授的时候，我申请到了美国田纳西大学的奖学金，下半年我就出国了。

---

① 赵师梅（1894—1984），湖北巴东人。1913年作为第二批稽勋留学生出国留学。1922年获理海大学机械电机科工学硕士学位。1922年9月回上海，在武昌高等师范学校、湖南高等工业学校、湖南大学、华中工学院任教，曾任武汉大学、武汉工学院电机系主任。

王德禄：您认为赵师梅是恩师，您能介绍一下他的情况吗？

疏松桂：赵师梅一直宣传革命，曾参加辛亥革命，后来加入同盟会。我认为，赵师梅比较正派，他把全部精力用在教育事业上。武汉师范大学请赵师梅去当领导，他没有去。赵师梅对学生的影响很大，学生对他的印象都很好。他是国民党的老党员，"文革"期间，被抓起来了。赵师梅是1984年去世的，那时候他刚好90岁。我在学校的时候，赵师梅一直比较欣赏我。我去美国留学，就是他推荐的。

王德禄：您为什么决定去美国？

疏松桂：国民党统治时期，中国各方面都非常落后，很多老师都希望有机会能够出国留学，多学点本领，将来回国为祖国的振兴做一点贡献。我们学校就有很多老师出国留学了。

王德禄：你们班参加学生运动的同学，现在在国内比较有地位、有影响的都有谁？

疏松桂：职位比较高的，有刘西尧。我们在大学念书的时候就认识。1937年抗日战争爆发后，刘西尧去了延安，后来我在第二机械工业部工作时他当过部长。

王德禄：1948年，您出国留学是靠官费吗？能讲一讲出国时的情况吗？

疏松桂：我不是公费留学，学校给我提供了奖学金。我们是一拨一拨走的，个别人得到了助学奖学金。我有一个同学也要出国，到南京办理出国手续，他也给我办了。当时办手续，拖拖拉拉的，直到七八月份才批下来。出国买船票，要300多美元。当时突然宣布只有金圆券才能买外汇了，原来我还付得起去学校的路费，可是一换成金圆券就不够了，于是就不想去美国留学了。老师和同学都劝说我，还给我捐了一些钱，才够买一张船票。到了美国，还要转火车去学校，我没有路费，有一个武大的老师刚从美国回来，他借给我 100 元钱。这样由旧金山到田纳西的路费也有了。

本来 9 月就开学,因为没有钱买船票,耽误了一些时间,我 10 月份才到,那时候学校已经开课两个礼拜了。我是电机系研究生,当时田纳西大学在美国是一般的学校。我在田纳西大学做研究生兼助教,奖学金不多,我暑假做兼职工作赚钱。1949 年 8 月份拿到硕士学位。我的老师很欣赏我,推荐我去卡内基理工学院做研究生并且有奖学金。我在卡内基理工学院念自动控制专业,一年后拿到了另一个硕士学位。

王德禄:1951—1955 年,您在美国工作的时候,在学术上都有哪些成就?

疏松桂:1951 年我在克里夫兰市麦克公司(A. G. MckeeCo)做电气工程师,从事高炉电气设计。1954 年,我到电气控制器制造公司做新产品研究与开发,慢慢地转到自动化设备。那时候我们设计了两个设备,一个是电磁起重机,第二个是电控力矩制动器。我在那里工作了不到两年就辞职了。当时我告诉他们我要回国探亲。他们很热情,给我申请签证,并开了服务证明,证明我在厂里工作过。我回国的时候,同事们欢送我,还说随时欢迎我回

1949 年 6 月 5 日疏松桂(左)留美期间摄于亚特兰大市石头山(疏松桂夫人彭永如提供)

美国。

王德禄：钱学森被关押起来的事情，您知道吗？这件事情对您在美国的工作有影响吗？

疏松桂：知道。这个与我们没有直接关系。1950年钱学森回国前被美国扣留了，是因为他在美国比较有名，做的工作涉及美国的机密。1951年美国政府不允许中国留学生回国了。1955年，我坚决要回国，那时候没有坚决的态度是回不来的。随着日内瓦谈判的结束，美国政府的政策发生了改变，对回国的中国留学生要进行调查。调查清楚后，允许我回国。回国前，我在武汉大学的老师曾写信让我去武汉大学教书，北洋大学（现天津大学）的校长还给我下了聘书。

我是和钱学森、李正武等人乘坐同一条船回国的①，我们是比较熟悉的朋友。从香港到深圳后，中科院派了两个代表接应他们，他们俩跟着中科院的代表先走了。其他人都去了广州，那里有迎接回国留学生的机构领导负责招待，请我们吃了一顿贵宾宴，还去了黄花岗和越秀公园游览。后来到了北京，我住在高教部留学生招待所，回国的留学生都可以在招待所填写志愿。出国前，我在学校教书；后来在美国，我主要做研究工作。我对科学研究很感兴趣，所以当时没有选择去大学教书，而是去了中科院。当时我面临着一些难题，到底留在中科院哪个所？到哪个城市工作？当时力学所有人知道我是搞自动控制的，比如林同骥找过我几次，让我去力学所。钱学森也问我是否愿意去力学所。我对钱学森说，力学所是以理论和

---

① 据王祖耆提供的名单（附后），1955年9月15日，乘坐"克利夫兰总统号"轮船回国的有24位科学家、6个小孩，他们分别是钱学森和蒋英、李正武和孙湘、许国志和蒋丽金、王祖耆和沈学均、何国柱和刘豫麒、洪用林和张发慧、胡聿贤和戴月棣、肖伦和萧蓉春、陈炳兆、许顺生、疏松桂、陆孝颐、张士铎、冯启德、刘尔雄、刘骊生。子女有钱学森的儿子钱永刚和女儿钱永真，李正武的儿子李启平，何国柱的儿子何乃君和何乃知，胡聿贤的儿子胡傅朔。

实验室为主的,我是搞工程设计的,不是一回事。更何况他们当时没有计划搞控制论实验室,不太合适,我就没有去。后来我去了中科院长春机电所自动化研究室工作。当时到底哪个地方好,我没有概念。我认为,到哪里工作都无所谓,我不怕吃苦。1956年中科院要筹备成立自动化研究所,我是筹备委员之一。

王德禄:您参加十二年科技规划的筹划了吗?

疏松桂:参加了一部分,我只不过写写与自动化学科相关的材料。我记得为了搞十二年科技规划,我们在怀仁堂开了一次会。当时中科院成立了新技术部门,包括半导体小组、计算技术小组、自动化小组和电子学小组。当时自动化所筹备委员会的主任委员是钱伟长,是钱学森推荐的。自动化所筹备委员会的副主任委员有沈尚贤①、陆元九、杨嘉墀②、屠善澄③、武汝扬④。我在长春工作了不到一年,1957年年初调到北京。那时候中科院自动化所已经成立,人员不多,没有自己的房子,就临时找了一个地方。

1956—1960年,我一直在自动化所。当时工作重点是执行十二年科技

---

① 沈尚贤(1909—1993),浙江嘉兴人。1931年毕业于浙江大学电机系,同年留学德国,在柏林高等工业学校进修。1934年回国,先后在清华大学、西南联大、浙江大学、交通大学(上海)、交通大学(西安)任教。

② 杨嘉墀(1919—2006),江苏吴江人。两弹一星元勋,中科院院士(1980)。1941年毕业于交通大学(上海)。1947年赴美国留学,1950年获哈佛大学应用物理系博士学位。1956年回国,历任中科院自动化研究所研究员、副所长,国防科委五院502所副所长,第七机械工业部五院副院长,航天部总工程师,中国空间技术研究院副院长。

③ 屠善澄(1923—),浙江嘉兴人。中国工程院院士(1994)。1945年毕业于上海大同大学电机工程系,后任交通大学(上海)电机工程系助教,1948年赴美留学,1951年获康奈尔大学电气工程系硕士学位,1953年获博士学位,随即留校任助理教授。1956年回国,历任中科院自动化所研究员、室主任,航天部502所所长,航天部五院科技委主任、研究员,国防科工委科技委副主任。

④ 武汝扬(1912—1997),山西祁县人。毕业于北京师范大学。1949年后,历任太原市教育局局长,山西大学教授,中科院自动化所代所长,中国科技大学副校长、党委书记,科学出版社社长等职。中国科学院581组成员。

规划，自动电力拖动的课题给了我们，我主要负责这项工作。当时我带了一个自动化考察团在国内考察，收集课题。考察团共有30多个人，分成两个小组，即生产过程自动化小组和自动电力拖动小组，我担任自动电力拖动小组组长。电力拖动小组有十几个人，考察了一些电力拖动方面自动化要求比较高的单位，从东北到华南。比如富拉尔基重型机械厂、哈尔滨的电机厂、佳木斯的造纸厂、鞍山的鞍钢。此外，我们还考察了湖北的大同水泥厂，往南一直到广州的造纸厂，还有福建的南平造纸厂。我们收集了大约200多个现场课题，回来以后召集有关科研单位和高校分工协作。接下来的另一个任务主要是参加长江三峡通航电力拖动环节，研究两个自动控制的课题，一个是船闸，一个是升船机。当时我负责升船机这项工作，打算搞到一百六七十米高。1958年，我在武汉开过几次研讨会。我还去三峡看过那个地方。那个时候搞得轰轰烈烈，以为就要搞成功了，1960年，因为资金不足，这项工作基本上停下来了。后来"文革"的时候，没有人再提这件事。"文革"之后又要建三峡大坝，这时候出现了争论。

王德禄：您对"反右"运动有什么看法？

疏松桂：当时我回到国内时间不长，我认为中国共产党是领导人民做好事的，对它充满希望。钱伟长被错划成"右派"以后对我们这些回国的人有一些影响。清华大学批判钱伟长的时候，让回国的留学生都去看如何批判钱伟长。这些留学生都是1956年从美国回来的，我们坐在一起聊天，谈论批判钱伟长的事情。有一个人说，批判得太厉害了；还有一个人说，我讲的一些话，如果批判起来，要比钱伟长还厉害，只不过没有传到他们的耳朵里。钱伟长是十二年科技规划自动化筹备委员会的主任，批判他的时候，自动化所还没有正式成立，仍然处于筹备阶段。我平时都在做自己的工作，批判"右派"的时候，尽管也有一些不适应，但是对我的影响不大。自动化所年轻一代有很多人被错划成"右派",老一辈的好像没有谁被错划成"右派"的。

王德禄:您当时是中共党员吗?

疏松桂:我是1960年加入中国共产党的,到第二机械工业部之前加入的。我的立场比较中立,相信共产党,相信毛主席。我有这个信心,这个信心是有根据的。我们1948年离开中国的时候,中国处于危急时刻。到了1955年,从东北到东南,完全看不到混乱的局面,我们还是相信中国共产党的领导。

我到第二机械工业部工作是中央点名的。当时挑选了105个人,大部分人我都认识,但是留学回来的并不多。我到了第二机械工业部的九院,在花园路,当时叫九所,搞核武器研究的。

王德禄:当时疏先生主要负责哪些工作?

疏松桂:那时候九院分成了四个部,包括理论部、生产部、实验部、设计部。理论部主任是邓稼先,实验部主任是陈能宽,设计部主任是龙文光[1],我是副主任。设计部后来分成两个部分,一个是核武器自动引爆控制系统,由我兼任主任;另一个是整体设计,结构设计由龙文光负责。陈能宽是搞爆轰试验的,属于物理性质的。我是搞工程技术设计的,包括结构、控制、所有工程设计、技术设计,就是搞核武器自动化引爆控制系统。陈能宽和我做的工作是分开的,各自独立。1964年进行爆炸试验,我还是负责我这一部分。原子弹试爆成功以后,只是九院内部给了一个奖励。

1985年,我获得了国家科学技术进步奖特等奖。当时我还不知道,人

---

[1] 龙文光(1916—2009),辽宁桓仁人。1942年毕业于西北工学院电机系。1945年留学英国,先后在茂伟电气公司、曼城工学院高级班学习并任茂伟电气公司工程师。1950年回国,历任第一机械工业部技术司工艺科科长、机械科学研究院副处长、中国工程物理研究院副院长、科技委员会副主任等。

家已经颁完奖了。获奖证书上写的时间是 1985 年，实际上 1987 年才给我。

1955 年 9 月中旬"克利夫兰总统号"上留美归国科学家及其子女名录①

姓名(中英文)	性别	学科	国内通讯住址
王祖耆 Wang, Tso-Ch	男	电机	广州长堤 224 号张纪
何国柱 H, Kuo-Chi	男	物理	北京宣外米市胡同
何乃君 H, Freeman	男孩	-	仝上
何乃知 H, Albert	女孩	-	仝上
沈学均 Shen, Hsieh-Chin	女	建筑	同王祖耆
李整武 Li, Cheng Wu	男	物理	上海北站何家宅
李启平 Li, Chi-Ping	男孩	-	仝上
洪用林 Hung, Yung-Ling	男	生物	浙江临海城内继
胡荭贤 Hu, Lü-Shien	男	土木	上海北四川路
胡德朔 Hu, Raymond	男孩	-	仝上
陈炳兆 Chen, Ping-chao	男	冶金	北京王府井大街
孙湘 Lee, Sun Hsiang	女	物理	同李整武
陆考颐 Lu, Hsiao-Yi	男	土木	北京复兴门外羊坊店
许国志 Hsu, Kuo-Chih	男	数学	江苏扬州丁家湾 48 号
许顺生 Hsu, Shun-Sheng	男	冶金	上海自忠路永裕里 48 号
张士铎 Chang, Shih-Toh	男	工程	天津五马大理道 36 号
张发慧 Chang, Fa-whei	女	生物	同洪用林
冯俊德 Feng, Peter	男	土木	北京西城北海沿
疏松桂 Shu Sung-Kuei	男	电机	安徽歙县
钱学森 Tsien, Hsue-shen	男	航空	上海愚园路 1032 弄 111 号
钱蒋英 Tsien Tsiang Yin	女	音乐	仝上
钱永刚 Tsien, Yucon	男孩	-	仝上
钱永真 Tsien, Jung-jen	女孩	-	仝上
蒋丽金 Chiang, Li Chin	女	化学	浙江杭州十五奎巷三乐里 76 号
刘侨丽 Liu, Lily	女	音乐	同何国柱
刘尔雄 Liu, Er-Hsiung	男	航海	天津五区汉阳道 8 号
刘骥生 Liu, Li shen	男	生化	北京文津街协和学院
戴月樵 Tai, Yueh-Ti	女	图书管理	同胡荭贤
萧伦 Hsiao, Lun	男	化学	成都槐树街廿八号萧一秋
萧蓉春 Hsiao, Jung Chun	女	经济	成都槐树街廿八号

---

① 此名单由王祖耆在归国航行途中整理，后刻写油印，分发各人。翻拍件由王祖耆提供。

9 给联合国秘书长写公开信

何国柱　口述

采访人：王德禄

访谈时间：1990年11月22日

访谈地点：天津南开大学何国柱家

整理人：高颖、程宏

受访人简介

何国柱（1922— ），浙江余姚人。物理学家。1945年毕业于辅仁大学物理系。1946年赴美留学，1951年获美国诺特丹大学物理学博士学位。曾任美国芝加哥大学费米研究所副研究员、佛罗里达州立大学副教授。1955年9月回国，任南开大学教授、物理系主任。

王德禄：请何先生大概讲一讲您出国前在国内的经历。

何国柱：我出生于北京南城区，公历生日是1922年12月18日，农历生日是十一月十三日。我们家离北师大附中很近。我小学和初中就在北师大附中念书，程京和我是中学同班同学。当时，北师大附中是全国一流的学校，很难考。我们一家人，包括我的叔叔、哥哥、弟弟在内，都毕业于这个学校。我父亲曾在北师大附中教书。我有两个哥哥，一个哥哥是搞化学橡胶的，1941年去美国留学，获得了双博士学位。他博士毕业后在美国当了多年大学教授，已经退休了。另一个哥哥原来也是搞化学的，后来转行搞政治，又搞经济。我和我夫人是在美国结婚的，我们有三个小孩，老大、老二是在美国出生的，老三是在国内出生的。后来，他们三个一起去了美国，现在还在美国。

抗战期间，北平的好大学几乎都关闭了，只有燕京大学和辅仁大学这两所教会学校没有被日本人直接控制。因为那时候美国没有对日本宣战，日本无权管制燕京大学。日本也不能管制德国人。

1937年日本占领北平，我当时正在念初中。1941年中学毕业后，我进入燕京大学物理系。我刚去燕京大学的时候，司徒雷登还在。那时候，"珍珠港事件"尚未爆发，学校里全都是美国的士兵，日本兵不敢轻举妄动。校内外气氛完全不一样，我们生活在校园里，感觉简直是到了"世外桃源"。1941年12月8日"珍珠港事件"爆发后，日本军队把燕京大学关闭了，我转入辅仁大学，当时还能上课。之前我曾经考上了辅仁大学物理系，没有去报到，就借这次机会转到了辅仁大学。可以说，从中学到大学，我一直都在沦陷区读书，受了日本人很多气。

1942年冬天，在辅仁大学上学期间，我和几个同学商量好往外跑，逃出日本占领区，逃到国民党占领区，或者逃到解放区。燕京大学在成都复校了，我们想去成都，继续在燕京大学念书。不幸的是，我们在黄河边上被日本人逮捕了，被关押在日本宪兵队，辗转了几个监狱。

我们在河南入狱的时候，正好赶上百年不遇的大灾荒。当时人们吃不上饭，把树皮都吃光了，眼睛都饿红了。路上是狗叼着禽畜或者小孩尸体满街跑的场景。从车上往外一看，到处是一片一片的乌鸦，到处是死人，乌鸦在吃死人。那时候长得最肥的就是乌鸦和狗。我们在日本宪兵队待了一段时间，生活很艰苦，没有吃的。我看到日本人把监狱里关着的人绑成一组一组的，每组四个人，这些人都穿着长大衣，看起来像知识分子。他们被送往东北挖矿。

日本人原来怀疑我们几个是国民党，或者是共产党，或者是哪个组织的特务，在监狱里对我们用刑，把我们吊起来，打我们。他们知道我们是学生以后，派宪兵队到辅仁大学调查我们的情况。调查清楚了，派人把我们送回北京警卫队。起初我们是从学校偷偷跑出来的，当时家里人都不知道我们去了哪里，我们从河南回来以后，他们才知道。

回到辅仁大学，我们继续念书。因为那是寒假期间发生的事情，我们没有耽误太多的上课时间，没有留级，1945年7月按时毕业。当时辅仁大学物理系主任是奥图尔，一个德国人，神父。中国教授有褚圣麟，他教过我们。我大学毕业的时候，日本尚未投降。毕业后，我到慕贞女中，一个教会女子中学教数学。一年后，抗战结束了，我拿到了奖学金，1946年年底去美国留学了。

王德禄：辅仁大学的学生有没有在物理方面比较有作为的？

何国柱：邓昌黎①在物理方面有成就。邓昌黎比我低一届，也拿到了

---

① 邓昌黎（1926— ），福建福州人，生于北京。1946年毕业于辅仁大学，1951年获美国芝加哥大学物理博士学位。历任美国阿贡国家实验室加速器理论组组长，加速器部主任，美国费米国家加速器实验室加速器部副主任、高级设计系主任、物理系主任、特别计划室主任，美国威斯康星大学物理系教授等。

奖学金。1946年，我们两个一起出国了。邓昌黎获得博士学位后没有回国，现在在美国费米国家加速器实验室工作。美国研制出了世界上最大的加速器，邓昌黎是设计负责人。在加速器方面，邓昌黎是权威人士。中国搞大型加速器的时候，曾邀请他做顾问。当时邓昌黎来到中国，把一帮参与制造加速器的人带到了美国，在他的实验室学习。

其他的同学基本上没有太大的成就。张礼①也毕业于辅仁大学，和邓昌黎是同班同学，赴苏联留学，改革开放后被派到美国工作了一年。张礼回国后一直在清华大学工作。李育浩和我是同班同学，抗战期间去了台湾，在台湾发展得很好，现在是原子能第一研究所所长。

王德禄：你们当时在沦陷区，您是如何去美国的？又是如何与美国的学校取得联系的？

何国柱：那时候抗战刚胜利，我们可以和国外互通信件。我哥哥在美国，我们恢复了联系。哥哥是1941年由燕京大学推荐出国的。哥哥上学的时候，燕京大学每年只有一个全额奖学金名额，奖学金是300元，他每年都能拿到。当时哥哥在美国给我联系学校，申请奖学金。我申请了美国诺特丹大学的物理系，由于功课比较好，学校很快同意接收我，并给我提供助教奖学金。那时候，沦陷区很少有人能出国。

辅仁大学是天主教创办的，诺特丹大学也是天主教创办的。哥哥认为我到诺特丹比较容易得到奖学金。确实如此，诺特丹大学以为我是天主教徒，其实我不是。辅仁大学只有一两个学生是天主教徒，其他的都不是。诺特丹大学也一样，学生多半都不是教徒，老师也不全都是教徒。在诺特丹大学，

---

① 张礼（1925—　），天津人。1946年毕业于辅仁大学。1956年获苏联列宁格勒大学数理科学副博士，曾留校在物理研究所工作。1963年在丹麦哥本哈根理论物理所、1980年在美国加州理工学院做研究。历任清华大学物理系主任、工程物理系主任、高等研究中心教授，是高等量子力学前沿问题专家。

有个别神父也教书，和辅仁大学一样。诺特丹大学的行政部、系主任有很多是神父。我到美国以后很顺利，诺特丹大学给我提供了足够的奖学金。

王德禄：请您讲一讲去美国以后的大致情况。

何国柱：我是1946年年底坐船去美国的，1947年年初就入学了，1949年获得硕士学位，1951年获得博士学位。我主要是搞原子核物理、原子能的。那时候，刚刚开始搞原子弹，在物理领域，原子能是比较热门的专业。

我离开中国的时候，国民党政府很腐败，我对他们失去了信心。当时同学给我送行。我说，我走了不知道什么时候才能回来。他们说，你还回来干什么，咱们国家都已经这样了！当时我们都看不到中国共产党能够取得胜利的迹象，只看到国民党的腐败，认为中国没有希望了。在美国，当听到中国共产党节节胜利的消息后，我们觉得中国有希望了。现在回忆起来，这都是因为我接触了一些中共地下党党员，从他们那里得到一些好消息。我听说，张家口解放区的官兵平等，当兵的和当官的都吃小米，工资待遇都一样，人人平等，没有赌博，没有妓女，没有任何腐败现象。我们对中国共产党的印象很好，认为这是中国唯一的希望。我有很多同学是中共地下党党员，他们向我们表明了身份，我们对中共的地下行动逐渐有所了解。

中国留美学生在美国有两个进步组织，我都参加了。一个是留美中国科学工作者协会，另外一个是北美基督教中国学生会（CSCA）。我知道留美科协的成员大部分都是科学工作者，其中有很多人是中共党员，和我一起住的就有地下工作者。当时顾以健是留美科协活动的负责人，我就跟着他活动。留美科协主要在芝加哥活动。诺特丹离芝加哥很远，尽管诺特丹大学规模不大，只有几个中国人，但是我们在诺特丹成立了一个小组，活动不多。我是诺特丹小组负责人，他们称呼我为何部长。规模比较大的学校有几个部长，每人负责一个方面。留美科协组织了不少活动，国民党的组织和留美科协是对立的，经常找我们的麻烦。

CSCA 原来是宗教组织，中共党员参与进来以后，开始搞政治活动。CSCA 规模很大，组织了很多活动。我们常常活动，组织夏令营、冬令营，也就是放暑假、寒假了大家一起出去玩，唱歌跳舞，彼此交流，互相传播消息。这些人基本上都支持中国共产党。顾以健也是 CSCA 的成员，每次举行活动，他都非常积极，我跟着他。李恒德和邓稼先都是 CSCA 的成员，他们参加过 CSCA 的活动。我表弟和邓稼先是中学同学，当时我们经常和邓稼先一起打桥牌。出国以后，邓稼先在普渡大学，我在印第安纳，学校离得很近，我们也经常在一起。

约 1950 年邓稼先与何国柱夫妇在美国合影（何国柱提供）

回国后，我才听说，留美科协是中共地下党组织成立的，也就是说我们是前台，他们是后台。我们只管前台的事情，后台的事情一概不知。后来留美科协被查封了，查封得很厉害，李恒德的银行存款也被扣了，美国不允许他离开费城。李恒德被软禁了，他可以上学，但是不能出去活动。黄葆同也被软禁了，也不允许他离开学校。黄葆同当年是留美科协的会计。

王德禄：据我了解，留美科协有一些文字的材料，而且留美科协同中共关系比较密切。您这里有没有留美科协的文件？

何国柱：留美科协印了很多文件，主要有几个人活动，比如丁儆回国后经常整理留美科协的历史资料,他手上资料比较多,并且比较全面。可以说,大家回国后没有一个人像丁儆这么关心留美科协的。上一次,在中国科协会议上,我看到有人拿了一份留美科协成员名单,他们认为那是比较全的一份名单,我看了看,发现我们的名字很多都没有写在上面。

王德禄:他那个是 580 人名单,1951 年 5 月印的,1951 年 6 月又印了一个 800 人名单。

何国柱:我们很早就加入留美科协了,可是名字不在上面。这也许跟我们极少参加活动、不去芝加哥参加会议有关。我们离芝加哥很远,而且不是在暑假期间开会,这与我们的上课时间有点冲突。

王德禄:您还能回忆起来其他人都有谁参加 CSCA 的活动了吗?

何国柱:朱光亚参加 CSCA 的活动了。当时朱光亚从夏威夷上船回国,邓稼先和我两个编了一个顺口溜,打竹板为他送行。CSCA 举行活动时,王祖耆比较热心,活动也很积极,了解的情况比较多。CSCA 在夏威夷举行活动的时候,我参加了,平常的活动我都没有参加,大型活动也没有参加。

1950 年,钱学森第一次准备回国的时候,带了很多资料,遭到美国政府的严厉审查。他们认为不能让像钱学森这样的人离开美国,尤其是不能让像他这样的导弹专家回国。那个时候朝鲜战争尚未结束,他们认为让钱学森走了对美国非常不利,所以美国把他扣留了。据说,钱学森被扣留以后,美国国务院召集了十所大学的校长,开会问他们如何对待那些被扣下来的中国科学家,采取什么政策。一般情况下,中国留学生毕业后都要回国,美国不允许他们留在美国工作。总统想知道,是只扣留钱学森,不让他回国,还是把其他人一起扣下来。这十所大学的校长说,绝对不能让这些人回去,尤其是学理工的。因为这十所大学的校长都是学理工的。于是别的中国学生有这种问题的也都被扣留了。钱学森被扣留以后,所有学理工的学生都不允许回国，没有提要不要扣留学文科的学生。中国也欢迎学理工的留学生回国，对学文科的不太感兴趣。和我们一起回国的文科生都被派往中学教书。

王德禄：您回国时遇到麻烦了吗？

何国柱：1951 年我拿到了博士学位，开始申请回国。我在芝加哥买好了回国的船票，等船的时候，我收到一封电报，上面说，不允许你回国；根据美国的法律，有权不让中国留学生回国，如果要回国，就要判五年徒刑，2000 美元罚款，等等。当时我已经从学校毕业，就去芝加哥大学研究所工作，主要从事固体物理和生物物理方面的研究。因为美国的核技术需要用到一些数据。这项研究是芝加哥大学首创的。

美国不允许中国留学生回国，我们不甘心，组织了一些人一起活动。1951 年顾以健已经回国了，李恒德和我们联系得最多。我们几个人一起想办法争取回国。其间，李恒德起了很大作用。当时他已经离开芝加哥去了费城。李恒德那时候是不是中共党员，我不知道。他帮我们给周总理写信，讲述我们不能回国的原因。我负责中西部的签名，李恒德负责东部的签名。我在中西部跑了几个州，找了几个可靠的州立大学，让想回国的学生在信上签名，尤其是学理工的学生。当时参与签名的有何炳林、陈茹玉、王祖耆、周孝天等十几个人，可能不止这些人。签完名字后，我把中西部的名单交给李恒德。据说，李恒德又把写给周总理的信件交给了一个美国人，请他帮忙把信转交给周总理。李恒德是怎样把信送出去的，我不知道。

我们又给印度驻美大使写信，也是通过李恒德转交的。我们在信中注明，请印度大使帮我们把信转交给周总理，当时只有印度跟中国建立了外交关系。李恒德说，我们要通过印度大使在联合国争取一下，把美国扣留中国学生的事情提出来，希望联合国允许我们这些被扣的中国学生回去。

约 1950 年何国柱与妻子刘豫麒（何国柱提供）

如果这些信都得不到回音，我们就直接给联合国写信。

我们给联合国秘书长写了一封公开信。当时我们做事情很慎重。有一次，他们打电话让我马上去趟费城，商量写公开信的事情，当时我在西部，他们在中部。我是连夜赶到的。李恒德、师昌绪我们几个比较热心也比较靠得住，我们在公开信上签了名。签字的时候我心里有点嘀咕，这相当于是跟美国翻脸了。我走的时候对我夫人刘豫麒说，将来美国有可能会扣留我，我们没有钱，你怎么办？当时犹太人在美国创办了一个犹太律师事务所，专门打抱不平，免费服务。无论什么民族纠纷，只要没有钱打官司，都可以去找他们。我给我夫人出主意，如果我被扣了，你就去找犹太人，请他们帮助。我认为，这件事情我处理得比较好。后来，给联合国写的信没有回音，给周总理的信有了反应。

在芝加哥大学工作了两年以后，我转入美国南部的佛罗里达州立大学教书。我是一个人去的，离他们很远，我们失去了联系。我是如何知道给周总理的信有反应的呢？当时汪德昭在法国，他给我写信让我去找他，还说给我安排工作，让我从法国回中国。实际上，他是让我暂时待在法国。之前我不认识汪德昭，我想这封信肯定与我给周总理写信有关，要不然，国内不可能有人知道这件事，也不会派汪德昭给我写信。当初我申请去法国，美国移民局知道以后，给我回信说，美国有权不允许你离开美国国境。我在信中给周总理讲了这件事。

朝鲜战争期间，我们国家在朝鲜战场上俘虏了一些美国的空军，美国政府提出交换俘虏。周总理提出放还被美国扣留的中国学生，并且让美国保证以后不再扣留中国学生。美国政府却说没有扣留中国学生，并把这一说法刊登在报纸上。当时我在南方的一个小城，不方便组织活动，在芝加哥的人开始活动了。他们找各大报纸，跑电台，拿着电报给他们看，作为被扣留的证明。这么一折腾，美国扣留中国学生成为特大新闻。明明扣留了中国学生，美国政府却说没扣留，政府在说瞎话，各大报纸都认为这是一个特大新闻，当时好多报纸的头版头条报道了这件事。事已至此，美国政府没办法了，只好签订了交换协议。

我想，终于可以回国了。突然有一天，听到美国的无线电台报道，中美双方已经达成协议，美国要释放15名中国人。电台上播报了被释放人员的名单，上面没有我的名字。我不知道他们列的这15个人是怎么来的，我记得这15个人没有一个是我认识的。据我所知，想回去的这些人，有好多不在这个名单上。按道理说，我至少应该知道几个，毕竟我负责让想回国的中国学生签名，可是我都不认识。我想可能是美国随便放了15个人回国。当时中国已经把美国的俘虏释放了，这些人已经回到旧金山，在旧金山受到盛大欢迎。我开始有点着急了。

当时只有我一个人在南方，没办法找人商量。我认为是美国要捣鬼，只放这15个人。我马上给时任美国总统的艾森豪威尔发了一个电报，只有这个办法了，否则时间一过，我就回不去了。我不敢在当地发电报，因为我在那里教书，我有很多学生是从朝鲜战场回去的士兵，他们知道这件事以后，我就没办法上课了，麻烦会更大。我和我夫人开车去一个很小的城市，给艾森豪威尔发了一个电报，告诉他，我不是很清楚是不是可以放我回国，我也是被扣留的人之一，希望你们让我回去。其他的没多说什么。

电报发出去没多久，很快有了回音。白宫办公室给佛罗里达州立大学的副校长打电话。副校长把我叫到办公室，说白宫有人要与我对话。那个人在电话中问我，你为什么想回国？你有什么经济困难，或者是对工作不满意的地方，可以跟我说，我们会尽量给你解决。我说，我在这里挺好的，学校对我很好，我对工作也挺满意，没有遇到任何困难。我是中国人，就是想回国服务。希望你帮我跟总统说明情况，让我回去。我对他说话很客气。不久，这个官员来到我家里，问我是不是要回国，我说，是的。他说，你夫人怀孕了，你怎么回去啊？是不是你不想回去，你夫人非要让你回去啊？我夫人当场告诉他：是我想回去的，是我让他回去的，我们生完小孩子就走。那个官员没有办法了，后来，他寄来一封信，批准我们回国。

王德禄：接到通知的时候，您知不知道是都放了，还是一批一批放的？

何国柱：都没放呢，第一批就那15个人，这个大家都知道。我不知道他们后来陆陆续续地都放了谁，反正把我放了。李恒德比我们回国早一年。

王德禄：是不是您的学科使得他们不愿意放您回国？

何国柱：所有学理工的都不允许回国。我有一个独特的地方，回国的时候，别人都不接受检查，只检查我一个人，从上午一直到晚上，全都检查了一遍。还好，我的行李都是邮寄的，没有带在身上。查就查，无所谓。

王德禄：在美国的时候，您的老师都有谁，还记得吗？

何国柱：我在芝加哥大学读书的时候，是芝加哥大学盛极一时的时候。二战刚结束，美国把研究原子弹的全班人马都聚集到芝加哥大学，不让分开。他们在芝加哥大学搞研究中心，泰勒、费米、利奥·西拉德都留在那里了。第一个链式反应的试验是在芝加哥大学做的。芝加哥大学有三个研究所，一个是搞核物理的，由费米负责；一个是搞固体物理的；还有一个是搞生物物理的，由诺贝尔奖得主弗兰克担任所长。生物物理是核心，有个加速器，用核物理的技术来研究生物。我本来想毕业就回国，可是美国不允许离境。我只好在芝加哥大学找了一个教授，叫Moon。Moon在生物物理所，我就毛遂自荐去了生物物理所，跟着他做研究。我是搞核物理的，不是马上就能入门，我先搞生物物理研究。我在芝加哥大学的时候，听过费米讲课。当时杨振宁和李政道都已经离开了。西拉德也是生物所的负责人，不过我们研究的不是同一个课题，我和他不熟悉。杨振宁跟着泰勒做论文，中国人谁跟着西拉德做过研究，我不知道。我离开芝加哥的时候，西拉德给我写了一封推荐信。

王德禄：二战以后有很多核物理学家转向生物了。

何国柱：现在更多了。当时西拉德还没有转向生物，弗兰克转向生物了，弗兰克本身就是搞生物的。西拉德后来转向搞实验生物了。费米临死前把泰勒叫到床前，他不赞成泰勒搞氢弹，认为搞氢弹对社会的好处很少。可是泰勒还是搞了氢弹。我听过泰勒的课。周与良[①]也是搞生物的，跟着弗兰克。我去芝加哥大学的时候，周与良刚刚获得博士学位，留在了生物所。周与良最初不是搞生物的，她是朝那个方向发展的。周与良现在在南开生物系。

王德禄：您知不知道中国人有谁参加过原子弹的具体工作？

何国柱：搞原子弹很神秘，搞分离同位素的人或者是做一些物质的提纯工作的人都可能会沾上边。葛庭燧是搞金属物理的，他有可能参与原子弹的研制了，也可能没参与。他毕竟不是美国公民，外围的事情或许可以参与一点，机密的工作不能参与。

当年我在芝加哥找工作，一开始找了一家公司。该公司是搞原子能

[①] 周与良（1923—2002），女，安徽玉德（今东至）人。1946年毕业于辅仁大学生物系。1949年、1952年先后获美国芝加哥大学硕士和博士学位。曾任芝加哥大学助理研究员。1953年回国，任南开大学微生物教授。2002年5月在美国逝世。

的，接受了国家项目的钱，属于保密性质的机构。公司负责人说尽管很想录用我，但他们是保密机构，我只能帮他查查资料。他给我两个题目，让我查好资料，写给他看。这个东西具体如何操作，他自己去做。他说，你不是美国公民，不能到我们公司工作。

王德禄：在研究原子能和其他工作期间，您的博士生导师都有谁？

何国柱：我的导师是莫林（C. J. Mullin），已经去世，是爬山摔死的。还有一个导师叫尤金·顾斯（Eugene Guth），顾斯是匈牙利人，研究理论物理的。我去芝加哥的时候，原子弹已经投放了，正赶上大家讨论激烈的时候。美国投放原子弹是他们国家的事情，我们是外国人，不参与讨论。

后来我申请回国。以前美国对我不太注意，到佛罗里达以前他们也不了解我的情况，我给周总理写信以后，FBI知道了我，他们在佛罗里达一直监视我，有时候我的工作也受到了影响。

王德禄：佛罗里达的中国人多吗？

何国柱：在佛罗里达大学有三四个老师是中国人，中国学生不多。那些学生都没有回国。在我之前，有一部分人回国了，比如李恒德。我是因为小孩太小，才出生七天，所以我又回到芝加哥大学待了一个暑假，工作了两三个月，小孩稍微大一点才回国。

王德禄：您能讲一讲回国途中的经历吗？在船上你们都有些什么活动？

何国柱：我是1955年9月离开美国的。当时人们都很关心钱学森先生，国内报道说钱先生要回国。我们是和钱先生乘坐同一条船回国的。他一上船，有很多记者来船上采访。钱先生讲话很不客气，说话的大意是，美国扣留我，把我关起来，是完全不合法的，除非美国认错，否则我再也不回美国了。直到现在，钱先生再也没有去过美国。

我们回国途中，在船上可能照了相，但是我手头没有照片。回国的时候，我带着两个小孩，一个一岁，一个刚出生两个月，感觉很紧张，在船上不能活动。船每到一个地方都会停，我们担心船停了会被记者盯上，说话一不小心，新闻记者就会在报纸上乱报道。我们事先商量好了几条对策。第一，我们不说自己是谁。主要是担心钱先生的安全，万一有人认出他来就麻烦了。我们有二十来个人，估计他们不容易辨认出来。第二，不随便和记者讲话，我们提前写个书面材料，记者来了，给他看书面文字。我们之所以不说话，是担心他们歪曲语义。

我们乘坐的是一艘大船，船上有个美国国务院的女官员。到香港的时候，不允许我们上岸。我们不知道这个女官员是跟着我们的，还是有其他的目的。当时船上有个女学生，是个精神病病人，女官员押着这个女学生，把她送回深圳，交给她的家属。① 还有一个是被驱逐出境的中共地下党党员，是不是因为他是地下党党员，身份暴露了才被驱逐出境，我不太清楚。这个地下党党员的名字我不记得了，回国后，他去北京工作了。我们留美人员的名单上就有他的名字。船一到马尼拉，女官员就让他钻到船舱里，我们可以上岸，不准他上甲板。因为他是被驱逐出境的，等于是被监视押送回国的。我们都出去玩了，他只能一个人在船舱里待着。国务院的人是跟着我们的，还是押送这个精神病病人的，或者是押送这个地下党党员的？我不清楚，我估计她也在监视我们。

1985 年，刚好回国 30 周年，我们同船回国的人在中科院黄庄许国志夫妇家举行了一次回国 30 周年聚会。钱先生去了，我也去了。

王德禄：回国后，您的工作是怎么安排的？

何国柱：我在国外的时候，南开大学杨石先校长让杨振宁在美国为南

---

① 据王祖耆忆述，战后上海的天主教会设立了奖学金，资助一批中学毕业生赴美读大学，该女生是其中之一。由于不适应国外生活，患了精神病。美国慈善机构派人护送她回国，而非美国国务院女官员押送她回国。

1985年9月乘"克利夫兰总统号"同船留美归国科学家30周年后重聚中关村(何国柱提供)
图中站立者：左一许国志，左二蒋英，左四蒋丽金，左五钱学森，左六疏松桂，右四何国柱

开物色人。何炳林是杨振宁的助教，杨振宁把这事交给了他。何炳林找到我说，南开要成立核物理教研室，你能不能去？我说可以，我的专业就是搞这个的。后来我了解到，高教部本来希望我去清华大学，因为清华计划创办核物理教研室，李恒德他们正在筹备，而且他们都愿意让我去。可是我已经答应南开了，所以我没去清华。

到了南开，我立即着手筹备工作。当时全国只有北大有核物理教研室，是把全国搞核物理的人都集中过来创办而成的。南开核物理教研室算是全国第二个。1957年开始做筹备工作，头一年几乎没有进展，因为我刚刚回国。

1958年赶上"大跃进"。搞核物理，没有加速器就什么事都做不了，我想先做一个加速器。我到北京的原子能所去问他们是否愿意和南开联合，搞一个核物理加速器。正好他们也想搞个农业用的电子加速器。他们建议说，先搞我们这个，作为实验，之后再搞你们那个质子加速器。因为搞核物理用质子加速器，电子加速器只能用于农业。我同意了，先搞点基础的。

王德禄：赵忠尧从美国带回来的与加速器有关的一些东西，放在哪里了？

何国柱：放在中科院原子能所了。我们想做一个类似于赵忠尧做的那样的加速器，还要做得大一点。我们国家没有经验，先做一个，成功了再做第二个。南开和原子能所合作做了很多设计。后来，中科院武汉分院也想参与进来，我们三家合作搞加速器。中科院从上海请来一些工程师负责工程设计，我们负责理论设计，在天津加工。1958年"大跃进"开始了，加速器还没有做出来。"大跃进"是搞群众科学，按形势来讲，我要靠边站。我和群众商量说，你们要对应着地方政府的项目做。群众说，既然何先生做了加速器，咱们就拿这个作为地方政府的项目。领导同意了。我们还有两三个月就要完成，于是我参与到群众科学运动中，接着搞加速器。我们日夜兼程，赶制出来三台。武汉要向国家献礼，运走了一台，还剩两台。国家很重视这件事，《人民日报》头版头条刊登：南开大学研制出核物理加速器。在高教系统的全国展览会上，中央大厅的正中间摆放着我们制造的加速器，很出名。

当时学生们要做反应堆。我说，你们可以做加速器，不能做反应堆，因为没有原料。学生问教研室的领导，反应堆为什么是个空壳？领导说，你们要解放思想，去问问核工业部将来能不能供给我们燃料，我们不可能自己做燃料，我们只做壳。学生们到了核工业部，找到钱三强。钱三强问他们需要多少燃料，他们说要4%的浓缩铀。钱三强说，4%的浓缩铀？

0.4%的也没有，即便有，也不可能给你们。因为国家不允许学校做大的反应堆，只能做小的，越小的反应堆对原料的要求越高。大反应堆用的燃料可以差一点，甚至可以使用天然铀，搞小反应堆成本很高，需要用浓缩铀。这根本不可能！钱三强不同意，学生们就回来了。这个领导说，你们的思想都不解放，钱三强的思想也不解放，大家一跃进，什么都会有的。我们就做反应堆，你们先做着，原料自然会有的。大家就开始做起来。最后反应堆没做成，没有原料肯定做不出来。当时我不做反应堆，就参与到搞加速器的工作中，算群众。

钱三强来南开参观说，做这些有用吗？他的意思是说，做这些东西要用得上才行啊。加速器可以用，即使没有达到指标，运转是完全没有问题的。当时南开搞加速器的队伍很庞大，有四五十个青年老师，100多个学生，比北大的规模还要大。那一年，核物理专业只有南开有毕业生，北大没有毕业生，北大是五年制的，南开是四年制的，清华后来才开始培养核物理方面的人才。在核工业部，岁数比较大的基本上都是南开的毕业生，因为头一两批搞加速器的都是南开毕业的。

王德禄：北京有哪些人参与了原子弹的教育培训工作？

何国柱：北大核物理教研室的规模最大，培养人最多，像虞福春、卢鹤绂都培养了很多人。

不幸的是，南开的核物理专业垮台了。1957年，有一个日本人来南开参观，他是搞加速器的，是第一批来中国参观的核物理方面的专家。我们负责接待。当时我们搞加速器，他们也在搞。他想在中国拉拢人心，回日本后，把自己设计的加速器图纸和全部蓝图都寄给我们。我们也设计了图纸，但是没有参考日本专家的，因为他寄来的图纸是直接用于加工的，我们做下一步工作的时候才能用上。当时我不太懂和日本人联系应该保密。如果在国外，这属于两个国家之间的交流，是司空见惯的，可是在我们国家不一样。我们的加速器做成功以后，《人民日报》上刊登了消息，全国乃至全世界都知道南开研制出了加速器，做成了反应堆。那个日本人也看到了报纸上刊登的消息。12月份，他给我寄来一张贺年卡，祝贺南开做成了加速器，做成了反应堆。加速器确实做了，可是没有做反应堆，反应堆仅仅是个壳，也就是说国外都认为南开有个点，全世界都知道了南开有加速器和核反应堆。收到贺卡以后，我没有报告学校。当时我不懂这些，也没有把《人民日报》上刊登的消息抄下来。当时我跟日本人只说了三四句话，这就犯了错误。我说的话没有《人民日报》上刊登的内容多。我后来才向学校汇报与日本人有联系，当然挨批了。我们教研室扩建成系以后，他们把我排挤出去，不允许我搞核物理，不允许我参与保密工作。

那时候，我相当郁闷。我猜测，贺年卡是导致这个结果的直接原因，也可能是因为我没有入党，搞加速器的成员必须是中共党员。我不了解具体情况，不知道当时犯的错误有多么严重。

后来麻烦更大。中央下达了一个文件，沿海不能搞原子能。当时中苏关系不好，国家担心苏联轰炸我国沿海地区。核物理必须迁到内地，南开的核物理迁到了兰州大学，山东大学的核物理也迁过去了，大家都在兰州搞核物理。刚开始去的人非常少，没有几个人。不久，南开核物理的全体师生都搬了过去，家属也带去了。他们没通知我，我就没去。我一直在南开工作，主要是搞理论物理。

十一届三中全会以后，1979年我加入了中国共产党。原来我的思想觉悟没有现在这么高。我回国以后从来不提国外留学的事情，一句话都没有提过，我不愿意拿这些作为我的资本。1980年，我开始担任物理系主任，60岁退休。我现在是教授。

王德禄：我们国家搞加速器，既然要保密，为什么还允许日本人来参观？

何国柱：那个日本人在中国参观了很多地方，先到北京参观中科院原子能所、北大、清华，后来到南开大学。当时中日民间交流关系很好，他非常热情，与中国人相处得也不错，回去写了很多报告，对中国大加赞扬。他把那些报告都寄给了我。总的来说，这个结果是我的保密工作做得不好造成的。当时我应该先通报组织，组织允许了再让他参观。事实上，组织不是不让答理他们。那时候确实保密得很厉害，我自己的笔记都不能放在桌子上，担心被人拿走。

王德禄：您回国后，经历了哪些运动？

何国柱："反右"运动的时候，我的学生，包括研究生、实验员在内，清一色都错划成了"右派"，我不是"右派"。我是从美国留学回来的，可能他们对我比较客气。当时老一辈从美国留学回来的，有的起初被划成了"右派"但最后没有被定成"右派"，比如陈荣悌。陈荣悌当时是化学系副系主任，什么事情都想知道，他与党组织的关系比较差。本来我们做任何事情都应该听党的话，但是他想自己做点事情。学校要把陈荣悌定成"右派"，上级知道陈荣悌是民主党派以后，不让定。陈荣悌算是漏网"右派"。

"文革"的时候，我接受审查了，他们说我是从美国回来的"特务"。

王德禄：您了解程京吗？

何国柱：知道。程京考的是英庚款留学生。他是搞相对论的，导师比较有名气。后来，程京去了美国普林斯顿，和爱因斯坦他们在一起。程京是去普林斯顿留学还是做访问学者的，我不太清楚，1950年他才回国。我听说，思想改造运动对程京的刺激比较大，他精神失常了。当时，从国外回国的人都要做思想检查，检查了几次，每次都说他不过关，要重新检查。当时我还没有回国，不了解详细情况。1955年我回国的时候，程京已经不能工作了。我听说他得了两种病，风湿性关节炎和精神分裂症。1957年，有些学生问，像程京这样有名的教授，回国后为什么变成这样了？提这种问题的学生，"反右"的时候都被错划成了"右派"。

"文革"的时候，程京又挨整了。我们一起住过牛棚，当时他头脑很清醒，看起来不像有精神病。程京很了解宪法，有时候他比我们记得还清楚。到了牛棚，我们五个人在一起，他不与外界接触，病反而好了，身体和心理都很正常了。

"文革"结束后，有一段时期他的状态不错，在资料室翻译资料，学校还请他教课。我当系主任那段时间，程京精神状态也很好，后来不知道什么原因，他的精神又出了问题。多年来，程京卧床不起，需要有人在旁边照顾。程京为人很好，生活非常简朴，发了工资都攒着，攒了几万元钱，全部捐给学校做奖学金。程京在南开大学工作，经常来北京参加活动。

王德禄：1978 年以后，您做工作多吗？

何国柱：我主要带博士研究生。我带着五个博士和两个硕士，很忙。我经常去美国参加国际会议。陈省身在南开创办了数学所，请杨振宁来参观，杨振宁说不错，就在数学所创办了一个理论物理研究室。杨振宁长期在国外工作，让我做代理室主任，这几年我主要就是做这项工作。杨振宁每年请协会来举办一些讲座，还在国内组织了全国性的委员会，有十几个组织委员，有北大的、复旦的，还有其他学校的。

王德禄：为什么在南开举办讲座？

何国柱：陈省身在美国创办了国家数学研究所，并担任所长。陈省身很有魄力，在南开也照办了一个面向全国的数学所，并担任所长。陈省身是南开的毕业生，也是南开的教授。他和我商量说，他想在南开创办理论物理所，面向全国的。因为创办其他的物理所比较困难，创办理论物理所简单一些。理论物理和数学一样重要，南开没有钱，无法创建。如果杨振宁同意在南开创建就好了，即便不叫理论物理所，能在南开创办一个理论物理研究室也可以。陈省身接着说，杨振宁和我的关系很密切，杨振宁的父亲是我的老师，我是杨振宁的老师，只要我跟杨振宁说，杨振宁不好不答应。到时候，我邀请杨振宁来参观，至于能不能在这里办所，我不给他提，你给他提，看他是否同意。

后来南开想邀请杨振宁来做名誉教授，让我在此期间给杨振宁做工作，希望杨振宁在南开创建一个理论物理研究室。我想，在南开搞个理论物理研究室，杨振宁不一定愿意来，因为北大、清华、科学院也邀请他了，相对而言，南开属于较小的单位。杨振宁与陈省身不一样，陈省身是南开的校友，杨振宁不是，估计杨振宁不肯到南开来。我就采用陈省身办南开数学所的方法，把理论物理研究室办成面向全国的。杨振宁在美国带了不少访问学者，他给这些学者指明了新的发展方向。杨振宁说，如果朝着这个方向研究，很快就会在国际上出名，所以有几个人回国都是做这方面的研究。虽然都在做研究，但是这些人分散在全国各地。如果我把中国做过杨振宁访问学者的人集中到南开，大家都在杨振宁的指导下工作，朝着这个方向研究，杨振宁也许会同意。

我们把杨振宁请来了，杨振宁说，我之所以来南开，不是看你一个人的面子，原来和我一起工作的那些人也邀请我来。我们带他参观了陈省身的数学研究所。杨振宁看到陈省身的方法很对，在国内建立研究基地，别的学生都去了国外。我们在国内建立了高级研究基地，培养出高级人才，不是送出去，而是要请进来，而且应该把全世界最好的教授、专家请过来，系统地做报告。

钱学森要我负责筹建运筹学研究室 10

许国志　口述

采访人：王德禄、杜开昔
访谈时间：1988 年 11 月 7 日
访谈地点：北京中关村许国志家
整理人：刘涛、高颖、程宏

受访人简介

许国志（1919—2001），江苏扬州人。运筹学家和系统科学家，中国工程院院士（1995）。1943 年毕业于交通大学（上海）机械工程系，后在新通贸易公司、昆明中央机械厂、北平冀北电力公司工作。1947 年赴美留学，在堪萨斯大学仍修机械工程，获硕士学位后转入数学系，1953 年获博士学位，先后在芝加哥大学气象学系和马里兰大学流体力学与应用数学研究所工作。1955 年 9 月回国，历任中科院力学所、数学所、系统所研究员。

杜开昔：请许先生介绍一下您的经历。

许国志：我在交通大学（上海）机械系念机械工程，1943 年毕业后到发电厂工作。出国前两年，我在北平冀北电力公司，就是现在的北京石景山发电厂工作。1946 年，我参加了国民政府组织的自费留学考试，考上了。

1947 年，我到美国留学，在堪萨斯大学念机械系，1949 年获得硕士学位。我之所以去堪萨斯大学有两个原因：一个是，我念大学的时候，有一本机械工程方面的教科书是堪萨斯大学的布朗（Brown）教授编写的；另一个是，我在电厂工作的时候，有一个同事是从堪萨斯大学留学回来的。

新中国成立后，中美之间的联系断了，我不能从家里拿钱了。当时我得到了一个助教的职位。数学系的 Price 教授说，如果你愿意转到数学系，我就给你提供一个研究助教（RA）的职位。我比较喜欢数学，就转到了数学系，1953 年获得博士学位。后来我去芝加哥大学学习环境分析学，主要是研究气象学。芝加哥大学是非工科大学，学校没有计算机。我原来想研究气象学，后来和别人合作开展了这项工作。1954 年我转入马里兰大学流体力学和应用数学研究所，在那里工作了一年就离开了。我的夫人蒋丽金①是在明尼苏达大学获得的药化系的博士学位，我们是在她拿到博士学位之前结婚的。后来她也在堪萨斯大学做博士后。

杜开昔：我也是从堪萨斯大学毕业的，学科学史的。1970—1980 年，我一直都在堪萨斯大学。

---

① 蒋丽金（1919—2008），女，浙江杭州人，生于北京。许国志的夫人。中科院院士(1980)。1941 年考入北平协和医学院。1942 年插班入辅仁大学化学系。1946 年获辅仁大学硕士学位。1948 年入美国明尼苏达大学药学院，1951 年获博士学位。1951—1955 年先后在堪萨斯大学药学院药化系和麻省理工学院化学系做博士后。1955 年回国，任职于中科院化学所。

许国志：你在堪萨斯大学待了10年。你是在那里教书和念书吧？这个世界真小啊！

杜开昔：有很多1950年代回国的人，在美国与移民局产生矛盾。您在堪萨斯遇到麻烦了吗？

许国志：当时我们在学校念书，没有遇到太多的麻烦。中国留学生在美国成立了留美科协，侯祥麟是负责人。我没有参加留美科协。在我之前回来了很多人，有的是绕道欧洲回来的。美国明令禁止中国学生回国后，我们不再申请护照。我们没有申请加入美国国籍，但是可以留在美国工作。当时很多中国人没有加入美国国籍，比如林家翘。比我们去得早一点的，有人在堪萨斯大学教书。还有几位是我的同班同学，他们是1944年去美国的。据我所知，当时科技界没有人加入美国国籍。

解禁后，美国允许我们办理护照了我才回国。1955年9月中旬，我们乘坐轮船从旧金山出发，10月六七号到达深圳，10号到广州。我们船上共有30位中国人，是美国解禁后回国人数比较多的一批。我原来有一份同船回国人员的名单，现在已经找不到了。我们一起回国的有钱学森、何国柱、肖伦、李正武、孙湘、疏松桂等人。何国柱现在在南开大学物理系，他回国的时候还带着刚生下来不久小孩，这也是我们船上年龄最小的一个。肖伦是和我一起出国的，他的夫人萧蓉春是学经济的。李正武是学物理的，曾在第二机械工业部工作，他的夫人孙湘也是学物理的，现在在中科院物理所工作。疏松桂也是学物理的，回国后去了中科院自动化所，现在住在我们楼下。

杜开昔：你们回国后的工作是怎么安排的？

许国志：留学生回国后，高教部负责接待，分配工作。大部分被分配到中科院，少数去了工厂，还有的去大学教书了。我们这一批回国的，我不清楚有没有人被分到工厂。当时中国的工厂不需要太多人。比我早一批回国的，有两个人去了工厂，一个去了第一汽车制造厂，一个去了上海一家工厂。

回国后，我被分配到中科院力学所，钱学森让我开展运筹学研究和应用工作。运筹学用得最多的是数学。我夫人被分配到中科院化学所。我们有两个孩子，都是男孩，大孩子是1959年出生的，随他妈妈姓，第二个孩子是1966年出生的。

杜开昔：您是学应用数学的，为什么去了力学所？

许国志：力学需要很多应用数学方面的知识，在美国，机械工程被认为是物理学的一个分支。我学过数学，也学过机械工程，这些都与力学、物理学息息相关。我认为，在研究力学和物理学中，机械工程是非常重要的一部分。

1956年中科院成立了力学所，钱学森任所长。钱学森思想比较开放，他认为，运筹学对中国的经济建设将会有很大帮助，希望我在学校做一次运筹学调查，并让我负责筹建运筹学研究室。1957年我负责正式创建了中国第一个运筹学研究室，1958年招收第一批运筹学研究生。钱学森很有远见，他说运筹学应该是跨学科的专业。当时他录用了九个大学生，三个是中国人民大学学经济的，三个是北京大学学数学的，还有三个是上海交大学电子的。"大跃进"期间，国家派了很多人做研究，当时让数学所派人搞应用，1959年年底，我去了数学所，离开了力学所，因为当时我在搞机械工程。

十二年科技规划开始以前，我们已经着手做运筹学调查。十二年科技规划开始以后，运筹学成为规划中的一个项目。当时我们国家和苏联的关系比较密切，运筹学规划制定好以后，送到苏联，请苏联专家做评议。苏联专家对这个项目的意见是"无条件赞成",我们知道以后都很高兴。

杜开昔:苏联的科学家对您的思想有什么影响?

许国志:苏联的科学家对我的影响不是很大。运筹学是一个新兴学科,在美国起步比较晚,在苏联则是经典的学科,而且是非常强大的学科。我刚回国的时候,中苏关系很友好,我们对苏联的情况了解得很清楚。1944年以后到1949年以前,我在美国期间,美国有时候使用苏联运筹学的材料。1939年,苏联科学家列奥尼德·康托罗维奇去美国了。1975年康托罗维奇获得了诺贝尔经济学奖。很早以前,他写了一本书,当时名气很大,因为中苏关系比较好,我们是中国留学生,可以长期借阅他的书籍,我借来以后把书翻译成英文,这也是我做的很重要的工作之一。此后,美国数学界有很多人来拜访我。苏联的数学界在国际上名气很大,我们经常借阅苏联的资料。回国后,如果我从事数学方面的工作,可能我的成就比现在要大得多,只可惜他们让我搞运筹学。

1990年许国志(左)与疏松桂合影(许国志提供)

早期苏联确实派了很多专家到中国,后来苏联专家撤走了。当然,苏联的整个科学发展还不错,化学发展得不错,理论物理也比较强。我们国家有许多尖端的科研项目,在初期得到了苏联的一些帮助。

杜开昔:"大跃进"对中国科学发展有什么影响?

许国志:"大跃进"期间,许多科研工作特别是理论研究,基本上都停止了。我们搞运筹学的有了新突破,似乎很独特。"大跃进"期间,运筹学讲究"优化"。这种说法在当时还没有普及,现在已经普遍使用。

与化学的不解之缘 11

何炳林　陈茹玉[①]　口述

采访人：王德禄
访谈时间：1990 年 11 月 21 日
访谈地点：天津何炳林家
整理人：刘涛、高颖、程宏

受访人简介

何炳林（1918—2007），广东番禺人。高分子化学家，中科院院士（1980）。1938 年考入西南联大化学系。1942 年毕业后在杨石先教授的指导下做研究生。1943 年起在西南联大、南开大学任教。1947 年赴美留学，1952 年获印第安纳大学博士学位，之后到纳尔哥化学公司担任高级研究员。1955 年 11 月回国，历任南开大学化学系教授、化学系主任、分子生物学研究所副所长、高分子研究所所长。1988 年被国防科工委授予"献身国防事业成就奖"。

---

① 整理时参考了陈茹玉、何炳林的《铭刻在心中的诺言》，引自《建国初期留学生归国纪事》第 277~282 页。

何炳林和陈茹玉（何炳林之弟何炳桓提供）

陈茹玉（1919—2012），女，原籍福建闽侯。化学家，中科院院士（1980）。1942年毕业于西南联大化学系，先在重庆北碚中央工业试验所工作，后到大溪口钢铁厂化学分析室任技术员。1944年到云南大学矿冶系任教。1946年，在南开大学化学系任教。1948年春考取美国南加州大学研究生。同年秋，转入印第安纳大学化学系攻读有机化学，1950年获硕士学位，1952年获博士学位，在美国西北大学化学系任研究员。1955年11月回国，历任南开大学教授、化学系有机化学教研室副主任、元素有机化学研究所所长。

王德禄：请你们谈谈出国前的经历。

何炳林：先谈谈我吧。我家在广州番禺的一个郊区，可以说是书香门第，也可以说是做工艺的。我哥哥是学法律的，弟弟是学社会学的。本来哥哥动员我也学法律，我没有同意。

我小时候受家人的影响不大。小学五年级开始住校，考入广州培正中学以后也是住校。培正中学是广州数一数二的中学，老师比较好，开设的课程比较全面。当时培正中学的校长是从哥伦比亚大学留学回来的，有一些老师是西南联大毕业的。学校比较注重让学生加强体育锻炼，管理也很严格。如果有学生考试作弊，一经发现立即开除。我们都住校，不能随便出学校大门。如果有人不请假就出去，学校给记一次大过，记满三次大过就开除。

上中学的时候,我的数学、物理成绩都很好,不喜欢化学。可是化学是高考的必考科目,想考一所好大学,必须学好化学,于是后来我又对化学产生了兴趣。

1938年我考入西南联大,念的就是化学专业。大学期间,我非常不喜欢有机化学,因为有机化学死记硬背的东西太多。后来,我打算考研究生,有机化学是必考科目,结果对有机化学又产生了兴趣。

我和陈茹玉是西南联大1938级的同班同学。我们那一届是化工系的第一届学生,升级的时候淘汰学生很厉害。一年级我们同级有60个学生,后来有30个留级了,15个去了外校念书,毕业的时候只剩下15个学生。当时我在她对面做实验。陈茹玉是福建人,在北方长大的,上大学的时候,她比较文静,念书很用功。我比较好动,受她的影响,我也很用功。

1941年何炳林摄于西南联大(何炳桓提供)

大学三四年级,我们经常在一起学习,探讨遇到的难题。春暖花开的时候,我们也会一起出去玩,很快熟悉了。当时大家思想比较保守,毕业以后我们才确定恋爱关系。

1942年大学毕业,我考上了南开大学老校长杨石先杨老的研究生,杨老希望我跟着他做研究。抗战期间,学校缺少仪器、设备、参考书、药品,我先到重庆的中央工业试验所工作了一年。陈茹玉也在中央工业试验所工作。我们虽然在同一个单位,但是工作地点不同,我有时间就去找她。当时国民党有一种很腐败的现象,我在中央工业试验所的时候,看到有人走人情,搞关系,我对这种现状很不满意。1943年又回到西南联大,我一边当助教一边跟着杨老做常山药物研究。

西南联大是清华、北大、南开三所学校合并而成的，清华是老大，北大是老二，南开是老三，所以南开总是受气。当时清华大学化学系主任高崇熙①比较霸道，北大化学系主任曾昭抡也不容商量。杨老很正派，办事很公道，就被推选担任西南联大的化学系主任。当时化学系有几个助教，比如陈天池、王积涛、焦瑞身、闵嗣桂、陆善华，我们轮流坐办公室。我和杨老关系相对比较密切，别人只能坐一年，我可以坐两年。1946 年 5 月，西南联大拆分了。西南联大的助教有的被分到北大，有的被分到清华，还有的被分到南开。被分到清华的那几个助教都不愿意去清华，因为他们对当时清华的那些教授都不太满意，所以有人转到北大，也有人转到南开。南开大学的校长是杨老，我是杨老的学生，很自然到了南开。

王德禄：陈先生考入联大时有比较独特的经历吗？

陈茹玉：抗战时期，我和他们一起去昆明参加高考，在路上，遇到日本宪兵，单单把我挑出来，叫上岸。日本宪兵问我是什么人，要去哪里，我骗他们说我是商界的，去香港结婚。他们看我打扮得好一点，不像学生，没问出来什么，把我放回去了。我们进船舱后，什么东西也不允许带。我们的船从天津一直到香港，绕道越南海防，到达昆明。

越南海防是法国的殖民地。船到了越南海防，听说人们经常抢东西，抢得很厉害。我们当时坐着车，他们把车门拉开，抢了就跑。有些人抢槟榔吃，吃完嘴都是黑的。我们船上卫生状况很差，船舱里到处都是大壁

---

① 高崇熙（1901—1952），祖籍河北雄县，生于山东济南。1919 年考入清华大学留美预备学校，1922 年赴美国威斯康星大学化学系学习，1926 年获博士学位。1926 年回国，历任清华大学化学系教授、系主任，西南联大化学系教授，兼任北大化学系教授，北京新华试剂研究所所长。在"三反"运动中，服氰化钾自杀。

虎。一路上，150个学生联合起来，不让人抢，大家互相保护。我们的手表、钢笔都没有让人抢走。我在路上看到一些越南人，好可怜啊。法国人把他们压迫得太厉害。人们之所以抢东西，是因为他们太穷了。我看到人们长得像罐子一样，脑袋大，个子很小，靠翻跟头赚钱，拿个坛子收钱，法国人把他们的坛子都给砸了。

我考上了西南联大。报名的时候，外语系主任陈福田在我旁边，很凑巧。他看见我，问我想报哪个系，我说数学系。记得念中学的时候，我看数学老师画圆，一次能画那么圆，切线讲得也很有意思，便对数学产生了兴趣，差不多每次考试都考100分。我对解析几何、代数很感兴趣，数学老师和我交流很多，所以我想报数学系。陈福田则建议我报化学系，他说化工专业比较好，中国要发展工业，需要化工方面的人才。尽管我不喜欢化学，但我想到学化工对国家有用时，我就报考了化学系。从这一点来讲，我跟何炳林有相似之处。

我很讨厌"三青团"。在西南联大念书的时候，干坏事的都是"三青团"的人。我在学校很用功，我们宿舍还有两个进步的学生，化学系比较用功的就属我们三个了。有时候，我们一起谈论"三青团"，还去撕壁报。白天不方便，我们约好晚上一起去。我的同班同学也有"三青团"的，考试作弊，尽干坏事。

小时候，我在天津白天看到日本人骑着马在大街上胡作非为，很痛恨日本人。我在西南联大念书的时候，美国士兵无法无天，让我特别生气。我弟弟是西南联大工学院的，当时工学院和理学院的距离很远，走半天才能到。有一次，我独自去找我弟弟，在路上碰到一些喝醉酒的美国士兵，坐着人力车。他们看到我，坐着人力车就来追我，当时我一错位，蹿到铺子里了。他们不知道我藏到了哪里，找不到人就走了。等我从我弟弟那里返回来的时候,那个喝醉酒的美国士兵已经干了坏事。这样的事情我只遇到过一次。我觉得这个经历很特别,给我印象也是最深刻的。

王德禄:你们什么时候结婚的?

何炳林:1946年我和陈茹玉结婚了。我们的介绍人是傅恩龄①,主婚人是黄子卿,证婚人是杨老。陈茹玉和傅恩龄比较熟悉,他们一起从天津去的昆明。1940—1941年,我上大学一年级的时候,黄子卿教我物理化学。杨老当时是西南联大化学系主任,1941—1942年教过我。

陈茹玉:我们在西南联大附近的教堂举行了婚礼。

王德禄:请讲一讲西南联大被拆分,您回到天津以后的情况。

何炳林:我回到天津以后,第一年非常忙。南开大学教师不多,工人的工作我要做,教师的工作我要做,职员的工作我也要做。教学方面,我主要负责讲课、改卷子、管理实验。杨老从美国寄回来一些东西,由我负责接收。另外,我们订制的一些仪器也由我点收。南开、清华、北大分开以后,很多仪器留在昆明,要重新分配。高崇熙代表清华去分,钱思亮②代表北大去分,高振衡③代表南开去分。高崇熙资历最老,钱思亮和高振衡都是他的学生。我和高崇熙的关系比较好,高振衡和他的关系也很好,所以分东西的时候,高崇熙把很多东西给了南开,钱思亮看到后非常不高

---

① 傅恩龄(1898—1975),又名傅锡永,河北顺义人。1919年南开中学毕业。后毕业于东京庆应大学。曾任南开大学校长秘书、西南联大日语教授。

② 钱思亮(1907—1983),浙江杭州人,生于河南新野。台湾"中央研究院"院士(1964)。1931年毕业于清华大学,同年赴美留学。1932年获伊利诺伊大学香槟分校化学系硕士学位,1934年获该校博士学位。1934年回国,历任北京大学化学系教授、西南联大化学系教授、上海化学药物研究所研究员、经济部化学工业处处长、北京大学化学系教授兼化学系主任等职务。1949年移居台湾,历任台湾大学校长、台湾"中央研究院"院长。

③ 高振衡(1911—1989),生于北京。中科院院士(1981)。1934年毕业于清华大学化学系,后留校任教。1942年赴美留学,1946年获哈佛大学博士学位。1946年回国,历任南开大学化学系教授、系主任。

兴。分完以后，高崇熙请他们去打麻将，联络一下感情。仪器分完以后要寄回各校，我代表南开去装箱，装好送到车站，接受检查以后再装箱，然后运回来点收。

王德禄：您是什么时候去美国的？

何炳林：1947年我去美国留学了。我在美国有一些朋友，去了有人照应。当时杨老给我写了推荐信。我先在位于洛杉矶的南加州大学（USC）念了半年，学费太贵，1948年下半年转入印第安纳大学。当时我的学习成绩很好，化学系主任很照顾我，让我一边做助教一边念书。这样我挣了一些钱，能够解决经济上的困难。我夫人比我晚出去半年，她是1948年春天去美国的，生完第一个小孩才去。到了美国，她也在印第安纳大学念书，和我是同一个导师。我们的导师叫约翰·比尔文。我在印第安纳大学念了三年半，1952年获得博士学位。

新中国成立后，我收到杨老从国内寄来的信，他在信中说国内正在搞经济建设，需要人才，希望我毕业后赶快回国参加建设。我打算毕业就回国。从1950年10月份开始，美国不允许学理工的中国学生回国了。我听说，有些中国学生在回国途中，途经日本被逮捕了。我回国的愿望成为泡影，只好一边申请回国一边在美国工作。我考入纳尔哥化学公司当研究员，两年后被提升为高级有机化学研究员。

王德禄：您参加留美科协了吗？你们在印第安纳州活动的人都有谁？

何炳林：1949年中国学生在美国成立留美科协，我和我夫人都加入了。后来留美科协在印第安纳成立了一个小组，我担任负责人，戴广袤、陈荣悌就是留美科协印第安纳小组的成员。我夫人那时候怀孕了，没有参加留美科协的活动。

1952 年陈茹玉获印第安纳大学博士学位（何炳桓提供）

那时候回国很艰难。有一天，美国移民局官员找到我们家里，劝我们不要回国。我们说大孩子在国内，由外祖母照顾，现在外祖母年纪大了，我们要回去照顾孩子。移民局官员说，你们有两个孩子在美国，一个孩子在中国，哪边重要？你们都是资本家、地主出身，都是有钱人，没有钱来不了美国。他们拿着中国斗地主的照片给我们看，还说不想让我们回中国受苦。我们不相信这些，坚决要回国。移民局又带了一个捷克人来我们家游说，这个人是从捷克跑到美国的，长得胖胖的，会讲中国话。移民局官员让他把捷克的情况给我们讲讲。我当即对移民局说，中国的情况和捷克不一样，不用讲。后来捷克人很简要地对我说，你们最好不要回去，回去会后悔的。我说，我回国了也不后悔。

后来，王炳南通过别人给我们写了一封信，让我们收集一些想回国的中国学生的名单。当时信上的署名不是王炳南，而是用了另外一个名字。我们在芝加哥找了一些中国学生签名，把名单收集起来，跑到一个小地方把信寄出去。我记得当时信封上写的是寄给欧洲某个饭店的杨太太。

1953 年，我们听说周总理要出席 1954 年在日内瓦召开的会议，就利用这个机会写了一封信。我们请印度驻联合国大使梅农把信件连同其他一些东西转交给时任印度总理，并请印度总理转交到周总理手中。那封信是很庄严地用毛笔写的（底稿现在已经没有了），王祖耆、何国柱、王仁①、李恒德、鲍承志、周坚、许国志等16人在信上签名了，我和我夫人也签了。王祖耆当时是美国西北大学电机系的研究生，现在是杭州电子工业学院的教授。周坚现在在中科院工作。

谈判期间，周总理提出美国扣留了中国学生，杜勒斯不同意这个说法。美国说，中国学生自己不愿意回国。周总理把我们转交给他的那些东西拿出来，杜勒斯无话可说了。1955年春天，美国国务院允许一部分中国学生回国，他们是一个个写信通知的，我就收到信了。一接到信，我马上打电话给王祖耆，他也收到信了。1955年4月，我们买了一些国内急需的仪器、书和化学药品，装在一个破旧的箱子里。在码头，我们通过了海关的检查，顺利登上了回国的轮船。

1950年何炳林、陈茹玉及其儿子何振犀（左）、何振宇（右）在印第安纳合影（何炳桓提供）

回国之前，王绍休知道我要回国，找到我的一个室友，问我为什么不去新加坡，新加坡的待遇很好。我告诉他，如果去新加坡，还不如留在美国，何必折腾呢！还有很多人劝我们说，你们在美国待遇这么好，

---

① 王仁（1921—2001），浙江吴兴人。中科院院士（1980）。1943年毕业于西南联大航空工程系，后在贵阳第一飞机制造厂担任设计员。1948年赴美留学，1950年获华盛顿大学硕士学位。1953年获布朗大学博士学位，后在伊利诺伊工学院力学系任助理教授。1955年4月回国，历任北京大学教授、数学力学系副主任、力学系主任。

还是不要回去了。说实话,我们的待遇确实很好,工作环境很好,工资薪酬很高,社会地位也不错。我毕业以后在美国工作了四年,公司领导对我特别好,知道我要回国,还特意找我谈话,要给我涨工资,还要提拔我。后来他又问我想不想换个工作,负责处理潜水艇的放射物质问题,当时我不同意做这种涉及军事秘密的工作。我说,我不是美国人,不能做这种工作。同事说如果你想做,我可以替你申请永久居留美国,而且将来可以给你转成美国国籍,让你做美国公民。我说我不考虑这个,他们拿我没办法。

我们回国前的八九天,美国国务院寄给我一封信,上面有很多表格。他们希望我们放弃回国的想法,留在美国。还说,如果我们愿意留在美国,可以填写那张表格。实际上,那是申请永久居留证的表格。后来,我把那封信撕掉了。离开美国的时候,我很高兴,我说:美国再见!我永远不会再回来了。我们带着小孩一起回国了。

陈茹玉:在美国,我们的工作比较忙,把小孩寄养在外国人家里。孩子从小就是别人带大的。我们回国前两个星期,去美国人家里要小孩,他们舍不得孩子走,还大哭了一场,问我们为什么不提前告诉他们。之前我在美国报纸上看到,有一对中国夫妇把两个小孩寄托在美国一个工人家里,后来他们想把孩子要回来,工人不让带走。工人说小孩从小跟着他们,算是他们的孩子。两家人打了一场官司,当时小孩已经6岁大了。我们不愿意把回国的事情提前告诉他们,就是为了避免发生类似的事情。我们在美国生的大孩子生下来没几个月就让他们带着,一个月150美元,是系主任介绍我们的孩子去的。

何炳林:当时在美国的中国留学生有三种情况。第一种人是自己想回国,美国不允许他们回来,这种人占少数,比如钱学森;第二种人是美国允许他们回国，可是那些人不想回来，这种人占多数，比如杨振宁、陈省身。第三种人属于中间派，摇摆不定，到底回不回国，看情况而定。1957年"反右"运动、1958年"大跃进"以后，那些人都没有回国。

我在美国那几年，芝加哥共有四五十个中国学生，逢年过节我们都举行庆祝活动。这些人有的想回国，有的不想回国，还有在回国和不回国之间犹豫的。大家都是年轻人，开会的时候争论得很厉害，在许多场合下界限分得很清楚，愿意回国和不愿意回国的两种人有的见了面互不理睬。比如我知道有些人的父亲是国民党官员，他们对中国共产党不满意，不想回国。有些是认识的，有些是不认识的。认识的人谁阻止我回国，见了面我就不理他们。

王德禄：学理工的当时都有谁是地下党党员？

何炳林：许鼐炯是中共地下党党员，1945年毕业于西南联大法商学院经济系。回国后，许鼐炯曾代表中国到联合国参加会议，还曾担任外贸学院党委书记、院长，他现在已经退休了。唐孝宣①也是地下党党员，现在在华东理工大学工作；侯祥麟也是地下党党员，我和他很熟；薛葆鼎是地下党的负责人，但是他很少活动。刘静宜也是地下党党员。在美国，顾以健和我们住在一起，他当时可能不是共产党党员。丁儆、冯平贯和沈学汶②当时都不是共产党党员。冯平贯毕业后没有回国。

---

① 唐孝宣（1925—2007），江苏无锡人。早年就读于上海的大同大学及沪江大学化学系。1946年2月加入中国共产党，1947年赴美留学，1949年毕业于比洛伊大学化学系，后转入威斯康星大学化学系攻读硕士学位，1950年提前完成学业回国。曾任河北省医药管理局局长兼党组书记，"文革"后在华东理工大学应用生物学系任教授。

② 沈学汶（1931— ）生于北京。美国国家工程科学院院士。1953年获美国密歇根大学学士学位，1954年获该校硕士学位，1961年获加州大学伯克利分校水利博士学位。历任科罗拉多州立大学水利工程系副教授、教授，加州大学伯克利分校土木工程系教授。

王德禄：您在西南联大的时候思想进步吗？

何炳林：我刚到西南联大的时候，学校墙上贴了很多大字报。当时西南联大的教授都很进步，大家非常痛恨国民党，一些国民党党员、"三青团"成员很嚣张。查良钊当时是训导主任，也是"三青团"的头目。他们经常欺负进步人士，还写大字报骂中国共产党党员、骂进步人士。我们毕业于教会学校，本来对这些事情不感兴趣，可是看到进步人士受了欺负，我们都很同情。西南联大有 100 多个地下党党员。1940年，国民党当局要去西南联大逮捕进步学生，有人得知了这个消息，提前通知了西南联大的这些人，一夜之间跑了 85 个人。到了美国，有人问我国内情况怎么样，我就给他们宣传国民党做的坏事，并告诉他们国民党迟早要完蛋。

王德禄：当时和您关系比较好的都有谁是地下党党员？

何炳林：古念良①是地下党党员，去过香港，从香港回来后担任广州财委副主任兼财政局局长。古念良非常能干，写文章非常快。古念良后来改名字了，他的夫人是沈予②。袁永熙③也是地下党党员，曾担任清华大学党委书记。其他人还有很多是地下党党员。当时的地下党党员都很了不起，很多人非常有才华。

---

① 古念良（1918—1991），又名古锡麟，广东中山人。曾在西南联大和重庆的复旦大学攻读经济学。1945 年年初，调入中共南方局，在周恩来直接领导下工作。抗战胜利后被派往上海筹办现代经济通讯，后派往香港担任《经济导报》总编辑。建国后先后任中南军政委员会财政经济委员会委员、广州市财委副主任兼财政局局长、中国社会科学院经济研究所港澳经济研究中心负责人。

② 沈予（1924— ），女，浙江萧山人，沈钧儒的侄女。1947 年北京大学政治学系毕业，1979 年到中国社会科学院近代史研究所工作。

③ 袁永熙（1917—1999），祖籍贵州修文，生于天津。1938 年考入西南联大经济系。曾任中共云南省委宣传部长；南方局、北平、天津南方局系统地下党负责人。1952 年起任清华大学党委书记，1957 年被错划为"右派"，1978 年获改正。1981 年后任北京经济学院院长。

陈茹玉：袁永熙的夫人叫陈琏①，比我们低一届。陈琏是陈布雷的女儿，袁永熙被打成"右派"关起来了，为此陈琏也受到了牵连。他们的小孩被分到不同的农村，陈琏很伤心。"文化大革命"期间，陈琏从11楼跳下来，自杀了。

王德禄：请您讲讲回国途中的经历。

何炳林：我们是乘坐"威尔逊总统号"回国的，具体是解禁以后第几条船，我不记得了。钱学森是第二条船，何国柱、王祖耆跟他一起回来的。7月是第一批，9月是第二批，10月是第三批。他们几个先回国了，之后我们才回来。

陈茹玉：何国柱回国前告诉我们了，当时何国柱夫妇带着小孩，孩子刚出生不久，还在吃奶。我们让他们到了东海岸后给我们写信，告诉我们回国的路线。当时海关要2000美元的关税，我们没有钱。何国柱在信中告诉我们，海关有个女官员在值班，你们跟她讲讲价，少给点钱。如果她不同意，你们就在那里磨蹭时间，因为她12点要去吃饭，她饿了，就会给你们签字，放你们过去。我们收到信，辞了工作，把小孩要回来，就回国了。到了海关我们找到那个女官员，告诉她我们没有钱，我们小孩的姑姑有钱，可是她在香港，我们要去香港。那个女官员拿我们没办法，只收了400美元就放我们过去了。

王德禄：你们船上都有哪些人？

陈茹玉：我们一起回国的有陈能宽、杨纪珂、胡日恒、郑林生、李荫远，还有一个是数学所的，名字我不记得了。再有一个上船后又跑回去的

---

① 陈琏（1919—1967），女，原名陈怜儿，浙江慈溪人，陈布雷的女儿，袁永熙的夫人。1939年考入西南联大。1942年赴中央大学（重庆）学习。袁永熙被错划成"右派"后，她受到牵连，有高官说除非她与袁永熙离婚，否则也要被打成"右派"，最终被迫离婚。1962年8月任中共中央华东局宣传部文教处处长。在"文革"期间自杀。

叫高仕功①。轮船从旧金山起航，途经洛杉矶时，高仕功下船了。他要去好莱坞参观，问我去不去。我说，我要看着行李，不下船了。后来开船了，高仕功还没有回来。我们认为高仕功不回国了。当时船上有一个姓林的，记不清他的名字了，这个人也是清华大学毕业的，他让我们把衣服捎给高仕功的夫人，当时船上的人都骂高仕功。回国后，我们把衣服交给了高仕功的夫人，他夫人在上海带着两个小孩。

何炳林：高仕功的夫人是西南联大地质地理气象学系的，毕业于清华大学。

王德禄：你们当时为什么以为他不回国了？

陈茹玉：高仕功在船上问过别人一些问题，好像他对回国感到很害怕。高仕功在船上跟我们一个船舱，跟大家都不说话，我们感觉很奇怪。我们以为他不回国了。高仕功后来回国了，在中科院工作。

王德禄：你们这条船上的人组织活动了吗？

何炳林：我们都是上船以后才认识的，在船上没有组织活动。从芝加哥到旧金山的路上有一个外国人带的小孩得了麻疹，把我们的小孩都传染了。那是潜伏期的传染，到了日本开始发作，我们一直在照顾小孩，我夫人还晕船，没空和别人聊天。其他的小孩也被传染了。有好几家带小孩的，孩子岁数都很小。李荫远带着两个小孩，大的是个女孩11岁了，上小学五年级，小的还抱在怀里。当时李荫远的女儿不会讲中国话，不熟悉中文，回国后跟不上课。李荫远他们很难适应，生活也很困难。

刚回国的时候，国内的仪器设备非常差，什么研究也做不了。我自己带了一些仪器设备回国，可以用于工作中。为此，《光明日报》专门报道

---

① 高仕功，毕业于清华大学，曾在西南联大教授气象学。后留学美国加州大学洛杉矶分校，1950年代回国后在中科院工作。

了我们俩的情况，说我们是"开荒牛"。

陈茹玉：当时我们的小孩一个6岁，一个4岁，都没有开始上学，也不会讲中文。船上有好多小孩都是这样。他们全都讲英文，不懂中文，为此闹了很多笑话。回国后，我们把孩子送到幼儿园，老师又给送回来了。这两个小孩闹得一塌糊涂，大的翻跟斗，小的跑到厨房去，不管什么拿起来就吃。

何炳林：上厕所他们都不敢站在地上的，他说怎么这么脏啊！我只能抱着他上厕所。

王德禄：你们回国后工作是怎么安排的？请讲讲你们回国后的经历。

何炳林：1956年我们回国后，中科院化学所、长春的应用化学所都聘请我。中山大学的校长写信让我去中山大学，但是我喜欢北方，不愿意待在南方。还有很多单位让我去，比如南京大学、兰州大学、卫生部某研究所都有人找我了。有的是自己直接来找我的，有的是间接来找我的。我不愿意当老师，可是南开大学校长杨石先杨老事先给我写信，让我来南开，还有很多老师和同学都希望我来，我就来了。

刚到南开的时候，学校让我们和别人合住一套房子，我们住一半，别人住一半。中科院化学所聘请时，给我提供一套住房，有五个房间。后来，我跟高振衡商量说，我带着两个孩子，岳父、岳母、小姨子都跟我们一起住，房间太少，不够用。高振衡就把整套房子都给了我们。

1957年"反右"运动开始后，我们没有受到冲击，也不懂运动是怎么回事。当时学校让我们去开会，鼓励我们发言。我说不了解情况，不能随便发言。我也不敢发言，说错一句话就麻烦了。

陈茹玉：我觉得很奇怪，每个人差不多都要发言，说的大同小异，我说何必发言呢，太浪费时间。

何炳林：回国后，我们延续过去的工作习惯，白天做实验，晚上也做，甚至星期六、星期天也做实验。

王德禄：南开被错划成"右派"的科学家多吗？

何炳林：南开有些人被错划成了"右派"。学文科的有人被错划成"右派"了，学理科的一个都没有，杨老保护了我们。当时杨老也想保护学文科的，可是保不了。1957年雷海宗说马克思过时了，仅仅因为这一句话，被错划成了"右派"，他们批判雷海宗不热爱中国共产党。雷宗海和学生的关系很好，大家都不想批判他。程京差一点也被错划成"右派"了。程京是从英国留学回来的，不爱讲话，业务水平很高，没有结婚。思想改造运动时程京也受批判了，他忍受不了。等到他们批得非常厉害的时候，杨老出来讲话了。杨老说，他们刚从美国回来，对国内很多情况不了解，不要随便批判他们。

陈茹玉：雷海宗很有学问，在西南联大教过我们《中国通史》，大家听他讲课特别有兴趣。他讲的东西很透彻、深入。

何炳林：1958年"大跃进"期间，浮夸的现象非常严重，要多快好省地做出一些东西。当时他们把我研究出来的东西连同回国时带回来的仪器设备都破坏了，我批评他们破坏东西，他们说我阻碍他们运动。我告诉他们大炼钢铁这些事没有科学性，不能这样做，为此我挨批了。1959年，整个房间贴满了我的大字报。有的人开始不好意思批判我，比较温和，说我回国是既为名又为利。批判完又说我没有问题，然后再批判一顿，如此反复。我和他争辩，承认我回国是为了名，但不是为了利。后来，我很生气，找了学校总支书记说，我回国是一心一意为国家服务的，如果我知道回国后有这么多问题，我就不回来了。之后，所有的关于我的大字报都收起来了。

当时有个药厂出了问题，到南开大学请人去帮忙，总支书记让我带队，让我用三天的时间解决问题，所有的教授和学生都要听我的，我们用了一天多就把问题解决了。

陈茹玉：回国后，我主要从事有机磷杀虫剂的研究工作，比较成功。大家都说我们研制的农药特别好，都来买。可是我们研制的批量比较小。1958年我负责创建了南开化学系农药和有机磷两个研究室并担任农药室主任。此外，我还负责建立了几个小的化工厂，1958年毛主席要学校大办工厂，学校让我担任那几个厂子的负责人。其中有的化工厂到现在还在运行，一年能赚好几百万。

王德禄：您回国后主要做了哪些研究工作？

何炳林：我回国以前已经计划好回国以后要做什么。当时我想，国家需要什么，我就研究什么。我了解到中国煤很多，没有石油，然而石油在国家发展中很重要，我开始考虑如何把煤转化成石油。做毕业设计时，我成功研制了一种催化剂，在这种催化剂的催化作用下煤可以转化成汽油。

念硕士的时候，我了解到我们国家需要塑料、橡胶、合成纤维这类高分子化合物。念博士学位的时候，我考虑到过去中国农业在农药制剂方面存在一些问题。拿到博士学位后，我的工作就是研制杀虫剂、杀菌剂，当时让我研究这些，我很高兴，也很愿意做。两三年以后，我考虑到国家将来必须要发展原子能，研制原子弹，因为那时候中国受到了外国的侵略，我请求所在公司把我从农药领域转到离子交换树脂领域。离子交换树脂在美国被认为是国防物资，而且不能出口。南开大学的陈天池曾从国内写信给我，希望我回国时带一些离子交换树脂方面的材料，带一些美国不能出口的东西回来。所以我决定做这方面的工作。

1956年回到国内，我主要做了两方面的工作。一方面研制农药，主要是研究敌百虫。同时，我也研究离子交换树脂。1957年第二机械工业部了解到我正在做这方面的研究工作，苏联专家和第二机械工业部的人经常来，向我们要离子交换树脂，当时苏联还没有研制出离子交换树脂。1958年"大跃进"，当时很多学校提出大办工厂，南开让我两年出科研成果。当时我负责筹建了高分子教研室并担任系主任。我们开办化工厂，要了两个研究生，研制离子交换树脂。化工厂搞起来了，华北制药厂生产链霉素需要离子交换树脂，唐孝宣知道我们在做这项工作，来找我接洽。1958年毛主席来视察我们的实验室，1959年周总理也来视察了。周总理找我谈话，谈了半个多小时。周总理临走时吩咐，让我负责搞个化工厂。

第二机械工业部很欣赏我们的生产工作，1958年资助我们500万开办了离子交换树脂厂。离子交换树脂主要用于从矿物质中提取铀。我在工厂是搞技术的，化工系的陈光宗（音）是搞化工的，我们两个人合作，我提供数据，1960年生产出了产品。我们和第二机械工业部的关系非常密切。1959年周总理来视察以后，报纸内参刊登了消息，后来第二机械工业部的副部长钱三强、科委副主任范长江也来视察了。在这种情况下，我们开办工厂比较顺利，在比较短的时间内研制出了好几十种产品。当时全国大搞科研，分给我们很多任务，要我指导他们的工作。因此我们开办了全国性的学习班，指导大学生做研究。1959年我被评为"天津市劳动模范"。这些技术都是我从美国带回来的，比较有新意，第二机械工业部对我的工作评价比较高。1965年，我获得了国家科委颁发的两个奖项，农业杀虫剂一等奖、离子交换树脂三等奖。

"文化大革命"开始后，他们说我是"黑帮"、"走资派"，又说我是"反动学术权威"、"特务"。当时党委副书记，还有一部分党员全都被看成是"黑帮"，被带走了，受到批斗。我本来不是党员，他们也说我是

"黑帮",把我带走了。我不明白,为什么不做工作的没有出问题,做了一些工作的反而成了罪人,做工作越多越倒霉。那时候有的受保护了,有的是半保护,我算是受半保护的。1969年我被关进牛棚,关了6个多月。当时学生去劳动,我不用去。和我一起被关进牛棚的有何国柱、陈荣悌,还有好几个人。他们说我是"特务",让我交代,我交代完后他们说我滑头。

陈茹玉:事情是由我们从美国带回来的收音机引起的。收音机里的那个发报装置在海关被剪掉了,我们拿回来,很少用。这个是导火线,他们说我们给国外发电报。

何炳林:我们刚回国的时候,我特别喜欢工作,晚上睡得很晚。工会的人问我为什么晚上睡那么晚,是不是晚上没有人注意,好出去活动,发电报啊。我被关进牛棚以后,同样的问题每天审问我好几次。我跟他们吵架,造反派说再跟他们吵架就揍我,年老的、年轻的人一起凑过来,问不出什么结果,慢慢地他们就不再问了。

王德禄:请陈先生讲讲小时候的家庭。

陈茹玉:我有两个弟弟、一个妹妹。我是老大,当初我们家不富裕,尤其是弟弟上大学,花费很大。家里很封建,重男轻女,但是我一年有200元钱的收入。小时候,我很好强,跟弟弟差一岁,我想男孩子能上学,为什么不让我考呢?我坚持考了。我很好强,初中成绩却不怎么样,到了高中,才门门功课都考第一名。

我们家人多半是学科学技术的。妹妹由于体质太差,总是生病,初二辍学了。大弟弟陈庆涛毕业于西南联大机械系,比我高一届,我们一起去美国留学的,他现在在美国福特公司,从事汽车行业的工作。现在他的职称是工程师,但是地位相当于副总工程师。弟弟曾回国三次,跟一汽、二汽合作。

我从 18 岁起一直在外面念书，很少回家。我很好强，当时不愿意和家人住在一起。抗战胜利后才回来，在家里待了一年就去了美国。我在美国念书的时候，觉得小孩不重要，最重要的是事业。我第一次抱小孩都不知道怎么抱，小孩寄托在外国人家里，花钱找别人带。哪怕自己苦一点花钱让别人带都没关系，我一定要把学业搞好，这一点我和我先生的想法完全一致。我很少待在家里。我们家的老二、老三都是在美国出生的。老三 10 个月大的时候，我在家里实在待不住了，一心想去找工作。陆婉珍①和她的丈夫闵恩泽②当时都在美国，住在我们附近。陆婉珍在西北大学从事博士后研究工作，我去找陆婉珍，问她西北大学有没有职位空缺。陆婉珍告诉我他们马上要去别的地方，我可以找她的导师谈谈，补她的空缺。1952 年春天，从印第安纳大学博士毕业后，我们去了芝加哥，跟陆婉珍约好见她的导师。我被录用了，主要研究有机化学，导师对我的工作很满意。我在美国西北大学工作了三年，直到 1955 年年底才离开。

王德禄：你们了解陈天池吗？

何炳林：陈天池曾担任南开大学元素有机化学研究所的副所长，"文化大革命"期间在南开自杀了。陈天池很有能力，是留美科协的成员，王积涛也是。

王德禄：你们夫妻两个都是学部委员，而且是一起从美国留学回来

---

① 陆婉珍（1924— ），女，原籍上海，生于天津，闵恩泽的夫人。中科院院士（1991）。1946 年毕业于中央大学（重庆）化工系。1947 年赴美留学，1949 年获伊利诺伊大学硕士学位，1951 年获俄亥俄大学博士学位，1952—1953 年在美国西北大学从事博士后工作。1956 年回国，历任石油工业部炼制研究所分析室主任、石油化工研究院总工程师等职务。

② 闵恩泽（1924— ），四川成都人，陆婉珍的丈夫。中科院院士（1980）、第三世界科学院院士（1993）、中国工程院院士（1994）。1946 年毕业于中央大学（重庆）化工系。1948 年赴美留学，当年获俄亥俄州立大学硕士学位，1951 年获俄亥俄大学博士学位。后在芝加哥纳尔科公司任高级化学工程师。1955 年回国，曾任中石化公司石油化工科学研究院研究室主任、总工程师、副院长等职。荣获 2007 年国家最高科学技术奖。

的。像你们这种情况的多吗？

陈茹玉：像我们这样的共有七对学部委员，分别是钱三强和何泽慧、徐光宪和高小霞、张文裕和王承书、谢希德和曹天钦、吴仲华和李敏华、邹承鲁和李林，还有我们俩。当然，是学部委员的女同志并不止7个。

12 惋叹逝去的时光

黄茂光　口述

采访人：王德禄
访谈时间：1989 年 8 月 25 日
访谈地点：北京中关村黄茂光家
整理人：王雅娟、高颖、程宏

受访人简介

黄茂光（1916—2007），祖籍四川新繁（今新都），生于北京。固体力学家。1934 年考入清华大学机械系，1938 年毕业，同年去西南联大（昆明）复学，1939 年西南联大毕业后，先后在成都邮局汽车修理厂、西南联大、成都航委会航空研究院工作。1945 年赴美留学，1947 年获麻省理工学院机械工程系硕士学位，1949 年入康奈尔大学力学系，1951 年获博士学位后到纽约州伦斯勒理工学院任教。1956 年 1 月底回国，任中科院力学所副研究员，1964 年调入中国科技大学任近代力学系教授。

王德禄：请黄先生讲一讲您在美国读书期间的经历。

黄茂光：我在康奈尔大学念了两年，那时候，有五个中国人在康奈尔大学读书，他们是罗左道（音）、周增业、周春晖、严国泰①和我。当时罗左道和我在同一个系，他现在在上海交通大学物理系当教授。周增业在美国和我住同一个公寓，后来他去教数学，在美国定居了。周春晖现在是浙江大学的副校长。严国泰后来生活在美国，在康奈尔大学航空系任教授。1951年我获得博士学位后，去伦斯勒理工学院工作，大部分时间都在做研究。

1947年刘仙洲（右二）访美时与黄茂光（右一）、杨式德（左一）、张燮（左二）在哈佛大学合影（黄围提供）

---

① 严国泰（1919— ），1941年获西南联大航空工程系学士学位。1947年赴美留学，1948年获布鲁克林理工学院硕士学位，1952年获布朗大学博士学位，留校任教。后任美国通用电气公司导弹与空间分部空间实验室专家。

王德禄：您在美国受到种族歧视了吗？

黄茂光：我们在去美国的船上受歧视很厉害。船上都是美国大兵，我们一起住了三个星期，他们不是打我们，而是用言语侮辱。可恶的是，在学校也有美国人用言语侮辱中国人。我们在美国经常受到歧视，只不过没有在船上受歧视那么明显。比如说租房子，房东看到我们是中国人，房子就不出租了；走在大街上，有人叫我们"Chinaman"，而不是"Chinese"。"Chinaman"是美国人专门用来贬低、侮辱中国人的一个名词，尽管它也是中国人的意思。

王德禄：您回国时遇到麻烦了吗？

黄茂光：我回国时遇到了一些麻烦。刚去美国的时候，美国移民局对中国学生特别凶，中国学生毕业后不允许留在美国工作。朝鲜战争爆发后，美国移民局突然转变态度，希望中国学生留在美国工作。我离开美国之前，移民局曾找到我家里，动员我留下来。

王德禄：您回国后的工作是怎么安排的？

黄茂光：我是1956年1月底回国的。当时一些老同学给我介绍工作，有一个同学比我早回国一年多，在中科院力学所工作，他建议我去力学所。北京大学的王仁让我去北大。对我而言，只要有工作就行，在哪里工作都无所谓。1956年4月，我到了力学所塑性力学组。当时塑性力学组只有四五个人，组长叫李敏华，另外三四个刚从国外留学回来的都是副研究员，我也是副研究员。头一年我没有做什么研究工作。当时中科院力学所和北京大学合办了几次报告会，我主要参与组织会议。过了半年，"反右"运动开始了，报告会停止举办。

王德禄："反右"运动期间，您遇到麻烦了吗？

黄茂光："反右"运动期间我没有遇到麻烦。当时我刚回国，从国外回来的留学生参加头一个运动，算是局外人。给别人开批判大会的时候，我们可以参加，也可以不参加。当时中科院力学所内定了几个"右派"。一个是塑性力学组的樊蔚勋。樊蔚勋是钱伟长的副博士研究生，被错划为"右派"以后下放到东北，1979年才给他平反，把他调入南京航空航天大学。樊蔚勋现在是南京航空航天大学的教授。林鸿荪①和郑哲敏也是内定的"右派"。林鸿荪原来在北大教课，后来去了力学所，负责日常事务，"文革"期间自杀了。郑哲敏现在是中科院力学所的所长。因为这两个人都去过钱伟长家里，中央知道以后，认为这件事要划清界限。钱伟长是民盟的骨干，谁与他有联系，那就犯了大错。当时有一个干部叫朱兆祥，是搞力学的，也去过钱伟长家里，这就出了大问题，他被错划成"右派"，开除了党籍。平反以后，朱兆祥担任宁波大学的校长，1989年调回北京，现在是中科院力学所的研究员。

"反右"期间，研究工作都停下来了。1958年"大跃进"，我们做的研究工作主要是"上天"、"入地"、"下海"、"工农业"四个方面。当时四个方面分别成立四个研究室。"上天"是在西苑搞的，后来搬到上海；"下海"主要是造船；"入地"主要是做地下勘探之类的工作。当时我们分了几个组，我被分到"工农业"组。"工农业"范围很广，又划分成几个小组，我是三峡大坝组的，主要搞水坝。当时中科院派了一批专家到三峡考察，我也去了。我们搞升船机，船到了，要把船升上来。当时搞得不正规，费了很大劲，没有什么成果。

---

① 林鸿荪（1925—1968），生于天津。1943年随父（印度中国银行行长）去印度，考入加尔各答大学化学系，1945年赴美，1947年毕业于特拉华大学化工系，1949年获布朗大学数学硕士学位。1950年夏与夫人杨友鸾一起回国，曾任中科院数学所力学研究室助理研究员、力学所二部第十三室副主任、力学所怀柔分部副主任、国防科委第十七研究院直属分队副研究员。后参与研制超低空地对空导弹，"文革"期间被隔离审查，1968年年底自杀。

后来，力学所有一部分人和航天五院合作，开展了导弹之类的研究工作。力学所的郭永怀担任组长，负责研究；五院的庄逢甘负责行政事务。研究小组有两个室，十一室是研究空气动力学的，十二室是研究结构的。那时候，我们到五院参观，所有的东西都被盖起来，不让我们看，我们什么也看不到。五院给我们出了一些题目，也不说明为什么让我们做那些题目，有什么用处。他们出的题目对不对，我们无从知道。有时候，五院的技术人员出的题目和工作对接不上。我认为，我们和五院的合作不成功。到了 1964 年还没有做出什么成果。我感觉工作没意思，1964 年调入中国科技大学。

中国科技大学成立于 1958 年，当时数学系人员不够，高等数学课一定要副研究员以上职务的人去教，数学系向力学所求助。力学所就把我派去兼课。1958 年我教了一年，第二年没教课，第三年教专业课。1966 年"文化大革命"开始后，学校停课了。1964 年之前中国科技大学在玉泉路，1969 年 11 月份搬到安徽，后来我被管制了。

"文革"初期，我没有受到迫害，"清理阶级队伍"的时候，出问题了。当时，我们早请示晚汇报。我和中国科技大学的一个也是从美国留学回来的同事聊天，拿国内现状跟国外的情况做比较。后来，他因为家庭问题被审查，他把我们谈论国内外情况的事情也交代了。我被当作"现行反革命"关押起来，一天到晚学习，过了一段时间，进行劳动改造，后来去修铁路。不只是我们，年轻学生也去修铁路了。这些被关起来的人没有人看管，我们就各自回家了。

林彪发表"第一号命令"以后，所有的大专院校都要外迁，中国科技大学因铁道兵想占领学校的地盘，把学校迁到安徽安庆。我们是第一批先遣队，经过武汉到了安庆的一个党校。那里地方非常小，只有三层楼，三十几间房。开始去了两百人，吃住、用水都没有办法解决，只有两个水龙头，其中一个还不能出水。在安庆待了一个月，人们陆续搬到安庆中学的校舍，临时住下来。当时，合肥的高校都在撤编，一些高校空下来了，合肥师范学院也撤销了。1969 年 12 月，中国科技大学搬到合肥，陆陆续续又搬来一些人。在合肥，最初是无政府状态，后来安徽省让我们进行劳动改造，主要是打扫教室卫生。直到 1972 年工农兵学员进校以后，我感觉生活才开始有点意思了。那时候，我还没有正式上课，主要是给工农兵学员辅导。

那些年，国内不断地搞政治运动，耽误了不少时间，我没有做什么研究工作。后来我搞了一些协作，比如说，同上海、沈阳等地协作建厂。我先去沈阳飞机厂搞协作，又同安徽省体育馆协作，最后没有成功。我还给航空部下属的一些研究所、工厂讲课，普及知识，包括南昌飞机厂，四川绵阳、陕西的一些单位还有其他单位。我的"现行反革命"问题开始属于"敌我矛盾"，慢慢地按"人民内部矛盾"处理，直到 1976 年才正式撤销罪名。1978 年我被评为教授。研究生制度恢复以后，我带了四个硕士研究生，给他们讲数学课。两三年后，这些人硕士毕业了，我有了博士研究生，直到现在我在中国科技大学都是带博士研究生，只不过基本上不讲课了。

我在中国科技大学近代力学系工作。近代力学系这个名称是钱学森起的。1958 年中国科技大学刚创办，为了赶时髦，所有系的名字都有"近代"二字。有些专业的内容不是近代的，加上"近代"二字就出现问题了。有一次，外国人来我们系参观，问我为什么叫近代力学系，我无从回答。

王德禄：中国科技大学都有哪些人是从美国留学回来的？

黄茂光：沈志荣①获得了美国哈佛大学博士学位，回国后曾担任中科院力学所弹性力学组组长，后到中国科技大学教书。老一辈的从美国留学回来的有五个人，比如无线电系的李苾②和刘叔仪。

王德禄：有没有和林鸿荪比较熟悉并且还在世的人？

黄茂光：李佩跟他很熟。"文革"期间，他们住得很近。林鸿荪的家庭很悲惨。林鸿荪在中科院力学所怀柔分部工作，"文革"期间曾自杀了几次，都没有死，后来吃安眠药死了。林鸿荪死后，他的夫人疯了。他们没有生小孩，等于没有这家人了。

---

① 沈志荣（1922—1999），浙江杭州人。1945 年毕业于同济大学，留校任教。1949 年赴美留学。1950 年和 1953 年分获哈佛大学工程研究生院应用力学硕士及博士学位。后在佛罗里达大学土木系任助理教授。1956 年 1 月回国，参加中科院力学所的建所工作，负责筹建弹性力学实验室，任副研究员及弹性力学组组长。1959 年到中国科技大学任教，并先后担任力学教研室主任、飞行器结构力学教研室副主任、固体力学教研室主任等职。

② 李苾（1915—1989），湖南邵阳人。1938 年毕业于湖南大学工学院电机系。1950 年获美国密歇根大学博士学位。1951 年回国后，历任湖南大学、哈尔滨军事工程学院、中国科技大学教授。

女性当自强 13

林兰英[①] 口述

采访人：王德禄、杜开昔
访谈时间：1988年10月28日
访谈地点：北京海淀区林兰英办公室
整理人：王雅娟、高颖、程宏

受访人简介

林兰英（1918—2003），女，福建莆田人。半导体物理学家，中科院院士（1980）。1940年毕业于福建协和大学物理系，后留校任助教、讲师。1948年8月赴美留学，1949年获狄金森学院数学学士学位。1950年和1955年分别获宾夕法尼亚大学硕士和博士学位。1957年1月底回国，任职中科院半导体所。

---

① 整理时参考了范春蕾的《倔强的人生：记半导体材料科学的奠基人与开拓者林兰英院士》一文，引自《拓荒者的足迹：建国初期科技人物事迹选》第33~52页。

王德禄:请介绍一下您的早年情况,您在美国有英文名字吗?

林兰英:1918年2月7日,我出生于福建省莆田县。我没有英文名字,我在美国的名字就是林兰英的汉语拼音。

王德禄:请讲一讲您在美国留学期间的经历。

林兰英:1940年我从福建协和大学物理系毕业后,留校当了四年助教、四年讲师,1948年8月赴美留学。当时我们学校的教授推荐我去狄金森学院,是以与狄金森学院交换研究生的名义去的,吃住、买书等所有的费用都由他们资助。当时我没有钱,没办法出国,只能按照教授的建议,选择了狄金森学院。我在国内是物理系毕业的,数学课程念得也很多。受奖学金来源的制约,我只得主修数学,选修物理和化学,一年后,拿到数学学士学位。所以,我有物理和数学双学士学位。狄金森学院数学系主任艾尔(Ayres)教授对我很好,他是芝加哥大学毕业的,推荐我去芝加哥大学数学系深造。芝加哥大学同意给我提供奖学金。当时我自己申请去宾夕法尼亚大学,宾夕法尼亚大学也提供奖学金。我想学固体物理,我认为,对我们国家建设来说,可能固体物理更为重要。1949年,我进入宾夕法尼亚大学研究院,1950年获得固体物理硕士学位。受导师的指派,我给他的博士研究生先当了一年助手。三年后,我完成了论文,通过答辩,1955年获得该校博士学位。

博士毕业后,我的博士生导师米勒(Miller)介绍我去纽约长岛的索菲尼亚(Sylvania)

1955年6月林兰英获宾夕法尼亚大学固体物理学博士学位后留影(来源于《林兰英院士科研活动论著选集》,科学出版社,2000年8月)

公司担任高级工程师。索菲尼亚公司是搞半导体的，米勒是该公司的技术顾问。米勒说，如果你从事半导体工作，将来会是很出色的人才。此时，美国的半导体科学正在蓬勃发展，而中国的这一学科领域还是一片空白，我知道国内很需要半导体方面的人才。我们念书的时候，很少参加社会实践，所以我同意去公司工作。当时，中国留学生毕业后很难进入美国公司，米勒和公司领导商量后同意接收我。

我是1955年11月去索菲尼亚公司的，主要负责半导体材料的物理特性的研究工作。我对公司拉制硅单晶也很感兴趣。听一个女技术员说，她们拉制硅单晶，每次都失败。有一次，她们又要去拉硅单晶，经硅材料研究组人员同意，我去实验室参观了拉制硅单晶的全过程。我发现，石墨坩埚中的多晶硅在熔化的过程中，因熔化时间长，会形成很多一氧化硅，粘在悬着的籽晶上，籽晶下到多晶硅的溶液中后，就拉不出硅单晶来，拉出的仍是多晶硅。这就是问题的关键所在。我建议他们做一个籽晶罩模型，把引拉硅单晶的籽晶保护起来，这样籽晶表面才会很干净。他们采纳了我的意见。索菲尼亚公司有人专门搞机械设计，也有一个工厂会做模型，技术水平也很高。两个礼拜后，模型做成了，他们用模型把籽晶罩起来，在给多晶硅加温的过程中，生成的一氧化硅不再粘到籽晶上，籽晶不受污染。等多晶硅熔化好了，要拉单晶了，再把籽晶罩移开，用电机操作放下籽晶杆，让杆头上的籽晶与熔硅的液面接触开拉，这样每次都拉出了硅单晶。

1955年，中美两国大使在日内瓦谈判，达成了"关于平民回国"的协议。1956年年底，我以母亲病重为借口，向公司递交了辞呈，向美国联邦调查局递交了回国申请。因为我在公司工作中提的建议很好，同事不愿意让我走，公司领导也不愿意让我走，美国移民局更是百般刁难。美国联邦调查局（FBI）也找了我好几次，为了让我留在美国，FBI 找了很多人动员我。有一个是牧师，新中国成立后才离开中国，把中国描述得一塌糊涂。我说，你说归说，我不知道中国现在到底怎么样，我要回去看看。他说，你回去看了真的不行怎么办？我说，不行就不行，那是我自己的事情，你不要替我操心了。FBI 又找索菲尼亚公司的领导劝说我。这个领导是个西德老人，对我很好，很赞成我回国。他告诉我当时 FBI 给他们添了很多麻烦，不过公司领导对我很好，没有刁难我，否则我很难离开美国。如今回想起来，在索菲尼亚公司那 13 个月的工作经历，对我后来的工作有很大帮助。

我上船之前，美国方面搜查我的行李，甚至进行搜身，把我身上携带的仅有的 6800 美元旅行支票扣掉了。扣就扣吧，成了平民百姓，我还是下决心回国了。

王德禄：您回国的时候，有人和您一起回来吗？

林兰英：没有，我是一个人回来的。

王德禄：当时作为交换生去美国的学生多吗？宾夕法尼亚大学的中国学生多吗？比较有影响的都有谁？

林兰英：不是很多，我们那一批去了几个。出国之前，我在教会学校念书，不是教会学校的学生没有机会出国。宾夕法尼亚大学的中国学生很多，李恒德和我是同学，其他人不记得了，因为彼此没有来往。

杜开昔：在美国，有没有人因为您是中国人而看不起您？

林兰英：当然有。我在宾夕法尼亚大学时，与同学吵过架，也与研究所副所长吵过架。我与同学吵架是因为，抗美援朝的时候，这个同学说，杜鲁门太笨了，他应该把飞机都派出去，把中国炸平，把中国人都炸死，看中国人还去不去支援朝鲜。这个同学还说，白种人的生命比黄种人更宝贵。当时，我跳起来和他争论说，黄种人的生命同你们白种人的生命一样宝贵。我们中国也可以派飞机来炸美国，你以为怕你们啊。我与副所长吵架是因为，我和一个同事去波士顿出差，机场离城区很远，是下午的班机，当时我们不了解情况，还有很长一段时间才登机，我们就去城区吃完饭，再打车回机场。这样就多打车跑了一个来回。出差回来，副所长说，你们中国人和黑人一样穷，没有钱，你们借着出差的机会花公司的钱。我去找所长讲道理，要求副所长给我道歉。后来，所长让副所长给我道歉了，我就没再计较。在我看来妇女在美国没有地位。

有一次，和一个美国同学一起做实验，我们边做边聊，他问我为什么要回国，我说，理由非常简单，第一，我是女的，你们这里轻视妇女；第二，你们歧视有色人种，当然也包括黄种人。我干吗受这双重压迫？我要回自己的国家当主人去。

杜开昔：美国人歧视女性，您是怎么发现的？

林兰英：我这样说是有事实根据的。第一，在半导体理论方面，一个非常有名的女科学家在贝尔（Bell）实验室仅仅工作了一年，就被男同事排挤走了；第二，索菲尼亚公司也有一些女同事被排挤走了，被排挤走的同事工作都很出色。所以每当我说美国人歧视妇女的时候，他们也无话可说。

杜开昔：您在美国的时候，中国大陆有没有人写信让您回国？台湾有没有人让您去台湾？

林兰英：我在祖国大陆有父母、兄弟，他们每个星期都会给我写信，让我回国。FBI劝我说，只要你肯留下来，我们会想办法把你的父母从中国接到美国。我说，你们不要费心了，我的母亲是永远不会离开中国的，她连家乡都不肯离开，更不用说离开中国去美国。台湾没有人给我写信。

杜开昔：在美国，中国留学生成立了两个组织，留美科协和北美基督教中国学生会。您参加了吗？

林兰英：这两个组织我都没有参加。一开始我根本不知道有留美科协，而且留美科协成立的时候，没有人邀请我去参加成立大会。后来，李恒德在宾夕法尼亚大学动员中国学生回国，也找过我。我说，你自己还没有回去，凭什么让我回去？实际上，我有一个想法，没有拿到博士学位，我是不会回国的，这个想法很坚定。当然我没有这样跟李恒德说。后来，我回国，也不是因为他动员，是我自己想回国的。

在美国的时候，我有两点处世哲学。第一，我不参加任何组织，所有中国人成立的组织都不参加；第二，我不愿意给美国政府留下一个印象，让他们觉得我非常倾向于中国共产党，这样会给我带来麻烦。我认为自己去美国留学的目的是要好好学习，学业完成以后就回国。我没有必要表现自己。所以，这两个组织我都没参加。我一直觉得自己肯定会回国，是迟早的事情，因为家里催得很厉害。如果家里不催，可能会多工作几年。当初多工作几年，没准就回不来了。

杜开昔：我听说FBI是纽约的，别的地方没有。这是事实吗？

林兰英：对，FBI是纽约的。当时他们不让中国留学生回国，是有选择的。美国移民局千方百计地阻挠我，不让我回国。我想，现在他们一定很懊悔当时没有把我扣留下来。1981年我在美国的一个朋友来到中国。他告诉我："1977年你带领固体物理组去法国和西德的时候，FBI曾试图让我动员你去美国。"我不清楚FBI消息为何如此灵通，这么快就能知道我在慕尼黑。当时我已经回国20年了，FBI还没有忘记我。我对这位朋友说，你到底还是我的朋友，没有去动员我，即便是你去了，也只能白跑一趟，我不会去美国工作的。

1986年，我去芝加哥做报告，本来只有三四十人在听报告，我那个报告一开讲，又进来20多人。这20多人都是年轻人，穿着制服，一定是大学生。也许他们觉得，米勒是做半导体材料的，很权威，他的学生做半导体也会很出色的。当初美国若把我扣留了就扣对了，不过现在他们是扣不住了。1986年我去美国的时

1957年秋林兰英在办公室（来源于《林兰英院士科研活动论著选集》，科学出版社，2000年8月）

候，那位美国朋友又告诉我，FBI给我留下了电话号码和地址，一旦有你来美国的消息，让我立即通报。后来我这位朋友告诉他们，20年后的林兰英比20年前的林兰英更加了解自己的国家，你们现在动员她会更困难。是的，我不会回美国的，"好马不吃回头草"。

王德禄：您回国的时候，被美国扣掉的钱，后来怎么处理的？

林兰英：当时有个收条，中美建交后，1980年中国银行把收条拿走了，把6800美元全退回来了。如果有利息就更好了，因为旅行支票在哪里开的，钱就属于哪里的。如今，美元贬值得太厉害。经济上的损失，没办法衡量。如果我留在美国工作，30多年拥有100多万美元，没有问题。可是我在国内有什么呢？我已经回国31年了，无名无利。

王德禄：您回国后的工作是怎样安排的？

林兰英：回国之前，王守武和成众志给我写信，让我去中科院应用物

理所半导体研究室。我是搞半导体的,当然愿意去半导体研究室。本来我想留在厦门大学,厦门大学也在搞半导体。中科院物理所领导不同意,我在广州的时候,他们从北京给我打电话,执意让我来北京。我告诉他们,去北京之前,我不会把工作定下来,他们这才同意我去广州看看,再回北京。我刚回国的时候,不会打电话,中文说不清楚。每次都是别人把电话接通我才讲话。

王德禄:请您简单介绍一下,半导体研究室是如何发展起来的?

林兰英:1956年,国家搞十二年科技规划,半导体被列入新技术的重要项目,应用物理所的半导体研究组扩建为半导体研究室,直到1960年才成立半导体研究所。大约在1958年"大跃进"的时候,我们对于赶快成立半导体所有两种不同的意见。一是,王守武等人觉得不成熟,不能很快成立半导体所;成众志、我和几个近期从美国回来的人,觉得应该尽快成立半导体所,这样半导体事业才能快速发展。最终去院里汇报的人是王守武,不是我们,所以一直拖到1960年才成立半导体所。我觉得,王守武他们很保守,如果是因为有困难,怎么弄都会有困难。如果一点困难都没有才成立,那是不可能的。十二年科技规划的重要项目有自动化、电子学、半导体、计算机。其他三个都在1956年秋后成立了研究所,唯独半导体所迟迟没有成立。我对此意见很大。

王德禄:国内大规模开展半导体研究是什么时候开始的?

林兰英:1958年"大跃进"以后,我们开办了培训班,材料、器件等各种课程全都开设,全国各省市派人来学习。我负责讲授材料课程。那时候,半导体"遍地开花",后来发现这样做不行,又开始慢慢缩小。国内经常出现这种情况。

王德禄:"遍地开花"是谁提出来的?

林兰英：这个说法是我提出来的。

杜开昔：回国后，您认为哪些科学经验最重要？

林兰英：我没回国以前，思想上有一个深深的顾忌，我觉得中国实验室的条件肯定没有美国好，做实验可能会遇到困难，当时我带回来一些书籍。我想，如果搞实验不成功，就搞理论。回国后，1957年他们给我看了苏联帮助我们国家制定的十二年科技规划。其中半导体研究规划太笼统，不具体。锗和硅是两种很重要的半导体材料，苏联专家没有在规划书中确定要拉出什么样的单晶，单晶的参数应该怎样，他们也没有提到探索半导体单晶材料的拉制。这个计划目标不明确，弹性太大。1958年，我们用一个月的时间就把N型、P型两种锗单晶各拉出来1千克，并且符合大型电子器件厂生产晶体管的要求。那时候，774厂用我们拉制的锗单晶做出了晶体管，后来才有了收音机。要不然中国怎么会有半导体收音机呢？当时我觉得，苏联把中国的科技水平看得太低了。当时中国和苏联的关系很好，我不能这样直说。尽管没说，但我认为，苏联不能这样看不起中国人。

1958年，我们开始拉制硅单晶。我去苏联参观他们设计的封闭式硅单晶炉。这个炉子非常庞大，用油压机才能搬起来。当时苏联对我们很好，送给我们一套单晶炉设计图纸。这么笨重的东西我们怎么能用？从苏联回来之前，苏联科学家说单晶炉的盖子要经常搬，因为拉单晶时有一个籽晶杆，即便籽晶杆是好的，总碰也会歪。当时，我们从苏联进口了一台硅单晶炉，没用几个月，籽晶杆对不中了，差了几毫米。这样不行啊。北京机械学院有金属加工厂，工人的能力很强。1961年，我和他们商量说，我想做一个开门式的硅单晶炉。可以说，我做这件事情走的是不自觉的"和工人相结合"的道路。工人告诉我，炉子不能做成方方正正的，要将后面做成圆的，前面做门。当时，我们派了六个大学生去金属加工厂做设计，加工也是在金属加工厂进行的。我们1961年开始做，1962年5月末炉子做出来了。之后，我们拉出了无位错的硅单晶。北京机械学院按照我们设计的图纸生产炉子，卖给国内外用户，共卖了700多台。

在中国做科研非常艰苦，不像美国设备那样齐全，研究的要求相对比较高，我们遇到的困难比较多。1960年，遇到自然灾害，我们没有钱，要拉制砷化镓单晶，没有桌子，我们就把砖头垒起来，拿一张破板子铺上，把炉子放在上面。当时我们没有温控设备，而现在实验室的条件很优越，与我们那时候相比是数量级的差别。当时的历史资料都没有记载和保留下来，我觉得很可惜。如果能保留下来，我想那是非常有教育意义的。

现在我们国家砷化镓单晶的拉制水平和国际水平不相上下。作为一个中国人，我们一定要有民族自尊心。没有这一点，就不会对自己国家的事业全心全意地贡献自己的一切。1986年，我去西德参加空间科学讨论会，我想与他们合作，在返回式卫星上开展空间拉制砷化镓单晶材料的研究。但是他们说，要看了我们的工作材料后，才决定是否和我们合作。我很生气，我们这不是还没有做嘛，如果有这方面的工作材料，还来找你们合作干吗！当时我们去的三个人中，有一个是510所的，我对他说，回去我们合作，到时候西德也别想问我们的高质气相外延材料是怎么搞出来的。从西德回国后，我和航天部五院院长（老乡闵桂荣）谈起这事，他说为了国家的荣誉，我们也要很好地合作，不分彼此。1987年，我们尝试了一次用重熔法拉制砷化镓单晶。1988年又尝试了一次，这两次都成功了。

今年9月去美国开会的时候，美国国家宇航局送了我一个礼物，对我们很客气。前一次，我们"863"工程的一个高技术专家组去美国，他们态度很冷淡，看不起那些专家。所以，只有我们自己有了成绩，才能跟人家对话，不然连对话的资格都没有。作为科技人员，钱不是很重要的，科研成就的荣誉不是用钱能衡量的，一般人享受不到，他们也理解不了这些。我们自己在科学上有了成就，感觉非常非常高兴。我们作为国家的公民，作为炎黄子孙，不为国家做贡献为谁做贡献？

我手底下还有几支队伍，是我这31年培养出来的。我对他们的成长非常关心，对他们出国也非常关心。对他们被提拔为研究员、副研究员，提拔为高级工程师，我是操碎了心，所有的人我都关心。我有一支非常好的队伍，每次我先定下来做什么事情，怎么做的时候，大家的意见都非常一致。在美国不一定能做到这些。

王德禄：您为什么觉得自己政治觉悟低呢？

林兰英：当然政治觉悟低，我刚回国，对共产党不了解。

杜开昔：您认为苏联的科学发展水平怎么样？

林兰英：苏联的整体科学水平我不了解，我单就苏联科学院的发展讲一下。苏联科学院是我们中科院人员到苏联后经常去参观的地方。苏联科学院的基础研究水平比较高，但是与应用研究缺乏必要的结合。从半导体角度讲，做非晶态半导体，苏联远远早于其他国家，可是一无所成。因为苏联将它做成了块状，类似一个半绝缘体，毫无用处。而美国把非晶半导体做成了薄膜，比如非晶硅太阳能电池、薄膜晶体管。苏联的半导体发展水平比美国落后很多，某些部分甚至连中国都不如。

最近我深有体会。我们国家做科研工作，没有面向国民经济，缺少开发的环节，但美国有开发、有研究、有生产。中国刚认识到这个问题，现在要改进，苏联可能还没有意识到。苏联空间、航天技术方面的水平很高，但是半导体方面太注重学院式的工作。

王德禄："文化大革命"您遇到麻烦了吗？您对"文化大革命"有什

么看法？

林兰英：我对江青非常反感，对她的行为、言语都很反感。我性格有点强硬，在我看来，无论你地位有多高，你不理我，我也不理你。我不会刻意去讨好谁，巴结谁。"文革"开始后，我非常相信毛主席，后来我发现全国所有的领导都是"走资派"。我有点困惑，那些领导干革命那么长时间，毛主席一直都没有看出来有问题，怎么现在大家都有问题了？新中国成立17年了，国家没有做出什么成绩，全是我们的错，难道毛主席作为国家第一领导人没有错吗？这种事情没人敢说，谁说了谁倒霉。

我没有什么特殊的经历，也没有被批斗，受到了周总理的保护。当时我是全国人大常委，他们对我批判得不太厉害。我第一次被批判，心里感觉很紧张，慢慢地习惯了，每次开会，开几个小时就散了。有人贴我的大字报，我从来不看，看了反而会生气，我不看他们也不知道。"文革"以前经常搞运动，我们的科研工作受了很大影响。1978—1988年，这十年来我们做了很多事情。

"文革"期间有一段时间的工作重点是搞半导体，陈伯达批判我们，为什么要在很干净的地方搞半导体？他说厕所也可以搞。陈伯达还批判我们，大学生不如中学生，中学生不如家庭妇女。那时候，在北京的平安里附近有一个街道的妇女组织搞半导体，陈伯达说她们比你们强多了。我看了她们做硅的环境，很差，也不安全。我没说，一说就会有人批判你否定工人阶级做的事情。我看完笑笑就走了。乱七八糟的，不行就是不行！

"文革"期间，手都被"捆"起来了，什么也干不了。"文革"结束后，都可以做了，但是科研经费非常紧张。做材料研究花费很大。从1986年开始，我把砷化镓卖给国际上很多国家，以此养活自己，用来做科研。我们拉砷化镓单晶，一年拉50次，一个星期拉一次，这就是200万。如果我不去卖砷化镓，谁养我们！当然这是气话。我们自己不挣钱，就没办法买设备，没办法搞半导体，材料事业就发展不起来。

王德禄：请您比较一下，在美国和国内，哪里的工作做得比较漂亮？

林兰英：我在美国工作了一年多，在中国工作了这么多年，没有可比性。但是在美国，只要你有一个设想，就有人来设计、加工。而在国内，即便你有设想，也得自己找人设计、加工，时间周期很长。我和美国科学家一起聊天，他们曾说道，你们工作很艰苦，设计出来东西还得自己去加工。

我最有意见的是，我国对半导体材料事业的发展非常不重视。材料是基础，只有材料发展了才能发展器件和集成电路，才能发展整机。美国很重视材料科学的发展，对相关科研资料也很保密，不轻易让外国人看。我们国家是什么情况呢？赵紫阳在政府工作报告中几次提出材料发展的重要性，但是计委在制订计划的时候没有提到材料，给材料研究的科研经费也非常有限。做材料工作很艰苦，要比做器件的难度大得多，但是没有人认识到这一点。另外，有的材料有毒，对身体危害很大，材料研究人员的劳动保护应该得到重视，然而事实正好相反。有一次开会，我提出来，材料研究人员的劳动保护很重要，但是没有人注意到。单晶拉一炉，需要花费30个小时，而做器件不会有连续工作这么长时间的。胡乔木同志很重视我的发言，会后说：你的建议很好，要想做到有点难度，不知道别人会不会赞同你的看法。我说，我可以去讲，三番五次地去讲，我不是为了自己，我是为了那些做材料的人，我是无所求的。

杜开昔：您参加过中国科协的活动吗？

林兰英：参加了，从1980年科协二大召开到现在，我一直担任中国科协副主席。我也是中国电子学会下属的电子材料分会的领导，现在是名誉主席。我不是特别愿意担任这些职务。另外，我也是全国人大常委，这也是一个很大的负担。每两个月开一次会，让我把人大常委的工作放在第一位。我说，不行，我第一位的工作是搞科研，你们觉得不行可以换掉我。因为这个工作将会占用我太多的时间。

王德禄：您觉得在这些协会中可以发挥作用吗？

林兰英：在科技方面可以发挥作用，有些问题可以交给专门的科学委员会去讨论。会议上也有很多与科技相关的问题，他们根本不了解，要我提出来。我是科教文卫委员会的委员，经常开会。我还是自然科学基金委员会的委员，一年开一次会，每年还要去审查一次基金。国家科委的事情，也要找我，今年12月份就要到西德去参加中国-西德的科技合作十周年纪念活动，在西德开一个庆祝会，我们要去一个国家代表团，还要去一个留学生代表团、科学代表团。之后，我们双方还要开一个空间科学的会，要赶紧准备文章，我从美国刚回来又要准备这个。因为我是中（西）德科技合作的专家。我没有秘书，什么事情都得自己处理。人大常委都没有秘书，更不用说人大代表了。我怕出差，一出差回来，办公桌上放着一大堆待处理的文件。我还要处理一些外事活动，外国有好多科学家要来访问，刚才室里人还来问过，想请假都不行。总之，事情很多，而且我自己的事情也很多。

杜开昔：在中国，人们对待女科学家和男科学家的态度一样吗？

林兰英：不一样。中国的封建思想的残余很难彻底清除。在中国科技界，仍然有一些男同志看不起女同志。女同志还是要靠自己，自己没有能力不行。我个性强。他们和我讨论问题的时候，我提问题比较尖锐，他们不敢看不起我。在中国，党和政府提倡男女平等，女人的地位高一些；资本主义国家男尊女卑的现象比较明显，国外招收研究生，都不喜欢招收女研究生。当时在美国,性别歧视非常厉害。

我自己招研究生,只要学习好,不论男女我都接收。我有一个女研究生,本来要做我的博士生,刚好有一个机会她可以考出国,我让她出去了。这个学生现在在英国,今年就要回国。还有一个女研究生,今年刚去美国。凡是女学生,不来参加研究生考试另当别论,只要来参加考试,合格了,我都接收。

杜开昔:您是一个很有名的女科学家,有人把您当作榜样吗?

林兰英:她们可能有这个想法。有些学生总觉得我是个很成功的人,给我写信,让我告诉她们我是如何成功的。有一年三八妇女节,北大、清华都请我去做报告,谈事业和婚姻问题。尽管我自己没有结婚,我鼓励大家不要向我学习,女人还是应该结婚的。结婚后,一定要把事业和家庭的关系协调好,否则会阻碍事业的发展。我跟他们讲,我们女人事业发展得不好,有几个关键问题:一是,女同志小心眼;二是,女同志爱管闲事,喜欢把宝贵的时间花费在聊闲话上;三是,女同志有自卑感。

王德禄:您现在是中共党员吗?

林兰英:我是中共党员。1960年申请入党,1962年开始培养我。我父亲在"文革"中曾被定为"反革命",现在已经平反了。当时我和父亲住在一起,支部书记让我和父亲划清界限,我觉得父亲没有错。新中国成立以前,我家是地下党的据点。那些地下党党员的吃、住都由我家供给,我父亲利用关系保护他们。所以我觉得我父亲没有错。如果是因为我父亲的关系,不发展我,我宁愿不入党。我不能为了入党来批判无过错的父亲。我认为,入党要有正确的指导思想,不能不择手段。1978年我再次递交入党申请书,当时我是中科院半导体所副所长,所里有个同志对我有意见,党组织让我们谈心,可是我认为自己没有错。我说,你们愿意发展就发展，我不会为了入党做违心的事情。最终我被发展为中共党员。1979年正式入党。1980 年中科院选举十二大党代表，女性只有一个名额，候选人也只有我一个，我跟院领导说，既然只有一个名额，又要女性，我的机会不是百分之百吗？这样不公平。但是院领导说上级已经定了，如果谁有意见就让他保留。

现在事实证明，当时我父亲没有问题，他是个好人。现在，地方上又把他的事情写进了党史，我怎么能够颠倒黑白去批判我的父亲呢？我不会去做违心的事情。我回国后，登记的时候，写了四条做人的原则。我写了就会认真做到，做不到就不会写，不会去迁就任何人。

1980 年，所里推荐我申报学部委员。选学部委员时，数理学部和技术科学部发生了争执，都希望我去他们的学部。后来我去了技术科学部。

杜开昔：您在美国接受的教育对您回国后的工作和生活都有哪些影响？

林兰英：美国对科学要求比较严谨，学校对学生做实验的要求也很严格，这是我对比后得出的结论。我回国后，在工作中对下面的人要求也很严格，如果有人要发表文章而测量参数不准确，我就不允许他们发表。这与我在美国受到的教育有关。

"文化大革命"期间，有人说我是美国的"特务"，我很恼火，我让他拿出证据来。从国外回来的就是特务吗？没证据凭什么这样说？现在，我不隐瞒自己的观点，毕竟我在美国生活了好几年。

教学大纲束缚人 14

谢毓章　口述

采访人：王德禄、杜开昔
访谈时间：1988 年 11 月 26 日
访谈地点：北京清华大学谢毓章家
整理人：刘涛、高颖、程宏

受访人简介

谢毓章（1915—2011），江苏苏州人。物理学家。1936 年毕业于清华大学物理系，1942 年获硕士学位。后在湖南大学电机系、广西大学电机系和中央大学物理系任教。1948 年赴美留学，1950 年获范德比尔特大学博士学位。先后在菲斯克大学、普渡大学、汉普顿学院、范德比尔特大学和威奇塔大学等高校物理系任教。1957 年 2 月回国，任清华大学物理教研组教授。长期从事物理教学和液晶物理的研究与教学工作。

杜开昔：请谢先生简单介绍一下您去美国之前的经历。

谢毓章：我是江苏苏州人，出生于农历 1915 年二月十八日（公历 4 月 2 日），我在美国填表格用的也是这个日期。1932 年，我考入清华大学物理系，1936 年毕业后进入清华研究院攻读研究生，1937 年得到中华文化教育基金董事会的资助。抗日战争爆发后，我随学校搬迁到长沙的临时大学，只待了几天，长沙告急，又随学校搬迁到昆明的西南联大。当时清华研究院停办了，我不能念书，可以以基金会资助研究生的身份留在西南联大，继续从事研究工作。起初我跟着任之恭①先生，但他还是无线电研究所所长，身体也不好，他让我换一个导师，就改为跟着赵忠尧先生做核物理实验。当时西南联大的实验条件极差，我们没有什么研究成果。1940 年我转到贵州平越交通大学分院教书，教了一年。直到 1941 年，清华研究生院复院后，我继续念研究生。我念本科的时候，周培源先生指导我写流体力学论文，所以这时我又跟着周培源先生做研究，论文也是他指导我的。可以说，物理学科多方面的研究我都做过。1942 年获得硕士学位后，我曾到几所学校教书，比如湖南大学、广西大学、中央大学。

杜开昔：您能详细介绍一下在清华读书期间的情况吗？

谢毓章：从 1932 年起，清华大学的学生逐渐多了起来。那一年，总体上清华学生的人数增加了，但是物理系的人一直都比较少。1936 年大学毕业的时候，我们年级只有 10 个学生。我的同班同学有钱三强、何泽

---

① 任之恭（1906—1995），山西沁源人。1926 年毕业于清华大学，同年赴美留学。1928 年获麻省理工学院电机学士学位，1929 年获宾夕法尼亚大学无线电硕士学位，1931 年获哈佛大学物理学博士学位。1933 年回国，任山东大学、清华大学教授，创办清华大学无线电研究所并担任教授、所长。1946 年又赴美做研究，曾在哈佛大学任教，在约翰·霍普金斯大学应用物理研究所基础研究中心工作。

慧、杨龙生①、许孝慰（女），还有于光远、陈亚伦、杨镇邦②、黄葳③、王大珩。陈亚伦曾在国民政府军政部兵工署任职，后来去了美国，1948年回国后曾担任交通部部长俞大维的秘书。新中国成立后，陈亚伦去了台湾，1957年以后，陈亚伦一直在台湾兵工署系统的大学教物理，今年年初去世了。杨镇邦改行当律师了，他去美国以后，一直没有回国，在美国定居了。黄葳是欧阳钦的夫人，曾担任国务院科技干部局负责人，后来改行了。欧阳钦是个老革命，曾担任黑龙江省委第一书记。王大珩去英国留过学，现在担任中科院科技部主任。我们班有三个人直接去美国留过学，有杨镇邦、陈亚伦和我。何泽慧和王大珩都是留英的，钱三强是留法的。

开始我们班只有我一个是研究生，后来从交通大学转来一个同学黄席棠④。同班的研究生只有我们两个。黄席棠曾赴德国留学，现在已经去世了。清华物理系比我早一点念研究生的有彭桓武和钱伟长。

国民党统治时期可以参加留美考试，分为公费和自费两种。公费只有一个名额，我每次都考第二名，没有得到公费留学的资格，不过得到了自费留学资格。当时，通货膨胀很厉害，我们没有钱，通过换官价外汇，可

---

① 杨龙生（1909—1991），浙江嘉兴人。1936年毕业于清华大学物理系。1946年入英国伯明翰大学研究院进修。1951年回国。历任中科院仪器馆研究员、中科院电子所研究员、中国科技大学教授。

② 杨镇邦，1936年毕业于清华大学物理系，后赴美留学，曾任加拿大多伦多大学科技史与科技哲学研究所教授。

③ 黄葳（1914—2002），女，原名戴中宸，上海嘉定人。1936年毕业于清华大学物理系，并留校任助教。新中国成立后，曾任中科院东北分院副院长、黑龙江科委副主任、黑龙江科协党组书记、主席。1979年起任国家科委党组成员、国务院科技干部局负责人。1982年任劳动人事部顾问，后离休。

④ 黄席棠（1913—1972），江西九江人，生于北京，黄远生的三儿子，黄席群、黄席椿的弟弟。1936年毕业于交通大学物理系，后入清华大学研究院学习物理。1937年赴德留学，1941年获哥廷根大学数理博士学位。1941年6月经香港回国，1943年春赴西南后方，历任同济大学（四川）、交通大学（重庆）物理系教授及系主任。1946年后任交通大学（上海）物理系主任、理学院代理院长，1952年后任厦门大学物理系主任，1957年被错划为"右派"。

清华大学物理系 1936 级毕业生合影。前排左起：王大珩、黄葳（戴中扆）、许孝慰、何泽慧、于光远，后排左起：钱三强、杨镇邦、陈亚伦、杨龙生、谢毓章

以出国了。出国之前，我不太了解哪个学校比较适合我，给几个大学写信、申请。范德比尔特大学录取我了，这也是唯一的出国机会。1948 年，我去了美国。

我买了半年官价外汇。为了维持生活，解决资金问题，我去做研究助理。那时候，有一个学校答应让我做研究助理，范德比尔特大学知道以后，和我商量，如果我愿意留在他们学校，他们可以免除我在学校的一切费用，并给我安排工作，让我有足够的资金维持生活。这样我不必转学了，而且可以早点拿到博士学位。1950 年夏天我获得了博士学位。留学期间，我一直做理论研究，后来也是从事这方面的工作。攻读博士学位的时候，我是研究固体理论的，我的博士生导师是 I. 布洛赫（I. Bloch），与那个很出名的布洛赫不是同一个人。

博士毕业后，我到普渡大学做访问讲师，工作了一年。1950 年朝鲜战争爆发后,美国政府不允许中国留学生回国了。我到汉普顿(Hampton)学院去教书,教了一年,我的导师布洛赫又有一些研究工作要做,他让我回到范德比尔特大学做副研究员,研究核理论,这是纯粹的学术研究。1956年我转入堪萨斯州的威奇塔大学教书,教了一年半。1957年我才回国,比别人回来稍微晚一点。

1949年春田纳西州的中国留学生摄于纳什维尔:谢毓章(后右一)、俞惟乐(后左三)、李雅贞(后左四)、江美娟(后左五)、Ruby 孙(前左二)、吴新智(前右二)

杜开昔:我也是堪萨斯州的,但不是威奇塔大学的。

王德禄:威奇塔大学的中国留学生多吗?

谢毓章:我在威奇塔大学的时候,那里只有三四个中国人。当时我是老师,教物理的;另外两三个中国人都是学生,学经济的。普渡大学的中国人多一点。我在普渡大学的时候，和张文裕、范绪筠①有联系。范绪筠曾在清华无线电研究所工作，1949年去美国从事研究工作，后来在美国定居了。

王德禄：您在美国做核物理研究，美国政府对您是什么态度？

谢毓章在美国留学期间与夫人寇淑勤合影

谢毓章：我主要做的是学术研究，与美国政府没有联系。朝鲜战争爆发后，美国政府开始限制中国学生回国，我的护照已经过期了，不能回国，只好留下来工作。我在美国未曾担任重要职务。

1952年我在美国结婚了。我夫人寇淑勤②也是中国留美学生，学经济学的，毕业于美国密歇根大学。1953年我们的女儿出生了，后加入美国国籍。我们就这样糊里糊涂地住下去了。1955年，我在威奇塔大学教书。直到1956年，同事跟我说，你不能总是这个样子，要想办法拿到美国国籍。我这才开始写申请。就在这时候，家人给我写信，让我回国。

---

① 范绪筠（1912—2001），上海人。1932年毕业于哈尔滨工业学校。1932年赴美留学，1934年获麻省理工学院硕士学位，1937年获博士学位。1937年回国，任职于清华大学无线电研究所。1947年赴美麻省理工学院从事研究工作，1949年应普渡大学邀请做了两年访问教授，1951年研究工作结束后留在该校任教直至1978年退休。1957年加入美国国籍。

② 寇淑勤（1917—2009），女，北京人。1938年毕业于清华大学经济系。1945年赴美留学，获密歇根大学硕士学位。1957年回国后在清华大学外语教研组任教，退休后移居美国。

因为我在家里是独生子，父母年纪大了，身体不好。他们在信中告诉我，可以给印度大使馆写信，请他们帮助我回国。

另外，也有朋友写信让我回国。其中有一个女同学给我写信，她在信中说，我也是留美的中国人，曾在范德比尔特大学学化学，从美国《名人录》上看到了你的名字。目前国内形势很好，你可以回国发展。如果有需要，可以找印度大使馆帮忙。这个女同学现在在兰州化物所工作①。当时，在国外的同事都不希望我回国。他们问我，你在美国生活得很好，为什么要回去？那时候，我留在美国的手续基本上办理好了，而且我所任教的学校很需要我所教这门课的老师，所以他们都不希望我离开。但我还是在拿到绿卡之前回国了。帮我办绿卡手续的同事知道以后，很不高兴。他说，手续都已经给你办理好了，正在等待批复，你这个时候却决定要回国。我说，实在没办法，我挂念家中的父母，该回去孝敬他们了。

王德禄：在美国有很多中国留学生的组织，您参加了吗？

谢毓章：我没有参加。

杜开昔：那时候在美国有的学生支持国民党，有的学生支持共产党，这两拨人之间有大的矛盾吗？

谢毓章：没有大矛盾，我也没听说过有正面的冲突。当然有时候可能会产生分歧，只有几个大的学校、人多的地方有这种情况，其余的地方很少。

杜开昔：在美国，有没有人因为您是中国人看不起您？

谢毓章：我极少碰到这样的事情。一是，我所在的地方中国人比较少；二是，我接触的美国人都是学校的高级知识分子。只有一次，我和未

---

① 此人即俞惟乐。俞留美时在范德比尔特大学学化学，1950年回国，先在中科院大连化学物理研究所，1958年到中科院兰州化学物理研究所。

1948年年底或1949年年初留学生聚会于纳什维尔。与会者分别来自毕保德（Peabody）师范学院，圣奥斯汀（Scarritt）学院和范德比尔特大学。后排左一至三为曾汝剑、俞惟乐、谢毓章，前排右一为赵景伦（俞惟乐提供）

婚妻在纽约的街上散步，一个老太太看到我们就说，你们为什么待在这里？滚回你们的国家去！我们怀疑有可能这位老人的儿子在朝鲜战场上送了命。我在美国待了八九年，遇到的美国人和我都很熟悉，相处得非常好。

王德禄：您是什么时候回国的？

谢毓章：我是1957年2月离开美国的，3月回到国内。

王德禄：您回国后的工作是怎么安排的？

谢毓章：回国后，我们住在老的前门饭店。刚开始我们四处走走，后来我觉得这样待着很浪费时间，关键是钱不够用。尽管政府给我们津贴，但是实在不够用。我决定出去找工作。

当时国内专家局负责分配工作。专家局先把我的名字报到高教部，高教部又把我的名字拨到综合大学处。起初，高教部希望我去南开大学，复旦大学希望我去复旦，山东大学希望我去济南。可是我夫人不愿意离开北京。后来，我想去中科院。当时中科院学术秘书处的秘书长是钱三强，他跟我说，这件事不好办，因为这几年回国的人都去了中科院，没有人去大学。为此，高教部部长杨秀峰意见很大。钱三强劝我说，你最好去大学，不要让我们与高教部的矛盾太大。我只能去大学工作了。当时北京的综合大学只有北大，但北大教物理的人非常多，并且都是我的老师。我毕业于清华大学，清华大学的副校长钱伟长很希望我回到清华教书，所以我提出来去清华。这样一来，专家局把我的名字从高教部综合大学处转到工业大学处，再走一套流程。转到工业大学处以后，北京钢铁学院等好多学院都来邀请我。我最终决定去清华大学。我是1957年暑假到清华的，在物理教研组教普通物理。那时候"反右"运动已经开始了。

在我的印象中，以前从美国回来的留学生都要做研究，可是我回国后是教书，而且是教普通物理，不能做研究，实在是无聊。我相当后悔当初做出这个决定。但"既来之，则安之"，教书就是了。当时国内一直在搞运动，我感到很心烦，意志很消沉。

王德禄：您刚回国的时候，清华物理教研组的情况怎么样？

谢毓章：1957年，我刚回国的时候，清华只有物理教研组，教研组主任是刘绍唐，副主任是徐亦庄。刘绍唐比我低一届，1937年毕业于清华大学。刘绍唐没有出国留过学，已经退休了，他现在身体不好。

1952年清华物理系调整为物理教研组，主要是教普通物理，还有几门稍微高级一点的课程。我觉得中国的教学制度非常恶劣，一门课分给谁教，别人就不能教这门课了，直到他退休之前都不能换人。比我早来一年的教师有王明贞、徐亦庄。王明贞是个女的，人品非常好。她是美国密歇根大学的博士毕业生，回国后在清华教统计物理。徐亦庄是教量子力学的。张泽瑜是教电动力学的。这三门课别人不能教了。我到了清华只能教普通物理。当然其他的系需要开设量子力学、统计物理、电动力学、理论力学方面的课程,没有人教课,就让我去教。这四大力学我都教过。还有一次给助教讲固体物理,也是我教的。可以说,我在物理教研组是多面手,哪门课缺人就由我来教,几乎所有的课程我都教过。

"文革"期间,做不了工作,我感到很心烦。我回国这些年,业务技能不但没有提高,反而倒退了,以前所学的知识差不多都忘记了。我对当时中国的教育制度非常不满意。作为一个大学老师,我们应该有自己讲课的特点,有自己的要求和想法。可是中国有教学大纲,规定老师一定要如何去教。这样我何必讲课?找一本书给学生念一遍不就完了吗?没有自己的特点!我觉得教学大纲的存在使得老师不能充分发挥作用,这是中国教育制度最失败的地方。这个影响到现在也没有消除。我认为,这是中国未来教育发展的一个极大的障碍。此外,教务处制订了条条框框,一大堆限制,束缚了教授,让你没办法工作,情况很恶劣。我对这个事情极端不满意,但是也不能提出反对意见,一反对马上就会受到批判。那时候,我很消沉,每天只是为了应付上课,什么事情都不管。

王德禄:"反右"期间,您没有被划成"右派",你们物理系的很多教授都被错划成了"右派"。请您讲述一下当时的情况。

谢毓章:在清华园里,物理系的"右派"最多。当时清华头号"右派"钱伟长是搞物理的;第二号"右派"孟昭英也是搞物理的;何成钧是"右派",也是搞物理的;常迵①是物理系毕业的,搞电机的,也错划成了"右派"。被错划成"右派"的这一批,不是搞物理的就是搞与物理

---

① 常迵(1917—1991),北京人。中科院院士(1980)。1935年考入北京大学物理系,1936年转入清华大学电机工程系,1940年获西南联大电机系学士学位。后到重庆国民政府资源委员会昆明无线电器材厂任助理工程师。1944年赴美留学,1945年获麻省理工学院电机工程硕士学位,1947年获哈佛大学博士学位。1947年回国,历任清华大学电机工程系、自动化系教授,自动化科学与技术研究所所长等。

很接近的学科的。我觉得最根本的问题是，学物理的人爱动脑筋，有自己的想法，不大愿意完全听从别人的。教育制度已经让人变得比较顽固，我觉得这个或多或少都有影响。不只是清华，我估计全国物理系的"右派"也是比较多的。这种事情是不可避免的。

我没有被打成"右派"，也无所谓对我重用不重用，因为我始终都没有被重用，哪门课没有人教才让我教。

王德禄：您在美国是从事核物理研究的，1958年我们国家才开始大力发展原子能。当时您有没有提出参加这方面的工作？他们有没有觉得您适合那些工作？

谢毓章：清华工程物理系是研究核物理的，具有保密性。我不是中共党员，保密的地方去不了，所以我一直待在物理教研组。一听是保密机构，我也不想沾边，我觉得任何保密的东西，一沾上去就很麻烦，有很多的条条框框。我在美国做研究也不大愿意沾到美国政府保密的东西。这只是我个人的看法，至于为什么没有让我去工程物理系，我不太清楚。

王德禄：1958年"大跃进"的时候大家都在研制原子能，这个是群众性的，您有没有参加？您是怎么看待"大跃进"的？

谢毓章：清华园是很封闭的一个单位，外面有很多人在研制原子能，清华没有人做这个。即便是有人在研究，也只可能是工程物理系的。我没有参加群众科学。我认为，群众是在乱搞，不科学，我对那些不感兴趣。当时清华搞群众科学，搞了一段时间，我们物理教研组搞得也很热闹，主要是研究超声波，我没有参加。到了清华，当时的环境使我变得很消沉，我没有心思搞别的。

杜开昔：您和苏联专家接触过吗？

谢毓章：没有。我到清华的时候，苏联专家已经撤走了。

王德禄:"文革"的时候,您遇到麻烦了吗?

谢毓章:"文革"之前,我没有遇到麻烦。"文革"开始后,我一天到晚老是挨批,他们说我是资产阶级思想,崇洋媚外。我们刚回国时候的言行在"反右"的时候没有遇到麻烦,"文革"开始后却出问题了。学校的红卫兵把我抓走了,说我是"美国特务",对我进行审问。因为我回国后跟我的美国朋友们经常通信,就给我定了这个罪名。他们说我是搞原子核物理的,回国是别有用心。过了几天,审问不出什么东西,把我送到公安局。在监狱里,他们也查不出什么东西,让我住在那里。1968 年,我在北京正式被判入监狱了,蹲了四年,直到 1972 年尼克松总统访华的前几天才把我们放出来。

我进监狱的时候,是"文化大革命"最热闹的时候。清华共有 5 个人进监狱了,有高联佩夫妇、王明贞、王振通[1]和我,还有一个比我进去早一点。高联佩回国后,先在清华工程物理系工作了一年,后调到无线电系。他是 1972 年从监狱里出来的。王明贞是和我一起进去的。王明贞比我出狱稍微晚一点。王明贞的丈夫叫俞启忠,是农垦部的,也被抓进监狱了。俞启忠是江青前夫的弟弟,据说他知道江青的一些事情,内部的原因大概就是这个,至于用什么借口把他抓进去的,我不清楚。王振通是搞无线电的,娶了一个波兰人,名叫艾文。"文革"期间,王振通在监狱蹲了三四年。我估计,就当时的条件来讲,我们从美国回来的这一批人在监狱里受优待了,吃得还不错。只不过是他们找不到处理依据,不能把我们放出去。

我是 1972 年 2 月春节出狱的。尼克松访华那天,美国新闻记者要来

---

[1] 王振通(1919—   ),曾留学美国,1954 年回国。任清华大学电子系教师。

清华采访，不方便把我正式拘留起来，也不能公开限制我。有一次我到科学馆，他们说有点翻译工作，需要我去做，不让我走出科学馆。尼克松第二次来华，他们想出了更好的办法，让我到二七机车车辆厂劳动。当时物理教研组有一个人在那里劳动，他们对我说，你明天到工厂去给他帮忙吧，就把我调出去了，不让我在清华园内。

王德禄：既然要抓进监狱，他们有可靠的证据吗？

谢毓章：没有可靠的证据，否则我就出不来了。那时候只要被怀疑，就要先送到公安局。没有可靠的证据，又不好轻易放出来，就让我们住在监狱。1979年清华大学在基础课委员会范围内给我平反了，公安局也参加了平反大会，当场宣读文件，说送我到监狱这件事是错误的。基础课主任给我看了那个文件。

王德禄：您进了监狱，您的家人受影响了吗？

谢毓章：我在监狱的时候，我夫人和女儿受影响不大。我夫人没有被下放到江西劳动，但是孩子去东北插队了，待了三四年。1972年我从监狱出来以后又回到清华教书，1973年才把孩子从东北调回来。国家恢复高考后，1978年我女儿考大学，第一志愿报考了北大英语系，统考有口语考试，尽管她总成绩不是很好，但口语成绩很好，负责口试的人向系里推荐录取她。这件事我是知道的。可是送到北大的统考录取人员名单上根本没有她的名字，第一志愿没有被录取。直到北京师范学院成立了分校，我女儿才被录取。当时有很长一段时间，女儿对我不满意，她嘴里不说，可是心里有这个阴影。可能是我坐过牢，连累了她。我夫人也说过，多少年来都是受了我的影响，要不然家里的情况会好一些。他们都不能原谅这些事情。1980年，我女儿去了美国，现在在芝加哥工作。女儿是在美国出生的，有美国国籍。

"文化大革命"对于中国来说，简直是一场灾难，对我们的伤害至今也无法消除。现在30岁左右这一代人在求学、工作等方面受影响很大，他们想念书的时候，国家把他们的机会剥夺了。据我所知，这一批人出国后很多不愿意回国。

王德禄："文革"期间，有一段时间对科学理论进行批评，您有印象吗？

谢毓章：那时候我进监狱了，不清楚。1974年基础课委员会解散，我们叫作下系。当时绝大部分人都分到各系，我被分到土木系暖通教研组，后来下厂。我在二七机车车辆厂工作了两年多。因为我在监狱待了几年，二七厂认为我是有问题的人，把我当成重点批判对象，我几乎每星期都要挨批。他们说我是资产阶级思想、资产阶级生活作风，总之是乱七八糟的这一套。当时我们都去厂里上班，和学员一起吃住。我夫人留在学校，没有去。他们总希望厂里对我不满意，批判我一顿，可是厂里工人对我非常好。有一次，一个班的学生分成了两部分，一部分去公社，清华想让我去公社，那里环境比较苦，可是厂里的工人不答应，让我一定要留在厂里。清华想尽办法整我，但是厂里的工人尽量保护我。

1975年，他们把我调回清华。那时候，工农兵学员要在学校上课，我们不用去工厂了。我在物理系教基础课，实际上什么课都要教，专业课也要教。工厂留下三个人负责这个班学生全部的教学工作，一个是本专业的教授，一个是我，还有一个是助教。

1978年，有一批人没有搞教学工作，留在学校研究液晶物理，一些文献的东西他们解决不了，找我帮忙。我觉得国家将来有必要发展一些新兴学科。我提出调到科研组，系里不同意，坚持让我教学。我拼命向学校和系里申请调动，和他们吵架，闹得很厉害。直到1978年，基础课教研组书记才同意把我调到科研组。我从 1957 年回国直到 1978 年，20 多年都没有机会做物理研究。开始招收研究生以后，液晶物理组的第一批研究生就是我培养的。

王德禄：1978 年以后您又出过国吗？

谢毓章：出去了一次。1986 年 6 月底到 7 月初，我到美国参加国际学术会议。出国很麻烦，没有科研经费，我自己也没有钱，那次会议的全部费用都是主办方提供的。1986 年 4 月或 5 月，范德比尔特大学的物理系主任应聘为清华物理系教授。他来清华的时候，学校让我负责接待。我告诉这位系主任，6 月份我要去美国开会，很希望有机会回母校看一看。系主任许诺想办法给我提供从开会地点到范德比尔特大学的交通费。

当时时间比较短，行程安排得比较紧张。开会再加上去母校的时间，一共用了三天。之后，我在美国老同学那里住了将近三个星期。我的女儿在芝加哥，本来我想去看她，可是时间不充裕，星期六下午才去，星期天晚上就返回国内了。我夫人是 1974 年退休的，现在也在国内。1986 年秋天，我夫人去了一趟美国，今年 2 月份才回国。我想明年 3 月份去美国，在那里住一段时间。

王德禄：您能详细讲讲高联佩的情况吗？

谢毓章：1943 年，高联佩毕业于中央大学（重庆）物理系。1945 年吴有训先生被任命为中央大学校长，他刚接任，我就去重庆找工作。吴先生是我的老师，让我去中央大学，一方面教书，另一方面做他的秘书，我就去了。那时候，我才认识高联佩。当时他在中央大学做助教。高联佩和我同一届考取了自费留学生，我夫人也是那一届，1947 年出国的。我是 1948 年走的。到了美国，高联佩在密歇根大学研究生院学固体物理专业，

2011年3月再次访问谢毓章时所摄

1955年拿到博士学位,同年回国。回国后,高联佩在清华大学工程物理系工作了一年,后来调入无线电系。

高联佩的家庭相当悲惨。① 他的夫人是香港人,"文革"的时候,他们夫妇两人都被抓起来了。他们有两个孩子,小一点的是个男孩子,当时年纪非常小,没人照顾,学校把孩子分配到别人家寄养,最后孩子精神出了问题。高联佩夫妇坐了四年牢,1972年从监狱里出来以后,才把那个孩子接回来。高联佩的夫人后来去了美国。

王德禄:为什么要抓高联佩?

谢毓章:"通敌"之类的名目。我估计,这与高联佩的夫人是香港人、亲属都在香港有关。

王德禄:徐璋本当时是什么情况?

谢毓章:徐璋本曾在美国留学,回国后,总使用美国的思维方式做事情。他认为每个人都可以有组织政党的自由,他也要组织政党,并且找人

---

① 据高一虹、高义舟写的《我们的父亲高联佩:一个20世纪50年代留美归国学者的人生道路》一文(收于《家在清华》第320~338页)第321~324页,高联佩是1948年通过官价外汇出国留学的,1955年获得博士学位。1956年年底,他和夫人许健生一起从密歇根乘火车到旧金山,然后坐船经香港回北京,途中历时三个月。据该书第335~336页,高联佩的夫人许健生1979年返回香港,后到美国从事医学研究工作。1989年高联佩离开清华赴美,并和夫人一起定居于波士顿。

参加。尽管没有组织成，但有这种想法就不行，也把他抓起来了，定性为"反革命"。徐璋本在物理教研组工作的时间很短，1957年被关进监狱，20多年的牢狱生活让他的身体垮了。后来又让他去农场劳动，以半劳改的形式去的。

潮后个例

20 世纪中国科学口述史
The Oral History of Science in 20th Century China Series

1 不识"右派"为何物

申葆诚　口述

采访人：王德禄
访谈时间：1989 年 8 月 26 日
访谈地点：北京中关村申葆诚家
整理人：张佳玲、高颖、程宏

受访人简介

（申葆诚之女申璇提供）

申葆诚（1915—1998），江苏苏州人。1935 年考入燕京大学化学系，1941 年毕业于西南联大。1947 年赴美留学，1950 年获匹兹堡大学化工系博士学位。1958 年回国，任中科院化工冶金所研究员，1963 年起在中科院山西煤炭化学所，1971 年调入中科院环境化学所工作，直至退休。

王德禄：请申先生讲一讲您出国前在国内的经历。

申葆诚：1915 年 10 月 21 日，我出生于江苏苏州的一个大家庭。我们家庭有几百年的历史，苏州有一个评弹《玉蜻蜓》讲的就是我们家老祖宗的故事。家里多数人都念过书。我父亲当时是国民党的高级官员，那时候叫参谋次长，相当于现在的副总参谋长。我们兄弟姐妹四个都是教授，我在中科院搞化工，二弟弟是北京农业大学学兽医的，三弟弟在南开大学，小妹申葆青①是国际关系学院外语学院的老师。我们四个人有九个孩子，把儿媳妇、女婿都算在内，现在有十一个人在美国，两个在北京。我的女婿是清华大学的副教授，儿子在北京市科委工作。可以说，我回国对我们家的损失不是很大。

我在苏州念小学和中学。当时江苏省的教育相当好，苏州中学很好，也很正规。高中毕业后，我考入燕京大学化学系。我在学校刻苦学习，立志有机会就去美国留学。1937 年抗日战争爆发后，我离开了北平，跟随学校搬迁。1938 年到 1940 年，我在昆明的西南联大念书，1940 年大学毕业。那时候，念化学没有前途，但是我坚信：我在化学方面可以做出点成绩。我夫人家也是苏州的大家，岳父在苏州开了一个电器厂。我对岳父说，您没有学过电机都可以开厂子，我念完大学肯定比您做得更好。后来，我参加了庚款留美考试，考上了。

出国留学考试有很多种。庚款留学主要是留英庚款、留美庚款，考试题目比较难。我于 1943 年、1946 年各考了一次。公费留学考试是全国统考，每次有四五百个录取名额。当时我报名参加考试，考取了留美庚款公费留学生，后来到美国匹兹堡大学念化工。新中国成立前能去国外留学的

---

① 申葆青（1927—2009），早年毕业于上海圣约翰大学。曾任国际关系学院英语系副主任。20 世纪 80 年代中央人民广播电台《星期日广播英语》主持人，著名英语语音学专家。

人，基本上家庭经济条件都比较好。

王德禄：上大学的时候，您觉得燕京大学和清华大学有哪些不同之处？

申葆诚：燕京大学和清华大学都很好。不过燕京大学的洋人意识比较浓，非常注重对学生绅士风度的培养，花费相当大。那时候，我父亲对我意见很大。因为弟弟在日本留学，一年才花1000块大洋，我在燕京大学念书，一年也花1000块大洋。如果我在清华大学念书，无论如何都花不了这么多钱。

我在燕京大学的生活跟在西南联大差别很大。当时有一个笑话，我现在记得非常清楚。唐敖庆和我是西南联大化学系的同班同学，我们每人都有一套黄布军服，一件黑棉大衣。唐敖庆的袜子破了不补，脚后跟露在外面，像两个大鸡蛋。在西南联大，个人形象到了这种程度都没有人管。燕京大学就不同了，夏天每人发两双白皮鞋、两件皮夹克、呢帽子。可是我们都不怕热，因为我们知道，只有这样，才能增强自己适应环境的能力。我们自己只擦皮鞋，自行车都是让工友擦，擦完付给工友5元钱的小费。我们锻炼绅士风度都到了这种程度。

王德禄：您为什么选择去匹兹堡大学？

申葆诚：我本来不想去匹兹堡读书，而是想去德国或者瑞典的大学念书。我是搞造纸的，而且是造晒图纸。过去我们国家的晒图纸都是蓝底白线。我听说，德国的晒图纸都是白底蓝线，我也想搞个这样的。因为当时祖国需要建设，晒图纸用途很大。我还听说，德国人能干，做事认真，所以我对德国的印象好极了。我是学化学的，德文也不错，最想去德国。二战期间，德国打了败仗，去德国留学成了泡影。我也比较喜欢瑞典，申请去瑞典的大学念书。瑞典回应说，你不懂瑞典文，不接收。尽管我对美国不感兴趣，也只能去美国。我申请了美国有造纸专业的学校，其中有几所大学录取我了，比如卡内基梅隆大学、匹兹堡大学、密歇根大学。后来我去了匹兹堡大学。当时我的推荐人有两个，一个是我在燕京大学的教授，是个外国人；另一个是当时的北大校长胡适，胡适还给我写了推荐信。

我决定去匹兹堡大学，有几个方面的原因。一是密歇根大学化工系是单纯搞造纸的，匹兹堡大学化工系是搞石油化工的，比较实用，而且匹兹堡大学的炼油技术也不错；第二，匹兹堡是钢铁、煤炭城市，美国几个大的煤炭公司都在匹兹堡，煤炭矿业也在那里。我还了解到，中国只有玉门有炼油厂，其他地方没有炼油厂，中国需要大力发展炼油技术。据我所知，中国的抚顺有很多油页岩。

王德禄：请您讲讲在美国留学期间的情况。

申葆诚：我在匹兹堡认识了一些人。侯祥麟当时在匹兹堡念书，我们认识了。当时还有几个中国人是搞石油冶炼的，比如丁儆。丁儆回国后曾担任华北大学工学院（现名北京理工大学）副院长。吴树声是和我同船回国的，当时我们带回来一些资料。

1950年代初申葆诚（左）、周以苍（中）和赵绵（右）在美国旅游时合影（申璇提供）

1950年申葆诚获匹兹堡大学博士学位（申璇提供）

我先在匹兹堡大学念书，后来到美国的煤炭研究所工作。煤炭研究所里共有三个中国人，侯祥麟、吴人楷和我。当时侯祥麟在煤炭研究所搞气化；吴人楷当时在匹兹堡大学念硕士，课余时间去煤炭研究所工作，他现在是美国能源部顾问。煤炭研究所的所长叫查尔斯·埃尔默·拉威尔（Charles Elmer Lawall），是煤炭界的权威。拉威尔的父亲曾在燕京大学任教，拉威尔就是在北京长大的，所以他对中国人特别有好感。拉威尔说，中国人来我这里工作，我感到很高兴，只是研究所的经费不够。我说，我是来煤炭研究所学知识的，可以义务工作。我晚上在饭馆打工，端盘子，白天在煤炭研究所工作，干得都很好。拉威尔看到我工作很努力，1950年我博士毕业的时候，他把我推荐到美国的孟山都（Monsanto）生物化学公司（现改为孟山都公司）搞冶金。吴人楷仍然跟着拉威尔做研究。

有一次，移民局把留美科协的负责人找去，狠狠地查问。我和侯祥麟都没有被查出问题。后来有两个人被抓起来了，一个是现在北大物理系的杜连耀，另一个是现在长春应化所的黄葆同。他们两个都不是匹兹堡的。

我在孟山都生化公司的中星化学研究所，就是孟山都公司的技术核心部门，担任研究员。作为一个中国人，作为一个化学领域的研究人员，我很高兴能够进入该公司担任研究员。我每年的收入是2万~3万美元，这个收入已经达到了一个很高的标准。当时我是美国化学学会的会员，在研究所工作了将近12年，获得了两个专利，一个是提炼钛，一个是做高级醇。公司对我的能力和学识都给予了充分的肯定，每年涨工资15%，我还买到了公司的廉价股票。当时公司规定，只要员工工龄满一定年限，都可以买到公司内部的廉价股票。我现在在美国还持有一些股票。有一个时期，公司一年都没有招收中国人，没有人跟我讲中国话。我每天都与外国人一起工作，感觉也不错。这就是我的个人情况。

抗美援朝的时候，中国留学生回国的热情很高，1952年回国的人多一些。1952—1958年，大家慢慢了解到国内开展了思想改造、"三反五反"、"肃反"、"反右"等一系列政治运动，回国的人越来越少。你看到周恩来争取留学生回国的名单了吗？你可以从以前的国务院专家局了解到那个名单，里面大概有七八百人。1956年周总理提出"向科学进军"，争取留学生回国参加建设，当时基本上没有人回国。我回国之前不了解情况。对名单上的人采取的动员手段很高明，采用攻心战术。当时我不懂，现在我都懂了。攻心就是通过父母、子女、亲戚攻你的心，当时每次看到国内的来信都要掉眼泪，所以很多人回国了。

侯祥麟等人在美国组织成立了留美科协。大家一起收集资料，争取中国学生回国，但是效果不太明显，只有少数人回国了。台湾也在争取，由梅贻琦出面。梅贻琦是清华大学的终身校长。那时候，在我们这批学生里，不管是清华大学的还是别的学校的，梅贻琦的威信都很高。他把毕生的精力倾注于清华大学。梅贻琦去了美国跟我们讲，你们的旅费我们给出，并且给你们安排最高的职位。

我们只有三十几岁，还年轻，觉得祖国大陆不错。通过印度政府给我们办理香港的过境签证，给我们提供过路费。我们高高兴兴地回到了祖国。

1950 年代初申葆诚（后排中）在匹兹堡大学合影（申璇提供）

王德禄：当时有没有人劝您留在美国？您为什么决定回国？

申葆诚：回国之前，同事劝我留在美国，让我把夫人也接到美国。可是中美尚未建立外交关系，通信很困难，我和我夫人很少通信。留在美国还是回国？我做了很大的思想斗争。我的朋友都是美国人，我同美籍华人来往不多。以我的能力、学识以及在美国广泛的交友圈，我在美国的事业完全可以发展得很好。不过我还是回国了。我选择回国有几个方面的原因。一是，我的夫人和孩子都在上海，我很想念他们；二是，我出身于一个大家庭，我很想念这个家庭，经历了八年抗战，作为家庭的一员，我有责任振兴这个家族；三是，我回国后可以在上海创办工厂，办实业，我可以做很多事情。1958 年，我怀抱着这些天真的想法回国了。这成为我人生中的一个转折点。

王德禄：我听说，侯祥麟在留美科协活动比较积极。您了解侯祥麟吗？

申葆诚：侯祥麟与我关系很好。回国后，我们走的路线不一样，侯祥麟走的是官路，我是老百姓。侯祥麟是留美科协的组织者，他很谨慎，不大喜欢露面，所以美国移民局没有抓住他。

我以前所做的一切都是为了国家的利益，到今天还是如此。对的就是对的，错的就是错的，就事论事。回国后，我始终没有太驯服，书记说我就事论事的思想太浓厚。

王德禄：您比较靠拢中国共产党吗？

申葆诚：无所谓靠不靠拢中国共产党。我那时候不懂中国共产党，认为有些事情是年轻人应该做的，到今天都是如此。我弟弟讲得很清楚，假定他（指申葆诚）当初想加入中国共产党，在大学期间就加入了，不会等到今天70多岁才开始申请。

已经加入党组织的中学同学和大学同学，现在有好几个是副部长一级的。比如须兆风是国家纪委的一个局长；蔡承祖原来是中科院广州分院副院长，后来担任合肥分院院长。我们三个，中学三年住同一个宿舍，到大学还是住同一个宿舍，到今天可以说是老兄老弟了。我们都是化学系的，当时升级淘汰特别厉害，一年级我顺利升级了，他们两个学习不好，留级后参加了游击队。当时我在西南联大念书，我们经常联系、写信。须兆风和蔡承祖后来加入了中国共产党，现在是副部长一级。有一次，我和他们开玩笑说，你们都是"走资派"，我是"反动权威"。

王德禄：您能讲一讲回国后的情况吗？

申葆诚：我在中科院工作了30年，一直没有挪动地方，很多人都认识我。这 30 年来，我对中科院的人，对 1950 年代回国的同学都记得很清楚。1950 年代回国的与留在美国的相比是少数。

回国后，我和美国的同学经常联系。我在美国待了十五六年，接受的是美国的教育，回国后不了解国内的政策，遇到了一些困难。侯祥麟是中共党员，回国后可以做官。我是老百姓，只想做点实实在在的事情。我们一起留学回国的人，包括中科院和石油科学院的同学在内，聚在一起讨论。结果发现，我们所面临的问题不是要做什么，而是如何才能适应这个社会。因为吃、住、工作都有人给安排好了，只有适应了社会，才能更好地生存下去。后来大家彼此不再来往。比如邓稼先，多年以来我们不知道他去哪里了，直到前几年才看到他。曹本熹①去了哪里，我们也不知道。第二机械工业部开放以后，我们才见到曹本熹。疏松桂开始在中科院搞半导体，后被调到武汉，我们与他的通信就中断了。过了几年疏松桂回来了，我们这才知道这几年他去搞原子弹了。

我们要靠自己的冥思苦想求生存。1950 年代回国的这一批人，回国后解散了。过了几年，各自的命运不一样了。你把国务院专家局以前的名单找来，一个一个去寻找他们以及他们的子女，你就会知道他们在想什么，他们子女的工作安排得怎么样。

我们回国的时候，"反右"运动已经结束了，正在进行"反右"处理。虽然我们没有经历这个运动，但是通过《光明日报》、《人民日报》等报刊，查看一年内发生的事情，就知道了什么话能说，什么话不能说。我们没有

---

① 曹本熹（1915—1983），上海人。中科院院士（1980）。1938 年毕业于清华大学化学系。1946 年获得伦敦帝国学院化工研究院博士学位，同年回国，在清华大学任教。1953 年负责筹备北京石油学院，后担任北京石油学院教授、副校长。1963 年起历任第二机械工业部二局副局长兼总工程师、核工业部科委副主任等职。

"右派"倾向,可是有人给我们扣上了"右派"的帽子。回国后,我们不是搞科学研究,而是研究如何与社会和人打交道,几十年都是如此。

王德禄:您回国后的工作是怎么安排的?

申葆诚:回国后,当时的上海交大副校长是周志宏①,他建议我去中科院化工冶金所,给叶渚沛②所长帮忙。叶渚沛去过美国,为人心直口快,待人诚恳,我就去了。我是搞提炼钛的,化冶所没有提钛的项目,叶渚沛让我负责物理检验和化学分析。当时位于北太平庄的有色金属研究院同苏联专家合作搞提炼钛的项目,我多次给他们提供建议。中科院煤炭研究室要迁至太原,并扩建为中科院山西煤炭化学研究所,业务方面需要人,我是学冶炼的,院里把我调到太原。

我在太原发现了很多问题。一是别人事先给我们安排好要做的事情,并指定如何去做。工作人员也提前指定好,不能自己挑选。我没有自由发挥的余地,还要求做出他们想要的东西。这不是做物理化学实验,只要提前规定好条件,得到的结果就能跟预期的完全吻合。业务方面的事情怎么可以这样做!在美国煤炭化工所工作的那十年,我感到很高兴,能发挥自己的特长,能够同美国的煤炭机构挂钩,同英国的 BCRA 挂钩,同澳大利亚的 CSIRO 挂钩。而国内开展煤炭研究投入的人力很少,只有中科院煤炭

---

① 周志宏(1897—1991),江苏扬州人。中科院院士(1955)。1923 年毕业于北洋大学矿冶工程系。1924 年赴美国,先在南芝加哥炼钢厂工作,1925 年进入卡内基理工学院学习,次年获硕士学位。后到哈佛大学深造,1928 年获博士学位。1929 年回国,历任上海炼钢厂厂长、上海大同大学机械系主任,1952 年起调任交通大学(上海)教授、副校长等职务。

② 叶渚沛(1902—1971),祖籍厦门,生于菲律宾马尼拉。中科院院士(1955)。1925 年毕业于美国科罗拉多矿冶学院,1925—1928 年先后获美国芝加哥大学冶金化学硕士学位、宾夕法尼亚州立大学金属物理化学博士学位。1933 年回国,历任南京国民政府资源委员会冶金室主任、重庆炼铜厂厂长、电化冶炼厂总经理、联合国教科文组织科学组副组长等职务。1953—1966 年任中科院学术秘书,1958—1966 年兼任化工冶金所所长。

所和煤炭工业部煤炭所在研究。当时的煤炭工业部煤炭研究所所长汪寅人①的人品很好，但是我发现自己整天忙于奔波，表面上地位很高，实际上没有充分利用时间，成效不大。如果你采访别人，我相信他们也会有同感。

我什么荣誉都不争取，什么要求也没有，只想好好工作。我认为有些学部委员没有我在国外经历的多，没有我学历高，政协委员也不如我，我不需要跟他们争什么。中国有些事情很不正常，我们这一大帮人都是这个想法。我们所里有两个研究员，我和另外一个。那个人是学部委员，工资比我高，被派到美国学习了两年，回国后晋升为三级研究员，没有让我晋升。我发现不只是存在这种问题，还有很多问题，比如待遇跟回国先后挂钩，跟是谁推荐来的也有关系。那就算了，我不至于为了几十块钱和别人去争，我就自己吃老本。当时我们的工作很难开展下去，成众志告诉我他那里的半导体工作也不好做。我问他该怎么办，他说最好的办法是什么都不要做。因为一做事就要出问题，还不如不做。这句话在当时是比较普遍适用的。

我最大的收获就是四个字：力争中流。这样一来，工作中好多具体问题都清楚了，经费、设备、人事上的问题清楚了，思想上的问题也清楚了。

到了这把年纪，我现在深刻地体会到"中流"确实需要力争。如果站在那里不动，需要你的时候，就会有人往上推，不需要的时候你就会掉下来。人家推的时候，你不要上去；往下掉的时候，你又要赶快撑住不要往下

---

① 汪寅人（1914—1994），浙江杭州人。1936 年毕业于震旦大学化学工程系。曾任开滦矿务局总化验室主任，兼任交通大学（唐山）化学教授。1947 年赴英留学，1949 年获伦敦大学理工研究院化工系博士学位。1949 年回国，历任开滦煤矿化工研究所所长、煤炭工业部煤炭研究所所长。

掉，能做到这个是很费劲的。我把这几十年的时间都花在研究这个上面了。现在好多了，一句话，就是"蛮好"！如果不这样做，到头来你会觉得，我做了这么多事情，为什么领导不但不欣赏我，还总是批判我，我有这样那样的问题？我觉得我没有问题啊！任何人遇到这种情况都会很伤心。

后来，我从煤炭化学所到了环境化学所。煤炭在中国发展前景很广阔，山西是煤资源最丰富的地方，为什么不在那里搞，而在北京搞？因为山西人要么今天给你100万，要求我们能立刻做出东西来，要么就什么都不给。这样一来，我们任何事情都不能做。中国搞煤炭事业，那不是花一两千万就能解决的问题，需要几个亿，甚至几十个亿。

我认为应该用国外的先进技术开展国内煤炭开采事业，既省力又省钱。我曾请外国朋友来中国推广煤炭计划，并在民间举办"煤炭计划先进技术交流会"，组织他们做技术交流，每年一次。技术交流会是我们自己创办的，没有经过中科院，也没有经过国家科委。

前两年我去美国，见到了美国的朋友。他对我说，如果当初你不回国，现在肯定发展得很好。在这个方面我不想考虑得太多。考虑得太多有两个缺点，一是徒然给自己增加很多烦恼，二是会给自己带来不必要的政治麻烦。我回国以后从来不讲后悔话，从来不做后悔事，一切都是往前看。我有很多同学、朋友回国之后牢骚满腹，而我没有牢骚。没有牢骚永远都是成功的，牢骚太多，你前边一步走不动，后边一步也退不得。我家楼下邻居就是一个典型的例子。夫妻两人都是从美国回来的，整天吵架，后悔得不得了，引发的后果不好：一是对两个人的身体都不好；二是两个人都没有心思去外面做事，收入也不会多；三是对孩子的身心健康影响不好。他们家有四个孩子，三个女儿、一个儿子，只有大女儿出国了，另外三个孩子的发展都很一般。我们都非常喜欢他们的小儿子，并寄予了很大的希望，可是他现在只是一个普通工人。我不是说工人不好，他整天吊儿郎当的，在我看来很伤心。当然这些只是我个人的一些看法。

我在美国工作了很多年，收入也不错。到今天为止，我有很多美国朋友已经成了总裁、副总裁级别的，一个是美国电气学院的副总裁，一个是气体研究院的总裁，还有两个也是总裁。我们的家人来往都很好。我妻子同他们来往，孩子们放了暑假也一起到他们那边去玩。虽然我是教授，可是收入很低，每个月拿300元钱，如果他们来中国玩，我没有钱请客。但是我们的修养、教养以及孩子的水平都是一样的，只是国家给我的钱少了，所以我就成了这个样子，有什么办法呢！他们完全理解这些。美国朋友对我帮助很大，不仅邀请我担任美国公司的顾问，还在经济上给我资助。我的孩子们去了美国，他们帮忙照顾，给提供住处。美国朋友很好，比美籍华人好。这种来往大家相当珍惜、重视，我们也能够很好地交流。我在国内生活了这么多年，一切都是向前看，尽量用最低的条件达到最好的水平。对孩子们的培养教育如此，家里的生活也是如此。

我的兄弟姐妹和家族的孩子们都去美国了。我妹妹的实力很强，两个弟弟也很强，到结婚年龄的都在那边结婚了，生活比较稳定。我妹妹申葆青到美国去照顾孩子们了。我比较喜欢北京，比较喜欢中国，愿意待在这里。我不喜欢在美国生活。我在北京照顾着两个大孩子。1950年代因为我的成分没有搞清楚，这两个孩子没能考上大学。他们意见很大，都说是受了我的影响。现在我总是跟他们讲，过去是老的"害"了你们，如果这个"害"字用得对，那么现在请你们老老实实做人，不要"害"了老的。

申葆青的大儿子现在在美国。他去美国已经八年了。从北京101中毕业后，他跟妈妈一起被下放，教英文。他学习基础很扎实，回来以后，恢复高考头一届考大学，他就考入北大了，两年后又考上了研究生，又过了两年考到美国去了。国际关系学院曾邀请他回国，去他们那里工作，为此我们召开了家庭讨论会，最终决定不回来。

我女儿从北师大毕业后被分配到北大附中，教英文，很不错。后来女儿跟我讲，做中学老师没有提高。我很赞同，劝她不要当老师了。可是学校不同意，他们说，国家有规定：中学老师不能离开。我一查条文，国家的规定是：中学老师走一个弥补一个。但是走一个弥补一个不等于不能离开，我就让她离开学校，充其量不教课也不要工资了。后来有一个机会，我把女儿送到美国自费留学。

王德禄：您回国后参加了哪些运动？

申葆诚："文化大革命"是我回国之后参加的头一个运动。我和另外两个研究员被批斗。我如果在中关村可能没事，在太原就被揪出来了。我搞不清"文化大革命"是怎么回事，感觉很糊涂，主要是我不知道运动对象是谁。1957年"反右"运动，本来"右派"都应该是党内的干部，可是知识分子也被错划成了"右派"。我们兄弟姐妹四个，有三个是"右派"。我是1958年回国的，只有我不是。

王德禄：出现了这种情况，您怎么回国了呢？

申葆诚：那时候我不知道，弟弟、妹妹没有告诉我。其实他们就是告诉我了，我也不明白是怎么回事。当时根本不知道"反右"运动闹得这么严重，也不知道什么叫"右派"，还以为是普通的运动。看到他们戴着"右派"的帽子在新疆待了20年，这个时候我才开始小心处事。

平时我做工作很积极，事业心很强，与群众的关系很好。"文革"期间，我没有受皮肉之苦，造反派们照例批批斗斗，说不到我的灵魂深处。他们的那一套我很明白。我把我的秘诀告诉你吧，知识分子还是肯动脑筋的，尽管"文化大革命"来势很汹，但只不过是个假象。尽管造反派们一

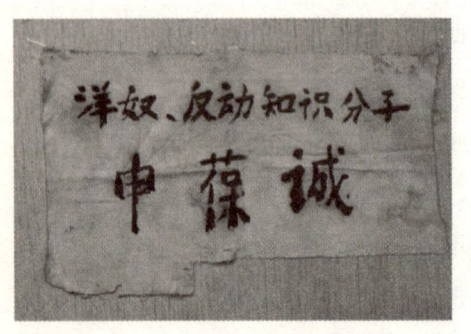

申葆诚在"文革"期间挨斗时胸前挂的牌子（实物由申璇2011年提供）

次又一次地发动群众，但是他们并没有成功的把握。这说明领导心中没有底，只不过是走一步看一步。我们是搞研究的，都会分析这种问题。我们心中也没有底，只能时刻注意上面的行动，走一步再定下一步。上面关注的对象是谁，谁就要倒霉。开始，我们发现上面关注的对象不是我们研究所的人，后来又发现关注的是我们的书记，其他的人都没事。我们与群众的关系仍然很好，群众对我们也很好，我们心里都很清楚，所以我没有必要发牢骚。有些人害怕，跳楼了，那是因为他不了解情况，不懂得怎样分析。假如他会分析情况，心中就完全有数。

我看过两遍《毛泽东选集》，他的规律我都清楚，他最后是要"治病救人"的。假如你不死，他就会救你，因为你是研究员。可是你死了，他就没办法救了。我把我的秘诀告诉你吧，有了思想准备，你再来看这个轰轰烈烈的场面就没有关系了。"文革"的时候，林彪的做事方式跟毛泽东一样，场面很大，但是他也要抓重点，重点很清楚。"文革"期间，我们活下来了，这是一次很大的教训。你要清楚在这种情况下怎样处理事情，面对这个大事件，你应该把自己放在什么位置。你还要知道，它是怎么一回事，共产党是怎么一回事，我们自己又是怎么一回事。我有个老朋友在"文革"中讲了一句话，"假作真时真亦假，无为有处有还无"。现在我们体会到这一点，假的情况当真的宣传，老百姓看见真的也会觉得是假的，到头来真假不分，自己吃亏。《红楼梦》中的这两句话，我们在"文革"期间的体会真的升级了。

"文革"结束后，我在太原待不住了，赶快离开。太原属于内地，内地和沿海地区人们的思想不一样。我从小生活在上海，接受的完全是上海人的思想。山西我确实推不动，假如我在上海，我就活了。对手的思想和我的一样才行，否则我的才能施展不出来，所以我离开了太原，回到北京，回到沿海。我就这样活了。

美国没有人事档案。去美国的公司工作，他们就会直接打电话给你原来的公司，调查你是从哪里来的，还要问你的个人情况，以前在单位的表现怎么样。美国公司对任何肤色的人都没有歧视，你只要按照美国的模式，勤恳、老实地工作，就能很好地生存下来，否则只能被淘汰。

在我们国家，有时底下的人互相耍心眼。比如我在中科院化冶所做研究室主任的时候，有一个研究课题，我说用三年时间，花5万元钱就够了，我们就可以做了。有人不同意，他们说时间不够用，得用五年。因为我说需要三年，是按美国方式计算的，他们是按中国方式计算的，加上的那两年是用来跑设备、招人员、找房子用的。我说他们是在浪费时间，他们却说这个是实实在在的。我只好听他们的，尽管心中也有嘀咕，这东西是违反良心的，可是上级领导没有意见，那就是五年了。这样看来，最大的问题就是，领导不懂，没有判断力；底下的人各持己见，没在一个规则下做事情。你说我在这里面会发挥作用吗？谁能发挥作用？大家都一样，说的都是空话！

抗美援朝的时候，美国不允许中国留学生回国，给我们提供奖学金，并制定优惠政策，只要中国留学生毕业后留在美国工作，六年后就给我们办绿卡。当时有很多中国留学生没有回国，而且都是精英，也就是说留在国外的精英很多。我觉得很可惜，难道回国的都是素质差一点的？为什么我国政府没有在这方面多加考虑？

20 世纪中国科学口述史
The Oral History of Science in 20th Century China Series

2 武汉物理所为我而建

王天眷 口述

采访人：王德禄、杜开昔
访谈时间：1988 年 12 月 6 日
访谈地点：北京中关村王天眷家
整理人：张佳玲、高颖、程宏

受访人简介

（裘鉴卿提供）

王天眷（1912—1989），浙江黄岩人，辛亥革命烈士王卓之子。物理学家。1929 年考进交通大学（上海）预科班。1932 年加入中国共产党。因参加救亡运动被开除学籍。1934 年考入清华大学物理系，1936 年重新加入中国共产党。1938 年毕业于清华大学物理系，后在清华大学无线电研究所、重庆大学电机系、国民政府空军通信学校任教。1947 年赴美留学，1948 年获俄亥俄州立大学物理学硕士，1953 年获哥伦比亚大学博士学位。后任哥伦比亚大学辐射研究所、爱·第·立脱儿公司高级研究员。1960年2月回国，任中科院武汉物理所研究员、所长。1981年后任中科院物理所研究员。长期致力于开拓和发展中国波谱学研究，完成了铷原子激射器和铷原子钟研制等重大任务，于1985年获国家科技进步一等奖、国防科委一等奖。

王德禄：请王先生讲一讲您的经历。

王天眷：1913年4月20日，我出生于浙江省黄岩县。我有时候说是1912年出生的，有时候说是1913年，我在美国填表格用的是1913年。1929年我进入交通大学（上海）预科班，后转入电机系。九一八事变发生后，我因参加学生救亡运动被开除。1934年考入清华大学物理系，1938年毕业后在清华无线电研究所做研究，任助教、讲师。当时任之恭是无线电研究所所长、物理系教授，我做研究、教书都跟着他。清华无线电研究所隶属于清华大学，1938—1942年我都在无线电所工作。1942—1943年我在重庆大学电机系做讲师，后来到国民党航空委员会的一个空军通信学校当教官。1947年，我得到了中华教育文化基金委员会的奖学金，赴美留学。出国留学的人员是根据工作成就和撰写的论文、著作挑选出来的，学物理的只挑选了我一个人。

1947年，到了美国，我先在俄亥俄州立大学物理系念书，一年后获得硕士学位，1949年到哥伦比亚大学深造，1953年获得博士学位。我的博士生导师是汤斯（C. H. Townes）。当时我参加了一系列微波受激发射（Maser）研究，从原子、分子中取出相关的能量，实现了微波放大及振荡。利用受激发射机理，我们又将微波推至光频，发明了光受激发射

1953年王天眷在哥伦比亚大学实验室（王开绚提供）

(Laser)。光受激发射就是激光的前身。激光搞成了，我们成功开辟了量子电子学，汤斯为此获得了1964年诺贝尔物理学奖。另外，在各种固体中进行一系列核四极矩共振微弱信号的探测，创制观察仪器——信号反馈振荡检波电路（被称为"王氏电路"）。我们做了很多细致的工作，仔细测量之后，发现核四极矩共振频率因为电16极矩的相互作用的影响发生了改变，比单纯核四极矩的频率大。1953—1957年我一直在哥伦比亚大学，我主要的工作都是1953年之前做的。1954年主要是在哥伦比亚大学的辐射试验研究所做一些尝试性的工作。1957年我去了波士顿，在A. D. 利特尔公司做高等物理研究员，研究与微波受激发射有关的东西，一直到1959年。后来，法国国家科学研究中心（CNRS）的原子钟委员会聘任我当顾问，借此机会，我才获得去欧洲各国的签证。我在法国原子钟委员会工作了半年，后来与中国驻瑞士的大使馆取得了联系。

王德禄：您是哪年回国的？如何回国的？

王天眷：1960年我从瑞士拿到护照，绕道奥地利、匈牙利经苏联回国，2月份到中国。1960年3月初至9月底我一直在北京，这期间我住在和平宾馆。后来，在我不知情的情况下，国家把我分配到武汉。我在中科院武汉物理研究所工作，直到 1981 年才调回北京。

"文革"期间，我挨整了。因为途经苏联回国的时候，我曾经住在莫斯科的一个宾馆，我对中国驻莫斯科大使馆的人说过：美国人不知道中国核物理的情况。就因为这句话，他们以为我是替美国来中国调查核物理情况的。当时中国驻莫斯科大使馆的人还特意给国内打电话，告诉他们我是从美国回来的"特务"。我一到北京，他们就开始限制我，不准我在北京工作，也不准我接触外国人。把我调到武汉以后，他们平时不干涉我，但是注意我的行踪。他们不准我一个人出去，我每次出去都有人盯着。趁我不在的时候，他们还经常检查我的抽屉。

王德禄：这个事情是怎么暴露出来的？

王天眷："文革"期间贴大字报嘛。1932 年，我在交通大学（上海）加入中国共产党。被学校开除以后，1936 年我在清华大学重新加入中国共产党。可以说，现在我是中科院物理所资历最老的党员。我刚回国的时候告诉他们我是中共党员，可是他们认为我是美国派来的"特务"。直到 1979 年党组织才承认我的党龄。入党的问题你们就别采访了。你们采访后，发表文章的时候要注意国际影响。

王德禄：您能详细讲一讲"文革"期间的经历吗？

王天眷："文革"期间就是劳动。后来我的那些罪名都在材料上改正了，1972 年给我恢复了职务，做研究，但是始终没有给我平反。之前他们做了一些调查，但是没有给我下结论。

王德禄：谈镐生的经历和您类似，"文革"期间也被限制使用，但是为什么已经给他平反了？

王天眷：谈镐生当时写了很多报告，要求平反。我不喜欢做那些事情。

1961年秋王天眷（前排左三）与波谱学研究室成员摄于武汉东湖公园行吟阁前（裘鉴卿提供）

王德禄：1972年国家比较注重激光的研究，有人征求过您的意见吗？

王天眷：国内开始进行激光研究的时候，在长春召开了讨论大会，那是第二次会议，我去参加了。

王德禄：我们听说您从美国回来之后，中科院物理所也聘请您了，为什么没去呢？

王天眷：他们的研究方向跟我不太对口，不过物理所的人我都认识。

王德禄：1978年以后您出过国吗？

王天眷：1986年我去意大利做报告，是中科院武汉物理研究所派出去的。①

王德禄：您怎么看待自己的经历呢？

王天眷：我是共产党员，我要好好工作，党让我做什么我就做什么。"文革"期间，党的政策不稳定，底层的人弄得太狠、太凶，有些事情弄得太大。

杜开昔：您回国以后，在武汉做什么研究，感觉怎么样？在国内有哪些成就？

王天眷：我在国内的成就主要是创建了波谱学研究室，建立了这么一支队伍。这个所是我回国以后，专门为我创建的，开始有五六个人。我主要是做原子钟、氨分子钟、波谱、核磁共振、光磁共振等多项研究工作。

王德禄：您在国内做的工作和国外做的工作比重各为多少？

王天眷：我在国外的时候整个时间都是在做研究，回国后杂七杂八的事情太多。我的研究成果大部分都是在国外做出来的，在国内主要是做一些宣传工作。我在国内有一些工作做得很好，但是国内环境不太稳定。我现在带着三个博士研究生。

王德禄：您在国外的成就，国内有人知道吗？

王天眷：我的成就，物理学界的大部分人都知道，但是社会上不一定有人知道。

---

① 据裘鉴卿介绍，王天眷曾率中国科学院波谱考察团于1979年访美，历时一个月。1986年9月去罗马参加ISMAR会议并做报告，同行参会的还有武汉物理所李丽云。1981—1982年间曾率中国物理学会波谱学专业委员会考察团访问日本。

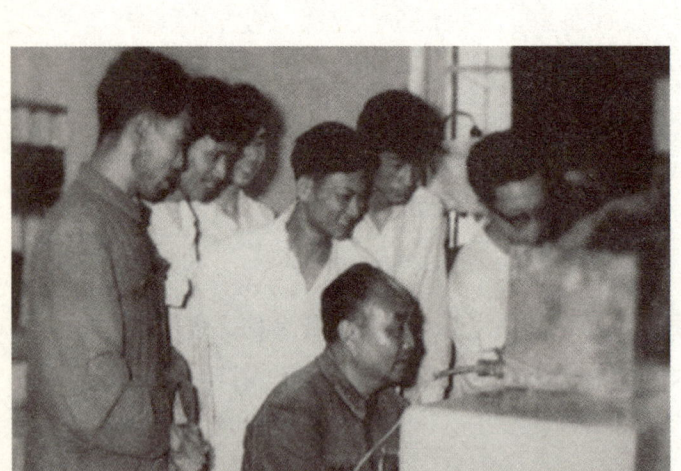

1963年王天眷（坐者）在波谱实验室与青年科技人员一起调试氦激射器（裘鉴卿提供）

王德禄：记者知道吗？有记者写过您的经历吗？

王天眷：有的记者知道，但是没有人写过我的经历，我不需要记者写这些经历。

王德禄：您是学部委员吗？

王天眷：不是，我没有当选为学部委员。我从来没有向他们提出过做学部委员，提也不会有结果。恰巧在他们选学部委员的时候我要求调回北京。我之所以调回来，是因为我的一些同学和曾经一起工作过的同事都在北京，我一定要回来。

固执夫妻的情缘 3

谈镐生　口述

采访人：王德禄、杜开昔
访谈时间：1988年10月9日
访谈地点：北京中关村谈镐生家
整理人：高颖、程宏

受访人简介

谈镐生（1916—2005），祖籍江苏常州，生于江苏吴县。力学家和应用数学家，中科院院士（1980），邓宝珊①的女婿。1939年毕业于交通大学（上海）机械工程学院，后到成都航空机械学校念研究生，1940年毕业。1940—1945年任中国航空研究院副研究员。1946年赴美留学，1949年获康奈尔大学航空工程系数学力学博士

---

① 邓宝珊（1894—1968），甘肃天水人。国民党陆军上将。1949年后，任甘肃省人民政府主席、省长。"文化大革命"期间自杀，后获平反昭雪。

学位。历任康奈尔大学航空研究生院研究员、诺特丹大学工程力学副教授、底特律大学航空工程教授、伊利诺伊理工学院教授等。1965年10月回国，历任中科院力学研究所研究员、副所长。

杜开昔：请谈先生讲一讲您出国前的经历。

谈镐生：我是1916年在江苏吴县出生的，祖籍常州武进县。1929年，我进入苏州中学念书。1931年，我们参加九一八事变后的反日游行，去南京请愿，要求蒋介石抗日。为此我们被关了一个晚上，第二天才被释放。1935年，我考入交通大学（上海）机械工程学院。大学期间，学校组织一二·九学生救亡运动，挑选了一批学习好、有正义感、有威信的学生打头阵。尽管我不是中共党员，他们也让我参加了。当时，有人警告说，游行是要坐牢的。我们搞的是爱国运动，不怕坐牢，后来也没有坐牢。

1939年大学毕业后，我到成都航空机械学校念研究生。当时我是班长，在1940年毕业典礼上，负责起草了毕业典礼献词，其中有一部分批评了国民党政府的贪污腐败现象。我们全班都被抓起来了，挑选主犯，有四个人被关进监狱，蹲了半年，我就是其中之一。现在回想起来，那时候我们作为年轻人，所有的举动，只不过是爱国主义的一种表现。

毕业后，我到中国航空研究院工作，一鸣惊人，当上了副研究员。仅仅用了几个月，我完成了一篇理论弹性力学论文《正向薄板承受压力时的弹性稳定问题》，算是年轻人中的尖子。当时中国航空研究院的研究报告在全国是最权威的，都是弹性力学报告，第一号是林致平[①]博士写的论文，

---

① 林致平（1909—1993），江苏无锡人。台湾"中央研究院"院士。交通大学（上海）土木工程系毕业，获英国伦敦大学博士学位。历任国民政府航空机械学校高级教官、四川大学航空系主任、航空研究院结构组长、台湾航空研究院院长、台湾"中央研究院"数学所所长、美国佛罗里达理工学院数学教授。

第二号是钱学森从美国寄来的论文，第三号就是我的。林致平教授毕业于交通大学（上海），比我高五届，他是我在成都航空机械学校的老师。由于我还年轻，刚毕业，我的论文要和林致平教授联名发表，他的名字写在前面。那时候，我还解决了滑翔机蒙布张力的测量问题，制成了张力计。

到了1945年，国民党要实施航空战略，建设航空工业，挑选航空工程人才。他们挑选了一部分人到工厂做工程方面的培训，挑选了两个人做研究。林致平教授和我被选中做研究。我们原计划抗日战争胜利以前去美国，但第二次世界大战尚未结束，太平洋不通航，直到年底我们才动身。

杜开昔：林致平现在在哪里？

谈镐生：林致平是台湾"中央研究院"院士。因为国民政府的关系，1960年他又去了美国。当时我还没有回国，他到学校看过我。林致平教授现在在美国佛罗里达理工学院（FIT）教书，是英国伦敦大学皇家航空协会会员。

王德禄：当时让您去美国，是通过什么形式选拔出来的？

谈镐生：1945年，我参加了公费留美考试，考上了。他们把我选拔出来，作为年轻的科学家培养。

杜开昔：您能讲一讲去美国以后的经历吗？

谈镐生：我们是1946年去美国的。1944年年底、1945年年初，原本安排我们到美国国家航空航天局（NASA）。后因第二次世界大战结束，美国停止了这个安排，我马上转入西雅图的航空院，后来又去加州理工学院（CIT）航空系找冯·卡门和钱学森。在航空领域，CIT是美国最好的学校，冯·卡门是最出名的人。我刚到CIT，他们正要离开学校。钱学森让我去康奈尔大学找西尔斯（W. R. Sears），当时西尔斯在康奈尔大学创办了航空研究生院，所以我转入了康奈尔大学。

1946年谈镐生在康奈尔大学读研究生（来源于《谈镐生文集》，科学出版社，2006年11月）

我是西尔斯在航空研究生院的第一个学生。西尔斯是1940年去康奈尔大学的，我是1946年到的。我经常去他那里借书看。西尔斯很风趣，我很喜欢他。后来，西尔斯为航空研究生院请来了第一个教授郭永怀。可以说，这个学院创办得比较成功，学校很快发展壮大起来，学生也逐渐多了起来。

当时国民政府的航空委员会通知我说，你可以在航空研究生院做研究，但是我们不资助你念书。这样一来，我就得回国。西尔斯和郭永怀帮我想办法，西尔斯给中国的空军将领打电话，问他为什么让我回国，回答是，国家没钱了，不能长期培养学生。西尔斯要自己资助我念书，第二年，西尔斯给我安排了最高奖学金，我不再用国民政府资助的钱。西尔斯非常喜欢中国学生，在我们学校，成绩好的差不多都是中国人。

杜开昔：您在美国有没有感觉到，美国人看不起中国人？

谈镐生：这个不好说。我很喜欢美国人，他们胸怀宽广。美国人的一些举动不是针对所有的中国人，而是针对中国共产党。朝鲜战争期间，同事之间、朋友之间经常辩论，我总是替中国共产党讲话。我们较劲，这都不会影响我们之间的感情。有一次，我在路上遇到一个美国小伙子，一个朝鲜战争的战败者，他知道我是中国人，一看到我，他就伸出大拇指说：

你们是战胜者。美国人很讲人道主义,不只是人与人之间,人与动物之间也是如此。我刚回国的时候,在动物园看到孩子向小动物扔石子,感觉很不习惯,现在我们国家真的需要教导孩子讲精神文明。

杜开昔:您在美国遇到麻烦了吗?

谈镐生:中国学生在美国成立了留美科协。当时留美科协负责人找到我,让我参加这个协会。一听说我不想参加,他们就说我不爱护这个组织。我说,这不是爱护不爱护的问题,作为中国人,我将来肯定要回中国发展。后来他们再也没有找过我。

1956年,我因为没有及时交税,遇到一点麻烦。当然这是我自己造成的。1954年我到诺特丹大学教书,直到1956年离开诺特丹的时候都没有交过税。之前我以为别人替我交了,但是那人说要自己交。到了税务机关,我告诉工作人员我没交税。他们说,你自己主动来交税了就不算犯法,你只需填写一张表格,补交就可以。1956年,到了印第安纳再发生类似的情况就遇到麻烦了。当时我手头没有护照,比较难办。因为刚一到美国时,我就把国民党政府发的护照扔了,我说蒋介石不下台,我就不回中国。印第安纳税务机关的工作人员说没有护照不行,算是犯法。过了一段时间,芝加哥法庭传讯我去一趟,审问我,最终判决要收我的罚款。我要自己交,他们让我在3个月内必须交完。当时他们还说要将我押解回国,送我去台湾。我说台湾不能去,因为国民党过去关押过我。他们说美国尚未与中国建交,无法遣送回去。我请律师和他们谈了一次,事情才解决。我回到学校,学校给我在芝加哥办了临时

1954年在诺特丹大学任教授时的谈镐生(来源于《谈镐生文集》,科学出版社,2006年11月)

签证。

1956—1957年，我转入底特律大学航空工程系教书。1957—1962年，我在芝加哥组织创办了高等热工研究所。当时我答应他们在研究所工作三年。三年后，他们不准许我离开，我只好又工作了两年。1962年，我从研究院转到伊利诺伊理工学院教书，教了两年。

杜开昔：您在美国的时候，有没有人给您写信，请您去台湾或者回中国大陆？

谈镐生：我的哥哥、弟弟们给我写信了，希望我回国。台湾没有人写信请我去台湾。1956年，那位帮助我的律师在美国的报纸上刊登了我没有护照面临的困难，很快台湾有一个部门给我写信说，知道你在美国有困难，如果需要帮助，我们会尽力帮忙，但是不欢迎你来台湾。另外，律师说他有一个认识的人，可以帮助我办理美国国籍，问我是否想认识一下。我没有让他介绍。因为当时中美尚未建立外交关系，如果我加入美国国籍，就没办法回国了，我觉得以美籍华人的身份回国不好。

杜开昔：您为什么决定1965年回国？

谈镐生：那时候是越南战争期间，大轰炸，我担心战争升级后回不来了。

邓团子[①]：他说，郭永怀回国的时候，他也想回国，但是他的学生打电话说芝加哥想要创办一个研究所，希望他组织创办。他就跟郭永怀说，我在美国做过研究，但是没有创办研究所的经验，如果我留下来，就可以掌握办研究所的经验了。他原本打算在那里工作三年，可是三年后又不让

---

① 邓团子（1926— ），谈镐生之妻，邓宝珊之女。先后在《中国报道》杂志社翻译组、通联组、图书组从事翻译工作，曾任中华全国世界语协会理事，多届全国政协委员。1969年7月与谈镐生结婚。

他回国了，一直拖到1965年。

谈镐生：回国之前，我想为国家多做点工作。现在回想起来，我所有的工作都是在美国做的，回国后几乎没有做工作。我算是半个中国人，半个美国人。我觉得两边都舍不得，应该两边都让我跑。

约1956年在康奈尔航空研究院。左起：Kantrawitz、郭永怀、Sears、谈镐生（来源于《谈镐生文集》，科学出版社，2006年11月）

1964年我想回国，可是我还没有与国内联系好，回国后工作没有着落。1965年，我借机参加了一个赴欧洲的旅游团，并借口说去日本教书，办好了去日本的护照。实际上，我不是真的想去日本教书。当时我买了往返机票，从而免除了美国移民局的怀疑。拿到护照，我偷偷地去了香港，这才成功回国。

郭永怀是1956年回国的。他回国前，我给他写信，让他告诉我怎么走。郭永怀回信说，可以到法国驻美国大使馆求助，他们可以提供帮助。我离开美国之前去了一趟法国大使馆。

邓团子：他（谈镐生）说，他从芝加哥回来的时候去法国驻美大使馆要我们国家大使馆的地址，法国大使馆有一个工作人员，是个年轻的法国女孩子，糊里糊涂的，因为当时中国和法国建交不到一周年，有些事情她不知道，小女孩随手抽了一张卡片，把地址给了他。这个地址是原来国民党在法国的驻守地。他看到这个地址，不知道在哪里。他在美国留学的时候很封闭，没有去过几个地方。他参加的那个赴欧洲旅行团到了巴黎就解散了，去法国旅行也好，去比利时旅行也好，到了巴黎各自走散。当初郭永怀在信中写的是让他去中国驻法大使馆找某某人，他找到地方后，警卫人员说没有这个人。他去的是台湾驻联合国的机构，当然没有这个人了。当时警卫没让他进门。回驻地后，他才听说中国驻法大使馆在郊外。找到地方后，他把法国女孩给的那个地址交给中国驻法大使馆，那些人看了很高兴。1965年年底，他就回国了。

谈镐生：为什么我们驻法大使馆的人看到我交给他们的那个地址很高兴呢？1966年春天，国内记者在报纸上刊登文章说我在巴黎找到了"小王宫"。实际上，那是清朝的驻法大使馆，后来归国民政府所有。1964年中法建交之后，国民党仍然在占用这个建筑。在我把地址交给大使馆以后他们才知道此事。后来，法国把这个"使馆"要回来了，改做中国驻法大使馆的用地。我哪里想得到，我还没有回国的时候就已经为国家做了贡献。

杜开昔：刚回国的时候，你们住在哪里？

谈镐生：刚回国的时候，我们住的房子不好。"文革"期间，三户住四间房，我们生活得很狼狈。1980年，我们才搬到这里，这个房子很好。

王德禄：我听说您回国后，郭永怀让您参加了"640-5"任务①？

谈镐生：郭永怀希望我全面掌管这个项目，并带我去参观，把我介绍给那些人。1967年他们正式通知我去上班，到了那里，却不让我进门，

---

① 据《作家文摘》（2010年1月15日第1303期）发表的《"640工程"开启中国反导事业》一文，1964年2月毛泽东会见钱学森时谈到了反导问题，这一指示随即贯彻实施，相关研究项目的代号被定为"640工程"。"640-5"是该工程的一个子项目。

据说他们让别人顶替了我的位置。那是个小院子，有专人把守。我要求他们给我调动工作，他们不答应。1968年夏天他们通知我说，已经把你调出去了，但是郭永怀对这些事情并不知情，我告诉郭永怀的时候，他才知道。据郭永怀猜测，这可能是因为我没有经历过审干，不能刚从美国回来就参加这个任务。两年后，郭永怀去西北出差，返回北京途中牺牲了。从此，我与这个任务完全脱离了关系。

王德禄：您是中共党员吗？

谈镐生：我不是中共党员，到现在都没有写入党申请书。年轻的时候，我把党当作指路明灯。回国后，我对党的看法有所改变。新中国成立前，党员冒着生命危险，为人民服务。新中国成立后，我看到许多党员的动机不像以前那样单纯，不想入党了。

杜开昔：您在美国听说过中国国内开展的"反右"运动吗？当时对"反右"运动有什么看法？

谈镐生：我在美国听说国内在开展"反右"运动，我还听说国内有经济困难，粮食紧张，发鸡蛋票、油票等。开始我不相信，以为是美国在往坏处宣传，没想到真闹得这么厉害。

邓团子：回国后，有人说谈镐生接受了美国的任务，带了15万美元的活动经费回国做"特务"工作。实际上，他在美国筹备创办研究所，用了5年的时间，花了15万美元的经费。当时他的学生奥德韦（Ordway）也参与创建工作了。

王德禄：请讲一讲有关你们两个人的事情。

邓团子：我父亲邓宝珊曾经是国民党的上将，"文革"期间，他受到了冲击，不堪忍受凌辱，自杀了。后来，我被看作"反革命子女"，下放到河南汲县的农村去劳动。1969年7月，我们办理完结婚登记手续，他陪着我一起去了农村,在农村生活了十个月。当时我病了,大出血,身体垮了,是他用平板车把我拉回来的。

王德禄:您生病跟你们在农村的生活有关系吗?你们在农村下地干活吗?

邓团子:没关系。当然下地干活了,我们有二十几人一起去农村接受再教育。我们住的房子是队里给找的,那地方简直不能睡觉。当时有一个河南戏班子,是毛泽东思想宣传队的,他们在我们北边的屋子里练戏,吵得我们彻夜不能睡觉。早上,我们比农民早起一个小时学习毛泽东著作。我们基本上整天待在那里,除了吃饭就是劳动,中午不能休息。我们是去改造思想的,然而劳动的时间相对多一点。从那以后我的身体就垮了,我们一直都没有小孩。

回来以后,我休养了一段时间。我原来在《中国报道》杂志翻译组工作,回到单位让我到通联组工作,主要是收发国外来信、回信。

1972年尼克松访华的时候,我病得很厉害,每天只能上半天班,相当于半休,有时候甚至不去上班。我生病的情况单位都清楚,医生也开了证明,单位就不再催我去上班了。尼克松来中国后,单位领导打电话说让我去一趟。我说我生病了,去不了。他们嘱咐我要在家好好养病,这几天不要出去走动了,尤其是不要去西单、王府井这样的地方。我问他们,干吗不让我去王府井,是不是美国元首来了,王府井卖什么新东西?是不是你们怕买东西的人多太挤?他们说,反正你生病了,就别到王府井之类的乱地方去了。还说,如果这几天你能来机关上班,就尽量来。到后来给谈镐生平反的时候,他们才说,当时他们那样做是害怕我接触外国人,怕我向外透露消息。

谈镐生:当时中科院力学所帮他们解决了这个问题。

邓团子：是啊。尼克松一来访华，中科院力学所组织了一批科学家，还有一些别的人去沙石峪，就是一个山区学大寨的地方，参观，接受再教育。力学所的人劝他说，让你的夫人也去吧。我们单位领导也劝我去，说我去了可以照顾他。当时我生病了，不想去。他们说那个地方很好，你一定要去看看。力学所的党支部书记甚至亲自带人来接我，我只好带病去了。和我们一起去的有吴仲华、潘良儒①等少数几个科学家，他们都没带家属，只有我是。我们去的那天下着大雪。尼克松离开北京动身去上海那天，力学所才把我们接回来。

有很多事情回过头来想，觉得很可笑。可笑到什么地步！我从沙石峪回来感觉很兴奋。我们机关的人知道我去了沙石峪，把我当作北京人学大寨的典型，让我做报告。我给他们讲了沙石峪如何好。当时我全然不知他们让我去的理由，只是感觉有点奇怪，为什么别人的夫人没跟着去，只让我去了？难道是为了特殊照顾谈镐生？可是我有病，去了还得连累他，当时我也没多想。后来，我们单位告诉我，当初找我谈话的人，是保卫部派去的。现在可想而知了，为什么没让别人带夫人一起去，而单单找我去。他们是故意的！

粉碎"四人帮"过去两年后，我觉得这件事有问题。直到给谈镐生平反的时候，他们才告诉我那时候对我是控制使用。实际上，1969年我们结婚后，他们已经开始对我控制使用了。我们两个的情况都一样。开始我以为在"文革"期间，知识分子都会受迫害，没在意，心想反正大家都差不多，无所谓。打倒"四人帮"以后，"文化大革命"已经结束了，反

---

① 潘良儒（1917—　），四川开江县人。1943年毕业于西南联大机械系。1948年赴美国留学，1950年获弗吉尼亚理工学院应用力学硕士学位。1955年获康奈尔大学博士学位，同年回国，任中科院力学所研究员。

而对我越来越不好了，我这才感觉到问题特别。

我先后打过几次报告。1978年2月打了一次。当时我把报告交给中科院院长方毅，并请方毅转交邓小平同志。1981年又打过一次，我把报告交给中纪委副书记张策，并请他转交邓小平同志。这两次写的都是谈镐生回国以后的情况。报告的内容都一样。

信交上去以后，我们每次问，他们都说已经批复了。1978年10月，中科院通知力学所的党委书记，留美回国人员的问题都已经解决了，但是没有通知谈镐生的问题是否解决了，因为他们始终没有告诉谈镐生，他有什么问题。后来，谈镐生说当时他只是想，可能是力学所完全弄错了，不然怎么一条罪状都不存在。

王德禄：谈先生知道"不存在"了，是不是后来又提过这件事？

邓团子：前面已经提到，1978年2月，我打了一次报告。邓小平一批下来，他们就开始审查资料，发现资料有问题。10月份，他们才通知力学所。力学所党委认为，以前中央说谈镐生有严重问题，不能使用，现在又说谈镐生没有问题，但是不让我们告诉谈镐生，也不让告诉群众，没有公开。当初他们在暗中操纵，没有拿出来正式批判，平时还一直称呼"谈先生"。这样一来，等于一直没有整过他。粉碎"四人帮"以后，他去见外宾，他们还派人跟在后面，一直跟着。有时候，外国人指名要见谈镐生，请他吃饭，他们让谈镐生婉言拒绝。我们单位其他人没有遇到过这种情况。

1984年1月，我在《人民日报》上看到，中宣部、组织部、统战部三个部门要联合检查，落实知识分子政策，在1984年6月以前，要彻底清查，落实知识分子政策情况。当时我已经59岁了，他们还这样对待我，我心里很郁闷。我不想就这样退休。恰巧看到《人民日报》上刊登的消息，我决定再打一次报告。1984年2月，我抱着最后一线希望，打了一次报告，寄给邓小平同志。这次写的是我自己在机关的遭遇，我觉得我的经历很特别。我在报告中说，单位控制使用我，究竟我是受了谁的株连？是跟谈镐生有关系，还是我父亲的原因？我想弄清楚他们到底为什么这样对待我，究竟我有什么问题，我希望中央下来调查。邓小平说，报告已经批复了好几次，怎么这种问题到现在还没有解决？中科院到底是哪些人在管事？

不久，组织部找我们谈话。我问他们，谈镐生是从美国回来的，1979年以前，中美没有建交，你们没有办法调查，可以理解。1979年之后，中美建立了外交关系，你们为什么不去美国调查？我们在美国有认识的人，你们可以去调查。你们还可以去大使馆、香港中旅社调查，一个电话过去就可以调查。可是现在，事情已经过去9年了，为什么不调查也不解决？

1985年2月，力学所在所内召开平反大会，力学所全体人员都来了，中科院院长卢嘉锡、中科院秘书长顾以健以及其他一些领导、党组成员也来了，组织部、统战部等很多部门也派人来了，甚至还有人邀请周培源也来参加，但是周培源有事没能来。尽管我们没有给钱伟长发邀请信，出乎意料的是，他也来了。钱伟长时任上海工业大学校长，他说，那天他正好在北京大学开会，听说要给谈镐生开平反大会，感到很惊异，就来了。当时李佩也来了，代表郭永怀来的。大会上，当众宣读了给谈镐生平反的决定。有关这次大会的一些情况，《人民日报》上已经刊登了。

平反后，有个记者来采访我们，问我们平反的事情。我让他去问中科院，问机关，后来他就去中科院机关了解情况。报纸上刊登的给我们平反的事情，都是中科院给记者介绍的，不是我们自己说的，更何况我们也不知道幕后那些情况。当初打的报告,我自己留了一份,记者来采访的时候,把报告底稿全拿走了。记者还拿走了一些很重要的文件,说是写东西会用到。过了一段时间,我想要回来,记者说已经找不到了,连同一些照片,直到现在都没有还给我们。

王德禄:我听说,有一次,谈先生的一个外国朋友到中国来想见见他,不巧谈先生生病了。那是什么时候的事情?

邓团子:那是1984年的事情,类似的事情非常多。1974年,他以前认识的一个美国朋友,现在在丹麦,来国防单位参观,到了力学所点名要见谈镐生。来了几次,党委书记都给推脱掉了。后来,这位美国朋友去了上海,跟陪同人员说:"我要给毛主席写信,因为我感到很郁闷,为什么不让我见我的朋友?"这件事我们是后来才听说的。

谈镐生:这位美国朋友和我们比较熟悉。他是美国共产党,他被关起来的时候通知我了,我们还去营救他。他到了中国,一定要来看看我。后来我们还是见面了。这样的事情举不胜举。

王德禄:据说当时您给胡耀邦打了一个报告,对研究生制度提出了建议。您觉得后来研究生培养制度的实施和您打的报告有关系吗?

邓团子:有关系。1977年冬天,谈镐生写完报告后,没有给中科院,我直接拿着去找胡耀邦。胡耀邦当时是中央党校的校长,很平易近人。我去找胡耀邦之前,事先请一个朋友(跟胡耀邦比较熟)帮忙写了张介绍条,说有人想请胡校长看个报告,但没写明我和介绍人是什么关系。到了胡耀邦的办公室,只有他和秘书在。胡耀邦当场看完报告,在上面写了一句:立刻送交李昌(时任中科院副院长)和蒋南翔。胡耀邦让秘书给他们送过去。

我刚要走,胡耀邦就让我坐下来聊聊。他说,你先生写的这个报告很好，我们现在需要人才，要培养人。之后，又问了谈镐生的情况。我告诉他，我先生刚从美国回来。他说，你们知识分子在"文化大革命"时候的日子很苦吧？那时候，胡耀邦的工作很忙，我不好意思打扰，就简要回答了一句，还好吧。他接着又问了一些情况，包括"文革"期间受冲击的情况，现在的生活、工作、工资待遇等各方面的情况。我依旧简要回答说，还好吧。他说，你就一点多余的也不说吗？我们又谈了几句。胡耀邦说，我很喜欢知识分子，想见一见谈教授，你们礼拜天来我家吃个便饭。他把电话号码和住址留给我。那时候，我们思想比较清高，怕别人说闲话，不想去领导家里。到了周六，我们给胡耀邦打电话，他恰巧有空在家，我们就去了。到了胡耀邦家，关于报告的事情，我们没有多说，上面已经写明了意见。胡耀邦说，我们国家十几年没有办教育了，现在教育很重要。

谈镐生：我对胡耀邦说，1977年我曾给中科院提建议，中国的研究生制度要分二级培养，相当于国外的硕士和博士。还建议，按不同年龄，通过不同途径培养和提高在职科技人员的业务水平。当时没有人采纳我的意见，他们认为不可能，还说毛主席不让搞这一套。后来，中央实行的研究生制度跟我提建议时说的差不多。

王德禄：你们打的报告到底起了什么作用？他们是怎么批复的？

邓团子：胡耀邦把报告交给李昌和蒋南翔后，我们没再过问这件事，也不好过问。那些报告现在应该还有。1978年，中国科技大学研究生院成立后，他去给研究生上课了，批复的事情我们不太清楚。

谈镐生：就目前的情形来看，学校的研究生不大爱学习，这是我们进行研究面临的一个困难。科学研究的关键是人才，究竟如何培养需要重视。

邓团子：他一直在呼吁力学应重视学科的发展方向，1978年12月，力学所成立了基础研究室,即十七室。基础研究室下设天体物理力学、地球物理力学、生物物理力学、应用数学、力学物理五个组,他担任研究室主任。我想,他们能同意成立这个研究室可能与我写报告有关。

谈镐生: 我在基础研究室做了一点贡献,写过几篇相关的文章,呼吁抓力学的发展方向。1977年,国家制定了"1978—1985年全国基础科学发展规划",力学没有包括在内,只是把工程力学列入了技术科学规划中。我觉得,力学不光要注重应用性,基础性也很重要,忽视了它的基础性,不利于力学学科的发展。我给中科院党组打报告,建议一定要重视力学的基础性,并希望召开全国力学规划会议,制定全国力学发展规划。我的报告后来转给了中央,得到批准。经过多次座谈会上的讨论、论证,钱学森和我的观点出现了分歧。当然,钱学森是力学成功的典范,而我是不光彩的代表,不过会上大多数人支持我的观点。

我是研究天体力学的,我认为,力学应该成为一门扩展学科。1970年代后期,我曾呼吁力学应该现代化。力学不只是制造汽车、建造房子,力学范围应该很宽泛,应该向天体、地球流体方面发展。地球流体力学最早是我提出来的,我也是地球流体力学的带头人。在国外,地球流体力学的发展趋向国际化。生物方面,一定要用力学器材,这方面很宽阔,尽管我贡献不大,但是我在掌握方向方面起到了带头作用。我在美国时原本和郭永怀、吴仲华商量过,回国后我们三个人一起将有关研究方向推动起来,可惜没做到。

近年在力学发展方向上,我起了主导作用,但在研究方面我做工作很少。当时,我带了一批人,有一部分是我的学生,在我的研究室写了一些论文,写得都不错。基础研究室成立后的五年,那些人都在力学所工作,我退休以后,他们的情况我就不清楚了。

邓团子：1984年，他已经68岁了，已经到了退休的年龄，不能再担任副所长。按规定，60岁以后，他也不能当研究室主任了。基础研究室已经交给年轻人管理。他退休以后，没了行政职务。他原来带研究生，这半年不带了。招不到博士，好的也招不来，学生们都想出国，带不出来毕业生了。他的研究生都出国了。力学所有实力，学生们出国后发展前景也不错，所以将近一半人出国了。基础研究室成立以后，有很多事情要做。如果想做事情，人家就给一个官职，结果一大堆的事情缠身，没有时间去做研究。

杜开昔：据说，郭永怀、吴仲华你们三个在国外时经常一起聊天、搞活动。回国以后，你们联系多吗？他们对您有什么帮助吗？

谈镐生：我回国后和郭永怀来往比较多。刚回到国内的时候，我不了解情况，郭永怀知道我说话比较直，想说什么就说什么。他告诉我，做事之前要多观察，再去做。他们说，谈先生是"陈毅式"的人物。我觉得这个评论很好，我很高兴。

邓团子：倔强嘛。别人讲话总怕挨整，怎么不挨整怎么说，他不是，以至于有人说他是"死顽固"。不过从这一点来说，我觉得他还是个有道德品质的人。

王德禄：我觉得邓老师也有点固执。

邓团子：你要说这一点，我觉得也是。我父亲是国民党的军官，但是爱国主义思想很浓厚，他反对内战。父亲几十年前就与中国共产党有联系，他在陕北，认识很多共产党的高层领导。可是我从来没有利用过父亲的关系，没有主动找过那些人。即便是他们问到我的情况，我也不会把遇到的困难告诉他们。我不会依托父亲的朋友或者利用父亲的关系解决问题。我打了几次报告，可是我从来没有跟他们提起过这件事，我希望自己去解决。正因为当时我们两个人都太清高了，所以这些年没有为了自己的事情去托关系。

后来我才明白，当初为什么我的情况越来越糟。因为我总是写报告，写完后交给中科院，中科院转回给了力学所，以至于力学所给我们的评价是：谈镐生老实，邓团子就是老告状，告力学所。力学所的人都认为邓团子不好对付。我的意见总是那么多，自然就得罪人了。我一直写报告是为了给我先生争取回国后的定级、入编问题。1969年，我先生和我一起到河南落户，是我的家属。他在我们单位填的表格，填完表格就可以领200元的生活费，只不过没有职称，没有级别，没有工资。填表时，同事看到他没有职称，都感觉很奇怪。同事问我，你丈夫是个科学家，已经回国几年了，怎么会没有定级呢？一般情况下，留学人员回国后半年内就会给定级，进入编制，国务院也有这个规定。所以外事局也怀疑他作风是不是有问题，为此我也感觉很难受。但是，我一提这事，力学所就觉得我是在给他争什么。一直到1971年才给他定级。

王德禄：回国后，谈先生又去过美国吗？

邓团子：1979—1980年，国外有人写信邀请他出国，他也申请出去，但是都没有回音，国外写的信我们也没有收到。直到1980年秋天，应美国南加州大学等七所大学联合邀请，他去美国做巡回演讲。

杜开昔：邓老师出过国吗？

邓团子：1980年，我跟着他去了一趟美国，之前没出去过。我是学俄语的，就工作性质来讲，没有必要去美国。我先生的美国朋友和留在美国的中国朋友邀请我先生去美国的时候，他们的妻子希望他也能带我去，我就跟着去了。美国对我来说感觉很新鲜。

杜开昔：你们是怎么认识的？生活中有哪些故事可以讲讲吗？

邓团子：我们是 1967 年别人介绍认识的，当时我父亲还是甘肃省省长，我只见过谈镐生的照片。父亲有病，我没有心思谈恋爱。1968 年年初，力学所有人介绍我们第一次见面，后来就没有音信了。1968 年以后，他处境不太好，开始做锅炉工等，他就逐渐疏远我，他认为自己现在的工作没有什么前途，担心将来给我带来什么不便。直到 1969 年，形势略有好转，那时我父亲已经去世了，从春天开始，力学所的朋友就劝说我们赶快定下来，我们就结婚了。

附 录

1950年代留美科学家归国大事记

主要参考文献

人名索引

后 记

1950年代留美科学家归国大事记

1943年

- 4月28日，蒋介石指示国民政府教育部等部门"以后对于留学生之派遣，应照十年计划，估计理工各部门高中低各级干部所需之数目，拟具整个方案为要"。

- 教育部制定《留学教育方案——五年留学教育计划》之后，陆续发布了《1943年度派遣公费留学英美学生计划大纲》和《国外留学自费生派遣办法》；经济部制定了《选派国外工矿实习人员办法》；交通部制定了《派遣国外实习生办法》。

- 12月，教育部举办了第一届自费留学考试，分为实科（理、工、农、医）共36个专业和文科（文、法、商、教）共25个专业，共录取叶笃正、王守武、余国琮、侯祥麟、朱康福、秦元勋、魏荣爵、萧前椿等327人。[①] 被录取人员于1944年秋陆续赴美。

- 清华大学举行第六届公费留学考试，共录取杨振宁、吴仲华、黄茂光等32人。

---

① 大事记中列举姓名者均为赴美留学生。

1944 年

- 12 月，教育部举办英美奖学金研究生实习生考试，在重庆、成都、西安等七处分设考场，共录取李恒德、陆元九、林秉南、杨式德、张守廉、许协庆等 209 人。

1946 年

- 7 月，教育部在南京、上海、重庆、北平等九地各设考点，同时举行公费留学考试，被录取者有毛汉礼、冯平贯、杨纪珂、丁普生等。
- 7 月，第二届自费留学生考试与公费生考试同时举行。被录取者有邓昌黎、王天眷、谢家麟、唐有祺、刘静宜、申葆诚、陈茹玉、薛社普、吴汝康、钱宁、周镜、许国志、罗时钧、屠善澄、夏培肃、闵恩泽、蒋丽金等。参加公费考试成绩符合自费及格标准而按自费留学生录取者有邓稼先、谢毓章、徐亦庄、汤定元、谢希德、高联佩、许少鸿、钮经义、李正理、王德宝、徐光宪、师昌绪、庄逢甘等。两类自费生共录取 1900 余人，其中赴美留学者，至 1947 年 10 月已逾千人。

1948 年

- 1 月，国民政府以外汇支绌为由，宣布暂停留学考试。

1949 年

- 4 月，美国国务院拨款 50 万美元。10 月，美国国会同意从原来准备给国民党政府的援助资金里拨出 400 万美元用于救济在美国的中国留学生和学者。
- 6 月 18 日，在匹兹堡大学正式成立留美中国科学工作者协会，有 13 个区会共计 50 名代表到会。该协会以"响应解放，准备回国"为宗旨，发表了题为《我们的信念和行动》的宣言，号召大家及早准备回国，为即将成立的新中国贡献力量。该协会发行了刊物《留美科协通讯》。
- 夏天，由中共南方局安排赴美留学的中共党员徐鸣奉召专程回国，向周恩来汇报在美工作，周恩来明确指示："你们的中心任务是动员在美的中国知识分子，特别是高级技术专家回来建设新中国。"

- 10月1日，中华人民共和国中央人民政府成立。
- 12月6日，政务院文化教育委员会成立办理留学生回国事务委员会，统筹回国留学生招待及介绍工作、学习，以及对在外留学生的调查、宣传、接济等工作。高教部专门在北京西单的旧刑部街10号设立了归国留学生招待所，作为归国留学生安排工作过渡期间的专用招待所。后来，先后在上海、广州、武汉、沈阳等地设立归国留学生招待所。
- 12月18日，周恩来通过北京人民广播电台，代表中国共产党和中央人民政府郑重邀请在海外的留学生回国参加新中国建设。
- 年底，北美基督教中国学生会中西部区会主席朱光亚带头组织起草《给留美同学的一封公开信》，号召中国留学生回国。次年2月27日，朱光亚、侯祥麟、陈秀霞等57人在信上联合签名，并将信件寄给《留美学生通讯》。

1950年

- 3月，华罗庚、朱光亚、王希季等几十位中国留学生乘坐"克利夫兰总统号"轮船回国。在香港逗留期间，华罗庚在船上发表了《告留美人员的公开信》，通过新华社向全世界播发，信中引用的"梁园虽好，非久居之乡，归去来兮"，感染力很强，成为留学生中广为传诵的佳句。
- 6月，美国国会专门通过《1950年中国地区援助法案》(*China Area Aid Act of 1950*)，允许政府拨款600万美元用于中国学生、学者救济，这些资助一直持续到1955年。从1948年到1955年总计花费800万美元左右。①

---

① 参考资料由加州州立理工大学王作跃教授提供，Committee on Educational Interchange Policy, Chinese Students in the United States, 1948–55: A Study in Government Policy (New York: Institute of International Education, 1956)。本文网址：http://babel.hathitrust.org/cgi/pt?id=mdp.39015038717438。

- 6月12日，在芝加哥召开留美科协1950年年会，共有127人到会，会上决定将留美科协总会设在芝加哥。
- 6月25日，朝鲜战争爆发。
- 7月，美国政府决定取消钱学森参加机密研究的资格，将其扣押，交保金获释后，一直处于美国移民局的限制和联邦调查局的监视中。
- 8月31日，涂光炽、邓稼先、叶笃正、鲍文奎、庄逢甘等128位中国留学生乘坐"威尔逊总统号"轮船回国。9月12日，当轮船抵达日本横滨时，美国当局扣留了赵忠尧、沈善炯、罗时钧3人，并将他们关押在横滨巢鸭监狱，后迫于国际舆论和中国政府的压力，11月底将他们释放。
- 9月19日，经留美科协干事会表决，留美科协宣告解散。此前，美国众议院非美活动调查委员会和联邦调查局将"留美科协"列为非法团体。
- 10月，已购买船票准备回国的颜鸣皋，在开船两周前突遭逮捕，被关押在纽约埃利斯岛四天后，交2000美元保金获释。
- 10月，王守武与葛修怀夫妇、吴良镛等100多位中国留学生乘坐"威尔逊总统号"轮船回国。
- 10月19日，中国出兵朝鲜。

1951年

- 2月，颜鸣皋、刘恢先和洪晶夫妇等100多位中国留学生乘坐"威尔逊总统号"轮船回国。
- 5月25日，黄葆同在普林斯顿办理回国手续时，美国当局以"居留证过期"为借口，将其逮捕，关押在埃利斯岛拘留所，9月17日获释，回到纽约。
- 9月20日，谢家麟等9位中国留学生乘"克利夫兰总统号"轮船回国。轮船到达檀香山时，谢家麟和另外7位学习理工科的中国留学生被禁止离开美国国境，并被送回旧金山。
- 10月9日，美国司法部移民局开始明确禁止中国留学生离境，并给申请归国的学理、工、医的中国留学生出示正式的司法文书:"根据1918年5月22号通过的法律第225款和美国总统颁布的2523号通告,你离开美国是不符合美国利益的。因此我们命令你,不得离开或企图离开美国。否则将处你以不超过五年监禁或不超过5000美元的罚款,或二者兼施。"

- 10月,朱廷儒在纽约申请回国时,被美国移民局拘留,一周后,交保金获释。
- 11月30日,中共中央发出《关于在学校中进行思想改造和组织清理工作的指示》,知识分子思想改造运动广泛开展起来。思想改造以批判"崇美、亲美、恐美"的思想为核心。运动期间,1950年代第一波归国的留美科学家受到冲击。

1952年

- 1月中旬,杜连耀被美国移民局以"非法居留"罪名从实验室抓走,关押在匹兹堡监狱里。3天后,交2000美元保金获释。

1953年

- 5月3日,李恒德联络来自纽约、波士顿、巴尔的摩以及中西部的留学生联合起草了给周恩来总理的信,希望中国政府协助他们回国。李恒德、周寿宪、蒋士䎃、范新弼、师昌绪、林正仙、张兴钤、何国柱、陆卓如、张慎四、沈学汶、许顺生、何炳林、王祖耆和刘承垣15人在信上签名。
- 7月27日,朝鲜战争结束。
- 8月7日,艾森豪威尔总统签署的《1953年难民解救法案》(*Refugee Relief Act of* 1953)允许至少一部分留在美国的中国学生从学生身份转为永久居民。
- 12月21日,李恒德等人又给周总理写信,并请印度驻美大使袁忠贤帮忙把信件连同美国移民局发的禁令作为证据一并转交给中国政府。费城、波士顿和芝加哥三地的张兴钤、李恒德、林正仙、师昌绪、汪闻韶、范新弼、周寿宪、蒋士䎃、张慎四、王祖耆、许顺生、周坚、沈学汶、陈荣耀、何国柱共计15人参与签名。

1954 年

- 3月26—28日，李恒德、周寿宪、陈荣耀等16人给日内瓦谈判的中国代表团写信，介绍美国阻挠他们回国的情况。

- 4月26日，日内瓦会议开幕。在同美国谈判时，中国政府要求美国撤销对中国留学生归国的限制。

- 5月，梅祖彦在途经欧洲回国的路上，和在瑞士谈判的中国代表团取得了联系，到代表团驻地为代表团提供中国留学生在美情况。

- 8月5日，张兴钤、张斌、徐璋本、李恒德、师昌绪、蔡强康、虞俊、王明贞等26人签名发表致艾森豪威尔总统的第一封公开信，要求他撤销限制中国留学生离境的命令。

- 8月，《波士顿环球报》、《基督教科学箴言报》等美国媒体采访了张兴钤、师昌绪与林正仙，他们介绍了美国政府限制中国留学生回国的情况。

- 8月，美国批准梁晓天、宋振玉、范新弼等15位中国留学生回国。是为日内瓦谈判后第一批被批准回国的中国留学生。

- 9月2日，美国中西部的留学生鲍承志、程世祜、许顺生、高联佩、王祖耆等9人发表致艾森豪威尔总统的公开信，继续要求美国政府批准已提出申请的中国留学生回国。这是中国留学生给艾森豪威尔总统的第二封公开信。

- 10月，美国批准李恒德、汪闻韶、蒋士騛、刘有成、罗会元、蒋锡夔、许葆玖夫妇、管士滨等22位中国留学生回国。是为第二批被批准回国的中国留学生。

- 11月，张兴钤、张斌、陈荣耀、周坚、虞俊等30人签名发表致联合国秘书长哈马舍尔德的公开信，将美国扣留中国留学生的事情进一步公开化。

1955 年

- 4月初，美国批准师昌绪等76位中国留学生回国。是为第三批被批准回国的中国留学生。

- 4月4日，美国政府正式宣布撤销对中国留学生回国的禁令。

- 9月10日，美国政府同意释放钱学森回国。
- 9月15日，钱学森、蒋英夫妇、李正武、孙湘夫妇、许国志、蒋丽金夫妇、王祖耆、沈学均夫妇、何国柱、刘豫麒夫妇、洪用林、张发慧夫妇、胡聿贤、戴月棣夫妇、肖伦、萧蓉春夫妇，以及陈炳兆、许顺生、疏松桂、陆孝颐、张士铎、冯启德、刘尔雄、刘骊生等共计24人，乘坐"克利夫兰总统号"轮船回国。

1956 年

- 1月14—20日，中共中央召开关于知识分子问题的会议。周恩来代表中共中央做《关于知识分子问题的报告》，指出知识分子"中间的绝大部分已经成为国家工作人员，已经为社会主义服务，已经是工人阶级的一部分"。
- 2月20日晚，高等教育部部长杨秀峰在北京饭店设宴招待近期和新中国成立后从欧、美、日等国家回国的700多名留学生。
- 2月22日，周恩来在知识分子问题会议闭幕后，审阅批准了以中共中央名义转发的争取留学生回国工作组《关于争取尚在资本主义国家留学生回国问题的报告》。《报告》指出"根据总理关于大量争取留学生回国参加建设、今年内至少争取1000人回国的指示，我们认为对在资本主义国家的留学生应采取普遍争取的方针，但重点应放在美国"。
- 2月，国务院决定制定"1956—1967年科学技术发展远景规划"，并宣布成立十二年科技规划十人小组。自3月起，以中科院各学部为基础，先后召集来自全国的600多位科学家参与制定规划。钱学森、华罗庚、叶笃正、罗沛霖、侯祥麟、吴自良、黄培云、邹元爔、疏松桂、王守武等一大批1950年代归国的留美科学家参与了规划的制定工作。

1957 年

- 4月27日，中共中央发出《关于整风运动的指示》，整风运动随后展开。6月，整风运动转向反"右派"斗争。1950年代第一波归国的留美科学家，如徐璋本、严忠铎、胡伦积、浦寿山、陈秀瑛、曹德谦、巫宁坤、徐鸣等被错划为"右派"分子。

- "反右"运动后期，中科院党组曾向党中央请示有关保护科学家的政策，并受命代拟了一份文件，其中规定：凡是1954年日内瓦会议以后回国的科学家，一律不参加"反右"斗争的运动。因此第二波回国的科学家受到了保护。

1958年至1960年代

- 申葆诚（1958）、王天眷（1960）、谈镐生（1965）等少数留美科学家回国。

1966—1976年

- 1966年5月16日，中共中央发布"五一六通知"，开始"文化大革命"。自"批判资产阶级反动学术权威"起，以"清理阶级队伍"为高潮，历年留学归国的科学家广泛受到冲击。在中国科学院研究机构集中的北京中关村曾贴有"来者不善，善者不来"的大幅标语，影射有留学经历的人都是"特务"。1950年代的留美归国科学家大多遭到批斗和隔离审查。高联佩、王明贞、王振通、谢毓章、张斌等曾被关进监狱。另有周华章、周寿宪、董铁宝、林鸿荪、程世祜、陈天池、萧光琰、陈绍澧等8人自杀。

1979年

- 3月，清华大学、北京大学、中科院的大约28位于1954—1956年间归国的留美科学家联名给中央写信，要求平反。9月8日上午，方毅受邓小平的委托召集这些科学家在人民大会堂召开座谈会，对他们当年的归国行动给予了充分肯定。

1999年

- 9月18日，中共中央国务院中央军委决定表彰为研制"两弹一星"做出突出贡献的23位科技专家并授予"两弹一星功勋奖章"。这23人中有10人是留美归国的科学家，他们是：王希季、邓稼先、朱光亚、任新民、吴自良、陈能宽、杨嘉墀、钱学森、屠守锷、郭永怀。

2000—2010 年

- 自 2000 年设立国家最高科学技术奖以来，1950 年代归国留美科学家中有 4 位获此奖项。他们分别是叶笃正（2005 年）、闵恩泽（2007 年）、徐光宪（2008 年）、师昌绪（2010 年）。

主要参考文献

1. 全国政协文史资料委员会. 建国初期留学生归国纪事. 北京: 中国文史出版社, 1999.

2. 马祖圣. 历年出国/回国科技人员总览 (1840—1949). 北京: 社会科学文献出版社, 2007.

3. 陈潮. 近代留学生. 北京: 中华书局, 2010.

4. 程新国. 庚款留学百年. 上海东方出版中心, 2005.

5. 李喜所, 刘集林等. 近代中国的留美教育. 天津: 天津古籍出版社, 2000.

6. [美] 史黛西·比勒著, 张艳译. 中国留美学生史. 北京: 生活·读书·新知三联书店出版, 2010.

7. 刘真主编. 留学教育. 台北: 台北编译馆, 1980.

8. 彭亚新主编. 中共中央南方局的文化工作. 北京: 中共党史出版社, 2009.

9. 金冲及主编. 周恩来传 (1898—1976). 北京: 中央文献出版社, 2008.

10. 西南联大校友会. 国立西南联合大学校史. 北京: 北京大学出版社, 2006.

11. 燕京研究院. 燕京大学人物志 (第二辑). 北京: 北京大学出版社, 2002.

12. 李晋闽主编. 拓荒者的足迹: 建国初期科技人物事迹选. 北京: 科学出版

社，2010.

13. 史际平，杨嘉实，陶中源等. 家在清华. 济南：山东画报出版社，2008.

14. 沈善炯口述，熊卫民整理. 沈善炯自述. 长沙：湖南教育出版社，2009.

15. ［美］张纯如著，张定绮，许耀云译. 中国飞弹之父——钱学森之谜. 台北：天下文化出版公司，1996.

16. 谢泳. 钱学森和他的同学徐璋本. http：//www.douban.com/group/topic/9672976/.

17. 段异兵. 留美科协回国会员名考（附《留美中国科学工作者协会会员名录》）. 中国科技史料. 2000.

18. 钱保功. 留美科协发起经过. 中国科技史料. 1988（1）.

19. 四十年前留学界人士的几封珍贵信函. 神州学人. 1989（5）.

20. 丁儆. 留美中国科学工作者协会的历史回顾. 现代化. 1986（6）.

21. 冯季. 迎接新中国的曙光：记建国前夕的"留美科协". 神州学人. 1987（2），1987（3），1988（1）.

22. 中国科学院官网（http：//www.cas.cn/ys）院士信息.

23. 余志华主编. 中国科学院早期领导人物传. 南昌：江西教育出版社，2009.

人名索引

A

艾 文 370

爱因斯坦 141，142，149，212，229，306

安子文 78

B

白家祉 12，173，178，179

白文治 78

鲍承志 323

鲍文奎 33，35，36，44

C

蔡承祖 385

蔡 旭 42

曹本熹 386

曹日昌 13，14

曹天钦 144，146~148，335

柴俊吉 161，162

常 迥 368

陈炳兆 266，283

陈昌亚 184

陈大燮 103

陈福田 319

陈 辉 9，199

陈 珹 327

陈能宽 105，286，327

陈荣悌 184~187，190~193，306，321，333

陈荣耀 163，210，223

陈茹玉 295，315~318，320，322~324，

326~331, 333, 335

陈尚义 269

陈绍澧 51, 54

陈省身 187, 307, 308, 325

陈天池 54, 318, 331, 334

陈秀霞 9, 199

陈秀瑛 12, 13

陈亚伦 361~362

陈奕陪 145

陈月梅 232

成众志 67, 68, 349, 350, 388

程 京 193, 289, 306, 307, 330

程世祜 179, 182, 183, 221

褚圣麟 150, 290

D

戴乃迭（Gladys Yang） 24

戴月棣 283

德梦铁（拉脱维亚人，ОльгаС. Демант）
95

邓宝珊 401, 406, 409

邓昌黎 290, 291

邓稼先 51, 58, 117, 129, 131, 286,
293, 294, 386

邓颂九 48, 49

邓团子 406, 407, 409~412, 414, 415,
417~419

邓小平 65, 79, 219, 220, 225, 412,
413

丁 儆 49~51, 90, 111, 129, 177,
187, 293, 294, 325, 381

丁履德 85, 100

丁西林 115

丁 渝 122

董必武 20, 25

董铁宝 127, 169, 275, 276

杜连耀 208, 223, 261, 268~273,
275, 276, 382

杜庆华 86, 165

杜庆萱 86

杜 森 270

段子俊 22, 23

F

樊洪业 33

樊蔚勋 339

范长江 332

范新弼 122, 123, 210, 219, 223, 252

范旭东 73, 74

范绪筠 363, 364

方 柄 267

方崇智 103

方励之 124

方 毅 66, 110, 219~225, 275, 412

费正清 119

冯平贯 128, 154, 200, 220, 325

冯启德 283

傅恩龄（傅锡永）320

傅君诏 50, 111

傅　鹰 51, 52, 132

G

高崇熙 318, 320, 321

高鼎三 68

高联佩 165, 249, 370, 373, 374

高仕功 328

高小霞 335

高振衡 320, 329

葛庭燧 107, 165, 238, 249, 266, 267, 299

葛修怀 59, 60

龚普生 4, 5

龚维瑶 223

古念良（古锡麟）326

顾静徽 119

顾孟余 102

顾以健 9, 111, 131, 292, 293, 295, 325, 413

顾毓琇 47, 104

顾毓琇 102

关允庭 212, 223

管尚德 229

管尚孝 229

郭长铭 171, 174, 179

郭可信 267

郭秀梅 8

郭沂曾 130, 131

郭永怀 118, 340, 404, 406~409, 413, 416, 417

H

杭立武 56, 232

何炳桓 316, 317, 322, 323

何炳林 129, 295, 302, 315~317, 319~321, 323~331, 333, 334

何成钧 250, 251, 368

何东昌 251

何国柱 210, 283, 288~296, 298~304, 306, 307, 311, 322, 327, 333

何怡贞 107, 249, 250, 267

何泽慧 250, 335, 360~362

何泽瑛 250

何增禄 254

何振犀 323

何振宇 323

洪朝生 63, 68

洪晶（洪晶晶）108

洪用林 283

侯德榜 70，73~77，99
侯祥麟 2~4，6~9，11，12，14，15，17，27，49，50，90，111，129，131，201，311，325，381~383，385，386
侯虞钧 99
胡爱真 222
胡济民 125
胡克实 223
胡乔木 50，355
胡日恒 121，122，128，327
胡 适 381
胡耀邦 414，415
胡聿贤 283
华罗庚 50，51，89
黄葆同 108，109，129，157，208，212，293，382
黄汲清 73
黄敬（俞启威） 238，241，244
黄 昆 64，118，193
黄茂光 336~338，341，342
黄万里 140，166
黄葳（戴中宸） 223，361，362
黄席棠 361
黄辛白 53，166
黄子卿 320

黄宗甄 11

J

计苏华 5，10
翦伯赞 5
江安才 117
江美娟 363
江 青 132，215，226，244，245，253，354，370
姜圣阶 70，71，74~79，81，82
蒋介石 102，402，405
蒋经国 237
蒋丽金 283，302，310
蒋南翔 140，218~220，223，414，415
蒋士骐 214，223
蒋锡夔 214
蒋 英 283，302
焦瑞身 318
金善宝 34
金荫昌 27，51

K

康 生 244
柯柏年 161，220
寇淑勤 364

L

雷海宗 330

李　芯　342

李　昌　414, 415

李德全　145

李恒德　11, 49, 106, 109, 156, 158, 161, 162, 164, 168, 170, 187, 194～202, 206, 208～210, 214～223, 243, 261, 262, 293, 295, 296, 298, 300, 302, 323, 346, 348

李继尧　105, 267

李竞雄　34

李　林　335

李敏华　171, 172, 174～176, 179～182, 335, 338

李　佩　342, 413

李强（曾培洪）　21

李森科　33, 35, 36, 40, 41

李　苏　17

李先闻　34～36

李　薰　267

李雅贞　363

李荫远　118, 327, 328

李酉山　103

李育浩　291

李正理　147

李正武　68, 147, 283, 311

李政道　118, 299

李宗仁　20, 214

梁守槃　175

梁晓天　223, 262

廖承志　219

林秉南　87, 89, 90

林伯渠　21

林达光　8, 10

林鸿荪　339, 342

林家翘　118, 311

林兰英　63, 68, 343, 344, 346～351, 353～358

林同骥　163, 223, 253, 283

林蔚梓　174, 177

林正仙　210, 223

林致平　402, 403

林宗彩　53

刘　丹　92, 93, 98

刘尔雄　283

刘复光　51

刘恢先　108

刘　杰　78, 80, 81

刘静宜　7, 9, 49, 111, 325

刘骊生　283

刘瑞龙　33, 41, 42

刘绍唐　367

刘叔仪 49，54，342
刘西尧 182，281
刘仙洲 173，178，180，337
刘有照 105，106
刘豫麒 283，296
刘源张 223
龙文光 286
卢鹤绂 125，304
卢嘉锡 124，413
陆善华 318
陆婉珍 334
陆孝颐 283
陆学善 61，229，230，238
陆元九 262，284
吕振羽 5
罗会元 214
罗家伦 24，102
罗沛霖 18～22，25～27，30，32
罗时钧 29，37，39
罗无念 269
罗宗洛 40

M

马大猷 31，115，116
马寅初 124
麦卡锡 156，201，212
毛汉礼 261

茅以升 53
梅农（Menon） 162，211，322
梅镇安 127，276
梅祖彦 129，152，153，160，163～168，170，177，190，208，219，220，223，261，275
孟凡俊 8
孟昭英 31，137，150，165，166，238，243，254，269，368
闵恩泽 334
闵桂荣 352
闵嗣桂 318

N

牛满江 129
钮因美 86

O

欧阳钦 361

P

潘良儒 411
彭桓武 361
彭少逸 15
彭永如 282
浦寿昌 9
浦寿山 9，12

Q

钱　宁 89，219～221，223

钱三强　124, 303, 304, 332, 335, 360~362, 366, 367
钱思亮　320
钱伟长　137, 166, 179, 243, 284, 285, 339, 361, 367, 368, 413
钱文极（钱景伊）31
钱学森　19, 25, 28, 29, 37, 38, 108, 136, 157, 175, 177~179, 181, 189, 264, 283, 284, 294, 300, 302, 309, 311, 312, 324, 327, 341, 403, 408, 416
钱正英　53, 219

R

饶毓泰　115~117, 119, 127
任以都　12
任之恭　360, 395

S

萨本栋　115
沙逸仙　223
申葆诚　378~382, 384, 385, 387, 391, 392
申葆青　379, 390
申　璇　378, 381, 382, 384, 392
沈钧儒　326
沈善炯　37, 39
沈尚贤　284
沈寿春　117
沈淑瑾　147
沈学汶　325
沈　予　326
沈志荣　341
师昌绪　210, 256, 257, 259~267, 272, 296
施汝为　119
施士升　223
石声泰　266
疏松桂　277, 278, 281~286, 302, 311, 313, 386
水新元　104
司徒雷登　289
斯重遥　266, 267
宋振玉　223
苏步青　92
孙闻园　279
孙　湘　68, 283, 311
孙友余　23, 25
孙志远　80

T

谈镐生　163, 397, 401~419
汤定元　63

唐敖庆	17, 77, 380	王公度	22, 23
唐冀雪	51	王恭业	223
唐明照	6, 7, 77, 187	王光美	31
唐庆祥	60	王侯山	81
唐孝宣	325, 332	王焕葆	262
田炳耕	86, 90, 123	王积涛	190, 318, 334
田曰灵	113, 114, 120, 121, 123, 128~132	王季茝	228
		王季同	227
童大林	223	王 班	84
童诗白	164, 251, 272	王开绚	396
涂长望	8	王明贞	165, 223, 226~228, 231, 233, 234, 237~242, 244, 248~254, 367, 370
涂光炽	9, 39, 50, 51		
屠善澄	284		
屠守锷	176	王启东	83, 84, 86~92, 95~100

W

		王 仁	223, 322, 338
万嘉锽	103	王仁东	85, 98, 99
汪德昭	159, 296	王绍休	323
汪闻韶	262, 263	王士光（王光杰）	31
汪寅人	387	王守竞	57, 115, 227, 229, 237
王宝琳	87	王守觉	230
王炳南	161, 220, 322	王守璨	230
王补宣	252	王守融	230, 248
王承书	144, 150, 241, 269, 335	王守武	55~63, 66~69, 230, 349, 350
王楚材	40, 41		
王大珩	361, 362	王淑贞	227, 229
王淦昌	126	王天眷	7, 26, 394~400

王万钧	104		335, 411, 416, 417
王义格	57, 59~61	吴自良	49, 266
王 莹	214, 215	武 迟	132
王宇平	86, 88, 89, 91	武汝扬	284
王振通	223, 370	**X**	
王 浄	21, 22, 30	夏学江	251
王竹溪	134	向仁生	63
王 卓	394	萧光琰	54
王祖耆	213, 283, 287, 294, 295,	萧蓉春	283, 311
	301, 322, 323, 327	肖纪美（肖继美）	267
文幼章	199	肖伦	283, 311
文 仲	130	肖学忠	48, 49
邬保良	185	谢长达	228
吴承康	262	谢和庚	214, 215
吴大猷	115, 116, 118	谢家麟	122
吴懋仪	235	谢希德	64, 65, 143~150, 335
吴人楷	382	谢希仁	146
吴树声	381	谢希文	146
吴素萱	127	谢希哲	146
吴锡九	68	谢玉铭	144, 269
吴新智	363	谢毓章	359, 360, 362~374
吴贻芳	232, 233	须兆风	385
吴有荣	47	徐 冰	23~25, 30
吴有训	102, 110, 115, 116, 150,	徐光宪	77, 127, 335
	173, 232, 233, 373	徐 弘	134, 136, 140
吴仲华	162, 163, 171~175, 177~183,	徐纪楠	99

徐皆苏	85, 86, 176	杨立铭	103
徐 鸣	9, 10	杨龙生	361, 362
徐乾清	91	杨耆荪	190
徐亦庄	133~142, 165, 242, 243, 367	杨石先	124, 190, 301, 315, 317, 329
徐璋本	241~244, 374, 375	杨士林	99
徐致一	140	杨显东	41
许葆玖	165, 214, 223, 252	杨宪益	20, 24
许国志	283, 301, 302, 309~314, 323	杨秀峰	367
许健生	374	杨友鸾	339
许鼐炯	325	杨振宁	117, 118, 299, 301, 302, 307, 308, 325
许少鸿	12		
许顺生	266, 283	杨镇邦	361, 362
许孝慰	361	叶企孙	119
薛葆鼎	10, 50, 111, 325	叶渚沛	387
Y		尹桂芝	70, 71, 75, 78, 79
严国泰	337	尹以莹	117
严济慈	150, 180	于光远	43, 361, 362
严育瑞	41~43, 45	余国琮	46~54, 110
严忠铎	122, 128, 129	俞大维	57, 237, 238, 361
颜鸣皋	101~107, 109~111, 203, 208	俞启威（黄敬）	238, 241, 244
杨光华	132	俞启忠	223, 238~240, 244, 370
杨广才	42	俞惟乐	51, 363, 365, 366
杨纪珂	86, 122, 128, 327	虞福春	113~115, 119~125, 127~130, 304
杨嘉墀	284		
杨锦山	20	虞 俊	210, 212, 223
杨苡卿	269	虞英曾	120, 121, 123, 128, 129

袁永熙　326，327

Z

查良钊　238，326
曾德超　104
曾国熙　99
曾融生　145
曾汝剑　366
曾泽培　269
曾昭抡　114，318
张　斌　163，223，253，275
张伯苓　24
张　策　412
张大奇　25，26
张东荪　127
张发慧　283
张惠珠　60
张　俊　16
张　礼　291
张沛霖　267
张钦楠　9，12，13
张士铎　283
张守廉　118
张文裕　50，144，146，150，269，335，363
张兴钤　210，261，262，272
张泽瑜　242，367

张直中　31
张宗燧　127，254
章乃器　23
赵和生　128
赵景伦　366
赵　林　41
赵　绵　381
赵师梅　280，281
赵忠尧　33，37，39，40，51，52，119，150，157，303，360
郑伯克　130
郑华炽　116
郑林生　121，128，327
郑哲敏　28，339
周春晖　99，337
周恩来　3，9，23，64，79，96，215，326，383
周　坚　129，223，323
周建南　20，23，24
周培源　115，117，119，150，227，360，413
周寿宪　165，210，252，275
周同惠　223
周同庆　148
周孝天　295
周以苍　381

443

周与良	299	朱物华	116
周增业	337	朱小鸽	38
周志宏	387	朱亚杰	132
周　秩	82	朱兆祥	339
朱方文	12	竺可桢	84，85，127
朱光亚	117，125，294	庄逢甘	28，179，340
朱家珍	128	庄育智	267
朱康福	39	邹承鲁	335
朱廷儒	208，209	邹元燨	49，266，267

1950年代归国留美科学家访谈录
Interviews with Chinese Scientists Who Returned from Study in the US in the 1950s

后 记

当年我们共采访了近 50 位科学家，他们都很热情地接待我们，非常有耐心地给我们讲述自己的经历。基于本书受访者定位在 1950 年代回国留美科学家身上，出于编辑的需要，我们对这些口述史料进行了选编。有很多受访人的口述没有被纳入本书，这是非常遗憾的，我想以后有机会总会把这些科学家的资料整理出来，公布于世。在这里，向这些科学家表示衷心的感谢。

这些口述历史最难整理的是关于徐璋本先生的访谈。记得我在 1988 年 11 月 16 日采访徐璋本时，他几乎总是答非所问。我和杜开昔在他家里谈了两个小时，但是几乎没有得到任何有价值的信息。开始我有点不解，后来又觉得他的思维可能不太正常了，很同情他，心里感到很郁闷。最近我看到谢泳写的《钱学森和他的同学徐璋本》才知道，徐璋本在监狱里之所以能够活下来，就是因为在被关押期间一有政治运动他便装疯卖傻，久而久之，习惯成了自然。当他看到我和杜开昔去采访他时，他面对一个外国人到他家采访，实际上可能心里很担心，也就依然采用了答非所问的应对方法，这或许就是他的那种自我保护吧。

从采访到整理出版，事隔 20 余年，为了得到当年受访者的审查和认定，我们又开始了一次难度很大的寻访，在此过程中，也就有了许多使我感动和感谢而不得不说的人和事……

寻找罗沛霖院士比较顺利，他因病住院，由其夫人杨敏如女士替他审阅了采访稿。这也是我们最先完成的一份定稿，以《罗沛霖：党派我去留学，我要对得起党》为题，发表在《中共党史研究》杂志2011年第1期上。据罗老的家人讲，他得知文章已经发表后很高兴。2011年4月7日，罗老不幸因病去世。

在寻找王启东先生的过程中，我们发现了一个叫王天俊的留美博士写了一篇回忆第一代庚款留美学生王琎的文章。王天俊在文中称王琎是他祖父，王启东先生是他叔叔。我们与王天俊取得联系，进一步联系到王启东先生之子王宇平，请王宇平把采访稿转交给王先生审阅。

寻找谢毓章先生，我往他清华大学的家中打了很多次电话，总是无人接听。我大学时的系主任乐光尧教授的夫人黄敏南，是国民党著名中将黄维之女，清华大学退休物理教师。黄老师不辞劳苦，专门跑到清华大学四处询问，终于得知谢先生住在北京东郊的一所老年公寓，身体健康状况还不错，可以会客。我们约好2011年3月16日前往拜见，不巧那天我临时有事，只好让程宏和高颖代为看望。谢先生已经不能审稿，但是精神很好，回答了部分问题，好在我们获知了他女儿谢玫在美国的联系方式。谢玫审阅了采访稿。两个多月后的5月29日，谢老不幸病故。

寻找李敏华院士没有遇到太多困难。但是我们发现她的身体已经很虚弱，很难审阅文稿。后来，我们获知吴仲华在国内的外甥、中国科技大学力学系郭长铭教授的联系方式，于是请他代劳审阅了采访稿。

2011年4月23日，颜鸣皋院士在武警总医院接受了我们的探视，他行动不便，但是能会客，能阅读，思维清晰，只是记忆力稍有衰退。他是我20年后第一位回访的留美科学家，也是这批受访科学家中对文稿审阅修改得最仔细的一位。

最有意思的是李恒德先生，我们把采访稿寄到他家里，随后电话询问他的意见时，他竟然说"这怎么看来不像我说的话"。细细想来也不奇怪，李恒德先生当年在接受我采访之后，陆陆续续写了一些回忆文章，特别是近十年来发表了很多经过细心雕琢的文章，现在回过头来看最早接受我的采访的录音谈话，发现在语气和用词方面有一些差异。清华百年校庆后的5月6日，我去他家中拜访了他，他对我们做了这么多的工作感到很高兴。

寻找王守武院士时，先是由半导体所负责院士文集整理的何春藩先生审阅了采访稿。通过他了解到王先生已长期居住在美国，还给我们提供了其在美国的电话号码。我们与王先生联络，由于他年事已高，沟通困难，他建议我们与他同在加州的女儿王义格联系。我们请王义格把采访稿转送给王老审阅。

寻找余国琮院士时，通过他的助手刘伯潭送去了采访稿，他很快做了审改，并提供了几张老照片。

寻找师昌绪院士时，正值他获得2010年度国家最高科学技术奖，活动很多，未得面见，他让秘书返回了修改稿。

得知陈茹玉院士已经不能审稿了，通过秘书联系到她的儿子何振民，帮助审阅了我们的采访稿。另外，何振民还帮助联系到了何炳林先生的弟弟何炳桓，给我们提供了若干张照片。2012年3月11日，陈老不幸因病去世。

寻找何国柱先生时，颇费周折，最后是陈荣悌先生的儿子陈昌亚先帮我们联系上了何先生的弟弟，最后辗转找到其两位子女，将采访稿电子版送给了在旧金山的何先生，何先生阅读后打来越洋电话，非常高兴，说没有意见。

对于已经过世的受访科学家，我们已经联系到一部分人的亲属、学生和研究他们的学者。

寻找虞福春、田曰灵先生的亲属时，得知我大学老师沈本善是田曰灵先生的亲戚。在沈老师的帮助下，我和田先生的女儿虞曾英取得了联系，由她审阅了采访稿，同时为我们提供了田先生的回忆文章《留学美国三年》的手稿。

我请王明贞先生的两个胞弟王守武、王守觉两位院士以及专门研究他们王氏家族的堂弟王守青审阅了王明贞先生的采访稿。清华大学物理系给我们提供了一本他们系内部印制的《王明贞先生百岁寿辰文集》，我们从中选用了两张老照片。

寻找谈镐生院士的亲属时，得知他夫人邓团子老师身体不太好，不能会客，几经周折，联系到了与谈先生相熟的学者朱如曾，请朱先生代为审阅了采访稿，他帮我们提供了多张谈先生的老照片。

梅祖彦院士的采访稿是由其遗孀刘自强老师审定的。姜圣阶先生的夫人尹桂芝老师审阅了姜先生的采访稿。

在郭长铭教授的帮助下，我们找到了黄茂光先生的遗孀李景锡女士和儿子黄围，他们审阅了黄老的采访稿，并提供了几张老照片。

疏松桂先生的采访稿由其夫人彭永如老师和儿子疏俊德审阅。

我们通过申葆诚先生的妹妹申葆青老师的原单位找到了他们的表妹，进一步联系上了申葆诚先生之女申璇。申璇为我们审阅了采访稿，除提供了若干张老照片之外，还给我们展示了一件十分罕见的珍贵"文物"，那是"文革"期间申先生被揪斗游街时缝在胸前的白布牌子，上面用毛笔写着"洋奴、反动知识分子申葆诚"。据申璇说，申先生在被揪斗游街后，就把这块牌子和高帽都保存下来，但是在后来几次搬家中把高帽丢失了。

陈荣悌院士的采访稿是其子陈昌亚先生审阅的；许国志院士的采访稿由其儿子蒋箭平审阅了；侯祥麟院士的采访稿由其女儿侯岷审阅；徐亦庄

先生的采访稿由其子徐弘审阅；杜连耀先生的采访稿由其子杜森审阅。

我们通过王天眷先生在武汉物理数学所的同事裘鉴卿与王先生在美国的女儿王开绚取得了联系。裘鉴卿夫妇和王开绚女士非常认真地审阅了采访稿。

中科院半导体所有一个专门研究老一辈科学家的班子，其中何春藩对林兰英院士的历史很有研究，请他审阅了林院士的采访稿，他还提供了《林兰英院士科研活动论著选集》。

上述审稿人大多向我们提供了与受访人生平相关的珍贵照片。我们在正文中都一一做了说明。

在整理文稿过程中，我们又接触到一些1950年代归国的留美科学家和学者，有俞惟乐、陈秀霞、张钦楠、王万钧、涂光楠、王祖耆、傅君诏、成众志、胡世平、蓝天、林戊荪、邹沧萍等。他们给我们提供了很多帮助。另外，有一些当初未受访的留美科学家的后代也给我们提供了很多帮助，例如朱小鸽女士、朱方文女士给我们提供了很有价值的老照片。

在整理这本书的时候，我首先想到与杜开昔再次合作，打算请她参与本书的后期编辑，共同完成这本书。可是杜开昔1989年返回美国后就和我失去了联系。2011年4月底，我去拜访李佩。李佩告诉我，1990年代访美期间她见过杜开昔，当时还在芝加哥附近的杜开昔家中住过一夜。李佩给我提供了杜开昔的电话号码和电子信箱，但是这是十几年前的联系方式了。我试着打了好几次电话，发送了好几封邮件，始终没有得到回应，只能留下一份遗憾了。

范岱年先生对我重新整理这本书起到了非常重要的作用，是他帮我和王作跃博士建立了联系。2010年我在美国华盛顿访问时，他亲自带着我去了俞惟乐先生家。他还帮我们审阅了本书的第一稿和第五稿，以他的学识阅历和人脉关系，提出了很多修改意见，全书定稿后又得他欣然赐序。

樊洪业先生对该书给予了自始至终的指导和帮助，可以说，我对近代科学史的兴趣与和樊洪业先生的交流有很大关系。因为樊洪业先生负责《20世纪中国科学口述史》丛书，他工作很认真，每次修改都给我们提出非常中肯的意见，我们每次重新整理都是一次对历史的尊重和工作质量的提升。在这项工作中，他耐心给我们讲解口述史的方法论，帮助我们处理本书中的一些难点，甚至帮助我们考证书中一些具体的史实。

我在1980年代末做科学史研究到1990年代下海，和林京耀先生交流很多。在很多事情上，他给我提供了帮助。采访这些留美归国科学家时尽管他没有直接参与，但是我们经常交流。在整理这些采访稿时，林先生非常支持我的工作，通阅了书稿，对一些关键问题提出了修改意见。

王作跃博士作为科学史专业学者，为本书提供了很多帮助，其中他利用在美国的优势和专业技术协助我们查证了很多人名和事件，尤其是美国对中国留学生政策的演变方面的情况，更为我所力不能及。他在几次回国参加学术活动期间，专门与我们见面，一起研究交流留美归国科学家的问题。我们在研究中遇到很多问题，都能得到他及时而热情的帮助。

姚蜀平先生为了我们这本书，专门到哈佛大学的燕京图书馆查阅原始文献。她也经常和我们交流，给我们分享她所了解的留美科学家的一些故事。

刘志光先生全程参与了书稿的整理，对于书中的一些历史背景和书中事件的意义，我们一起进行了深入探讨。在讨论中，我们形成了一定的共识，即对这个历史阶段和这个领域的有关问题有持续研究的必要。

当年我采访期间，武文生先生曾协助我在北京进行了多次采访，南开大学的刘珺珺教授曾协助我在南开进行了采访。

在整理书稿的过程中，杨启智、王雅娟、李雪、焦安欣、张佳玲、孙兰芳、张静、杨冬明、耿锡金、刘涛等参与了录音稿的整理，刘超先生参与了校对。

谨对为完成本书提供各种支持、帮助和鼓励的各位前辈、学长和朋友们表示最诚挚的感谢。期待本书提供的资料能对史学研究和科学文化传播有所裨益。本书由于录音资料久远，且受访人大多已谢世，尽管整理时经过了他们的遗属、亲朋好友的审阅，但仍然难免有错误和不当之处。对于书中存在的各种错误和缺漏，敬请识者给予批评、指正和补充。

王德禄
2011 年 11 月 16 日

图书在版编目(CIP)数据

1950年代归国留美科学家访谈录/侯祥麟,罗沛霖,师昌绪等口述.—长沙:湖南教育出版社,2013.4
(20世纪中国科学口述史)
ISBN 978-7-5539-0464-1

Ⅰ.①1… Ⅱ.①侯… ②罗… ③师… Ⅲ.①科学家—访问记—中国—现代 Ⅳ.①K826.1

中国版本图书馆CIP数据核字(2013)第064340号

书　　名	1950年代归国留美科学家访谈录
作　　者	侯祥麟　罗沛霖　师昌绪等口述
	王德禄　杜开昔/访问　王德禄　高颖　程宏等/整理
责任编辑	阮　林
责任校对	鲍艳玲　周　晔
出版发行	湖南教育出版社出版发行(长沙市韶山北路443号)
网　　址	http://www.hneph.com　http://www.shoulai.cn
电子邮箱	228411705@qq.com
客　　服	电话0731-85486742　QQ 228411705
经　　销	湖南省新华书店
印　　刷	湖南天闻新华印务有限公司
开　　本	710×1000　16开
印　　张	29.75
字　　数	450 000
版　　次	2013年4月第1版第1次印刷
书　　号	ISBN 978-7-5539-0464-1
定　　价	78.00元